입 · 학 · 사 · 정 · 관 · 교 · 육 · 필 · 독 · 서

입학사정관과 학생 선발

Wayne J. Camara · Ernest W. Kimmel 공편
가톨릭대학교 입학사정관 연구실 역

정옥년(교수, 입학사정관제 연구위원)
김수연(연구실장)
김병진(책임연구위원)
최경원(책임연구위원)
김승정(전문연구위원)
김시라(전문연구위원)
김용기(전문연구위원)
이윤희(전문연구위원)
최은선(전문연구위원)

Choosing Students

Higher Education Admissions Tools for the 21st Century

학지사

Choosing Students:

Higher Education Admissions Tools for the 21st Century

by Wayne J. Camara, Ernest W. Kimmel

역자 서문

오늘날 대학입학은 그 어느 때보다 많은 사람들의 관심 영역이 되고 있다. 우리나라 대학진학률을 살펴보면 1970년에 26.9%였던 것이 2000년에는 68%, 2008년에는 83.8%로 높아졌다. 이러한 대학진학률만 보더라도 대부분의 학생이 대학에 진학해서 높은 수준의 학업을 이수하고자 한다는 것을 알 수 있다. 학생이나 학부모뿐만 아니라 사회의 모든 부문에 속한 사람들이 대학교육을 통해 학생들이 수준 높은 전문 지식과 역량을 갖추길 기대하면서 대학의 발전은 사회적 책무성이라는 개념과 연결된다.

이러한 사회적 흐름과 시대적 요구에 부응하는 한 방편으로 최근에 우리나라 대학에서 도입하기 시작한 제도가 바로 대입전형에서 입학사정관을 활용하는 것이다. 입학사정관 제도는 21세기에 필요한 창의적인 인재를 배양하기 위해서 신입생 선발 과정에서부터 성적 위주의 양적 평가를 지양하고, 전문적이고 윤리적인 능력을 갖춘 입학사정관들의 총체적인 평가와 판단을 통해서 학생들을 선발하고자 하는 것이다. 이를 통해 '다양한 선발 기준을 적용함으로써 대학 서열화 타파', '종합적이고 지속적인 학생 평가를 통한 중등 교육 정상화', '자율적인 학생 선발을 통한 전문 인재 배양', '잠재력 배양과 사회적 기회 균등의 실현' 등과 같은 여러 가지 목적을 달성할 수 있을 것으로 기대하고 있다.

입학사정관 제도는 시대적 흐름과 필요를 반영한 것이기도 하지만, 이미 1920년대부터 이 제도를 실시해 오면서 지속적으로 발전시키고 있는 미국의 경우를 모델로 삼고 있다고 볼 수 있다. 현재 미국의 대입전형에서는 잠재 능력자 발굴과 기회 균등의 효과에 많은 관심을 가지고 있다. 예를 들면, 뉴욕타임스는 2007년 버클리 대학의 총체적인 입학전형 방법이 주어진 여건 속에서 최고의 성과를 이룬 학생에게 입학 자격을 준다는 점을 강조했다. UCLA의 경우에도 소수민족 학생에게 유리한 기회를 부여하고자 한다고 강조했다. 미국과 한국은 대학 입학에 대한 사회적 인식이나 전형 방법에서 문화적 배경만큼 많은 차이가 있으나 현대의 지식기반사회가 창의성, 다양성을 지닌 인재를 요구한다는 점에서는 별반 다르지 않을 것이다.

이 책은 입학사정관 제도를 먼저 시행하고 발전시켜 온 미국 대학들의 입학전형 방법과 그것과 관련하여 제기되고 있는 제반 논의를 다루고 있다. 이 책이 각기 독특한 교육 이념과 목적을 기반으로 한 대학에서 전문성을 가지고 학생을 선발해야 하는 입학사정관으로 하여금 스스로 고민하고 연구해야 할 영역이 무엇인가를 생각하게 하는 단초가 되길 바란다.

이 책이 나오기까지 입학사정관 연구실에 힘을 실어 주시고 전폭적인 지원을 아끼지 않으신 박영식 총장님 이하 여러 교수님, 그리고 특별한 애정으로 입학사정관 팀을 이끌어 가시는 최동신 입학관리본부장님과 도종국 팀장님에게 지면을 빌려 감사의 마음을 전한다. 많은 분들의 관심과 도움에 힘입어 가톨릭대학교 입학사정관 연구실은 더 나은 결실을 얻을 수 있도록 계속 정진해 나갈 것이다.

2009년 6월

가톨릭대학교 입학사정관 연구실 역자 일동

편저자 서문

대학은 오랫동안 학생 선발 권한을 행사해 왔다. 그러나 21세기의 첫 10년이 지나가는 지금, 대학의 학생 선발방식은 재검토될 필요가 있다. 고등교육기관이 공공 이익을 대행한다는 신뢰를 받던 시절은 지났다. 오히려 학생, 부모, 법제정자, 소송인, 판사들은 대학, 대학원, 전문학교 등의 입학전형 과정과 결과에 대해 이의를 제기하고 있다. 교육기관의 학생 선발방식에 대한 이러한 문제 제기는 소위 '최상위' 학교의 합격을 놓고 더욱 치열해지는 학생 간 경쟁 상황에서 일어난다. 상위권 대학의 합격은 미국에서 사회경제적 성공으로 통하는 길이라 인식되고 있으며 또 실제로도 그러하기 때문이다. 또한 이 책의 첫 장에서 Bollinger 총장이 지적하듯, 이러한 입학과정에 대한 문제 제기는 최상위권(이라 인식되는) 학교들 간의 유례없는 경쟁 국면에서 발생하기도 한다. 언론이 매기는 대학 순위는 각 대학의 점수가 되어 버렸고, 대학에서는 '금메달'을 따기 위해 안달하고 있다. 이런 상황에서 입학사정관들은 승리를 안겨 줄 학생 선발의 책임을 맡고 있다.

대학의 입학전형 방식에 대한 논쟁의 배후에는 공정성에 대한 염려가 자리 잡고 있다. 그러나 교육 기회의 분배에서 '공정성'이 무엇을 의미하는지에 대해서는 의견 일치가 이루어지지 못하고 있다. 미국 사회 일부에서는 공정성이란 성(性), 인종, 언어 혹은 민족적 소수자에게 전체 인구나 응시자 전체에서 차지하는 비율과 비례해서 교육 기회를 보장하는 것이라고 주장한다. 그러나 어떤 이들은 공정성이라는 것이 성, 인종, 민족, 개인차

등과는 무관하며, 다른 경쟁자와 비교해서 오로지 각 개인이 지닌 자질, 능력, 성취도 등에 따라 평가받는 것을 의미한다고 주장한다. 또한 대학 경영자들은 어떤 선발과정이든 각 학교가 학생들을 선발하는 근거로서 다양한 필요를 가지고 있음을 인정해야 한다고 주장한다. 즉, 장래가 촉망되는 운동선수나 음악가, 동창이나 교수, 거액 기부자와 같은 이의 자녀 혹은 신입생 집단에 다양성을 더해 줄 특별한 경험이나 재능을 가진 학생인 이유로 선발할 수 있다는 것이다.

입학전형 과정에 대한 논쟁은 언제나 그 과정에서 사용되는 입학사정 자료에 대한 논쟁을 포함한다. 대부분의 입학 승인 결정은 50년 이상 사용되어 온 사정 자료를 통하여 이루어진다. 이전 교육기관에서 교사가 매긴 등급(역주: A, B, C 혹은 수, 우, 미, 양, 가 등), 표준화된 검사 점수, 지원자의 자기소개서, 교사의 억지식 추천서 등이 그 예다. 그런데 이전 교육기관에서 교사가 매긴 등급은 학생의 학업 수행보다 출결사항 같은 다른 요소를 반영하고 있다는 점에서 비판받는다. 또한 대부분의 학생이 높은 등급에 몰려 있으므로 학생 간의 차이를 알기 어렵다. 입학시험은 너무 편협되어 있거나 고등학교 과정을 충분히 반영하지 못한다는 점에서 비판받고 있다. 게다가 에세이와 추천서는 그다지 신뢰할 만한 정보라고 할 수 없다. 이 책에서는 입학사정 과정에서 사용되는 지원자 평가도구뿐 아니라 지원자를 규정짓는 속성에 대한 논쟁의 영역을 넓히고자 한다. 대학에서의 수학능력과 관련된 다양한 재능과 능력을 신뢰 있게 측정하는 것뿐만 아니라 빈민계층 혹은 소수민족 학생들에게 조금이라도 영향을 덜 끼치는 새로운 변인을 찾는 것이 중요하다.

우리 사회에서 말하는 '성공적인 대학교육'은 과연 무엇을 의미하는지에 대한 논의가 선행되어야 한다는 인식 또한 이 책 전반에 나타나 있다.

대학생활의 성공은 오로지 높은 평점(GPA) 또는 다른 지표라고 작위적으로 정의된 경우가 너무 많았다. 그렇다면 성공적인 대학교육을 나타내는 준거는 무엇일까? 이 책의 집필에 참여한 몇몇 필자는 현재 시행되고 있는 입학사정 관행에 대해 몇 가지 개선방안을 제시하고 있다. 또 다른 필자는 아예 새로운 평가방법을 개발하기 위한 개념모형을 제시하면서 새로운 구인과 측정방법을 사용할 것을 주장하고 있다. 몇몇 필자는 국가에서 정의한 고등교육의 학업 기준과 관련 평가의 시사점을 다루고 있다. 이 책은 고등교육의 목적은 무엇이며, 학생 선발에 관한 결정에서 중요한 요소는 어떤 것인지에 관한 대화의 일부가 되면 가장 좋을 것이다.

1장에서 Lee Bollinger(컬럼비아 대학교 총장)는 대학 총장의 관점에서 대학 간 경쟁의 성격과 그 경쟁에서 입학시험이 갖는 역할에 대해 말하고 있다. 2장에서 Robert Laird(전 UC 버클리 대학교 입학처장)는 입학 실무자의 관점에서 논의하고 있다. 그는 특히 공정성을 정의하려는 노력과 수많은 지원자를 공정하게 평가하기 위한 각고의 노력을 강조하고 있다. 3장에서 Ernest Kimmel(전 ETS 평가개발부장)은 향후 10년 동안 예상되는 대학 지원자 집단을 설명하고 있는데, 특히 히스패닉계와 아시아계 학생의 증가를 지적하고 있다. 그는 지원자 수에 영향을 미칠 수 있는 여러 요인을 분석하고, 대학이 더욱 다양한 학생의 요구를 충족시키기 위해 현재의 관행을 뛰어넘을 준비가 되어 있는지 질문하고 있다. 4장에서 Wayne Camara(미국 대학입학위원회 연구 부소장)는 오직 학업적 성공을 예측하기 위한 또 다른 측정도구의 개발은 소용없다고 주장한다. 대학교육의 성공에 대한 새로운 준거가 필요하다는 것이다. 5장에서 Camara는 중요한 비학업적 특성을 강조하기 위해서 교육뿐 아니라 직업 분야에서의 연구를 끌어들이고 있다.

6장에서 Paul Sackett는 주로 취업과 인력채용에서의 공정성을 연구한 심리학자로서 수행과 다양성 간의 반대급부적(tradeoff) 관계를 진지하게 분석하고 있다. 7장에서 Warren Willingham은 대학입학과 대학교육의 결과라는 이슈를 연구한 전문 연구자로서 점수제 방식의 한계와 전망에 대해 알려 주고 있다. 8장에서 Robert Linn은 교육평가 분야의 연구자로서 현재 이루어지고 있는 입학전형 관행을 조심스럽게 비판하고 있다.

9장에서 '개발된 능력으로서의 지능' 이라는 개념을 주장한 Robert Sternberg는 인지능력의 개념과 측정을 넓혀 주는 방식을 검토하고 있다. 10장에서 인종, 민족 혹은 다양한 배경을 가진 학생의 평가에서 다양한 요인을 고려해야 한다는 입장을 고수하는 교육자인 William Sedlacek은 학생 선발 과정에서 비인지적 평가방법을 사용한 사례를 들고 있다. 11장에서 Neal Schmitt, Frederick Oswald와 Michael Gillespie는 또 다른 수행준거 평가와 이러한 준거를 예측할 수 있는 변인을 설명하고 있다. 12장에서 Patricia Etienne과 Ellen Julian은 미국의과대학협회가 의대생 선발에서 새롭게 사용한 지원자의 개인특성 평가 개발 과정과 선발자의 수행능력 예측요인을 확대하게 된 동기를 설명하고 있다. 13장에서 Peter Pashley, Andrea Thornton과 Jennifer Duffy는 법학대학원이 다양한 학생을 선발하기 위해 사용해 온 여러 방법을 알려 주고 있다. 그들은 대학의 목적에 최적으로 부합하는 학생 선발모형을 찾기 위해 계속된 연구를 소개하고 있다. 14장에서 Isaac Bejar는 평가의 계획과 창안 과정을 더욱 체계적으로 하기 위한 연구개발 프로그램에 대해 기술하고 있다. 이러한 노력은 인지과학과 컴퓨터 분야, 그리고 언어처리 과정에서 이루어진 발전의 도움을 받고 있다.

이 책의 결론 격인 15장부터는 미국의 거의 모든 주에서 일어난 학제개혁 시행이 대입전형에 주는 시사점을 찾고 있다. 15장에서 Stanley Rabinowitz

는 중등교육에서의 학생평가와 고등교육에서 원하는 정보의 유사점과 차이점을 조사한다. 16장에서 Michael Kirst는 고등교육기관과 K-12 체제간에 내용과 평가 기준에서 일관성이 부족하다고 밝히고 있다. 그는 대학과 K-12 체제의 연계 실패가 학생과 학교를 계속 혼란에 빠뜨릴 것이며, 결국 고등교육에 충분히 대비하지 못한 학생들을 양산할 것이라고 주장한다. 마지막 장인 17장에서 David Conley는 오리건 주의 중등교육과 고등교육의 연계에 일조한 경험을 바탕으로, 이 두 수준의 교육에서 기대하는 것과 관련해서 학생들을 평가하도록 도와주는 건설적인 모형을 제시하고 있다.

차례

PART 02 현행 실제 개선

PART 03 새로운 구인과 새로운 척도

PART 04 K-16 교육개혁 노력에서 입학사정

CHOOSING STUDENTS

01 PART 고등교육에서의 다양성

1 _ 대학 간 경쟁과 입학시험

2 _ 실무자 관점에서 본 대입전형 개선안

3 _ 어떤 이들이 대학입학을 준비하는가? 21세기 고등교육 인구 통계

4 _ 확장된 대학 성공 준거와 인지적 예측요인의 영향

5 _ 대학 성공의 예측요인 확대

CHAPTER 01 대학 간 경쟁과 입학시험

Lee C. Bollinger(컬럼비아 대학교 총장)

미국의 고등교육은 항상 많은 사람의 관심을 끌었다. 오늘날도 예외가 아니다. 지난 10년을 돌아봐도 대학 등록금 인상(예, Troutt, 1998), 캠퍼스 내 의사표현의 자유(예, American Civil Liberties Union [ACLU], 1996), 기초과학 연구 재정지원을 위한 정부의 역할 등에 대해 사회적으로 많은 논쟁이 있었다(예, Atkinson, 2000). 그중 완전히 해결된 것은 하나도 없지만 어느 정도는 진정되었다. 그러나 또 다른 사안이 국가적인 관심사가 되어 가고 있다. 예를 들어, 줄기세포 연구와 복제에서 대학의 역할에 관한 논쟁이 새롭게 대두되고(예, Association of American Universities [AAU], 2002), 9 · 11사태 이후 외국인 학생들에 대한 배경 추적 문제도 논란거리가 되고 있다(예, Commitee on Education and the Workforce, 2002).

지난 수십 년 동안의 가장 중대한 사안은 아마도 입학전형 요소로 인종적 · 민족적 배경을 고려함으로써 캠퍼스에서 인종적 · 민족적 다양성을 얻기 위한 노력, 즉 '차별철폐조항' 에 대한 정책적인 논쟁일 것이다(예, AAU, 2002; American Council on Education [ACE], 1995; D'Souza, 1991;

Hankins & David, 1996).

홍미롭게도 다른 논쟁들 또한 입학정책과 관련되어 있다. 그중에서도 SAT®[1]의 유용성과 사회적 영향에 대한 최근 논쟁은 주목할 만하다. 최근에는 조기 입학전형 정책에 대한 논쟁이 추가되었다. 우리의 대학체제에서 조금만 떨어져서 보면 고등교육의 모든 국면이 공적인 검토 대상이라는 것을 곧바로 알게 된다. 그러나 이러한 논쟁 대부분은 고등교육에 관한 좀 더 근본적인 문제에서 비롯된다. 입학전형과 관련된 많은 특정한 논쟁은 대학이 직면하고 있는 훨씬 더 난해한 문제와 관련되어 있다. 그것은 정확한 해명과 주의를 요하는 것인데 바로 고등교육에서 경쟁이 엄청나게 증가하고 있다는 것이다.

현재 대학입학에 대한 많은 논쟁은 SAT I®의 가치와 관련이 있다. 캘리포니아 대학 총장인 Richard Atkinson은 캘리포니아 대학의 입학전형에서 SAT I을 요구해서는 안 된다고 제안함으로써 이 문제를 부각시켰다(Atkinson, 2001a, 2001b). 그는 기존의 SAT I을 SAT II®의 일부분이나 다른 성취도 검사, 즉 학생들이 고등학교에서 특정 과목을 얼마나 잘 학습하였는지를 평가할 수 있는 검사로 대체해야 한다고 말했다. 이것은 SAT I이 개인의 '적성' 또는 일반적인 지적 능력을 측정한다는 무모하고 해로운 목표를 추구하기 때문이라는 것이다. 그의 주장은 다음과 같다.

> SAT I과 같은 적성검사는 사람마다 타고난 지능이 있고 그러한 지적 능력은 정의될 수 있으며 측정 가능하다는 오랜 믿음과 관련이 있다. 그런데 이러한 생각은 과학적 연구의 뒷받침을 받고 있는 것이 아니다. SAT I과 같은 적성검사가 지적 능력을 제대로 측정할 수 있다고 주장하는 연구자는 거의 없다. 그럼에도 불구하고 SAT I은 학생들의 학업을 예측할 수 있는 기본적인 능력검사라고 여겨지고 있다(Atkinson, 2002, p. 32).

1) SAT®, SAT I®, SAT II®은 미국 대학입학위원회의 등록 상표다.

Atkinson 총장은 SAT I의 예측타당도를 분석한 최근 연구를 인용하면서, 이 시험이 성취도 검사나 내신 성적이 제공하는 정보와 다를 바 없음을 말하고 있다(Geiser & Studley, 2001). 그런데 그의 비판의 핵심은 이 표준화된 시험이 고등학교 교육과 대학교육 모두에 불행하고 왜곡된 결과를 초래한다는 것이다. 그는 이러한 일반적인 '적성' 시험이 정규 고교과정의 중요성을 감소시키며 교육적으로 가치 있는 시간을 이런 종류의 시험 준비에 허비하게 한다고 비판한다(Atkinson, 2002). Atkinson 총장의 시각에서 SAT I의 가장 심각한 폐해는 "미국 대학들이 잘 정의되지 못한 적성이 아닌 실제 성취도에 근거해서 학생들을 평가해야 한다는 민주사회에서의 책임 수행능력이 이 시험으로 인해 손상된다는 것"(p. 32)일 것이다. 그는 입학전형 과정에서 "고교에서 가르친 특정 과목과 관련해 학생의 실력을 보여 주는 시험을 채택해야 한다."(p. 34)라고 주장한다. 그렇게 했을 때 학생들은 교과목에 대한 성취도를 평가하기 위해서 그 시험을 활용할 수 있다. Atkinson(2002) 총장에 따르면, 우리는 "무엇보다 지원자 개인의 능력을 총체적으로 보고 표준화된 시험들이 입학전형에서 적절하게 활용될 수 있도록 노력해야 한다."(p. 34)라는 것이다. Atkinson(2002)은 다음과 같이 결론 내리고 있다.

> 시험 점수가 몇몇 선발 기준 중 하나라는 것으로는 충분치 않다. 우리는 우리가 요구하는 시험들이 캘리포니아 대학의 사명과 목적을 반영하는지 확인해야 한다. 우리의 사명은 캘리포니아 주에서 가장 재능 있는 학생들을 교육하는 것이며 어떠한 배경을 가진 학생이라도 교육 기회를 활용하게 하는 것이다(p. 35).

이것은 유익한 논쟁이다. 그리고 SAT I의 가치에 대한 논쟁은 여러 측면에서 규명되어야 할 부분이 많이 남아 있다. 이 시험은 정말로 학생의 타고난 지적 능력을 측정한다고 할 수 있을까? 혹은 정규 교육과정에 따라 정해진 과목들을 공부하였을 때 학습되거나 발전되는 중요한 지적 능력(예, 미국 역사에 대한 지식)을 검사하는 것일까? 불행하게도 미국 대학입학위원회(College Board)는 이 문제에 대해 일관된 답을 제시하지 못하고 있다. SAT 안내 책자의 인사말에서 미국 대학입학위원회의 위원장 Gaston Caperton은 다음과 같이 진술하고 있다. "우리는 SAT 시험지를 말 그대로 몇 백만 부씩이나 찍어 내고 있지만 SAT가 알 수 없는 신비로운 어떤 것을 측정한다는 소문은 계속되고 있다. 그러나 이것은 진실이 아니다." (College Board, 2001, p. 3) SAT가 측정하는 내용은 알 수 없는 신비로운 어떤 것은 아니지만 그렇다고 단순한 것도 아니다. 더욱이 고정적인 것도 아니다. 한 번은 미국 대학입학위원회가 SAT를 적성검사로 규정지은 적이 있었다. 그 규정에 따르면 시험 결과는 학습 여부에 영향을 받지 않는다는 것이다. 그러나 현재는 SAT를 적성검사라고 하지 않으며 추론능력 검사라고 한다(College Board, 2000, 2001). 즉, 더 이상은 학업적성 검사가 아니라 그냥 SAT라는 시험일 뿐 다른 어떤 것을 나타내지 않는다는 것이다(Atkinson, 2001b). 미국 대학입학위원회는 SAT를 가르치고 배울 수 있다는 것은 인정하지만 일부 사람들이 주장하듯 그렇게 훈련 가능한 것은 아니라고 본다(Power & Camara, 1999). 한편으로 완전한 훈련이 가능하지는 않아도 상당 부분 가르칠 수 있다는 것을 인정한다. 이 부분에서는 그들의 말이 맞을 것이다. 즉, SAT에서 점수를 따는 최선의 방법이란 벼락치기를 하지 않고 오랜 시간 성실하게 공부하는 것이다. 꾸준히 주의를 기울이며 민감하고 통찰력 있는 독자가 되라. 실생활의 문제 해결을 위해 알고 있는 지식을 활용하고, 가능한 한 많은 글을 읽고 쓰며, 효과적으로 언어를 사용하는 방법을 배우라. 수준 높은 과목들을 수강하며, 학교 안팎에서 문제를 해결하라. 비판적으로 사고하라! 이것이 SAT에서 최고 점수를 얻는 최선의 방법이다.

그러나 이런 모습을 보기는 쉽지 않다. 세상이 SAT를 바라보고 반응하는 방식은 그와 다르기 때문이다. 실제로 많은 학교에서는 '시험에 맞추어 가르친다.' 이것은 어휘만 따로 떼어서 공부하고 시험 샘플을 가지고 연습하는 것을 의미한다. 관계자들이 SAT에 많은 주의를 기울이고, 학생과 부모가 시험 결과를 위해 많은 투자를 하며, ETS와 미국 대학입학위원회가 노력하고 있음에도 불구하고 이러한 행위는 계속된다. 학교, 교육자, 교사, 그리고 학생들은 시험에서 측정하고자 하는 언어 · 수학적 능력이 무엇인지, 그리고 이 시험의 교육적 근거가 무엇인지 모르는 것 같다.

만약 학생이 SAT I이 평가하려는 능력(어휘력뿐 아니라 전반적인 지적 능력)이 장기간에 걸쳐 학습될 수 있다는 것을 더욱 분명하게 이해한다면 많은 도움이 될 것이다. 이 시험은 또한 불공평한 세상에서 타고난 불공평함을 더욱 강화시킨다고 생각하는 학생의 낙담이나 자포자기를 완화시킬 수 있을 것이다. 어린 학생을 선발하는 방식은 그들에게 희망을 주는 것이어야 한다. Atkinson 총장이 곤혹스러워했던 것은 SAT I이 '타고난 능력'을 검사하는 적성검사이며 학생들은 그에 대해 아무것도 할 수 없다는 인식이 팽배했다는 것이다. Atkinson(2002) 총장은 SAT II 점수를 활용할 것을 제안함으로써 "성공에 대한 의지와 재능을 지닌 사람이라면 누구에게나 대학교육의 기회가 있음을 알려 주고자 하였다."(p. 35) 다시 말하면, SAT I에서 SAT II로 바꾸자는 그의 제안은 모든 학생에게 가능성과 희망을 심어 주자는 것이었다. 이유가 무엇이든, 많은 이들이 SAT I을 적성검사로 본다는 사실은 SAT I과 학생의 교육에 도움이 되지 않는다는 것이다. SAT의 유추 부분은 많은 비판을 받고 있다. 정답에 대한 이의 제기에 취약하다고 비판받는 한 가지 이유는 유추 질문이 어색하고 부자연스럽다는 것이다. 유추는 일상생활에서 거의 쓰이지 않으며 'A:B = Y:Z'와 같은 문제 형식은 우리가 실생활에서 생각하고 말하는 방법과는 매우 다르다. 따라서 이러한 인식과 그에 따른 결과는 공 · 사립대학에 대한 사람들의 신뢰를 지켜야 할 사람들과 교육자로서의 우리에게 중요한 관심사다. 35년 전에 모든 18세 남성이 자신의 징병번호[2]를 알았던 것과 마찬가지로, 사실상 오늘날 모든

2) 역주: 베트남전 모병 당시 미국 성인 남성의 징병번호를 의미한다.

학생은 자신의 SAT 점수를 알고 있는 것처럼 보인다. 또한 SAT가 1,540점과 1,560점을 구별하기 위해 만들어진 시험이 아닌데도 대부분의 학생과 부모가 원하는 점수는 명백하다. 거의 '무의미' 할 정도로 사소한 점수 차이인데도 '큰 의미' 가 도출된다는 것은 SAT I이 포함된 입시체계가 우리가 가치를 둬야 할 것을 중대하게 왜곡하고 있음을 보여 준다.

캘리포니아 대학 총장의 이러한 발표에 대해 사람들이 예상 외의 반응을 보이는 것이 무엇을 의미하는지 고등교육 지도자는 이해하고 있을까? 대학 총장이 지금껏 이렇게 열렬하게 주목받은 적은 없었다(2002, p. 31). Atkinson 총장 자신도 놀랐다. SAT I에 대한 미국교육위원회(American Council on Education) 참석 전 소견 발표에서 그는 조심스럽게 반응했다. 워싱턴포스트와 뉴욕타임스에서는 이 이야기를 1면에 실었다(Fletcher, 2001; Schemo, 2001). 입시에서 SAT 활용 여부를 놓고 제기한 질문에 대하여 일반인은 SAT I 활용이 대학입학 전형에서 정말 중요한 것인지 의문을 던진다. SAT는 문학 비평식 언어로 표현하자면(Eliot, 1920) 대중에게 오늘날의 대학입학 제도와 관련해서 불안, 걱정, 두려움, 절망의 감정을 일으키는 객관적인 상징이 되어 버렸다. 사실 근원적인 쟁점은 시험 자체가 아니라 오늘날 대학입학과 고등교육에서 만연해 있는 경쟁의 문제다.

우리의 모든 걱정을 SAT에 투사하는 것은 10년 전 고등교육비 증가에 사회의 모든 관심이 집중되었던 때를 회상하게 한다. 당시에 교육비는 실제로 중대한 관심사였다(Johnstone, 2001). 대학들이 여러 차례에 걸쳐 대학 비용의 성격이 도시 거주자의 평균 생활비(CPI)와는 전혀 다른 것임을 밝혔으나, 그 비용은 소비자 물가지수보다 빠르게 상승하였다. 이에 교육비에 대한 논의는 다른 쟁점들에 대한 우려 및 분노와 함께 과중하게 이루어졌다. 이러한 쟁점 중 많은 부분은 전체로서의 국가와 대학이 다음과 같은 점에서 문화적인 간극이 생긴 것과 관련된다. (1) 학문기관의 자신감 상실, (2) 정치적 올바름에 대한 관심, (3) 연구를 과도하게 강조했다는 시각, (4) 가르치는 일의 가치 감소, (5) 학부교육을 희생하고 대학원 교육에 치중한 것, (6) 대학 교수진이 하는 일 없이 지나치게 방임되어 있다는 시선 등이 있다. 교육비에 관한 것이건 SAT에 관한 것이건, 표면적인 쟁점이 아닌 근원적인 쟁점이기 때문에 반응하는 것은 언제나 중요하다.

오늘날 대학이 직면하고 있는 근원적인 문제는 끝없이 치열해지고 있는 경쟁이다. 그것은 대학 지원자 간의 경쟁과 대학 간의 경쟁이다. 지난 한 세기 동안 미국 고등교육에서 가장 중대한 변화 중 하나는 수준 높은 대학 수가 증가한 것이다. 그렇지만 그러한 학교에 입학하고자 하는 학생 수는 더욱 증가하였다. 고등학생 수가 더 많아졌고, 그 어느 때보다 더 높은 비율의 학생들이 고등학교 교육만으로는 충분하지 않다고 생각하고 있다. 이것은 인생에서 물질적 · 비물질적 성공의 가능성이 고등학교 교육 이후의 교육 정도에 따라 기하급수적으로 개선된다는 엄연한 사실을 놓고 볼 때 별로 놀랄 만한 일이 아니다(Carevale & Desrochers, 2002).

그러나 이러한 통계가 전부는 아니다. 단순히 고등학교 교육 이후가 아니라 대학 순위표에 따라 선정된 대학 중 어느 곳을 가느냐가 막대한 영향을 끼친다는 생각이 점점 증가하고 있다. 대학교육을 상품화하는 풍조가 그 어느 때보다 팽배해 있으며, 부모는 자녀가 '최고'의 대학에 들어가야 한다는 생각을 갖고 있다. 사람들이 원하는 집, 차, 그리고 다른 많은 편의품을 구입할 수 있지만, 원하는 대학의 입학 허가는 구입할 수 있는 것이 아니다. 또한 학교는 아무 때나 탈퇴하고 다른 곳에 가입할 수 있는 사교클럽이 아니며 좋건 싫건 평생 품어야 할 모교가 된다. 원하는 대학에 다니고자 할 때 들여야 할 모든 노력과 그에 따른 결과는 누구에게나 자명하다. 그것은 입학 게임에서 "가능한 모든 수를 얻기 위해 비용을 아끼지 말라."는 것이다. Robert Frost(1969)의 말로 표현하자면 어느 대학을 다니는가가 "모든 차이를 만들어 낸다."(p. 105)라는 것이다. 이러한 세계관에서 표준화된 시험 점수는 결국 경쟁을 심화시키게 된다. SAT 점수는 명확하고 숫자로 되어 있으며 주관적인 것이 아니므로 입학전형의 두려움 속에서 그것이 중심적인 피뢰침 역할을 하는 것은 어쩌면 당연하다.

가장 크고 근본적인 문제는 이 모든 것이 점점 게임처럼 되어 간다는 것이다. 사람들에게 중요한 것은 교육 자체가 아니라 브랜드가 되어 버렸다. 이 경쟁적인 노력에서 사람들은 명확한 것을 찾는다. 따라서 이러한 게임에서 수만 명의 부모와 학생을 안내하기 위해 『U. S. 뉴스 앤드 월드 리포트(*U. S. News and World Report*)』(2002)에서 숫자로 된 순위 매김이 나타난 것은 쉽게 예상할 수 있는 일이다. 그 순위가 수량화된 데이터에 의존하는 것도 당연한 일이다. 그리고 대학이 순위를 올리기 위해 태도를 바꾸고, 학생들을 매료시키기 위해 어느 정도 스스로 개선해 나가는 것도 당연한 일이다. 예를 들어, 학급 크기는 교육적 관심에 의해서가 아니라 가장 높은 순위를 받을 수 있는 크기로 결정된다. 또는 입학 가능성이 없는 학생들일지라도 대학의 지원율을 높이기 위해 지원하게 하는 경우도 있을 것이다. 불행하게도 이러한 예는 많다.

대학은 경쟁이라는 자극에 무감각해서는 안 된다. 지원자, 학생, 교수진, 그리고 다른 사람이 언제 어디로든 빠져나갈 가능성이 있기 때문에 우리가 관심을 가지는 문제는 크게 개선될 수 있다. 그러나 모든 경쟁 형식이 같은 것은 아니다. 잘못된 것(예, 평균 시험 점수 또는 미식축구의 득점 평균을 최대화하는 것, 그 대학의 자원을 가장 잘 활용할 것 같은 지원자보다는 힘 있는 후원자를 등에 업은 지원자를 받아들이는 것)에 대한 가치 부여 때문에 하향할 위험성은 항상 도사리고 있다. 대학을 특별한 것으로 지속시키고 사회적으로 중요하게 만드는 많은 것이 민주적인 자유시장체제에서 깨지기 쉽고 직관에 반할 수 있는 것임을 절대 잊어서는 안 된다.

약간만 관찰하고 관심을 가지면 이 글의 요지를 알 수 있다. '대학입학 게임'의 가장 부정적인 측면 중 하나는 이러한 입학전형 과정으로 인해 자연적으로 생겨나는 '개인적인 자격 부여'라는 생각이다. 즉, '내가 경쟁 상대보다 여러 가지 것과 점수를 더 취득한다면 그에 상응하는 대우를 받을 자격이 있어.'라는 생각이다. 이러한 사고방식에 따르면 각 사람들은 '개인'으로서 다른 모든 이들과 비교 대상이 되어야 하며 순위가 매겨져야 한다. 이 논리의 결론은 대학을 다양성이 아닌 획일화로 몰고 가는 것이다.

이것은 차별철폐조항의 헌법성과 교육적 의미에 대한 현재의 논쟁과 밀접한 관련이 있는 거대한 주제다. 다양한 환경에서 학습하고 사고하는 것이 민주적 · 교육적으로 중요하다는 것을 깨닫지 못하는 우리 사회의 인식 부족은 가장 큰 문제다. 고등교육기관은 그들의 교육이론이 무엇이며, 그러한 이론이 어떻게 입학전형 정책과 관련되어 있는지를 설명하지 못하고 있다. 교육 지도자들은 보통 SAT 점수로 뽑는 정확히 규정되지 않은 '최고' 의 학생을 선발하는 것 외에는 그 어떠한 입학전형 정책도 만들지 못하고 있다. 차별철폐조항에 대한 논쟁에서 가장 큰 이점은 교육자로 하여금 인종적 · 민족적 다양성뿐 아니라 다른 모든 종류의 다양성에서 비롯되는 이점을 이해하고 찬성하도록 만들었다는 점이다. 인종적 · 민족적 다양성을 교양교육의 중심에 자리 잡게 한 것이다.

다양성을 보여 주는 가장 좋은 사례는 교양교육에 셰익스피어의 예술을 포함시킨 것이다. 왜 모든 사람이 그의 구심성에 동의할까? 수 세기 동안 관찰되어 온 바와 같이 서로 다른 캐릭터의 내면을 넘나드는 그의 초인적인 천재성이 그 이유의 일부다. 몇 행의 대사에서 그리고 몇 분의 연극에서 관객은 자기만의 방식으로 사고하고 반응하는 특별한 인간과 조우하는 뚜렷한 느낌을 받게 된다. 이러한 감정이입 역량은 상당 부분 교육적 맥락에서 다양성을 경험한 것—타인의 관점과 그들의 삶의 경험이 어떻게 그들과 그들의 견해를 형성해 왔는지를 더 잘 이해할 수 있는 기회—과 연관되어 있다. 인종적 다양성은 특히 중요하다. 인종은 '미국의 딜레마' 다(Myrdal, 1962). 그러나 인종 문제를 극복하는 것도 모든 종류의 감수성을 넘나들 수 있는 힘이다. 이 감수성은 셰익스피어의 천재성과 위대한 교육의 핵심이기에 중요하다.

오늘날 SAT I처럼 일반적인 능력을 측정하는 표준화된 시험의 타당성과 폭넓은 결과에 대해 계속적으로 논쟁하는 것은 매우 중요하다. 그러나 이 논쟁에서 그런 시험이 교육에 대한 사회의 태도에 어떤 영향을 주는지 고려할 수 있어야 한다. 더 중요한 것은 그 논쟁의 저변에 깔려 있는 문제가 무엇인지 아는 것이다. 고등교육은 경쟁이라는 근원적인 문제에 직면하고 있다. 이 문제는 입학전형을 포함하면서도 고등교육의 많은 다른 양상을 건드리고 있다. 모든 경쟁이 나쁜 것은 아니다. 그러나 어떤 경쟁은 교육과 연구의 '성격'을 왜곡시키고 단순화시킬 수 있다. 이러한 경쟁으로 인해 우리의 자랑스러운 교육적 다양성의 역사가 오해받고 그로 인해 배제된다면 지극히 애석한 일이 될 것이다.

참고문헌

American Civil Liberties Union. (1996). *Racist speech on college campuses.* Retrieved April 30, 2003, from http://www.aclu.org/library/aahate.html

American Council on Education. (1995). *Making the case for affirmative action in higher education.* Washington, DC: Author.

Association of American Universities. (2002). AAU *statement on human cloning*. Washington, DC: Author.

Atkinson, R. C. (2000, September 28). Why federal funding for basic research is important. *Sandiego Union-Tribune*, p. B. 11. 2.

Atkinson, R. C. (2001a, February). *Standardized tests and access to American universities*. The 2001 Robert H. Atwell Distinguished Lecture, 83rd Annual Meeting of the American Council on Education. Washington, DC. Available at http://www.ucop.edu/pres/prespeeches.html

Atkinson, R. C. (2001b, Spring). Rethinking the SAT. *The Presidency*, p. 20.

Atkinson, R. C. (2002, Winter). Achievement versus aptitude in college admissions. *Issues in Science and Technolongy*, p. 32.

Carnevale, A. P., & Desrochers, D. M. (2002, April). The missing middle:

Aligning education and the knowledge economy. Paper commissioned for *Preparing America's Future: The High School Symposium*. Sponsored by the Office of Vocational and Adult Education, U.S. Department of Education in Washington, DC. Retrieved February 18, 2003, from http://www.ed.gov/offices/OVAE/HS/carnevale.doc

College Board. (2000). About the SAT program. In *College Board Program Handbook, 2000*. New York: Author.

College Board. (2001). *What does the SAT measure and why does it matter?* New York: Author.

Committee on Education and the Workforce. (2002). Hearing before the Subcommittee on 21st Century Competitiveness and the Subcommittee on Select Education of the Committee on Education and the Workforce, House of Representatives, 107th Congress, Second Session. Homeland security: Tracking international students in higher education progress and issues since 9/11 (Serial No. 107-79). Washington, DC: U. S. Government Printing Office.

D'Souza, D. (1991). Sins of admission. In *The affirmative action & diversity project. A web page for research*. Retrieved April 29, 2003, from http://aad.english.ucsb.edu/aa.html

Eliot, T. S. (1920). Hamlet and his problems. In *The sacred wood: Essays on poetry and criticism* (pp. 95-103). London: Methune.

Fletcher, M. A. (2001, February 17). Key SAT test under fire in Calif. University president proposes new admission criteria. *The Washington Post*, p. A1.

Frost, R. (1969). The road not taken. In *The poetry of Robert Frost* (p. 105). New York: Henry Holt & Co.

Geiser, S., & Studley, R. (2001). *UC and the SAT: Predictive validity and differential impact of SAT I and SAT II at the University of California*. Oakland: University of California, Office of the President.

Hankins, E., & David, T. (1996, Nov./Dec.). Racial division is enhanced by notions of "diversity." *The University Review*. Retrieved April 30, 2003, from http://www.utexas.edu/review/affirmative_action.html

Johnstone, B. (2001, Spring). The worldwide shift of higher education costs from governments and taxpayers to parents and students. *CCGSE Newsletter, 4*, 2. Retrieved April 22, 2003, from http://www.gse/buffalo.edu/DC/CCGSE/vol4_iss1/p.2.htm

Myrdal, G. (1962). *An American dilemma: The Negro problem and modern democracy*. New York: Harper & Row.

Powers, D. E., & Camara, W. J. (1999). *Coaching and the SAT I* (College Board research note No. RN-06). New York: The College Board.

Scehmo, D. J. (2001, February 17). Head of U. of California seeks to end SAT use in admissions. *The New York Times*, p. A1.

Troutt, W. E. (1998, January). *Straight talk about college costs and prices: Letter of transmittal*. Washington, DC: National Commission on the Cost of Higher Education. Retrieved April 20, 2003, from http://www.eriche.org/government/transmittal.html

U. S. News & World Report. (2002, September 23). America's best colleges 2003. *U. S. News & World Report*. Retrieved from http://www.usnews.com/usnews/edu/college/cohome.htm

CHAPTER 02 실무자 관점에서 본 대입전형 개선안

Robert Laird(전 UC 버클리 대학교 입학처장)

2003년 6월 23일, 미국 대법원은 Gratz 대 Bollinger, Grutter 대 Bollinger 소송에서 인종과 민족을 고려한 대학 입학전형 정책에 손을 들어 주었다. 이로써 법원은 이 나라에서 고등교육(그중에서도 특별히 선호되는 대학)에 대한 평등한 기회가 아주 중요하다는 것을 재확인해 주었다. 그러나 이러한 판결로 인해 입학전형 과정에서 인종과 민족을 고려하기로 한 교육기관들은 중요한 의무와 책임을 떠안게 되었다. 이 책의 많은 제안은 법원의 판결에 따라 대학이 다시 세울 입학전형 정책과 과정을 개선하는 데 기여할 것이다. 그런데 이 책에 나오는 다양한 제안이 실제로 효력을 가지려면 입학처의 현재 동향과 학생이 가장 선호하는 공립대학과 사립대학의 입학전형 과정의 차이를 이해해야 한다.

많은 우수한 공립대학이 사용하는 (간단하지만 가끔 이상한) 입학전형 과정은 보통 다음 세 가지 요소의 결과다. 첫째, 많은 우수한(selective) 공립대학은 오랫동안 그다지 선호되지 못했다. 둘째, 그중 대부분의 대학은 충분한 경험이나 주의 깊고 탄탄한 전형 과정 계획 없이 비교적 급격하게 대학 순위가 높아졌다. 이것은 버클리 대학의 경우 틀림없는 사실이다. 오늘날 가장 우수한 공립대학 중 하나임에도 불구하고 (2003년 가을학기 신입생 입학률: 23.9%) 이 대학은 1973년 가을학기까지는 그다지 경쟁률이 높지 못했다. 그해까지 캠퍼스는 기한 내에 지원한 모든 적격자를 신입생으로 받아들였다. 버클리 대학이 1998년 가을학기에 정교하면서도 개별화된 신입생 선발과정을 개발 · 시행하기까지는 수년에 걸친 여러 번의 정책적이고 법적인 대결이 필요했다.

셋째, 거대한 공립대학에서 입학처를 운영하려면 대학 내에서 우위를 차지하고 있는 타 부서와의 예산 경쟁이 불가피하다. 압도적으로 증가하는 신입생 지원 규모는 이러한 경쟁을 악화시킨다. 2003년 가을학기에 버클리 대학은 3만 6,900명 이상의 지원자를 받았다. 이러한 규모는 캘리포니아 주립대학 계열 중에서도 UCLA, UC 샌디에이고, UC 산타바버라에 이어 네 번째 순위였다. 종종 매우 제한된 예산—그러므로 당연히 소수의 직원만 있는—으로 엄청난 수의 지원자를 처리해야 하는 실정으로 인해서 많은 공립대학은 지원자를 간단하게 선별할 수 있는 방법을 찾아야 했다. 결과적으로 많은 공립대학은 신입생을 선발하기 위해 개인의 지원 서류를 모두 읽어 볼 필요 없이 수치—아마도 GPA나 SAT I 점수 또는 이 두 항목이나 다른 변수를 종합하여 산출해 낸 지표 등—에 의존하게 된다. 수년 동안 대부분의 사람은 어깨를 으쓱하며 이렇게 말해 왔을 것이다. "뭘 기대하겠어요? 엄청나게 큰 공립대학이잖아요." 그러나 지난 몇 년간 많은 주의 납세자들은 자녀의 사회 보증수표로서 주요 공립대학의 입학전형에 관심을 가지게 되었다. 그리고 공립이건 사립이건, 단과대학이건 종합대학이건 우수한 학교의 입학전형은 국가적인 강박 현상이 되어 버렸다. 결국 많은 공립대학의 입학 정책과 실제가 서투르고 비인간적이며 무엇보다 공정치 못하다는 비판을 받고 있다.

반면에 선호도가 높은 대부분의 사립 단과대학과 종합대학은 지원자 에세이, 추천서, 면접 결과를 포함해서 지원자의 모든 서류를 적어도 두 번씩 읽으면서 지원자를 개인으로서 대해 오고 있었다. 대부분의 경우 이러한 학교에서는 각 지원자가 제출한 정보를 바탕으로 입학사정관의 전문적인 판단 아래 조심스럽고 개별적인 결정이 내려졌다. 이러한 관행에 한 가지 비판이 있을 수 있다면, 그것은 판단 결과를 수량화하거나 검증할 수 없기 때문에 그 과정이 '주관적'이라는 것이다.

이러한 두 가지 기본적인 접근의 문제점을 보고, 어떤 이는 공식화하여 사용할 수 있고 수량화가 가능한 새로운 변인을 원할 것이다. 그들은 "공식 자체는 훌륭하다. 우리가 충분한 변인을 포함시키지 못할 뿐이다."라고 말할지도 모르겠다. 고려 대상이 되는 모든 변수를 취해 하나의 과정 안에 집어넣고는 만능 공식 안에 조합시켜 컴퓨터로 하여금 입학 결정을 내리도록 하고픈 유혹이라고 할 수 있겠다. 그러나 그것은 근본적으로 결함이 있는 접근법이다. 오히려 우리는 "선호도가 높은 공·사립대학은 지원자와 가족에게 어떤 의무를 이행해야 하는가?"라는 질문을 던질 필요가 있다. 현재는 엄격한 예산 제한으로 인해 공립대학이 내놓은 답은 '거의 없음' 이었다. 그러나 사립 및 공립 대학 모두 지원자 각각을 개인적으로 충분히 검토하고 각 개인이 직면한 기회와 도전에 맞서 얻어 낸 학업적·비학업적 성취를 측정해야 할 의무가 있다.

'자동화' 된 입학 결정을 내리기 위해 공식이나 지표를 사용하는 것은 분명 근거가 부족하다. 지원자가 특정한 성취, 자질을 가지고 있다고 보거나 없다고 보는 것, 예를 들어 '리더십' 이나 '역경', '지역봉사 점수' 에 대해서 150점 아니면 0점을 받는 이른바 '이분적인' 점수화 작업을 사용하는 전형 과정 역시 근거가 부족하다.

21세기 입학전형은 특히 선호도가 높은 대학에서 전형정책의 목적에 대한 합의에 근거해야 한다. 입학전형의 목적—입학전형에 포함된 시험의 목적이 아닌 전체 입학전형 자체의 목적—은 그 대학을 지원하려고 열심히 노력한 학생에게 보상하기 위한 것인지, 아니면 그 대학에서 가장 뛰어난 재원이 될 학생을 선발하기 위한 것인지를 결정해야 한다. 대학입학 후에 뛰어난 재원이 되었다는 것을 첫해 학점 평점으로 측정할지, 4~6년간의 졸업 성적으로 측정할지, 학과에서나 기숙사에서 보여 주는 지적 흥미나 호기심으로 측정할지, 혹은 대학졸업 전후의 리더십이나 봉사정신으로 측정할지는 모르겠지만 말이다. 더불어 입학전형에 대한 그 어떤 논쟁이든 저소득층, 아프리카계 미국인, 남미계, 북미 원주민 가정 등 불리한 출신 배경을 가진 학생에게 기회를 제공하는 사회적 평등장치로서 공·사립대학의 역할을 고민해야 한다. 입학전형 정책의 목적이 무엇이냐는 질문에 대한 장기적인 답은 앞서 제시한 여러 가지 가능성을 결합한 것이 될 것이다. 그러나 최소한 우리가 무엇을 하고 있으며 왜 그것을 하는지를 분명하게 자각해야 한다. 현재 상황이 그렇지 않기 때문이다.

입학전형 방향에서의 변화: 민권청(OCR)과 표준화된 시험 사용

1995년 7월에 캘리포니아 주립대학 이사회가 캘리포니아 주립대학 입학전형에서 차별철폐조항 사용을 끝내자는 SP-1 정책을 통과시키고, 1996년 11월에는 캘리포니아의 투표자들이 209법안을 통과시켰을 때, 차별철폐조항 추종자들은 즉각적으로 SAT I에 대한 비판을 시작했다. 그리고 대학의 신입생 입학정책에서 SAT I의 활용과 대학학점 선이수제(AP®)[1]를 공격했다. 그중에서도 가장 맹렬한 공격은 1999년 2월 UC 버클리를 상대로 낸 소송이었다(카스타네다 대 캘리포니아 대학분교 간의 소송).

카스타네다(Castañeda)에서 표준화 시험의 사용 기준 및 법적 근거 대부분은 1990년대 중반 미국 교육부 산하 민권청(Office for Civil Rights: OCR)

1) Advanced Placement®, Advanced Placement Program®, AP® 시험은 미국 대학입학위원회의 등록 상표다.

에서 밀어붙인 비공식적인 지침서에서 비롯된다. 약 6년 전, John Hayes Ⅲ세와 Theresa Fay-Bustillos는 전국의 입학전형 회의에 나타나 SAT I을 비롯한 다른 표준화된 시험의 활용 가능성 기준을 알리고 다녔다. Hayes는 캔자스시티의 민권청 변호사였으며 Fay-Bustillos는 멕시코계 미국인의 법적 변호와 교육 재단(Mexican American Legal Defense and Educational Fund: MALDEF)의 변호사(현재 부회장)였다. 이 기준이 결코 OCR에 의해 공식적으로 인정된 것은 아닌데도 Hayes와 Fay-Bustillos는 대학이 이러한 기준에 책임을 다해야 한다고 주장했다.

카스타네다의 원고 측 변호사은 그들의 주장을 포착하여 사용하였고, 당시 그 기준에는 명확한 법적 효력이 없었음에도 불구하고 자신들의 소송에서 법적 근거 자료의 하나로 포함시켰다. 1999년 5월, 마침내 OCR은 초고 형태로 지침서를 공식적으로 발행하였다. 이 지침서에 대한 입학처 관계자와 미국 대학입학위원회 그리고 ETS(Educational Testing Service)의 반응은 아주 강렬했다. Hebel(2000)이 『고등교육 편년사(*The Chronicle of Higher Education*)』에서 밝혔듯이, "많은 대학 관계자는 그 자료를 표준화된 시험을 사용하지 못하게 하려는 시도로 보았다."(p. A31) 처음보다는 완화된 자료의 두 번째 판이 1999년 12월에 출간되었으며, 2000년 7월에는 두 번째와 비슷하지만 오늘날 『학생에 대한 중대한 결정을 내릴 때의 시험 사용(*The Use of Tests When Making High-Stakes Decisions for Students*)』이라고 불리는 세 번째 판이 출간되었다. 이는 중요도 면에서는 차이가 없겠지만, '교육자와 정책 결정자를 위한 자원 안내' 라는 부제목으로도 출간되었다. 국민 의견 수렴기간은 2000년 8월 중순에 끝났으며 미국 교육부 산하 OCR에서는 2000년 12월 15일에 최종판을 출간하였다(U.S. Dept. of Education, Office of Civil Rights, 2000). 그런데 '자원 안내(resource guide)' 라는 용어는 모호한 것이며, 이러한 지침서가 정책과 법적 결정에서 어떤 법적 근거를 지녀야 하는지가 매우 중요한 문제가 되었다.

전국의 입학처 관계자가 OCR의 고압적인 태도에 분개하였지만 이 사안에 관심을 가진 여러 곳에서 좋은 결과도 발생하였다. OCR에서 만들어 낸 기준의 법적 근거가 확실치 못한데도, 그들은 대학입학 관계자로 하여금 시험의 사용 행태뿐 아니라 입학정책의 목적과 각 학생의 환경이 그 학생의 성취도 평가에 작용한 역할에 대해서도 재검토하도록 했다. 입학전형에 중요한 표준화된 시험이 어떤 학생에게는 불공정하게 사용되어 왔다는 OCR의 판단은 정확했다. 특히 그 시험들이 인종과 가정의 소득 수준에 따라 다른 결과를 낳았지만, 엄격한 선발 방침에 따라 각 학생의 개인적 환경은 고려하지 않고 사용되었을 때는 더욱 그러했다.

중대한 교육적 결정에 표준화 시험을 사용하는 관행에 영향력을 행사하려는 OCR의 노력은 2000년 3월에 고 Paul Wellstone 상원의원이 '학생평가의 공정성과 정확성 법령'(The fairness and Accuracy in Student Testing Act, 2000)을 제안했을 때 최고조에 달했다. MALDEF는 그 법안을 지지하기 위해 언론에 Fay-Bustillos의 증언을 했다. 그러나 이 법안은 2000년, 2001년 회기에 채택되지 못했으며, 2002년 11월에 여전히 상원의 보건, 교육, 노동, 연금 위원회에 머물러 있었다. Wellstone의 죽음과 상원의회 지도부의 교체와 함께 더 이상 이 법안은 논의 대상이 되지 않을 것으로 보인다.

허를 찌르기

1999년 중반부터 George W. Bush 대통령이 취임하기까지 OCR의 중요한 시험 사용에 대한 지침서는 K-12[2]와 대학들이 표준화 시험을 사용하는 방식에 변화를 주려고 했던 것으로 보인다. 그러나 2001년 봄이 끝날 무렵에 미국 대법원은 Alexander 대 Sandoval 소송에서 OCR의 허를 찔러 버

2) 미국의 학제는 K-12라고 불리며 유치원부터 고등학교 졸업반까지 학년을 통합해서 매긴다. 유치원은 K, 초등학교는 1학년부터 5학년 또는 6학년까지, 중학교는 6학년 또는 7학년부터 8학년까지, 고등학교는 9학년부터 12학년까지에 해당한다.

렀다. 법원은 판결문에서 대학과 주정부 기관에서 인종이나 민족과 같이 비교 대상이 아닌 것에 영향을 받는 표준화 검사와 같은 도구를 사용하여 학생을 차별하려 했다는 의도를 입증해야 한다고 결정 내렸다(Savage, 2001). 법원은 OCR이 조심스럽게 발전시킨 법적 근거—의도적이지는 않더라도 비교 대상이 아닌 요인이 영향을 주는 표준화 검사와 같은 입학도구를 제지해야 한다는 것—의 맥을 일거에 잘라 버렸다.

Alexander 대 Sandoval 소송건의 판결은 즉각적인 효력을 발휘했다. 2001년 12월, 플로리다 주지사인 Jeb Bush에게 보내는 편지에서 시민단체들은 플로리다 주에서 '밝은 미래 장학금'이라 불리는 장학생 선발에 사용되는 기준에 이의를 제기하였다(Selingo, 2001). 선발 기준은 SAT I 또는 ACT®[3]에서 최소한의 점수를 가지면서 GPA를 함께 보는 것이었다. Selingo가 『고등교육의 편년기(*The Chronicle of Higher Education*)』에서 밝혔듯이 장학생 중 3%만이 아프리카계 미국인이었다. 그들이 시험을 친 비율은 14.4%였다. 그러나 Sandoval 소송의 결과로 이에 대한 불만의 목소리는 비교적 조용했으며, 장학생 선발 기준에 대한 법적 이의제기 신청도 이루어지지 않았다.

Sandoval 소송에서의 결정은 약자와 여성에게 좀 더 공정하고 평등한 사회를 만들려던 노력에 역행하는 것이다. 그러나 얄궂게도 Sandoval은 버클리 대학을 상대로 낸 카스타네다 소송건을 삼켜 버렸는데, 이 소송건은 이후 2003년에 거의 모든 대학의 지지를 받은 것이었다. Sandoval은 또한 Cureton 대 NCAA(미국대학체육협회)라는 매우 명백한 소송을 종식시켰다. 이 소송에서 아프리카계 미국인 운동선수 Cureton은 신입생 대학연합 운동선수의 적격성을 판단하기 위해 NCAA가 SAT I의 엄격한 커트라인 점수를 사용하는 것에 이의를 제기하였던 것이다(Hawes, 2001).

3) ACT®은 ACT 회사의 등록 상표다.

경쟁률 높은 공 · 사립대학이 해야 할 일

이 책의 많은 제안이 성공할 것처럼 보이지만, 어떤 제안이 최종적으로 입학전형으로 채택될 것인가에 상관없이 대학—특히 선호도가 높은 대학—이 이미 시행하고 있어야 할 일이 많이 있다. 이 장의 나머지 부분에서는 이러한 정책과 실행에 대해 다루도록 하겠다. 비교할 수 없는 요인에 대한 논쟁을 다룬 Sandoval 소송건의 결과에도 불구하고, 『학생에게 중대한 결정을 내릴 때의 시험 사용』에 나와 있는 다른 OCR 방침은 상당 부분 이론적으로 옳은 것이다. 다음 제안 중 처음 네 가지 제안은 OCR 지침서에서 바로 채택한 것이다.

1. 대학은 입학전형 목적을 분명하게 진술해야 한다

외부인에게는 당연하게 보이겠지만, 대학의 입학전형 목적을 명확하게 진술해야 한다는 것이 입학 담당자, 이사회, 교수진에게도 당연하게 여겨진 것은 아니었다. 입학정책 입안자들은 표준화된 시험의 기능에 특별히 주의해야 한다. 예를 들어, SAT I의 주목적은 대학 신입생의 첫해 성적을 좀 더 정확하게 예측하는 것이다. 만일 입학전형 과정에서 SAT I을 사용하였는데 신입생의 첫해 성적을 제대로 나타내지 못했다면, 이 시험이 학생들을 편리하게 구분하는 것 이외에 전형 과정에서 다른 어떤 기능을 하는지 정확하게 해명해야 한다.

대학은 이러한 입학정책 진술서를 가지고 있어야 한다. 그 진술서는 대학 설립목적과도 직접적으로 관련되어 있어야 한다. 실제 입학정책은 대학의 설립목적과 입학정책 목적 진술서의 두 가지를 근거로 수립되어야 한다. 입학정책 목적 진술서 작성 시 대학이 고려해야 할 몇 가지 목표의 예는 다음과 같다.

- 대학의 교육과정과 교수진에 의해 최대의 혜택을 받을 수 있는 학생을 입학시킨다.
- 가장 우수한 고교 성적을 가진 학생을 입학시킨다.
- 인종적 · 민족적 다양성을 반영할 수 있는 학생을 입학시킨다.
- 수업에 가장 잘 참여할 수 있는 학생을 입학시킨다.
- 지역사회와 국가를 위해 지속적으로 봉사할 수 있는 학생을 입학시킨다.
- 졸업 이후 본 대학에 가장 큰 명예를 가져다줄 학생을 입학시킨다.
- 대학 첫해에 가장 높은 성적을 받을 수 있는 학생을 입학시킨다.
- 졸업을 위한 이수학점이 높을 학생을 입학시킨다.
- 졸업 이후 학교에 재정적으로 후원할 학생을 입학시킨다.
- 대학에서 가장 높은 시험 점수를 획득할 만한 학생을 입학시킨다.

많은 대학은 공식적으로 작성된 문서를 가지고 있지 않아도 나름대로 암묵적인 입학정책 목적을 가지고 있다. 대학이 이러한 정책목적을 진술하는 독립된 문서를 가지도록 요구하는 것은 타당하게 보인다. 대학이 성취해야 할 정책이 무엇인지 모른다면 입학정책이 성공적이었는지를 어떻게 알 수 있는가? 그러나 언젠가 진술서와 그것을 평가하는 방법에 대해 법원이 판단을 내리게 된다고 생각하면 조금 두려워진다. 법정에서 이의 신청을 받은 입학정책을 볼 때 이런 상황이 일어날 가능성은 점점 더 높아지고 있다.

2. 대학은 입학전형 과정에서 적절한 준거를 사용해야 한다

대학은 학생 선발과정에서 적절한 준거를 사용해야 한다. 그리고 그 준거들은 입학정책 목적 진술서와 직접적인 관련성이 있어야 한다. 만약에 대학이 명확한 근거를 가지고 지원자의 합격 · 불합격을 결정하는 공식에 시험 점수를 사용하는 것이 아니라면 고교에서 이수한 교과목, 학점, 성적 등을 포함시켜야 한다. 또한 지적 호기심과 성취도, 특기, 리더십, 봉사정신, 열의, 끈기, 고난 극복능력 등도 포함시켜야 할 것이다. Grutter 대

Bollinger 소송의 판결처럼 합법적인 경우라면 인종과 민족 또한 준거에 포함시켜야 할 것이다(2003).

이러한 준거 중 어느 것도 고정적이거나 절대적인 것으로 여겨서는 안 된다. 예를 들어, 교육과정 이수는 지원자의 고등학교 사정에 따라 다르게 평가되어야 한다. 이 평가에서는 특히 지원자나 학교가 심화 과정과 같은 별도의 교육 과정에 참여했는지를 알려 주는 정보를 포함시켜야 한다. 또한 특정 과정에 대한 수요가 공급을 능가한 경우, 혹은 예산 등의 문제로 처음 계획했던 과정의 시행이 취소된 경우도 고려되어야 한다. 대학은 지원자가 선택한 교육 과정에 영향을 미친 특별한 배경이 있었는지 질문해야 한다.

대학은 지원자를 집단으로 대하는 준거를 사용해서는 안 된다. 인종이나 민족뿐 아니라 주거지, 출신 고교, 리더십, 성취도, 고난 등을 기초로 하여 그 집단 내의 개개인을 똑같은 대상으로 취급하여 단일하게 대하는 준거를 사용해서는 안 된다. 특정 성취도와 개인적 자질을 점수화하고 모든 점수를 더해서 합계 내는 방식의 입학전형 과정은 대부분 제대로 운영되지 못하고 왜곡되기 쉽다. 예를 들어, 리더십을 가졌다고 판단된 모든 지원자에게 150점을 주는 행위는 두 개의 클럽 활동 부장을 한 학생과 학생회 대표로 선출된 학생 간의 성취도와 책임의 차이를 변별하지 못하는 것이다. 또 특정 고등학교를 나온 모든 학생에게 사회적 혜택을 받지 못한 것에 대한 보상 점수로 300점을 주는 것은 동일 학교 내에서도 개인에 따라 환경적 차이가 있음을 주지하지 못한 행위다.

3. 대학이 입학전형 준거에 따라 가중치나 값을 부여한다면 합리적으로 해야 한다

2번 지침에서 언급한 '적절한'과 마찬가지로, '합리적'이라는 것도 논쟁의 여지가 있다. 그러나 비합리적인 가중치—예를 들어, 시험 점수가 절대적 기준이 되는 전형—가 어떤 것인지는 인식할 수 있다. 또한 여러 개의 선발 준거를 가지고 중다회귀분석을 통하여 경험적으로 도출된 가중치를 개발할 수도 있다. 이렇듯 빠르게 가중치를 부과할 수 있는 준거들은 완전하고 분석적인 것처럼 보이지만 관련 이해집단에게 그러한 준거에 대해 설명하기는 매우 어렵다. 게다가 이런 가중치의 경우 지원자를 제한된 시각으로 보게 할 우려가 있다. 즉, 가중치를 개발하는 통계학자가 지원자 전체를 광범위한 맥락에서 보지 못하고 통계적 차이에만 몰두하게 될 위험이 있는 것이다.

가중치에 대한 이런 논의에는 매우 골치 아픈 문제가 내재되어 있다. 표준화된 시험 점수, 우등과정, AP 과정[4] 등의 가중치에 대해 각 준거마다 제한을 두어야 할까? 그렇다면 누가 어떤 근거로 제한선을 정해야 할까? 어떤 점에서는 학문의 자유를 누려 왔던 분야를 법원이 통제한다고 상상하기는 어렵다. 캘리포니아 대학 이사회 대 Bakke 소송건(1978)[5]에서 Powell 대법원 판사는 교수진의 학생 선발 권리는 학문적 자유의 핵심이라고 밝혔다. Grutter 대 Bollinger 소송건(2003)에서 O' Connor 판사의 의견 또한 이러한 대학의 입장을 존중해 주고 있다.

4. 대학은 개별 준거 및 총체적 준거를 정기적으로 평가하여 그것이 입학정책 목적을 달성하고 있는지 판단해야 한다

OCR의 지침서는 학생을 선발하는 각 준거가 제대로 역할을 하고 있는지 그 타당성을 조사해야 한다고 말한다. 이것은 ACT와 SAT 조직이 대학을 위해 제공하는 합리적인 지침이다. 개별 준거가 전체적인 입학전형 과정의 목적 달성에 유용한 것임을 어떻게 알 수 있을까? 이에 대한 타당성 조사에는 한계가 있을지 모르나, 대학은 선발 준거를 최대한 정확하게 분석해야 한다. 미시간 대학의 결정은 인종과 민족 활용과 관련해서 이 점을 강조하고 있다.

4) 역주: 대학의 과목을 고교 과정에서 미리 수강하는 것이다.

5) 불합격이 된 Bakke라는 백인 학생이 캘리포니아 대학을 상대로 낸 소송으로, 대학입학에서 흑인 우대는 인종 역차별로 위헌이라는 판결이 났다.

5. 대학은 입학전형에서 엄격한 원점수나 공식을 활용해서는 안 된다

시험 점수를 단일 선발 준거로 사용하는 것이나 중요한 의사결정을 위해 여러 개의 준거를 결합하는 지표에 기준 점수를 정하는 것은 부적절하다고 알려져 있다. 그럼에도 불구하고 많은 우수한 공·사립대학에서 지원자를 선별하기 위하여 수치로 된 공식을 사용하고 있다. 버클리 대학에서는 이미 7년 전에 이러한 지표 사용을 중지했지만, 적어도 다른 두 곳의 캘리포니아 주립대학에서는 여전히 같거나 비슷한 지표를 사용하고 있다. 다른 공·사립 종합대학도 지원자 선별을 위해 채점 지표를 사용한다.

버클리 대학에서 이전에 사용했던 지표(GPA×1,000+SAT I 점수+3개의 SAT II 점수)에는 적어도 두 가지 문제가 있었다. 하나는 시대 흐름에 따른 신입생 지원자 집단의 변화가 이 지표에 반영된 원래의 값을 왜곡시킬 수 있다는 것이다. 버클리 대학은 1998년에 이 지표의 사용을 중단했다. 지원자 집단이 점점 경쟁적이 되면서 많은 지원자의 GPA 점수대가 평점 4.0 가까이에 몰려 있었기 때문이다. 이것은 그들 모두가 위 지표의 GPA 평점 점수 부분에서 대략 4,000점을 얻었다는 것을 의미한다. 그래서 결국 SAT 시험 점수가 당락을 좌우했던 것이다.

지표나 수치로 된 기준 점수 사용에서 다른 하나의 난제는 비교 불가능한 요인에 대한 측정이 다른 지원자 집단에 미칠 수 있는 영향이다. Alexander 대 Sandoval(2001) 소송에 대한 대법원 판결에도 불구하고, 시험 점수 사용의 공정성은 여전히 논쟁거리가 되고 있다. 시험 점수의 평균이 인종, 가정 소득 수준, 부모의 교육 수준에 따라 다르기 때문에 이러한 지표는 영어가 모국어가 아닌 학생, 저소득층 출신 학생, 그리고 아프리카계, 라틴계, 미국 원주민 등의 유색인종 학생에게 불리하게 작용한다. 버클리 대학 입학처는 1998년 가을까지 그들에게 전형 과정의 다른 부분에서 우선권을 부여함으로써 경제적 불리함, 인종적·민족적 배경에 대한 불이익을 상쇄할 수 있었다. 그러나 1998년 이전의 버클리 대학은 모든 지원자의 서류를 읽지 않고 2차 심사 대상자를 가려내기 위해 이 지표를 사용했다. 즉, 이 지표에서 10점 정도의 차이만 나더라도 입학 결과 여부에는 큰 차이가 생길 수 있었던 것이다. 결국 버클리 대학 입학사정 위원회는 이 지표가 신입생 입학전형 과정을 왜곡시킨다는 것을 인식하고 없앴다.

여러 변수를 사용하여 정확성을 갖춘 듯한 착각에 빠지게 하는 정교한 공식 또한 입학 사정자를 부추기는 함정이다. 이러한 유혹은 특히 입학사정 위원장이 수학자이거나 통계학자일 때 자주 발생한다. 이와 관련해서는 재검토 과정에서 특정 준거에 따라 명확한 범위의 추가 점수를 부여함으로써 지표를 잘못 사용해서 생긴 오류를 경감시킬 수 있다고 믿을 위험성도 있다. 그러나 많은 경우에 수백 명의 학생은 부족한 점수로 인해 이미 재검토 과정에서 제외되었을 것이므로 추가 점수의 혜택을 받지 못할 것이다.

입학전형에서 수치화된 선발 점수나 수학 공식을 사용하지 않도록 요구하기는 쉽다. 그러나 이러한 요구는 입학 사정 시 발생하는 대학의 냉혹한 재정적 현실을 간과하고 있는 것이다. 수학 공식의 사용은 소수의 직원이 대학당국의 제한적인 재정지원을 가지고 엄청난 수의 지원자를 관리해야 한다는 것과 연관되어 있다. 이것은 이상적인 실행과 입학전형 경비 지원 문제를 포함한 업무 현실 간에 극심한 갈등을 낳는다. 입학전형에 더 많은 돈을 투자하는 대학에서는 아마도 추가 지원금의 대부분을 전문성을 갖춘 입학사정관 기용보다는 입시 설명회, 마케팅, 그리고 인력채용에 쓸 것이다. 표준화된 시험 점수, 고급 과정 이수에 대한 추가 점수, 점수 산출 공식 등 '수치'의 올바른 사용은 앞으로도 몇 년간 많은 주의와 관심을 끌 것이다. 그리고 지원자의 출신 배경에 따른 기회의 차이를 설명해 주지 못하는 공식은 점점 더 많은 공격 대상이 될 것이다.

6. 대학은 가능한 한 많은 지원 서류를 읽어 봐야 한다

이 지침은 5번 지침을 뒤따르는 것이다. 지원 서류를 읽는 것은 노동력이 많이 필요한 작업이기에 비용이 많이 든다. 그러나 이것은 정보를 바탕으로 결정하는 최선의 방법이기도 하다. 또한 입학사정관과 교수진, 그리고 다른 검토자가 중요하고 가치 있는 방식으로 참여하게 한다. 가장 중요한 것은 각각의 지원 서류를 읽어 보는 것이야말로 O'Connor 판사의 의견을 따라 인종과 민족을 고려하는 입학전형 방식의 주춧돌이 된다는 점일 것이다.

지원 서류를 읽어 보는 선발방식에는 다음 몇 가지가 기본적으로 중요하다. (1) 서류 검토의 규준을 정하여 검토자를 훈련시켜야 하며, (2) 선발 과정 중에도 훈련은 계속되어야 하고, (3) 각 검토 결과는 필요한 경우 추적과 수정이 가능해야 하며, (4) 선발 작업 종료 후에 전 과정을 다시 한 번 주의 깊게 평가해야 한다. 모든 지원 서류를 적어도 두 명의 검토자가 읽어야 하며, 두 번째 검토자는 첫 번째 검토자의 평가 점수를 모르고 있어야 한다. 동일한 지원 서류에 대한 검토자 간 차이 문제를 해결할 방법이 있어야 한다. 최종적으로 선발 인원보다 많은 동점자가 나왔을 때 이를 선별할 수 있는 정책이 있어야 한다. 컴퓨터 기술을 이용하면 검토자에게 많은 정보를 제공하고, 점수를 전자 입력하며, 검토자 개인별 및 집단별 채점 결과를 추적하고, 매일의 채점량을 기록할 수 있다. 채점의 신뢰도와 타당도를 구할 때는 반드시 주의를 기울여야 하며, 합의된 선발 과정의 기준 가치를 받아들이지 못하는 채점자들의 점수는 빼도록 한다. 수학 공식이나 정해진 가중치 없이 서류 읽기 작업을 한다고 해서 임의적이고 주관적으로 결정하는 것은 아님을 강조하는 것이 중요하다.

규모가 큰 대학의 예산처는 국가 예산이 계속 감소하는—따라서 주립대학의 전체 예산도 감소하는—현 상황에서 위의 과정을 하기 위한 입학처 예산의 증가를 계속 반대할지도 모른다. 그 예로 버클리 대학에서 모든 지원 서류를 적어도 두 번씩 읽겠다는 결정을 내린 이후에는 첫해에만 19만 7,000달러의 추가 경비가 들었다(버클리 대학 지원자의 규모가 미국의 그 어느 대학보다 많다는 점을 기억하라.). 이것은 큰 액수의 돈이다. 그러나 이로 인해 버클리 대학은 훨씬 나은 입학전형 방식을 실행에 옮길 수 있었고, 공정하다는 인식을 심어 주어 지원자와 그 가족에게서 신뢰를 얻었다. O'Connor

판사는 Grutter 대 Bollinger(2003) 소송건에서 모든 지원 서류를 읽는 데 드는 그 어떤 행정적 부담과 비용도 각 지원자를 개별적으로 검토하지 못한 것에 대한 변명이 될 수 없다고 밝혔다.

7. 대학은 성취도 평가 시 지원자의 배경을 고려해야 한다

미국 젊은이들 간에 기회의 불균형이 심각하므로 학생의 환경을 고려하여 성취도를 평가하는 것은 중요하다. 특히 표준화된 시험 점수의 분석에서 환경은 단순히 언어적 배경, 가정의 소득 수준, 부모의 교육 수준만을 의미하는 것이 아니다. 이 세 가지가 근원적으로 중요한 변인이기는 하지만 말이다. 7번 지침은 가족, 학교, 지역사회 분위기 등 학생 개인의 배경에 대해 가능한 한 많은 부분을 이해해야 한다는 것을 의미한다. 이것은 어려운 환경에 있다고 해서 무조건 점수를 주는 것이 아니라 불리한 환경에 관계없이 공정하게 측정하는 것을 의미한다. 이것은 곧 학교의 리더를 맡은 학생과 마찬가지로 방과 후 매일 어린 동생을 돌보는 학생이 가지고 있는 책임감과 독립심의 자질을 인정하는 것을 의미한다. 지원자가 고등학교에서 AP 과정을 두 과목만 이수했다 하더라도 좋은 점수를 받았으면 할 수 있는 능력만큼 최선을 다했음을 인정해 주는 것이다.

8. 대학은 지원자의 출신 고등학교에 대해 가능한 한 많은 것을 알아야 한다

입학사정관은 종종 고등학교를 '훌륭함', '나쁨', '재앙 수준임' 등으로 쉽게 묘사한다. 그러나 이러한 손쉬운 판정에 의심을 가질 필요가 있다. 그러한 판단은 2시간 정도 학교 시찰을 한 후나 그 학교 출신 지원자 두세 명의 지원 서류를 읽은 후 얻은 인상에 기초한 것이다. 그러나 대학은 널리 사용되는 데이터베이스를 활용해서 고등학교 분석표를 작성할 수 있다. 7년 전에 버클리 대학 총장실에 이와 같은 프로젝트를 요청한 적이 있었다. 총장실의 분석가들은 캘리포니아 주 교육부 자료와 캘리포니아 주립대학 데

이터베이스, 그리고 미국 대학입학위원회의 등록 기획 자료를 합산하여 이 프로젝트를 시작할 수 있게 해 주었다. 버클리 대학의 입학처 직원은 그런 정보에 새로운 정보를 추가하여 놀라울 정도로 정교한 분석표를 완성하였다.

버클리 대학의 고교 분석표 중 첫 번째 부분은 각 고등학교의 교육과정에 중점을 두고 있다. 우등과정(honors course)이나 AP 과정이 몇 과목 신설되어 있는지, 졸업생의 캘리포니아 주립대학 예비과정 수료 비율은 어느 정도인지, 수료 비율의 순위가 몇 등인지 등이 포함되어 있다. 두 번째 부분은 졸업률, 졸업생의 AP 시험 응시율, 3점 이상의 점수를 받은 학생의 AP 시험 응시율과 그것의 주 내 백분위 순위, SAT I의 언어 · 수리 · 논술 영역 점수 평균, 캘리포니아 주립대학에 지원한 해당 고등학교 지원자의 SAT I 점수 평균, SAT I 시험 응시율 등의 내용을 담고 있다. 세 번째 부분은 각 고교마다 학부모의 소득 평균, 영어 능통자가 아닌 학생(Limited English Proficient: LEP)의 비율, 정부지원 대상 가정 출신 학생 비율, 무료 급식 프로그램 대상 학생 비율 등을 담고 있다. 분석표는 또한 전년도의 지원자 수와 합격자 수를 보여 주고 있다.

'버클리 분석표' 는 또한 지원자 개인의 학업적 · 인구통계학적 정보를 보여 주며, 그해의 모든 지원자에 대한 전체 순위와 별도로 같은 고등학교 내 다른 지원자와 비교해서 지원자 개인의 여러 변인별 백분위까지 계산해 준다.

그러나 버클리 대학은 다음 네 가지 중요한 질문에 대해서는 부분적인 답만 제시하고 있다.

1 특정한 고교가 학생을 능력별로 편성하는가? 그렇다면 어떤 방식으로 편성하는가?
2 우등과정/대학과목 선수과정에 대한 수요에 대비해서 실제 교과목의 개설 가능 규모는 얼마나 되는가?

3 해당 고교의 개설 교육과정 목록에 있는 과목이 그해에 실제로 개설되었는가?

4 해당 고교의 수업 시간표가 겹쳐서 우등과정을 수강하지 못하게 된 경우가 있는가?

특정한 학생이 우등과정/대학과목 선수과정의 개설 규모가 큰 학교인데도 그것을 듣지 못한 이유를 이해하기 위해 이러한 질문에 대한 답을 아는 것은 중요하다. 버클리 대학 입학처는 5년 전부터 이 같은 정보를 수집하기 위하여 해마다 캘리포니아 내 각 고등학교에 설문지를 보내기 시작했다. 이는 완벽한 방법은 아니지만 여러 고등학교에 대해서 막대한 양의 유용한 정보를 얻을 수 있었다.

미국 내 단과대학과 종합대학이 이러한 분석표의 중요성에 동의한다면 각 주마다 이러한 분석표의 계획과 제작이 가능할 것이다. 이때 대학마다 개별적으로 만드는—따라서 많은 비용이 드는—분석표가 아니라 각 주의 교육부가 입학사정관 집단과 협력하여 제작하는 분석표여야 할 것이다.

9. 대학은 지원한 각 고교 졸업생의 수행능력 행로를 추적하고 지원자 평가에서 그 정보를 고려해야 한다

각 고등학교와 대학은 합격자 집단의 첫해 평점 평균, 지속적인 등록률, 졸업 평점, 그리고 6년 동안의 졸업률을 기록해 놓아야 한다. 고교 시절 평점과 대학 입학 첫해 및 졸업 평점 평균의 차이를 계산하는 것 또한 유용할 것이다. 이러한 데이터 항목을 계산할 때, 대학은 계산에 포함된 학생 수에 주의를 기울여야 한다. 특정 고등학교의 지원자 수가 적을수록 더 많은 변동이 있을 수 있음은 분명하다. 전공별 학생 분포도를 기록하는 것도 중요하다. 이공계열 학점 수여 관행은 인문대나 사회대보다 엄격하다는 증거가 있다(Ramist, Lewis, McCamley, 1990; Ramist, Lewis & McCamley-Jenkins, 1994; Strenta & Elliott, 1987; Willingham, 1985). 또한 6년간 측정된 변인이

6년 후 같은 고등학교 출신의 지원자와는 매우 다른 기회와 환경을 가질 수 있는 학생에 대한 것임을 명심하는 것이 중요하다. 마찬가지로 변인 추적 시간이 더 오래 걸릴수록 측정 불가능한 간섭요인이 결과에 영향을 미쳤을 가능성이 높다는 점도 중요하다.

이러한 상대적인 정보는 이상적인 세계에서 입학사정관이 가지고 있어야 할 정보의 일부일 뿐이다. 특히 부모는 그들의 자녀들이 이른바 '취약한' 고등학교에 갔더라면 더 높은 평점을 받아서 버클리 대학에 입학할 수 있었을 것이라고 믿기도 한다. 그러나 학생들은 학교 내에서 고의적으로 점수 얻기 쉬운 교사의 수업을 듣는 학생들과 경쟁하게 되는 것에 비하면 고교 간 격차에 대해서는 걱정을 덜 한다. 각 교사의 점수 부여 관행과 지원자가 어느 교사의 수업을 들었는지에 대한 정보를 수집하면 선발의 공정성은 더 높아질 것이다. 그러나 대부분의 경우 이것은 현실적으로 불가능하다.

10. 대학은 가능한 범위까지 지원자 정보에 대한 검증 절차를 개발해야 한다

입학사정관과 정책입안자는 부유한 학생이 비싼 시험 준비과정을 거치고 개인 입시 상담가가 상담 및 '지원 계획'을 맡아서 해 주는 등의 편의를 받고 있는 것에 대해 점차 더 많은 걱정을 하고 있다. 유수의 대학은 지원자가 상업적인 시험 준비과정에 등록했는지, 했다면 어떤 곳에 등록했는지 물어보는 질문을 추가하는 것에 대해 주의 깊게 생각해 보아야 한다. 이 외에도 지원자가 학교 상담가 외에 다른 전문적 도움을 받았는지의 여부를 물어보고, 받았다면 마치 1040 양식(1040 form)[6]에 세무 대리인의 이름을 쓰는 칸이 있는 것처럼 도움을 준 전문가 또는 기관의 이름을 쓰는 항목을 추가할 수도 있을 것이다. 이러한 항목은 지원자의 배경에 대해 중요한 정

6) 역주: 미국의 개인 소득세 신고서 양식이다.

보를 제공해 줄 것이다.

Schevitz(2000)는 듀크 대학이 2001년 가을학기 지원자에게 지원용 에세이 작성 시 도움을 받았는지 물어봄으로써 이 부분에 대한 첫 단추를 끼웠다고 보고했다. 듀크 대학은 2002년 가을학기 지원자에게도 동일한 질문을 했다. Brownstein(2002)은 2년간 실험을 하여 결과 분석을 시도했다. 그의 논문에서 듀크 대학 입학처장인 Christoph Guttentag은 듀크 대학을 포함한 여러 대학 지원자의 투명성에 대해 걱정하고 있었다.

심지어 더 심각한 문제는 표절하거나 구매한 지원 에세이와 허위 정보의 문제다. 이것은 유수의 대학 입학사정관이 판단하려 했으나 쉽게 해결책을 찾지 못한 어렵고도 성가신 문제다. 인터넷은 학생들이 에세이 작성과 관련된 부정행위를 더욱 쉽게 저지르도록 하고, 입학사정관이 확신을 가지고 이를 밝혀내기 어렵게 만들고 있다. 예전에는 입학사정관이 『입시에 성공한 에세이(*Essays That Worked*)』(Curry & Kasbar, 1990)와 같은 책을 읽고 지원자의 에세이를 보는 즉시 베낀 것임을 밝혀낼 수 있었다. 적어도 누군가 대신 써 준 것임을 밝히는 것도 어렵지 않았다. 왜냐하면 문체나 글의 분위기가 17, 18세의 수준과 맞지 않았기 때문이다. 그러나 인터넷은 실제 17, 18세 학생이 쓴 수천수만 개의 훌륭한 에세이를 볼 수 있게 해 준다. 또한 일반적으로 에세이 주제가 광범위하고 개방적일수록 다른 소스에서 관련 에세이를 찾기는 더 쉽다.

이런 경우 에세이를 제공하는 웹사이트를 검색할 수 있는 기술력을 제작 혹은 구입해서 검색어만 가지고도 해당 대학의 모든 지원자의 에세이를 감별할 수 있거나, plagiarism.com 등에서 지원하는 표절 보호 서비스를 활용하는 것이 가능할지도 모른다. 그러나 이런 절차를 가능하게 하려면 모든 입학원서를 컴퓨터로 받은 후 에세이 검열 프로그램에 집어넣어 작동시킬 수 있어야 한다. 또는 입학처에서 손으로 쓴 에세이를 전부 컴퓨터 시스템으로 스캔하여 다시 검열 프로그램에 집어넣어야 한다. 이러한 방법으로 에세이를 체크하는 것은 번거롭고 많은 시간과 비용이 들 것이다. 2003년

1월, 미시간 주립대학과 텍사스 주립대학은 지원자가 외부의 도움을 받는 것을 통제하기 위한 방편으로 시험감독하에 에세이 시험을 치르겠다고 공식 발표했다(Bartlett, 2003).

지원자가 속임수를 써서 이익을 얻을 수 있는 다른 영역이 두 가지 있다. 하나는 '상벌사항 및 활동사항'이라고 불릴 만한 부분이며, 다른 하나는 개인적 · 가족적 배경에 대한 것이다. 어떤 사립대학은 고등학교 내의 입시상담가가 지원자 제출 서류의 상벌사항 및 활동사항에 서명할 것을 요구하기도 한다. 캘리포니아 주에는 규모가 큰 고등학교와 상담가가 없는 학교도 많기 때문에 이런 방법은 별 효과가 없을 것이다. 다른 대학은 지원 서류 내용을 증명하는 문서 제출을 요구한다. 그러나 이것은 번거로울 뿐 아니라 어떤 경우에는 제출이 어렵거나 아예 불가능하기도 하다. 게다가 컴퓨터를 정말 잘하는 학생들은 이러한 증명서까지도 감쪽같이 만들어 낼 수 있다.

개인적 · 가족적 배경에 대한 거짓말은 특히 캘리포니아, 플로리다, 워싱턴 주와 같이 공립대학교의 차별철폐조항 준수 법안을 철폐한 주의 경우 선발기관이 지닌 취약점 중 하나다. 위의 주들의 경우 차별철폐조항을 시행했을 때보다 더 사회경제적으로 불리한 처지나 다른 어려움을 입학정책에서 강조하는 경향이 있다. 지원자는 가족의 수입에 대해 거짓말을 하거나 부모의 교육 수준을 낮춰 적을 것이다. 입학처는 가정 수입에 대한 정보를 재정지원국과 함께 비교 · 확인할 수 있다. 저소득층 가정의 학생이라면 재정지원을 요청했을 것이라는 가정을 해 볼 수 있기 때문이다. 이러한 검토 절차는 번거롭고 부정확할 수도 있으나 입학사정 과정에 이를 추가할 필요가 있다. 그러나 현실은 학생들이 부모나 가족의 죽음, 이민생활의 고난, 자신이나 가족의 병 등을 포함하여 다른 환경에 대해서도 거짓말하고 싶은 유혹에 빠질 수 있다는 것이다. 이런 종류의 내용은 특히 규모가 큰 고등학교 출신일 경우 검토하기가 더욱 어렵다.

일반적으로 입학사정관은 허위 정보나 표절을 쉽게 가려낼 수 있다는 대외적 인상을 주고 있다. 이것은 솜씨가 서툰 부정행위자의 에세이를 가지고 떠는 허풍이다. 나는 얼마나 자주 있는 일인지는 말하기 어렵지만 버클리 대학에서도 정기적으로 속고 있을 것이라고 확신한다. 부정 행위자를 잡아내는 방법은 대부분 그들이 친구에게 자신이 얼마나 솜씨가 좋았는지를 자랑하고 이를 다른 학생이 고발한 경우다. 이런 경우 우리는 해당 지원자에게 전화를 걸거나 편지를 보내어 정중하게 그에 대해 물어보고 필요하다면 증명 서류를 요구한다. 우리는 '주민 발의 209안(Proposition 209)'[7] 이전에 인종과 민족 배경에 대한 허위 진술이 의심되면 이같이 하였다.

또 다른 예로 캘리포니아 주립대학은 지원 서류의 마지막에 "나는 모든 정보가 사실이며 첨부된 모든 개인 진술서를 직접 기재하였음을 증명합니다. 만약 하나의 정보라도 불완전하고 부정확한 것으로 판명되었을 경우 캘리포니아 주립대학이 입학과 등록을 취소할 수 있음을 주지하고 있습니다."라는 내용을 삽입하여 서명하게 한 부분에 의존해 왔다. 이것은 지원자의 정직성을 확인하는 미약한 장치인 셈이다.

2002년 11월, 드디어 UC 계열 대학의 범조직적 입학전형 위원회는 캘리포니아 주립대학 기관이 지원자 서류에 기재된 상벌사항과 활동사항 및 개인·가족 배경의 내용에 대해 무작위식 검증 작업을 실시하겠노라고 공식 발표하였다(Board of Admissions and Relations with Schools, 2002). 이것은 UC 계열 대학의 입학전형 과정의 투명성을 보증하는 중요한 진척이었다. 특히 UC 계열 대학은 고등학교 교사나 상담 전문가의 추천서를 요구하지 않기 때문이다. 수많은 캘리포니아 학생이 UC 계열 대학에 지원하기 때문에 추천서를 요구하는 것은 이미 업무 과다에 시달리는 교사와 특히 상담 전문가에게 부담을 안겨 주고, 캘리포니아 소재 고등학교에 광풍을 불러일으킬지도 모르는 일이다. 규모가 큰 캘리포니아 소재 고등학교에서 300명

7) 역주: 캘리포니아 주에서 발의한 안건으로, 1998년부터 소수인종을 직접적으로 우대하는 방식을 금하여 적극적 차별조치의 대안으로 시행되고 있다.

이상의 학생들이 UC 계열 대학에 지원하는 것은 흔한 일이며, 가장 혜택을 받지 못한 많은 학교에서는 이러한 추천서를 써 줄 상담 전문가가 없기 때문이다.

감독하에 에세이 시험을 보는 것과 지원자 정보를 재검증하는 것 다음으로 대학이 취할 수 있는 부정행위를 막는 가장 효과적인 방법은 지원자에게 매우 세부적이고 초점이 있는 에세이 주제를 제시하고 매년 그 주제를 바꾸는 것이다. UC 계열 대학은 2004년 지원자를 대상으로 이 방식을 채택했다. 이제 더 이상 '역사나 문학작품에서 가장 좋아하는 인물', '관심을 갖고 있는 국가적 · 국제적 이슈를 논하시오.'와 같은 주제는 내지 않는다. 이 외에도 에세이와 관련된 작은 문제는 대부분의 대학이 지원 서류 작성 시 어떤 종류의 외적 도움을 받을 수 있는지의 여부에 대해 UC 지원서에서 인용된 진술서 내용 외에는 말하고 있지 않다는 점이다. 이에 대학 지원서에는 입학 위원회나 입학처장이 주의 깊게 작성한 것으로서 개인의 정직성, 공정성, 윤리적 행동 면에서 외부 도움을 받을 수 있는 선을 분명하게 밝히는 진술서가 포함되어야 한다.

대부분의 대학 지원자는 정직하고 윤리적으로 지원서를 작성한다. UC 입학 위원회의 새로운 검증 절차에 대한 공식 발표는 UC 샌디에이고의 보고 내용을 포함하고 있다. 보고서 내용에는 2002년 가을학기 지원자 중 437명을 표집했을 때 보충 증거 서류를 제시하지 못한 학생은 한 명밖에 없었다는 것이다. 대부분의 학생이 지원 서류 작성 과정에서 정직하다는 또 다른 증거는 특히 에세이 같은 지원 서류를 신중하게 작성하지 않은 상태로 제출하고 있다는 것이다. 부정행위는 놓친 기회만큼 문제가 되지 않는다. 즉, 너무나 많은 학생이 지원 절차를 충분히 진지하게 생각하지 못하고, 에세이를 써야 할 마지막 순간까지 자신에 대해 효과적으로 쓰는 방법을 몰라서 입학 결정에 영향을 미칠 정보를 포함시키지 못하고 있다는 것이다. 너무나 많은 학생이 지원서에서 자신을 나타내는 적절한 방법을 모르고 있기에 효과적으로 부정행위를 저지르는 학생들은 전형 과정에서 더 많은 이점을 얻을 수도 있다.

마지막으로 이러한 부정행위 논쟁의 한 원인은 바로 대학이다. Stecklow (1995)는 많은 대학이 『U. S. 뉴스 앤드 월드 리포트』에서 제공하는 대학 순위표에서 자신의 학교 순위를 올리기 위해 고의적으로 잘못된 데이터를 제출했다고 밝혔다. 또한 많은 대학이 순위를 올리기 위해 조기에 입학을 결정하는 계획을 채택했다. 2000년 말, 위스콘신 대학과 아이다호 대학은 대학 안내서를 출간하면서 인종적 다양성을 보여 주기 위해 사진을 위조했다가 적발되었다. 버클리 대학을 포함한 많은 대학은 1년 전까지만 해도 학자 수를 자랑하기 위해 국가적 위상을 떨친 학자들을 정기적으로 '구매' 해 왔다.

캘리포니아 대학의 Richard Atkinson(2001) 총장에 의해 시작된 SAT I에 대한 국가적 논쟁, Gratz 대 Bollinger, Grutter 대 Bollinger(2003) 소송건에서의 대법원 판결, 입학사정 도구에 대한 이후의 관심 초점 등은 입학정책 입안자와 입학전형 과정에 관심을 가지는 모든 사람에게 입학전형의 의미가 무엇이며, 어떻게 실시되고, 어떻게 개선될 수 있는지에 대한 사려 깊고 복잡하며 창조적인 토론을 하게 하는 놀라운 기회를 제공한다. 이 책에 나오는 많은 접근법은 공·사립대학의 입학전형 절차를 강화시켜 줄 것이다. 아울러 정비가 필요 없는 부분이 무엇인지 이해하고, 일단 입학 서류가 쏟아진 다음에 입학처에서 실제 일어나는 일을 좌우하는 시간과 예산이라는 엄청난 압박에 주의 깊은 관심을 가지는 것 또한 중요한 일이다.

참고문헌

Atkinson, R. C. (2001, February 18). *Standardized tests and access to American universities*. The 2001 Robert H. Atwell Distinguished Lecture, delivered at the 83rd Annual Meeting of the American Council on Education, Washington, DC. Retrieved January 28, 2003, from www.ucop.edu/ucophome/commserv/sat/speech.html

Alexander v. Snadoval., S. Ct. 99-1908 (2001).

Bartlett, T. (2003, January 16). Universities of Michigan and Texas will require applicants to take a writing exam. *The Chronicle of Higher Education*. Retrieved March 1, 2003, from http://choronicle.com/daily/2003/01/2003011602n.htm

Board of Admissions and Relations With Schools. (2002). *First-year implementation of comprehensive review in freshman admissions: A progress report from the board of admissions and relations with schools*. Oakland: University of California Academic Senate.

Brownstein, A. (2002, March 1). Duke asks applicants if they got help on essays, and most say they did. *The Chronicle of Higher Education*, p. 35.

Castañeda v. Regents of the University of California. Lawsuit filed on February 2, 1999, in U. S. District Court, San Franciscon, by the Lawyers Committee for Civil Rights et al., on behalf of eight plaintiffs.

Curry, B., & Kasbar, B. (Eds.). (1990). *Essays that worked: 50 Essays from successful applicants to the nation's top colleges*. New York: Fawcett Book Group.

The Fairness and Accuracy in Student Testing Act, S. 460, 107th Cong. (2000).

Gratz v. Bollinger, 123 S. Ct. (2003).

Grutter v. Bollinger, 123 S. Ct. (2003).

Hawes, K. (2001, August 27). NCAA's day in court. *The NCAA News*. Retrieved March 1, 2003, from http://www.ncaa.org/news/s001/20010827/active/3818n04.html

Hebel, S. (2000, July 14). Little is changed in latest draft of Education Department guidelines on standardized tests. *The Chronicle of Higher Education*, p. A31.

Ramist, L., Lewis, C., & McCamley, L. (1990). Implications of using freshman GPA as the criterion for the predictive validity of the SAT. In W. Willingham, C. Lewis, R. Morgan, & L. Ramist (Eds.), *Predicting college grades: An analysis of institutional trends over two decades* (pp. 261-288). Princeston, NJ: Educatinal Testing Service.

Ramist, L., Lewis, C., & McCamley-Jenskins, L. (1994). *Student group differences in predicting college grades: Sex, language, and ethnic groups* (College Board Rep. No. 93-1). New York: College Entrance Examination Board.

Regents of the University of California v. Bakke., 438 U. S. 265 (1978).

Savage, D. (2001, April 25). Supreme Court scales back part of the '64 Civil Rights Act. *The Los Angeles Times*, p. A.1.

Schevitz, T. (2000, December 25). College hopefuls padding admission forms. *San Francisco Chronicle*, p. A.1.

Selingo, J. (2001, December 21). Civil rights groups blast Florida's use of SAT scores in awarding scholarships. *The Chronicle of Higher Education*, p. A18.

Stecklow, S. (1995, April 5). Cheat sheets: Colleges inflate SATs and graduation rates in popular guidebooks. *The Wall Street Journal*, p. A1.

Strenta, A. C., & Elliott, R. (1987). Differential grading standards revisited. *Journal of Educational Measurement, 24*(4), 281-291.

U. S. Department of Education, Office of Civil Rights. (2000). *The use of tests as part of high-stakes decision making for students: A resource guide for educators and policymakers*. Washington, DC: Author.

Willingham, W. W. (1985). *Success in college: The role of personal qualities and academic ability*. New York: College Entrance Examination Board.

CHAPTER 03 어떤 이들이 대학입학을 준비하는가? 21세기 고등교육 인구 통계

Earnest W. Kimmel(전 ETS 평가개발부장)

광범위한 교육과 지식에의 접근은 미국 사회의 발전 초기부터 소중한 목적이었다. 미국은 보편적인 초·중등학교 체계를 구축하는 데 앞장서 왔다. 1950년부터 2000년까지 고등교육의 기회는 큰 폭으로 확장되었다. 이 장에서는 다양한 정보를 모아서 21세기 초 현재 어떤 이들이 고등교육기관에 들어가려고 애쓰는지 알아보고자 한다. 이 장의 마지막에서는 고등교육기관 입학 예정자 수에 영향을 끼칠 수 있는 여러 가지 요인을 검토하면서 결론을 내린다.

언론에서는 미국 인구 구성에서의 변화를 폭넓게 다루어 왔다. 우리는 서부와 남부 지역의 인구 변화에 대한 기사를 읽고 있으며, 나이를 먹어 가는 베이비붐 세대의 이야기를 끊임없이 듣고 있다. 미국인구조사국(U. S. Census Bureau, 2003)은 현재 라틴계 사람이 미국에서 가장 큰 소수민족 집단이라고 발표했다. 20세기 동안 미국에서는 남자보다 여자의 수가 더 많아졌다. 국민의 평균 연령은 23세 이하에서 35세 이상으로 높아졌다. 10년마다 서부의 인구는 그 어떤 지역보다 빠르게 성장했다. 20세기 초반에는 거주자 8명 중 1명꼴로 백인이 아니었지만 20세기 말에는 4명 중 1명꼴로 백인이 아닌 것으로 나타났다(Hobbs & Stoops, 2002).

가장 극적인 변화가 일어난 분야 중 하나는 교육 수준이다. 25세 이상 인구 중 4년제 고등학교를 졸업한 비율은 1910년에 13.5%였으나(Snyder, Hoffman, & Geddes, 1997, 〈표 8〉) 2000년에는 84%로 증가했다(Newburges & Curry, 2000, 〈표 1〉). 4년제 이상의 대학교육을 받은 인구 비율은 1940년에는 25세 이상 성인 남성의 5.5%, 여성의 3.8%였던 것이 2000년에는 남성은 27.8%, 여성은 23.6%로 증가했다. 전체 인구가 1900년에 7,600만 명이던 것이 2000년에는 2억 8,100만 명으로 늘어난 것을 감안하면 이러한 교육 수준의 확대는 더욱 놀라운 것이다(Hobbs & Stoops, 2002, [그림 1-1]).

미래에 대한 국가적 전망

고교 졸업생은 2001년에 280만 명이었는데 2008~2009년에는 320만 명으로 최대치가 되었다가, 2012년이 되면 다시 300만 명이 조금 넘을 것으로 추정되고 있다(Gerald & Hussar, 2002, 〈표 23〉). 서부연합고등교육위원회(Western Interstate Commission for Higher Education: WICHE)는 2007~2008년에 고교 졸업생 수가 최고치를 기록할 것으로 예측하고 있다. 그런데 고교 졸업생 수의 증가는 12학년 학생들의 졸업자 비율의 변화라기보다는 예측기간 동안 일어날 18세 인구의 증가 현상을 반영한 것이다(Gerald & Hussar, 2002, p. 53). 전국교육통계센터(National Center for Education Statistics [NCES], 2003, 〈표 5-1〉)에 의하면, 학부생 등록은 2000년에 1,290만 건에서 2011년이 되면 1,500만 건이 넘을 것으로 추정된다. 학위를 수여하는 교육기관에서 전체 등록자 수는 2001년에 1,540만 건에서 2012년에는 1,760만 건이 될 것으로 추정된다(Gerald & Hussar, 2002, 〈표

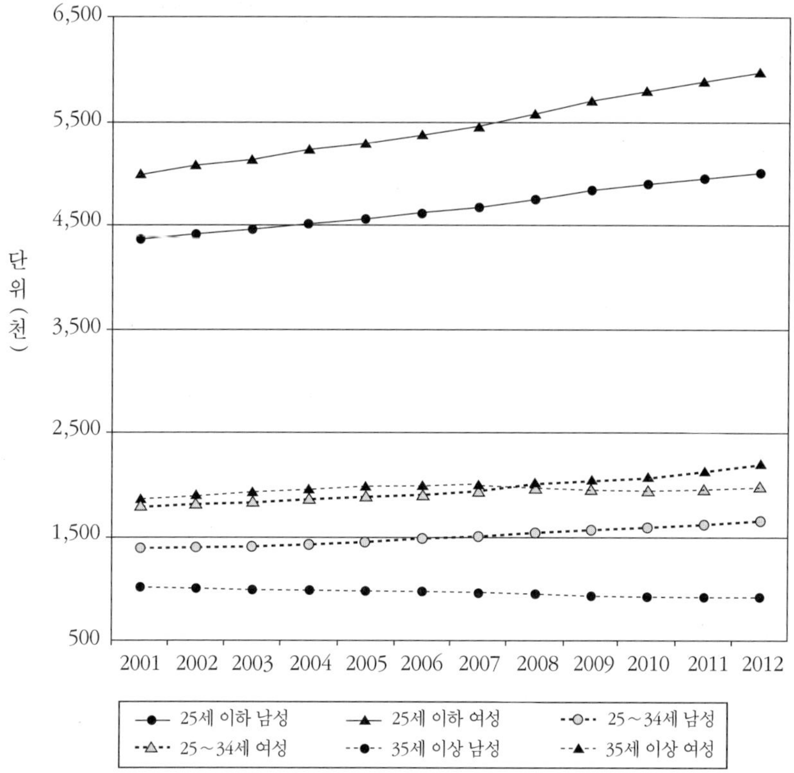

[그림 3-1] 2001~2012년 성별 및 연령별 예상 입학생 수(Gerald & Hussar, 2002)

10〉). 이러한 전반적인 등록자 수의 증가는 18~24세의 전통적인 대학생 인구 중 14%의 남학생 수 증가와 20%의 여학생 수 증가로 인해 가능한 것이다. [그림 3-1]에서는 35세 이상의 남자 입학생 수는 감소하고 여자 입학생 수는 6% 정도 증가한 반면, 더 젊은 층의 학생 수는 지속적으로 늘어나고 있음을 보여 준다.

국가적으로 정규 등록 학생 수는 시간제/학점제 등록생 수보다 빠르게 늘어날 것으로 추정된다. 정규 등록생의 경우, 2001~2012년에 남학생 수는 13% 증가에 그치는 반면, 여학생 수는 20% 이상 늘어날 것으로 보인다. 그리고 시간제/학점제 학생 수는 남녀 모두 10%나 그 이하로 늘어날 것으로 예상된다(Gerald & Hussar, 2002, 〈표 11〉).

고등교육기관의 모든 부분에서 주목할 만한 성장이 예상된다. 2년제 공립대학의 등록생 수는 2001~2012년에 약 12% 정도 늘어날 것으로 보인다. 4년제 공립대학, 사립대학, 2년제 사립대학에서는 같은 기간의 등록생 수가 15~16% 정도 늘어날 것으로 보인다. 사립대학 등록생 수는 2001년에 전체 대학의 등록 건수 중 23.2%를 차지하였고 2012년까지는 23.4%를 차지할 것으로 추정되므로 미미한 정도로 늘어날 것이다(Gerald & Hussar, 2002, 〈표 15〉~〈표 18〉).

전국적으로 학부생 수는 2001년에 1,330만 명이었던 것이 2012년까지 1,530만 명이 되면서 15% 늘어날 것으로 예상된다. 여학생 등록(17.2%)은 계속해서 남학생 등록(12.1%)보다 빠르게 늘어날 것이다. 대학원과 전문대학원 등록생 수의 증가율은 11% 선에서 그칠 것으로 보인다. 학사 이상의 수준에서는 여성 등록자 수가 남성 등록자 수보다 빠르게 늘어날 것으로 예상된다. 대학원의 경우는 여학생 등록자 수가 14.6% 정도 늘어나는 반면 남학생 등록자 수는 7% 이하 선에서 늘어날 것으로 보인다. 그리고 첫 번째 전문학위 프로그램의 경우 남성 등록자 수는 6.4% 늘어나는 반면 여성 등록자 수는 17.1% 늘어날 것으로 추정된다(Gerald & Hussar, 2002, 〈표 19〉~〈표 21〉).

그러나 단과대학과 종합대학의 행정가들은 이러한 예상이 정확한 등록생 수를 보장할 것으로 생각해서는 안 된다. 교수진도 현재의 교육과정이 계속해서 등록 학생들이 필요로 하는 것을 만족시켜 줄 것이라고 보아서는 안 된다. 대학의 문을 두드리고 있는 이들은 지역적으로 균등하게 분포되어 있는 것이 아니다. 또한 많은 대학이 학업 면에서 그들이 기대하는 것을 충족시킬 준비가 되어 있는 것도 아니다.

지역별 및 주별 통계

앞서 설명한 광범위한 국가적 경향성이 모든 지역에서 동일하게 나타나는 것은 아니다. 학생 수의 변화는 지역과 주에 따라 크게 차이가 날 것이다. 서부연합고등교육위원회(WICHE, 1998)의 고교 졸업생 수 예측 연구는 다음과 같은 내용을 싣고 있다.

> 21세기 초가 되면 대부분의 주에서 고교 졸업생 수가 증가하겠지만 그렇지 않은 곳도 있을 것이다. 적어도 한 주에서는 1995~1996년보다 2011~2012년에 졸업생 수가 감소할 것이다(p. 17).

표 3-1 어디에서 성장이 일어날 것인가? 2001~2012년 고교 졸업생 수 변화 예측

급격한 성장 +10% 또는 이상	완만한 성장 +2%부터 +10%	거의 변화 없음 ±2% 또는 이하	완만한 감소 -2%부터 -10%	급격한 감소 -10% 또는 이상
2001년 졸업생의 42%	2001년 졸업생의 14%	2001년 졸업생의 30%	2001년 졸업생의 9%	2001년 졸업생의 5%
애리조나	콜로라도	앨라배마	하와이	컬럼비아 특별구
캘리포니아	코네티컷	알래스카	아이오와	루이지애나
플로리다	델라웨어	아칸소	캔자스	메인
조지아	메릴랜드	아이다호	미주리	노스다코타
일리노이	매사추세츠	인디애나	몬태나	오클라호마
네바다	뉴욕	켄터키	네브래스카	사우스다코타
뉴저지	테네시	미시간	버몬트	웨스트버지니아
노스캐롤라이나		미네소타	위스콘신	와이오밍
텍사스		미시시피		
버지니아		뉴햄프셔		
		뉴멕시코		
		오하이오		
		오리건		
		펜실베이니아		
		로드아일랜드		
		사우스캐롤라이나		
		유타		
		워싱턴		

주: WICHE(1998), Gerald & Hussar(2002) 연구 데이터를 저자가 분석함.

이 같은 고교 졸업생 수 예측에 대한 WICHE의 연구에 더하여, 국가교육통계센터(National Center for Educational Statistics; Gerald & Hussar, 2002)는 중·고등학교의 종류, 성별, 인종과 민족별로 2011~2012년의 공립고교 졸업생 수를 예측하고 있다. 두 가지 연구는 2000~2001년부터 2011~2012년까지 각 지역에서 비슷한 비율로 졸업생 수가 늘어날 것으로 예측하고 있다. 그러나 주별로는 추정치에 큰 차이가 있다. 각 지역에서 추정된 수와 비율의 변화는 이 장 부록에 제시되어 있다.

〈표 3-1〉은 고교 졸업생 수의 변화 추정치에 따라 주들을 묶고 있다. 이 표는 두 개의 예측 연구에서 나타난 추정치보다 변화가 적을 것으로 보이는 주들을 보여 주고 있다.

10개의 주에서 2001~2012년에 10% 또는 그 이상으로 학생 수가 늘어날 것으로 예상된다. 그 대부분은 인구가 많은 주다. 이들 주를 합하면 미국 전역의 2001년 고교 졸업생 수의 약 42%가 된다. 뉴저지 주를 제외하고는 대학진학을 한 졸업생 수는 30% 이상이 되지 않는다(Morgan, 2002, 〈표 D〉). 플로리다와 버지니아 주는 등록생 수의 25%가 다른 주에서 온 학생들이다.

다른 7개 주의 고교 졸업생 수는 이 기간 동안 적어도 2% 이상 늘어날 것으로 예상된다. 이들 주는 2001년 졸업생의 약 14%를 차지하고 있음을 볼 수 있다. 코네티컷 주 대학 진학자 수의 약 45%는 다른 주의 대학에 신입생으로 입학한다. 콜로라도, 코네티컷, 델라웨어, 매사추세츠 주 네 곳은 학부 신입생 수의 25%가 다른 곳에서 온 학생들이다. 주의 고교 졸업생 수가 비교적 완만하게 늘어난 것은 아마도 다른 주에서 유입된 학생들에 의한 효과일 것이다.

18개 지역 고교 졸업생 수는 거의 변화가 없을 것으로 예측된다. 이들 지역의 졸업생 수는 2001년 전체 졸업생 수의 30%를 차지하고 있다. 몇몇 주에서 두 개의 예측 연구 결과에 중요한 차이가 있다는 것을 주목해야 한다. 아칸소 주와 뉴햄프셔 주는 대학진학이 가능한 졸업생 수의 약 50%를 다른 주로 보내고 있으나, 실제 수는 해마다 수천 명 수준에 그친다. 다른 5개 주(아이다호, 미네소타, 뉴햄프셔, 로드아일랜드, 유타 주)에서는 학부 신입생 등록자 수의 25% 이상이 다른 주에서 유입된다.

4개의 권역으로 흩어져 있는 다른 8개 주는 2～10% 정도로 졸업생 수가 감소할 것으로 예상된다. 이 주들의 졸업생 수는 2001년 졸업생의 9%가 채 안 되는 비율이다. 이 중 버몬트 주는 상당한 수의 학생이 유출 및 유입되는 유일한 주다. 대학진학 고교 졸업생 수의 거의 50%가 다른 주로 떠나고, 50% 이상의 학생들이 다른 주에서 들어온다.

컬럼비아 특별구를 포함한 다른 8개 주의 학생 수는 10% 이상 큰 폭으로 줄어들 것으로 예상된다. 이것은 나라 전체로 보면 거의 영향을 미치지 못하는데 이들을 다 합쳐도 전미 고교 졸업생 수의 5%밖에 차지하고 있지 않기 때문이다. 컬럼비아 특별구, 노스다코타, 와이오밍 주에 등록된 대학 입학생 수의 30% 또는 그 이상이 다른 주로 빠져나간다. 그리고 메인 주와 컬럼비아 특별구 역시 다른 주로의 대학 진학률이 상당하다.

인종 및 민족 집단별 교육 참여율

고교 졸업생 수와 대학 입학생 수 증가의 많은 부분은 유색인종 인구로 인한 것으로 예측된다. WICHE(1998)의 조사에서는 2012년 히스패닉계 미국인 고교 졸업생 수가 거의 30만 명 이상 늘어나 1995년 졸업생 수의 1.5배가 될 것으로 예상하고 있다. 같은 기간 동안 아시아계 미국인 고교 졸업생 수는 약 9만 5,000명으로 95%가 늘어날 것으로 보인다. 아프리카계 졸업생의 수는 2012년까지 7만 5,000명 늘어나 1995년에 비해 25% 정도 늘어날 것으로 보인다. 2012년까지 백인 고교 졸업생 수는 1995년에 비해 7,000명가량이 줄어들 것으로 예상된다.

국가적 차원에서 백인 졸업생 수는 거의 13%가량 줄어들 것이다. 10개 주에서 1995~2012년에 백인 고교 졸업생 수는 15~38%까지 감소할 것이다. 네바다 주의 학생 수는 크게 감소할 것이다. 백인 학생이 줄어든 만큼 히스패닉과 그보다 좀 더 적은 비율의 아시아계 학생들이 그 자리를 채울 것이다. 인종·민족적 비율에서 비슷한 패턴의 변화가 애리조나, 캘리포니아, 플로리다, 조지아, 오리건, 그리고 워싱턴 주에서 예상된다. 아칸소 주에서는 히스패닉계 졸업생 비율이 높아지는 반면, 백인 학생뿐 아니라 아프리카계 미국인 졸업생 수도 함께 감소할 것으로 보인다. 오클라호마 주에서는 백인 졸업생 수가 감소하는 대신 히스패닉계와 아메리카 원주민 졸업생의 수가 증가할 것이다. 그리고 로드아일랜드 주에서는 아프리카계 미국인 졸업생 수가 소폭 늘어나는 동시에 히스패닉계 졸업생 수가 대폭 늘어날 것이다.

Carnevale과 Fry(2000)는 2015년까지 학부 신입생의 주별, 인종·민족별 등록 수를 예측했다. 고교 졸업생에 대한 전국적 경향도 앞서 설명한 패턴과 유사하다. 2015년에 히스패닉계 학부 입학생 수는 1995년에 비해 70% 이상 늘어나 약 100만 명 정도가 될 것으로 예상된다. 아시아계 미국인 학부생 수는 2015년까지 60만 명 이상(85%) 정도 늘어날 것으로 추정된다. Carnevale과 Fry(2000)는 1995~2015년에 백인 학부생 수는 대략 50만 명 늘어나서 증가율이 6% 미만이 될 것으로 예측한다. 같은 기간 동안 아프리카계 미국인 학부생 수는 39만 5,000명(23%) 늘어날 것으로 보인다.

히스패닉계와 아시아계 미국인 학부생의 증가는 몇 개 주에만 집중되어 있다. 캘리포니아 주는 아시아계 학생 수가 49%, 히스패닉계 학생 수가 36% 증가할 것으로 예측한다. 플로리다, 일리노이, 뉴저지, 뉴욕, 텍사스 주에서도 히스패닉계 학부생의 수는 크게 증가할 것이다. 캘리포니아와 함께, 이들 주에서는 히스패닉계가 거의 75% 정도 늘어날 것으로 예측하고 있다. 매사추세츠, 뉴저지, 뉴욕, 텍사스, 워싱턴 주에서는 아시아계 미국인 학생 수의 급격한 증가가 예측된다. 캘리포니아 주를 포함한 이 6개 주에서 아시아계 미국인 학생 수의 증가는 약 70% 정도 이루어질 것이다.

표 3-2 인종 · 민족별 대학생(학부) 수 비율의 변화(1995～2015년)

	아프리카계 미국인	아시아계 미국인	히스패닉	기타	백인
앨라배마	−0.2	+0.4	+0.6	−0.4	−0.4
알래스카	+0.1	+11.2	+3.3	−4.2	−10.5
애리조나	+0.2	+0.6	+7.0	+1.7	−9.6
아칸소	−1.0	+0.4	+1.3	−	−0.8
캘리포니아	−1.5	+7.0	+6.9	−	−12.3
콜로라도	+0.7	+1.4	+3.9	+0.7	−6.7
코네티컷	+1.7	+2.0	+4.2	+0.6	−8.4
델라웨어	+3.1	+0.8	+2.2	−	−6.1
컬럼비아 특별구	−7.4	+1.9	+3.1	−1.9	+4.2
플로리다	+0.7	+0.5	+8.2	−	−9.4
조지아	+4.1	+0.8	+0.9	−	−5.8
하와이	−0.3	+2.7	+1.8	−	−4.3
아이다호	+0.2	+0.6	+3.0	+1.7	−5.4
일리노이	−0.2	+2.1	+4.4	−	−6.4
인디애나	+0.9	+0.7	+1.4	−	−3.0
아이오와	+1.1	+1.3	+1.1	−	−3.6
캔자스	+1.1	+0.9	+3.0	+0.4	−5.3
켄터키	+0.8	+0.4	+0.8	−	−1.9
루이지애나	+2.4	+1.0	+2.1	−	−5.5
메인	+0.1	+1.2	+0.9	−	−2.1
메릴랜드	+3.2	+2.5	+3.4	−	−9.1
매사추세츠	+1.6	+4.6	+4.1	−	−10.3
미시간	+1.4	+1.2	+1.4	−0.5	−3.5
미네소타	+2.0	+3.0	+1.6	−	−6.7
미시시피	+0.6	+0.4	+0.6	−0.5	−1.2
미주리	+1.1	+0.4	+1.2	−0.1	−2.7
몬태나	+0.1	+0.7	+1.7	+2.7	−5.1
네브래스카	+1.2	+0.9	+2.2	−	−4.3
네바다	+0.5	+1.9	+8.4	+0.3	−11.1
뉴햄프셔	+0.2	+1.1	+0.9	+2.8	−5.0
뉴저지	+0.8	+4.1	+5.5	−	−10.4
뉴멕시코	−0.2	+0.2	+4.7	+2.4	−7.2
뉴욕	−0.3	+3.7	+4.5	−	−8.0

노스캐롤라이나	+1.3	+0.8	+0.8	-0.7	-2.2
노스다코타	+0.6	+0.5	+0.9	+2.7	-4.6
오하이오	+2.3	+1.0	+1.0	-	-4.3
오클라호마	+2.3	+0.9	+2.5	-	-5.7
오리건	+0.3	+2.0	+3.4	-	-5.6
펜실베이니아	+1.5	+1.6	+1.8	+0.1	-5.0
로드아일랜드	+1.2	+2.3	+6.4	-	-9.9
사우스캐롤라이나	-0.3	+0.5	+0.7	-	-0.9
사우스다코타	+0.4	+0.5	+0.4	+3.1	-4.4
테네시	+1.9	+0.4	+0.6	-	-2.9
텍사스	+0.6	+1.3	+5.1	+0.5	-7.5
유타	+0.3	+1.5	+2.2	+1.2	-5.2
버몬트	+0.4	+0.7	+1.9	-	-2.9
버지니아	+2.1	+2.9	+2.6	-	-7.5
워싱턴	-0.1	+3.9	+3.5	-	-7.3
웨스트버지니아	+0.4	+0.8	+1.0	-	-2.1
위스콘신	+2.1	+2.6	+1.4	-	-6.1
와이오밍	+0.1	+0.7	+4.0	+0.9	-5.7
전국	+0.4	+3.0	+4.7	+0.1	-8.2

출처: Carnevale & Fry(2000), 부록 B.

아프리카계 학생 수의 증가는 좀 더 광범위할 것으로 예상된다. 텍사스, 조지아, 플로리다, 메릴랜드 주에서 총합 37% 정도로 가장 크게 증가할 것으로 추정된다.

백인 학부생의 수는 다른 주들에서 감소하는 반면 몇 개 주에서는 늘어날 것으로 예상된다. 뉴욕, 펜실베이니아, 오하이오, 웨스트버지니아, 미시간 주에서 1만 명 혹은 그 이상이 줄어드는 반면, 텍사스, 플로리다, 캘리포니아, 워싱턴, 노스캐롤라이나, 애리조나, 콜로라도, 유타, 조지아 주에서는 3만 명 혹은 그 이상의 백인 학생 수가 증가할 것이다.

〈표 3-2〉에서 보듯이, 몇 개 주에서는 인종·민족적 차이가 있는 대학생의 상대적 비율에서 주목할 만한 변화가 예상된다. 전국적으로는 1995~2015년에 백인 대학생 수의 비율이 8%를 조금 넘는 수준으로 줄어들 것으

로 예측된다. 5개 주에서는 백인 학생 수의 비율이 10% 혹은 그 이상 줄어들 것으로 예측된다. 캘리포니아 주에서는 아시아계와 히스패닉계 학생 수가 각각 약 7% 정도 늘어날 것으로 보인다. 네바다 주에서는 히스패닉계 학생 수가 대폭 증가하고 아시아계 학생 수는 소폭 증가할 것으로 예상된다. 알래스카 주에서는 히스패닉계의 수가 3% 증가하는 동시에 아시아계 미국인의 수는 11% 이상 증가할 것으로 보인다. 뉴저지 주의 히스패닉계와 아시아계 미국인 수는 각각 4%, 6%로 비율이 높아질 것이다. 매사추세츠 주에서는 아프리카계 미국인 수가 2% 이하의 폭으로 증가하는 반면, 히스패닉계와 아시아계 미국인 수는 각각 4% 증가할 것이다.

실제 등록에 영향을 미칠 수 있는 환경적 요인

고교 졸업생 수와 대학 등록생 수를 예측하려는 사람들은 학생과 가족의 실제 행동에 영향을 미칠 수 있는 여러 요인을 설명하려고 했다. 일반적인 정치 · 경제적 상황뿐 아니라 다양한 사회정책의 변화 또한 그 기간 동안 실제 등록한 학생들의 유형과 수에 영향을 미칠 수 있다.

고교의 평가 준거와 졸업 정책

『위기의 국가(*A Nation at Risk*)』(National Commission on Excellence in Education, 1983)가 출간된 이후로 20년 동안, 모든 주에서는 어떤 형태로든 학생에게 거는 기대 수준을 끌어올리기 위해서 '교육개혁'을 단행해 왔다. 이러한 노력에 함축된 의미는 15, 16, 17장에서 다룰 것이다. 낙제아동방지법(No Child Left Behind Act of 2001)은 공립학교에 다니는 학생의 수준을 끌어올리겠다는 목표로 각 주마다 요구되는 졸업시험 점수를 다르게 정하게 하고 있다. 학생들이 더 나은 인생과 일, 그리고 이후 교육을 누릴 수 있게 하려는 의도에도 불구하고, 적어도 단기적으로 보았을 때는 이러한 노력이 고교 졸업생 수를 감소시키는 결과를 가져올 수 있다. 그 영향은 다른 많은 요인과 함께 유색인종 출신과 불리한 여건을 가진 학생들에게 가장 크게 작용할 것이다.

모든 주를 대상으로 하는 중요한 시험과 고교 졸업시험이 미치는 영향을 분석한 최근 연구에서 Amrein과 Berliner(2002)는 "그것들이 학생들의 성취도를 높인다는 증거가 뚜렷하지 못하다."(p. 57)라고 하였다. 더 큰 문제는 ACT, SAT, AP 점수 등으로 측정되는 학업성취도가 고교 졸업시험 시행 이후 오히려 떨어졌다는 것이다. 이 보고서는 "분석 결과가 중요한 시험이나 고교 졸업시험이 학생의 학업을 돕는 것이 아니라 오히려 학업성취를 방해하는 경향이 있다."(p. 58)라고 결론 내리고 있다.

Betts와 Grogger(2000)는 학업평가 준거를 높인 결과에 대한 연구 보고서에서는 이러한 높아진 준거로 인해 어떤 학생은 희생되고 어떤 학생은 도움이 될 수 있다고 하였다. 그들은 '고등학교와 그 이후'라는 연구의 데이터를 사용해서 높아진 학업평가 준거가 12학년 학생들의 학업성취도와 고교 졸업률 그리고 대학 진학률로 표시된 교육 달성도에 미치는 영향을 평가했다. Amrein과 Berliner의 연구 결과(2002)와는 반대로 "그 분석 결과는 평균적으로 볼 때 높아진 성취 기준은 12학년 학생의 시험 점수의 상승과 관련이 있음"을 보여 준다(p. 11). 그러나 Betts와 Grogger(2000)는 또한 다음과 같은 결과를 밝혔다.

> 따라서 평가 준거들은 학업성취도 분포상 다른 위치에 있는 학생에게 다른 영향력을 미친다. 높은 평가 준거는 중간 집단이나 하위 25% 집단에 비해 상위 25% 집단에게 2배 이상의 큰 영향을 미치고 있다. 따라서 높아진 평가 준거들은 학업성취도 분포상 더 큰 불평등을 초래할 것이다(p. 13).

종합적으로 Betts와 Grogger(2000)는 평가 준거를 높인 것이 고교 졸업률을 미세하게 낮출 수는 있지만 실제로 교육 달성도에는 큰 영향을 미치지 않았음을 밝혔다. 또한 이러한 변화된 평가 준거는 "흑인과 히스패닉계 학생들의 고교졸업에 중대한 부정적 영향"을 미쳤음을 발견했다(p. 19).

이러한 연구는 중요한 시험을 포함해서 학교 관련 준거에 대한 현재의 변화 물결이 고등교육 입학자격을 얻는 학생 수에도 영향을 미칠 수 있음을 보여 준다. 특히 교육과 관련된 개혁은 고등학교를 졸업하고 ACT와 SAT와 같은 입학시험에서 적정 수준의 성취도를 보이는 아프리카계 학생들과 히스패닉계 학생 수에 부정적인 영향을 끼칠 수 있다. 왜냐하면 대학 입학생 증가에 대한 예측은 히스패닉 인구의 증가에 근거를 둔 것인데, 고등교육을 받을 것으로 예상되는 인원이 고등학교를 졸업하지 못하거나 대학의 학업 요구조건을 준비하느라 입학을 못할 수 있기 때문이다.

대학의 경제적 가치에 대한 인식

교육이 국가 인력을 보증하는 역할은 1959년 이래로 크게 강화되었다. 동시에 고용주는 사무중심 경제의 증가로 인해 예상 인력의 능력 요구치를 높여 왔다. Carnevale와 Rose(1998)는 "다른 이들이 실질임금 감소를 겪고 있지만 대학교육을 받은 직원의 입지는 넓어지고 있다."(p. 18)라고 밝혔다. 후속 연구(Carnevale & Desrochers, 2002)에서 "대학교육을 받은 직원의 경우 1980년대 초 이후에 그 수가 60% 증가했지만 상여금은 고졸 직원에 비해 거의 70% 가까이 인상되었다는 것"을 밝혀냈다. Carnevale와 Desrochers(2002)는 "앞으로 대학교육을 받은 인력에 대한 수요는 계속 증가할 것이며, 고등교육을 받은 이들과 그렇지 못한 이들 간의 수입 격차는 커질 것이다."(p. 2)라고 주장한다. 그들은 또한 베이비붐 세대가 은퇴함에 따라 대학교육을 받은 인력의 순부족이 발생할 것으로 예상하고 있다. 이러한 경제적 인센티브는 실제 대학 등록 인원이 예상 인원을 초과하는 등 더 많은 학생이 고등교육을 받도록 동기부여를 하고 있다. 이러한 노력이 성공을 안겨 줄것인지는 더 많은 학생이 고등교육, 직업훈련, 그리고 좋은 직업을 제공해줄 수 있는 높은 준거를 만족시키기 위한 준비를 하는 데 있어서 초 · 중등교육 제도가 성공하느냐에 따라 달라질 것이다(Carnevale & Desrochers, 2002, p. 18).

주 예산

언론에서는 대부분의 주가 겪고 있는 끔찍한 재정 상황을 보도하고 있다. 역사적으로 주 재정이 어려워질 때 고등교육 예산은 그 어떤 지출 항목보다 큰 폭으로 감소했다(Gold, 1995). 최근의 경기침체 기간에는 새로운 주 예산안이 정해질 때마다 고등교육에 대한 대폭적인 감축이 발표되었다. 많은 주에서 12% 범위 내의 예산 감축이 있었다. 그러나 이러한 감축은 예상되는 대학 입학자 수의 증가시기와 우연히 일치한다. Callan(2003)은 다음과 같이 말했다.

> 점점 증가하는 '고졸 집단' 을 형성하는 학생들은 남부와 서부, 그리고 아동 빈곤율이 높은 주에 집중되어 있다. 그들은 미국 고등교육의 문턱에 서 있는 가장 가난하고 민족 · 인종적으로 이질적인 세대다(p. 2A).

그의 관찰은 이 장 앞 부분에서 제시된 자료와 일치한다.

전국 대학생의 80%가 넘게 입학하는 공립대학은 전년도의 경기침체로 인한 예산 감축에 대해서 등록금 인상으로 대응해 왔다. Trombley(2003)는 "어디에선가 시작되어 모든 주의 4년제 공립대학 등록금과 수업료가 인상되었다. 지역사회 대학의 등록금과 수업료가 2개 주를 제외하고는 모든 곳에서 인상되었다." (p. 1A)라고 밝혔다. 미국주립대학연합(American Association of State Colleges and Universities: AASCU)의 4년제 공립대학에 대한 2002년 연구에 따르면, "학부 등록금 및 수업료는 2002 ~ 2003년에 9.1% 인상되었다. 이는 최근 10년간 한 해 인상률로는 가장 큰 폭이었다." (p. 1) 최근에 예산 감축 교섭 이전에 이루어진 한 연구는 다음과 같은 결론을 내렸다.

> 감당할 수 있는 능력을 고려해 볼 때, 우리는 공립 단과대학 및 종합대학들에 대한 주정부의 지원이 증가하였다는 것을 알고 있다. 이런 증가는 주에서 고등교육을 제공하기 위해 들이는 비용 증가와 일치하지 않는다는 것도 알고 있다. 그 비용의 가장 큰 부분은 등록금 인상을 통해 학생과 가족이 부담한 것이다. 그리고 점점 학자금 대출에 의한 등록금 납입이 늘어나고 있다. 대학교육 비용을 감당하는 능력에 대한 우리의 결론은 다음과 같다. 미국인은 점점 설 자리를 잃어 가고 있다(National Center for Public Policy and Higher Education, 2002, p. 9).

주 예산 감축의 영향과 그로 인한 등록금 인상은 앞으로 대학 입학생 수가 늘어날 것으로 예상되는 집단인 서민층과 소수민족 집단에게 가장 큰 영향을 미칠 것이다.

재정지원

1999-2000학년도에 1,650만 명의 절반이 넘는 학부생이 연방정부, 주정부, 대학 혹은 다른 곳에서 어떤 형태로든 재정지원을 받았다. 학부생의 44%가 평균 3,500달러의 학자보조금을 받았으며, 29%는 평균 5,100달러의 학자금 융자를 받았다(Berkner, Berker, Rooney, & Peter, 2002). 공공정책과 고등교육센터(The National Center for Public Policy and Higher Education)의 연구(2002)는 "연방정부와 주정부의 학생 재정지원이 등록금 인상률을 따라가지 못하고 있으며, 모든 소득 수준의 가정에서 그 어느 때보다도 많은 학생이 등록금 납부를 위해 대출을 받고 있다고 밝혔다." (p. 7) 연방정부와 주정부의 재정지원 증가가 있었지만 증가된 비용, 특히 등록금의 인상률을 따라가고 있지 못한 것이다. 예를 들어, 1986년에 평균 펠그랜

트(Pell grant)[1]는 4년제 공립 단과대학 등록금의 98%였으나 1998년에는 2/3 이하 수준으로 떨어졌다(Callan, 2002, p. 15, [그림 4]).

연방 재정지원 역시 지난 20년 동안 그 형태가 변해 왔다. 1981년에는 학자금 대출이 연방 학생 지원금의 45%를 차지했으나 2000년에는 58%가 되었다. 저소득층 학생이 대출을 받는 경우가 많아질수록 그들에게는 더 큰 부담이 된다(National Center for Public Policy and Higher Education, 2002, 1장). 주 예산 순위와 밀접한 관련이 있는 이러한 재정지원 요인은 앞으로 대학 입학자의 대부분을 차지할 것으로 예상되는 서민층과 소수민족 출신 학생들에게 가장 큰 영향을 미칠 것이다. AASCU의 연구(2002)는 다음과 같은 내용을 보고하고 있다.

> 1980년대 초반 이래로, 가정 수입 대비 4년제 공립대학 학비의 비율은 중산층과 고소득층 가정에서는 비교적 안정적으로 유지되어 왔다. 그러나 저소득층 가정에서는 1980년대와 1990년대 초반을 지나면서 가정 수입 대비 학비의 비율이 크게 높아졌다(p. 4).

이러한 경향은 등록금 인상이 극심하게 일어나는 한 다시 발생할 것이며 고등교육 입학의 기세를 꺾게 될 것이다.

이민자 및 외국인 학생

어떤 대학에서는 외국인 학생이 입학 관리의 중요한 요소가 되고 있다. 2002년 후반기에 국제교육기관(Insitute of International Education [IIE], 2002b)은 외국인 학생들이 미국 단과대학과 종합대학에 입학한 건수가 2001~2002에 6.4% 증가했다는 통계를 발표했다. 이 학생들은 2001년

---

1) 역주: 학생이나 부모가 학비를 감당할 수 없는 경우에 제공되는 정부 보조금으로 이후에 갚을 필요가 없다.

9 · 11사태 이전에 미국에 있었던 학생들이었을 것이다. 그러나 1년 뒤 IIE가 실시한 조사에서는 외국인 학생의 입학 비율이 반 이상의 대학에서 지속적이거나 높아진 추세를 보인 반면 42%의 대학에서는 입학 비율이 낮아졌다. 이슬람권 국가 출신의 학생 수는 동일한 수준으로 지속되었으나 사우디아라비아와 아랍에미리트연합과 같은 국가의 경우는 급감하였다. 안전에 대한 높은 우려의 목소리가 이후 몇 년간 외국인 학생의 입학에 영향을 미칠 것으로 보인다. 그리고 비자 신청자에 대해 더욱 강화된 검열을 요구하는 새로운 정책이 시행됨에 따라 외국인 학생 수는 현저하게 줄어들 것이다.

요 약

이 장에서는 2010년대 초반까지 고교 졸업생 수와 고등교육 입학자 수의 변화를 예측하였다. 그 예측들은 대부분의 성장이 몇몇 주에만 집중될 것이며 히스패닉계와 아시아계 학생이 성장의 주요 부분을 구성할 것이라는 점을 시사한다. 긍정적인 점과 부정적인 점을 모두 포함해서 입학에 영향을 미칠 수 있는 많은 잠재적 환경요인이 밝혀졌다. 미래의 입학 상황을 이해하기 위해 각 대학은 구체적인 예측 수치를 연구하고, 조사된 환경적 요인이 입학정책과 그 시행에 미칠 영향을 평가해야 할 것이다. 그러나 이러한 예측이 합리적이고 정확한 것일지라도, 전례에 비추어 보아 많은 예비 대학생이 고등교육을 제대로 받을 수 없는 처지에 놓여 있었음을 인식해야 한다. 각 대학은 입학을 앞둔 학생들이 필요로 하는 것을 충족시키기 위해 그들의 교육 프로그램과 학생지원 서비스를 어떻게 바꾸어야 할지 검토해야 할 것이다.

부 록 2001년, 2012년에 추정된 고등학교 졸업자 수

	전국교육통계센터 (NCES) 공립*	서부연합고등교육 위원회(WICHE) 공립**	서부연합고등교육 위원회(WICHE) 비공립**	서부연합고등교육 위원회(WICHE) 합계**
앨라배마				
2001	36,660	39,384	4,700	44,084
2012	35,500	39,300	4,574	43,874
알래스카				
2001	6,750	6,970	177	7,147
2012	6,700	6,514	133	6,647
애리조나				
2001	39,550	39,531	2,499	42,030
2012	52,910	48,650	5,033	53,683
아칸소				
2001	26,760	27,575	1,410	28,985
2012	25,780	27,431	1,359	28,790
캘리포니아				
2001	320,100	289,503	30,367	319,870
2012	382,500	330,898	35,989	366,887
콜로라도				
2001	40,090	40,764	2,923	43,687
2012	47,140	43,429	3,869	47,298
코네티컷				
2001	31,260	30569	5,793	36,362
2012	36,670	33149	6,183	39,332
델라웨어				
2001	6,680	6,516	1,687	8,203
2012	7,100	6,679	1,885	8,564
컬럼비아 특별구				
2001	2,670	2,551	796	3,347
2012	1,600	2,348	585	2,933
플로리다				
2001	109,020	113,055	14,850	127,905
2012	135,580	128,909	18,680	147,589
조지아				
2001	62,250	71,219	10,154	81,373
2012	74,990	82,517	15,747	98,264

하와이				
2001	9,780	11,386	2,657	14,043
2012	9,410	12,363	2,463	14,826
아이다호				
2001	15,740	16,417	624	17,041
2012	15,810	17,779	744	18,523
일리노이				
2001	111,160	110,972	14,466	125,438
2012	130,660	125,466	15,004	140,470
인디애나				
2001	57,130	60,939	4,207	65,146
2012	58,220	61,906	4,551	66,457
아이오와				
2001	33,970	35,069	2,078	37147
2012	31,790	31,701	1,861	33562
캔자스				
2001	29,850	29,653	1,655	31,308
2012	27,530	27,571	2,013	29,584
켄터키				
2001	37,620	38,257	3,488	41745
2012	42,200	38,378	3,670	42048
루이지애나				
2001	37,840	37,577	9,112	46,689
2012	33,320	32,642	8,342	40,984
메인				
2001	12,410	13,392	2,304	15,696
2012	10,750	11,074	2,280	13,354
메릴랜드				
2001	48,410	49,880	7,700	57,580
2012	53,000	53,544	9,092	62,636
매사추세츠				
2001	54,400	53,316	11,124	64,440
2012	56,690	56,919	10,586	67,505
미시간				
2001	91,390	94,351	10,040	104,391
2012	93,580	96,812	10,213	107,025

미네소타				
2001	58,500	58,686	3,581	62,267
2012	55,830	58,195	3,391	61,586
미시시피				
2001	23,970	22,922	3,755	26,677
2012	22,780	23,350	3,794	27,144
미주리				
2001	54,370	54,557	6,384	60,941
2012	52,610	53,661	5,677	59,338
몬태나				
2001	10,700	11,605	543	12,148
2012	8,810	10,356	659	11,015
네브래스카				
2001	19,880	20,509	2,091	22,600
2012	18,240	19,094	2,065	21,159
네바다				
2001	14,910	14,374	567	14,941
2012	24,900	24,230	968	25,198
뉴햄프셔				
2001	12,110	12,894	2,245	15,139
2012	12,500	12,224	2,045	14,269
뉴저지				
2001	75,940	72,590	11,416	84,006
2012	93,910	83,380	15,225	98,605
뉴멕시코				
2001	17,790	17311	1,691	19,002
2012	15,730	18652	1,719	19,371
뉴욕				
2001	142,330	148,779	25,978	174,757
2012	146,370	160,077	26,154	186,231
노스캐롤라이나				
2001	63,330	64,148	4,168	68,316
2012	75,970	75,460	5,846	81,252
노스다코타				
2001	8,400	8,672	519	9,211
2012	6,100	6,639	430	7,069

오하이오				
2001	110,530	112,549	13,253	125,802
2012	108,220	110,984	13,292	124,276
오클라호마				
2001	36,940	38,126	1,366	39,492
2012	32,800	34,684	1,234	35,918
오리건				
2001	30,030	30,856	2,622	33,478
2012	30,050	33,004	3,123	36,127
펜실베이니아				
2001	115,420	117,202	16,608	133,810
2012	118,320	117,316	15,231	132,547
로드아일랜드				
2001	8,560	8,774	1,416	10,190
2012	9,280	8,929	1,361	10,290
사우스캐롤라이나				
2001	29,360	35,048	3,554	38,602
2012	32,840	33,401	4,219	37,620
사우스다코타				
2001	8,810	9,457	980	10,437
2012	6,870	8,310	1,072	9,382
테네시				
2001	39,750	49,052	6,658	55,710
2012	41,710	55,426	7,423	62,849
텍사스				
2001	21,0690	197,226	13939	211,165
2012	243,560	216,803	15962	232,765
유타				
2001	31,160	31,548	690	32,238
2012	30,590	32,765	710	33,475
버몬트				
2001	6,840	6,929	640	7,569
2012	5,580	6,095	859	6,954
버지니아				
2001	66,310	65,756	6,140	71,896
2012	81,030	73,406	7,311	80,717

워싱턴				
2001	57,520	54,227	3,606	57,833
2012	58,780	60,447	4,374	64,821
웨스트버지니아				
2001	18,290	18,781	749	19,530
2012	15,620	16,669	804	17,473
위스콘신				
2001	59,490	59,569	4,662	64,231
2012	56,670	57,896	4,226	62,122
와이오밍				
2001	6,240	6,690	198	6,888
2012	4,640	5,060	180	5,240

출처: * Gerald & Hussar(2002), ** WICHE(1998).

참고문헌

American Association of State Colleges and Universities. (2002). *Student charges and financial aid*. Washington, DC: Author. Retrieved February 20, 2003, from www.aascu.org/student_charges03/default.htm

Amrein, A. L., & Berliner, D.C. (2002). *The impact of high-stakes tests on student academic performance: An analysis of NAEP results in states with high-stakes tests and ACT, SAT, and AP test results in states with high school graduation exams*. Retrieved February 17, 2003, from http://www.asu.edu/educ/epsl/EPRU/document/EPSL-0211_126-EPRU.pdf

Berkner, L., Berker, A., Rooney, K., & Peter, K. (2002, Fall). Student financing of undergraduate education: 1999-2000. *Education Statistics Quarterly*. National Center for Education Statics. Washington, DC: U. S. Office of Education.

Betts, J. R., & Grogger, J. (2000). *The impact of grading standards on student achievement, educational attainment, and entry-level earnings* (Working Paper No. 7875). Cambridge, MA: National Bureau of Economic Research.

Callan, P. M. (2002). *Coping with recession* (Report No. 02-2). San Jose, CA: National Center for Public Policy and Higher Education.

Callan, P. M. (2003, Winter). A different kind of recession. In *College affordability in jeopardy: A special supplement to National Crosstalk*. San Jose, CA: National Center for Public Policy and Higher Education. Retrieved February 19, 2003, from www.highereducation.org/reports/affordability_supplement/

Carnevale, A. P., & Desrochers, D. M. (2002, April). The missing middle: Aligning education and the knowledge economy. Paper commissioned for *Preparing America's Future: The High School Symposium* sponsored by the Office of Vocational and Adult Education, U. S. Department of Education in Washington, DC. Retrieved February 18, 2003, from http://www.ed.gov/offices/OVAE/HS/carnevale.doc

Carnevale, A. P., & Fry, R. A. (2000). *Crossing the great divide: Can we achieve equity when Generation Y goes to college?* Princeton, NJ: Educational Testing Service.

Carnevale, A. P., Rose, S. J. (1998). *Education for what? The new office economy: Executive summary*. Princeton, NJ: Educational Testing Service.

Gerald, D. E., & Hussar, W. J. (2002). *Projection of education statistics to 2012* (NCES 2002-030). National Center for Education Statistics. Washington, DC: U. S. Department of Education.

Gold, S. D. (Ed.). (1995). *The fiscal crisis of the states: Lessons for the future*. Washington, DC: Georgetown University Press.

Hobbs, F., & Stoops, N. (2002). *Demographic trends in the 20th century* (Census 2000 Special Rep., Series CENSR-4), U. S. Census Bureau. Washington, DC: U. S. Department of Commerce.

Institute for International Education. (2002a). *The impact of September 11 on international educational exchange*. New York: Author. Retrieved February 19, 2003, from http://www.iienetwork.org

Institute for International Education. (2002b). *Open doors 2002*. New York: Author. Retrieved February 19, 2003, from http://www.iienetwork.org

Morgan, F. B. (2002, Spring). Fall enrollment in Title IV degree-granting postsecondary institutions: 1998. *Education Statistics Quarterly*. National Center for Education Statistics. Washington, DC: U. S. Office of Education.

National Center for Education Statistics. (2002). The condition of education 2002 (NCES 2002-0225). Washington, DC: U. S. Department of Education.

National Center for Public Policy and Higher Education. (2002). *Losing ground: A national status report on the affordability of American higher education* (Rep. No. 02-3). San Jose, CA: Author. Retrieved February 20, 2003, from www.highereducation.org/reports/losing_ground/

National Commission on Excellence in Education. (1983). *A nation at risk: The imperative for educational reform*. Washington, DC: U. S. Department of Education.

Newburger, E. C., & Curry, A. E. (2000). *Educational attainment in the United States (Update): March 2000* (Current Population Rep. P20-536). U. S. Census Bureau. Washington, DC: U. S. Department of Commerce.

The No Child Left Behind Act of 2001. (2001). P. L. 107.110 (107th Congress), p. 115, STAT. 1425.

Snyder, T. D., Hoffman, C. M., & Geddes, C. M. (1997). *Digest of education statistics, 1997* (NCES 98-015). National Center for Education Statistics. Washington, DC: U. S. Department of Education.

Trombley, W. (2003). The rising price of higher education. In *College affordability in jeopardy: A special supplement to National Crosstalk*. San Jose, CA: National Center for Public Policy and Higher Education.

U. S. Census Bureau. (2003, January 21). *Resident population estimates of the United States by race and Hispanic or Latino origin: July 1, 2001, and April 1, 2000*. Washington, DC: United States Department of Commerce.

Western Interstate Commission for Higher Education (WICHE). (1998). *Knocking at the college door: Projections of high school graduates by state and race/ethnicity 1996–2012*. (Jointly published with The College Board). Boulder, CO: Author.

CHAPTER 04 확장된 대학 성공 준거와 인지적 예측요인의 영향

Wayne J. Camara(미국 대학입학위원회 연구 부소장)

대학에서 성공한다는 것은 무슨 뜻일까? 대학에서의 성공은 각 대학마다 같은 의미일까? 같은 대학의 각 단과대학은 성공을 다르게 정의할까? 학생들과 부모들은 무엇이 대학 성공을 구성하는지에 대해 비슷한 견해를 갖고 있을까, 아니면 다른 견해를 갖고 있을까? 이 책은 오늘날 입학전형에서 쓰이고 있는 전통적인 척도(SAT, ACT, 고등학교 내신성적, 대학입학 원서, 자기소개서, 에세이, 추천서)를 보완할 수 있는 추가적인 예측치를 검토한다. 매년 대학의 교직원과 교수, 언론가 및 정치가는 실제든 아니든 입학전형 과정에서 너무 적은 수의 척도에 너무 큰 비중을 둔다는 사실을 안타까워하고 있다. 이어지는 장들에서는 대학입학 전형에 유용한 추가적인 예측요인 연구에 관해 설명한다. 그러한 요인의 유용성은 타당도와 다양성을 높이거나 특별한 재능 발견 혹은 중요한 결정을 내리는 데 고려할 요소를 넓히는 것이다.

이 장에서는 대학에서의 성공을 정의하지 않고는 대학 성공의 새로운 예측치를 평가할 수 없음을 저서한다. 대학 성공의 다차원적인 성질을 이해하지 못하면 대학 성공의 예측요인을 확장하는 작업에 성공할 수 없다. 현재 대학에서의 성공이란 말은 고등교육에 대한 특정한 개인이나 단체의 가치와 견해를 나타내는 데 이용되고 있다. 교육자는 대학 성공을 노동시장에서 고용주가 직무 성과를 말하는 것과 같은 뜻으로 설명한다. 대학 성공은 학점이나 GPA로 나타나는 학업적 성공으로 정의되기도 한다. 여기에서 가정하고 있는 것은 어떤 일반적인 요소 하나가 교육이나 직업 성과와 같은 예측치를 거의 대부분 설명할 수 있다는 것이다.

대학 성공과 직업 성과는 둘 다 다차원적이라는 점에서 비슷하다. 교육과 직업에서의 성과는 매우 독특한 여러 차원 혹은 요소로 구성되어 있다. Campbell, McCloy, Oppler와 Sager(1993)는 교육에 적용되는 능력에는 세 가지 주요한 차원이 있다고 했다. 그것은 선언적 지식(사실, 원리, 자기이해), 방법적 지식과 기능(작업을 완수하는 지식과 기술, 인지적 기능, 대인관계 기능 등), 그리고 동기(노력의 정도, 끈기)다. 그 외에도 모든 상황에서 나타나거나 나타나지 않는 다른 여덟 가지 수행 구성요소(특정 과제 수행능력, 일반적 능력, 대화, 노력, 훈육, 동료나 팀의 수행, 감독과 리더십, 경영과 행정)가 있다.

전통적인 학업 성공과 성취를 넘어서 대학 성공 및 수행과 연관된 요소는 많이 있다. 팀워크, 새로운 환경에의 적응, 리더십, 새로운 기술 적용, 다양한 환경에서의 작업 등은 글로벌 작업환경에서 필수적이다(Campbell, Kuncel, & Oswald, 1998). 이런 것이 직장인에게 필요한 기술과 능력이기에 많은 교육자와 사업가는 그것들을 입학전형이나 인력채용에서 중요하게 여겨야 한다고 역설한다. 이러한 입학전형 모형은 작업환경에서 요구되는 수행을 가치 있게 여긴다. 입학을 결정하는 다른 모형에서는 학생이 대학에서 뭔가를 얻을 수 있는 능력, 잠재적으로 사회에 공헌할 수 있는 능력, 역경을 극복한 능력 등을 가치 있게 여긴다(Bowen & Bok, 1998; College Board, 1999). 이때 학업 수행은 대학 성공의 유일한 측면이 아니며, 성적은 유일한 준거 척도가 아니다(Willingham, 1985).

Willingham(1985)은 교수와 학생이 대학 성공을 어떻게 정의하는지 정량화하는 연구들을 설명하고 있다. 여러 연구에서 지적 성장, 개인적 성장, 윤리성, 대화능력, 리더십, 문제분석 능력, 새로운 개념 학습능력 등의 요소를 발견했다. Gillespie, Kim, Oswald, Ramsay와 Schmitt(2002)는 학교가 중요하게 여기는 준거를 정하기 위해 35개교의 교육목표와 사명 진술서를 조사했다. 그리하여 170개가 넘는 문장을 다음의 12개 요소로 압축했다.

1 지식, 학습, 일반원리 학습
2 학습 지속, 지적 관심, 호기심
3 예술적이고 문화적인 이해와 호기심
4 다문화적인 포용과 이해
5 리더십
6 대인관계 기술
7 사회적 책임, 시민의식, 사회참여
8 육체적 · 정신적 건강
9 진로 성향
10 적응력, 생활기술
11 인내심
12 윤리와 성실성

대학 성공은 광범위하게 분석해야 할 복잡한 구인이라는 것을 보여 주는 연구와 실제적인 증거가 있다. 대학 성공을 구성하는 요소는 그 이전 행동과 다른 변수와의 상관 면에서 각기 차이점을 가지고 있다.

대학 성공의 준거

입학전형이나 선발 맥락에서 준거는 일반적인 종속변인이나 결과를 말한다. 그 준거 척도는 바라는 결과를 측정한 것으로서 예측치의 타당도와 유용성을 평가하는 데 사용된다. 꽤 많은 연구(Camara & Echternacht, 2000)에서 나타난 개별 교과 학점, 학위 취득, 지속성 등과 함께 1학년 학점 평균과 누적 학점 평균(GPA)은 입학전형 결정 연구에서 가장 보편적으로 사용되는 준거 척도였다. 1학년 GPA(FGPA)와 누적 GPA(CGPA)는 주로 일반적인 인지 수행이나 결과를 평가하고, Gillespie 등(2002)이 정의한 열두 가지 대학 성공요소 중에서 첫 번째 요소만 측정하는 것이다. 이 둘은 대학 성공과 관련된 다른 많은 요소를 측정하는 결과로는 적당하지 않다. 학점은 또한 많은 부분에서 특정한 영역의 지식과 기술(외국어, 쓰기)과 함께 일반적인 인지요소를 측정한다. GPA와 학점은 동기, 노력, 출석, 성장, 그리고 어느 정도의 행동양식을 반영한다. 하지만 교사, 교과목, 학교마다 다른 성적 부여방식은 이 다차원적인 것을 일관된 형식으로 정량화하는 것을 어렵게 한다(Camara, Kimmel, Scheuneman, & Sawtell, 2003). 지속성과 졸업은 여러 연구에서 준거로 사용되었다(Burton & Ramist, 2001).

최근 산업과 조직 심리학에서는 '준거 문제' 에 대해 새로운 관심을 가졌다. 이 문제는 오랫동안 예측 가능한 좋은 준거를 찾는 것이 어렵다는 것과 관련된 것으로 보인다. 이것은 개념적이고 조작적인 수준에서의 정의 문제다. Guion(1998)은 "우리가 무엇을 예측하기 원하는지 확고하게 이해하지 않고는 예측력 향상을 기대할 수 없다."(p. 111)라고 말했다. 이런 상황은 고등교육에도 적용된다. 대학에서 기대하는 학생 유형과 대학에 다닐 학생들에게 나누어 줄 '부가가치' 그리고 대학의 가치를 설명하는 교육목표와 사명 진술서를 개발한다. 어떤 요소를 중요시하고, 그 요소에 가중치를 얼마나 부여하며, 이런 요소가 어느 정도 관찰 및 측정 가능한지에 대해서 대학마다 다른 의견을 갖고 있다. 관련자는 학부생의 수행 중 어떤 부분을 가장 중요하게 평가해야 하는지에 대해 매우 다른 의견을 갖고 있다(Campbell et al., 1998). 윤리, 성실, 예술적 호기심, 다문화적 이해와 포용과 같은 대학 성공과 관련된 몇몇 요소에 대한 정의를 합의하기는 매우 어렵다. 모든 학생이나 지원자에 대해 일괄적으로 적용할 수 있는 요소를 발견하거나 측정하는 것은 더욱더 어렵다.

가장 흔한 타당화 준거 척도인 GPA는 기껏해야 직장이나 대학원에서의 성공과 같은 장기적인 준거에 불과하다. 교육과 고용에 관한 연구는 SAT로 측정되는 일반적인 인지능력이 다양한 차원의 수행을 예측하는 중요한 요인이라고 밝혔다(Camara & Echternacht, 2000; Campbell et al., 1998; Schmidt, Ones, & Hunter, 1992; Willingham, 1985). 그러나 이러한 연구에서는 입학, 배치, 유급 결정을 내릴 수 있는 추가적인 학부 수행요소를 대부분 무시했다.

대학은 광의적, 다차원적 개념으로 학생의 수행과 대학 성공을 설명한다. 그러나 실제로는 일차원적인 개념(학업 성공)을 준거로 사용하고 있다. GPA는 여러 가지 이유로 인해 여러 대학의 연구에서 쉽게 사용할 수 있는 유일하게 일관된 척도다. 첫째, 최근까지 학생들에 관해 적절한 데이터베이스를 가진 대학이 별로 없었다. 아직도 입학처에는 예측치에 관한 자료가 있는 입학원서가 있고, GPA에 관한 자료는 다른 곳에 있으며, 학점 이수, 이수한 과목, 지속성 등의 자료는 또 다른 부서 및 장소에 있는 것을 볼 수 있다. 입학전형 연구에 최우선적인 관심을 갖고 있는 입학처에서 자료를 갖추는 데 필요한 시간과 노동은 한계가 있다. 미국 대학입학위원회, ACT, 그리고 입학시험을 만드는 다른 기관은 타당성 연구를 많이 하고 있다. 대학이 이런 연구에 참여하는 것은 항상 어려운 문제였고, 4년제 대학 중 매우 적은 수의 대학이 그에 참여했다. 참여한 대학 중에서 90%가 넘는 곳이 FGPA만 제공했다. SAT에 대한 중요한 재조명이 있었던 1994~1995년에 국가 입학전형 연구에 대학을 참여시키기 위한 많은 노력이 있었다.

그러나 50개 대학 중에 단지 23개 대학만이 참여했고, 그중 7개 대학만 교과목 수준의 자료를 제공했다(Bridgeman, McCamley-Jenkins, & Ervin, 2000). 1996~2002년에 미국 대학입학위원회의 대학입학 연구소에서는 SAT와 다른 예측치에 대해 987건에 달하는 타당성 연구가 이루어졌다. 그 중 282건은 대학에서 이루어진 판에 박힌 연구였고, 12개 대학만 과목 수준 정보를 제공했다. 타당성 연구는 특히 대학의 입학처에서 많이 요구한 것이었다. 과목 수준 정보를 얻는 것은 대학의 학적 담당처에서 FGPA를 얻는 데 필요한 것 이상으로 추가적인 협조가 필요하다. 이런 연구에 과목 성적을 포함시키려면 학적 담당처와 과목 성적을 집계하고 그것을 입학 정보와 비교해 보는 사람들에게 의존해야 한다(M. Rosenthal, 개인적 의사소통, 2003. 3. 18).

미국대학협회(Association of American Universities: AAC)는 초보적인 대학 기초과목에 성공하기 위해서 학생들에게 필요한 개념과 기술은 어떤 것인지 확인하려고 했다. 20개 대학에서 400명이 넘는 교수가 특정 영역(예, 수학, 영어, 과학)에서 대학 성공을 위한 지식과 기술을 확인하는 연구에 참여했다. 그 결과물인 '성공 표준'은 성공하기 위해 필수적이라고 교수들이 정의하는 인지적 기능과 내용, 그리고 대학 성공에 필요한 것에 대한 국가적인 담론 틀을 제공하였다 (Conley, 2003).

많은 교육자, 정책결정자, 그리고 이해 당사자는 입학전형 결정에서 더 넓은 준거를 요구했고, 입학시험과 고등학교 GPA의 중요성에 대해 불만을 제기했다. 대학의 GPA가 예측치를 정당화하고 효용을 측정하는 유일한 준거이지만 대학에서 가져다 쓸 수 있는 결과 측정이나 자료가 없기 때문에 대학 성공의 여러 측면을 측정하는 대체 척도를 개발하기는 쉽지 않다. K-12 교육에서 표준 운동은 교육 평가의 변화 요구에 대해 아주 익숙한 약어를 붙였다(WYTIWYG[What You Test Is What You Get]: 측정하는 것을 얻는다). 시험 결과에 큰 보상이 연계되어 있을 때 시험이 학교 교육과정의 형식, 교사 수업, 학생이 배우는 것에 영향을 준다는 생각은 많은 연구에서 입증하고 있다(Linn, 1999). 새로운 예측치에 대해서도 마찬가지다. 만일 대학 성공에 대한 새로운 준거가 가치 있게 여겨지고 그 준거가 성적을 중시하는 현재 준거와 구별되며 학생들을 객관적으로 혹은 주관적으로 측정하는 것이 가능하다면, 이 독특한 수행 차원을 측정하는 좀 더 광범위한 예측치를 위해 필요한 연구와 개발은 추진될 것이다.

새로운 예측치를 개발해야 한다면 현재의 미흡한 다른 결과 척도를 바꾸어야 한다. 이 책에서 Schmitt, Oswald와 Gillespie(11장)는 전기적인 자료와 상황적인 판단 과제에 대해 논의하고 있다. Sternberg(9장)는 유추적 판단을 보완할 실제적 지식과 창의력 측정을 제안하고 있다. Sedlacek(1998; 10장)은 입학전형 결정에 도움이 될 비인지적 능력 측정을 설명하고 있다. 그러나 각각은 FGPA에 주로 의지해서 이 새로운 예측치의 효능을 점검하는 연구였다. 왜냐하면 그것은 여러 대학의 학생 수행을 측정하는 준거였기 때문이다. 새로운 예측치는 기존 척도에 비해 또 다른 타당성이 필요하다. 하지만 이 책에서 제안하는 새로운 척도는 창의성, 리더십, 지속성, 시민의식 등 다른 수행 차원을 예측하는 데 가장 좋다. FGPA를 준거로 해서 이들 척도를 연구한 것들은 입학전형에 좋은 전망을 제시한다(Friede et al., 2003; Sternberg & Rainbow Collaborators, 2003). 그러나 대학 수행에 대한 다른 비인지적 척도의 부재는 이 연구를 장기적으로 하는 데 필요한 과학적 노력과 학문적 · 경제적 동기부여에서 가장 큰 걸림돌이다. Stricker가 1993년에 언급했듯이, SAT와 고등학교 성적이 그랬던 것 이상으로 비인지적 척도가 학업 성과를 예측하는 데 공헌할 것으로 기대하는 것은 비현실적이다.

대학 성공의 준거 척도 확장

사실상 모든 대학은 학업성취 척도가 그들의 교육적 사명과 입학시험, 고등학교 GPA와 관련성을 가지고 있고, 학과공부의 엄격함이 신입생을 모으는 데 중요한 역할을 한다는 것에 동의한다. 그러나 대학교육에서 비롯된 바람직한 결과는 학업성취와 무관한 것이 많다. 1980년대에 이루어진 개인적인 자질에 관한 연구는 다음의 네 가지 성취 영역을 정의했다(Willingham, 1985).

- 장학금(대학 GPA와 단과대 장학생)
- 리더십(선출되었거나 지명된 자리)
- 중요한 성취(과학, 예술, 운동, 의사소통, 사업)
- 대학의 판단(교수 지정)

9개 대학에서 4년 이후에도 다니고 있었던(75%의 지속률) 대략 3,700명의 신입생이 ETS(Educational Testing Service)에서 실시한 종합적인 개인자질 연구의 대상이었다. 장학금, 리더십, 그리고 성취는 중간 정도의 상관(.25~.35)을 보였다. 이 학생들의 대학 GPA는 1학년 때 2.8에서 4학년 때는 3.1로 매년 상승하였다. 이 연구의 핵심은 SAT와 고교 평균성적(HSGPA)을 넘어서 학부생 성공을 예측하는 데 도움을 주는 보충 정보가 있는지 알아보는 것이었다. 네 가지 수행 영역에 대해 여러 측정치를 사용했는데 그 측정치는 성공적인 학생을 예측하는 능력을 25% 높여 주었다. 또한 리더십과 성취(accomplishment)에 대한 예측력을 각각 65%와 42% 높였으나 장학금에 대한 예측력은 7%만 높였다.

1980년대 초부터 1990년대 중반까지 미국육군 행동 및 사회과학 연구소(U. S. Army Research Insititute for the Behavioral and Social Sciences: ARI)가 지원한 프로젝트 A로 알려진 연구는 선발 향상을 목표로 이뤄진 수년간에 걸친 연구 개발 노력 중 가장 적절한 것으로 꼽힌다. 이 프로젝트와 현재 진행 중인 몇몇 후속 프로젝트에서는 미국 육군의 다양한 업무 준거척도와 예측요인을 개발하고 평가하고 있다(Campbell & Knapp, 2001). 준거 개발 연구의 목적은 직무 분석 기술을 이용해서 가능한 한 포괄적으로 직무 수행의 여러 차원을 묘사하고 각 직무 수행요소를 다각적으로 측정하는 방법을 개발하는 것이다. 그리하여 연구진들은 특정 업무와 기관의 전반적인 요소뿐만 아니라 초기 능력과 관련된 수행요소를 조사하였다 (Borman, Campbell, & Pulakos, 2001; Campbell, McHenry, & Wise, 1990). 이 연구과정에서 광범위한 준거 척도가 개발되었다. 그 가운데 고등교육에 적용할 수 있는 준거 척도는 나음과 같다.

1. 평정 척도: 기관 전반과 특정 업무에 대한 평정 척도가 개발되었다. 이는 감독자가 크게 두 개의 척도(전반적 효과성과 미래에 성공적으로 업무를 할 가능성)뿐만 아니라 다양하고 구체적인 차원에서 개인의 업무 수행력을 평가할 때 사용된다. 또한 리더십과 감독 및 경영 수행력에 대한 추가 평정 척도도 개발되었다.
2. 업무 수행 예측 척도: 감독자는 미래의 어려운 상황 속에서 업무 수행력을 예측해야 한다.
3. 수행 기록 보관: 업무 수행 기록은 데이터베이스로 구축된다.
4. 자기보고식 수행 지표: 복무 중에 이뤄 낸 성취, 이수한 코스, 수상에 관한 설문
5. 업무 기록 설문지: 업무 이동에 관한 기록으로 업무력 평가를 위한 방법이다.
6. 상황 판단 검사: 업무 중 발생할 수 있는 다양한 상황에 대해 가장 효과적인 반응과 가장 비효과적인 반응을 표시하게 한다.
7. 직무 만족 척도: 업무, 감독자, 동료, 기관 및 맥락적 요소에 대한 만족도 평가

학업 수행 차원은 최근 고등교육에서 사용되고 있는 전형 척도에서 잘 나타나 있다. 외국어와 미적분 같은 특정 영역의 기능이나 초인지, 공부기술 같은 인지적 기능도 다른 검사도구를 가지고 평가할 수 있다. 기질, 환

경과 경험에 대한 적응력, 태도, 흥미, 행동 의도, 과거 경험, 성향 및 성취와 관련된 많은 수행 차원은 평정 척도, 설문지 및 상황 판단 검사를 통해서 적합하게 판단할 수 있을 것이다. 또한 자기보고식 수행 지표는 높은 신뢰도와 정확성을 보이고 있다(Freeberg, Rock, & Pollack, 1989; Knapp, Campbell, Borman, Pulakos, & Hanson, 2001). 자기 보고한 고등학교 학점은 실제 학점보다 대학 성적에 대해 약간 낮은 예측력을 보이며, 수학적 능력에 대한 자기평가는 수학 성적과 SAT 수학 점수와 높은 상관을 보인다(Donlon, 1984). 자기보고 자료는 중요한 결정에 사용될 경우 왜곡될 여지가 있다. 따라서 그러한 경우에 자기 보고한 성적 및 성취를 입증해야 한다. 정밀한 자료가 필요할 때 사회적으로 바람직한 반응은 줄어든다는 연구가 있다(Schmitt & Kunce, 2002).

평정 척도

대학교육을 받는 동안 타인에게서 수행 정보를 얻을 수 있는 기회는 많이 있다. Friede 등(2003)은 행동평정 척도(BARS)에 따라 여러 학업성취 차원에 대해 동료 또는 자기가 평가하는 것이 유용하다는 것을 발견했다. 동료 평가는 FGPA(.31), 경력과 관련되어 있는 여러 차원(리더십, 인내심, 시민의식), 그리고 장기 결석(-.14)과 중간 정도의 상관이 있었다. 자기 평가는 FGPA(.12)와 낮은 상관이 있었고, 장기 결석(-.19)과는 중간 정도의 상관이 있었다. 하지만 예상했듯이 같은 출처에서 나온 것이어서 경력, 상황적 직무검사(SJIs), 그리고 인성 척도는 다른 자기보고 자료와 더 높은 상관이 있었다. 동료 평가와 자기 평가는 거의 상관관계가 없다. 이는 같은 구인에서 다른 측면을 표집했다는 것을 시사한다. 그리고 두 평가 모두 ACT와 SAT 점수와 관련이 없었다. 동료 평가의 예측력은 의미가 있었다(수정된 R=.35). 가장 높은 상관은 동료들이 쉽게 관찰할 수 있는 사회적이고 대인관계적인 차원에서 나왔다.

이런 척도를 사용할 수 있으려면 여러 기법에 대한 상당한 연구가 필요하다. 특정 영역의 지식, 기질, 미래 계획, 빈도, 중요성, 그리고 여러 경험과 수행에 대한 만족과 같은 차원에 대한 자기보고 평가를 탐색해야 한다. 동료 평가는 사회성이나 대인관계 수행을 연구하는 데 효과가 있을 것이나, 여기서처럼 피평가자가 동료 평가자를 선택하면 편견이 생겨서 어려움이 있을 것이다. 기숙사 사감의 평가는 양심과 같은 수행 차원을 잡아내는 데 유용할 것으로 보이지만 이 또한 캠퍼스 밖에 살거나 사감과 친하지 않은 많은 학생에 대해서는 적용할 수 없다는 단점이 있다. 구조화된 교수 평정 척도는 전공 지식과 양심, 노력 같은 다른 수행 차원을 포착하는 데 유용할 수 있다. 학생이 좋은 평가를 받기 위해 교수를 선정하는 경우, 교수가 평가 대상자를 잘 모르는 경우, 또는 평가훈련이 제공되지 않는 경우, 다른 여러 평가와 마찬가지로 편파적이 될 가능성이 있다. 직장 또는 대학원 같은 미래 상황에서 성공하는 것도 학부생에게는 중요한 결과 준거다. 이런 차원을 측정하기 전에 평가자가 미래 행동을 신뢰 있고 정확하게 측정하는 정도를 검토하는 연구가 필요하다.

수행 기록

앞서 밝혔듯이, 풍부하고 집중적인 학생 데이터베이스에 대한 접근은 대학에서의 성공을 정의하고 측정하는 방식을 확장하기 위한 중요한 조건이다. 다차원적인 결과 데이터베이스는 대규모로 비인지적 예측치의 타당성을 검토하기 위한 필요조건이다. 대학과 미국 대학입학위원회, 교육부, 대학입학사정관협의회(National Association of College Admissions Counselors)와 같은 대학을 도와주는 국가기관은 학생 교과 성적, 교과목, 재학 연한, 학위 취득시기, 장학생 선정 여부, 준비나 교정 프로그램 참여, 또는 다른 준거 척도를 알 수 있는 관련 데이터베이스를 만들기 위해 협력한다. 이러한 접근으로 학생과 대학의 정보는 보호하면서 연구자들이 새로운 수행 차원의 특징과 예측치를 연구하게 하는 다차원적인 결과 자료를 모아 관리하는 국가 정보 센터를 만들 수 있다. 각 대학은 학생의 기록과 데이터베이스를 비교하고 GPA 외에 여러 가지 준거의 타당성을 마련할 수 있다. 1학년을 마치고 2학년으로 등록하기까지의 기간, 졸업에 소요된 연한, 그리고 이수 학점은 4년제 대학의 타당성 연구에서 쉽게 활용할 수 있는 척도다. 2학년으로 등록하기까지의 기간과 졸업에 소요된 연한은 새로운 척도를 타당화하는 데 있어서 한계가 있는 변수다. 하지만 이수학점과 장기 결석은 자기 보고 평가일지라도 학부 수행 연구에서 유용하다는 것이 입증되었다 (Friede et al., 2003).

학부 역사, 과외활동 및 경험

많은 연구가 대학원과 학부 교육을 받으면서 했던 특정한 교육 경험과 특정한 대학원 프로그램이나 직업 선택 간의 관계를 설명했다(Camara & Baum, 1993; Campbell et al., 1998). 대학에서 이수한 전공, 성적, 연구 프로젝트, 팀워크, 다른 과외활동과 직업활동 등을 물어보는 자기 보고식 역사와 경험 검사는 준거 척도로 사용될 수 있고, 사실상 수행 기록에 포함된 자료보다 더 정확할 수 있다(Knapp et al., 2001). 대학의 학생 수행 차원에 대한 자료 부족으로 인해 자기 보고한 역사와 경험은 대학 성공과 관련된 수행 영역을 확장시키는 가장 즉각적인 기회를 제공할 수 있다.

대학 성공의 수행 영역을 결정할 때는 여러 다른 중요한 차원을 고려해야 한다. 첫째, 산업조직 심리학은 과제에 특정한 수행 준거와 전반적인 수행 준거를 구별하는 데 상당한 노력을 기울이고 있다. 예를 들어, 프로젝트 A는 특정 직무에 적용되는 특정한 준거와 군인과 관련된 전반적인 준거를 확인했다. 이 프로젝트에서 다른 예측치의 결합은 다른 준거 척도와 다른 관련성을 가지고 있었다(Wise, McHenry, & Campbell, 1990). 학생들은 취업하지 않고 특정한 전공을 선택하며, 일반적인 직무 지식과 특정 영역의 지식이 모두 필요한 여러 과정을 이수한다. 학부 교과 과정은 대학 1학년과 2학년 때는 아주 비슷하다. 이는 FGPA가 대학에서의 학업 성공을 측정하는 합당하고 유용한 준거가 되는 이유다(Camara & Echternacht, 2000). 하지만 학생들이 상위 과정을 이수할 때면 전공에 따라 갖추어야 할 지식, 기술, 능력(KSA)에서 큰 차이가 있다. 외국어 듣기, 말하기, 쓰기, 읽기는 외국어 전공 학생에게는 매우 중요한 능력이다. 비판적 읽기와 문장 분석은 영문학이나 철학을 전공하는 학생들에게는 더욱 중요한 요소다. 마찬가지로 공학을 전공하는 데 필요한 능력은 간호학에서 필요한 지식, 기술, 능력과 다를 것이다. 대학 성공은 직무 수행과 같이 특정한 전공에서 필요한 것과 일반적인 인지능력을 모두 포함한다(예, 비판적 읽기, 쓰기, 논거 제시). Ramist, Lewis와 McCamley-Jenkins(1993)는 성별과 학업 수준[1]이 신입생의 과정 선택에 영향을 준다고 밝혔다. 높은 학업 수준을 갖고 있는 학생은 낮은 수준의 학생에 비해 미적분, 실험과학 등 상위 과정을 수강하는 비율이 훨씬 높았다. 언어 SAT, 수학 SAT, 그리고 고교 GPA는 특정한 전공 학점을 준거로 할 때 다른 관련성을 나타낸다는 것을 보여 준다(Bridgeman et al., 2000; Ramist et al., 1993). 이는 전공에 따라 다른 인지 능력이 중요하다는 것을 시사한다.

두 번째로 중요한 수행 차원은 학업 수행과 비인지적 수행을 구별하는 것이다. 이는 작업 수행 분석에서 직무 특성적 행동과 상황적 활동을 구별하는 것과 비슷하다. 작업 상황에서 설명되는 이 두 수행에 대한 구별(Borman & Motowildo, 1993)은 대학에도 쉽게 적용된다. 학부생의 상황적 수행은 과제 수행과 비슷한 방식으로 구분된다.

- 과제 수행은 특정 기술, 인지적 능력 및 '할 수 있다'는 수행 측면과

---

1) 대학 간에 학생들을 섞어서 고등학교 성적과 SAT 성적의 조합에 따라 세 가지 구성(높음, 중간, 낮음)으로 구분하였다.

관련되지만, 상황적 수행은 끈기, 자발성, 노력, 규칙과 과정을 추종하고 지원하는 것 및 다른 사람과의 협력 또는 수행의지 측면과 관련된다.

- 과제 수행은 학업 수행을 성취하는 데 필요한 학업 지식이나 능력(학점)과 관련되어 있지만, 상황적 수행은 경향성이나 의지와 관련되어 있다.
- 과제 수행은 보통 학문 영역과 교과목에 따라 다르지만, 상황적 수행은 모든 과정, 전공, 대학에서 공통적으로 요구된다.

학부생 대학 성공모형

예측요인은 대학이 관심을 가지고 있는 준거를 예측하는 능력에 따라 중요성과 적절성이 결정된다. 준거 영역을 확장시키려면 좀 더 종합적인 대학 성공모형이 필요하다. 이것은 조직에 관한 Campbell 등(1993)과 대학원에 관한 Campbell 등(1998)의 연구 결과에서 나온 모형이다. Campbell 등(1993)이 제안한 심리학 분야의 대학원 수행의 구성요소는 다음과 같다.

1. 독립적인 연구 수행
2. 개념 지식의 전문적인 활용
3. 연구와 자료 분석 도구의 능숙한 활용
4. 구어와 문서로 의사소통하는 능력
5. 지속적이고 목표 지향적인 노력
6. 효과적인 팀 구성원 역할
7. 리더십과 경영능력

이 가운데 연구와 자료 분석 도구의 능숙한 활용, 구어와 문서로 의사소통하는 능력, 지속적이고 목표 지향적인 노력, 효과적인 팀 구성원 역할과 같은 기능은 학부생의 성공에도 그대로 적용할 수 있다. 그 대부분은 상황적인 활동으로 분류할 수 있다. 학부생의 성공과 관련된 다른 행동은 다음과 같다.

1 정보 습득
2 비판적 읽기와 듣기 능력
3 학과 영역이나 활동에의 헌신적인 참여
4 컴퓨터 능력과 인터넷 검색 능력
5 출석과 양심
6 학업 수행
7 유목적 행동과 미래에 대한 계획

SAT, ACT와 같은 인지적 평가는 학점과 GPA 같은 학업성취의 인지적 준거에 적합하다. 비인지적 예측요인은 다른 준거와 더 관련이 있다. 교육에서 비인지적 수행 준거는 FGPA나 CGPA 같은 인지적 준거에 비해서 부작용이 적고 집단 간의 차이가 적다. 대학 성공의 수행모형 개발은 수행의 다른 측면에 대해서 적합한 가중치를 제시해야 한다. 이런 가중치 부여는 각 대학의 특정한 가치와 목표를 반영하거나 비슷한 대학들이 협력해서 개발할 수 있다. 확장된 대학 성공모형과 이 영역을 측정하는 객관적인 준거가 개발되지 않는다면, 여전히 학점이나 시험 성적과 같은 아주 좁은 인지적인 예측요인에 초점을 둔 학업성취로 정의되는 대학 성공을 예측하고 평가하게 될 것이다.

기존의 대학 성공 예측요인

[그림 4-1]과 [그림 4-2]는 1979～2000년에 4년제 공・사립대학에서 가장 많이 사용한 입학전형 요소의 상대적인 중요도를 나타낸다(Breland, Maxey, Gernard, Cummings, & Trapani, 2002). 대학은 5점 평정척도[2)]를 이

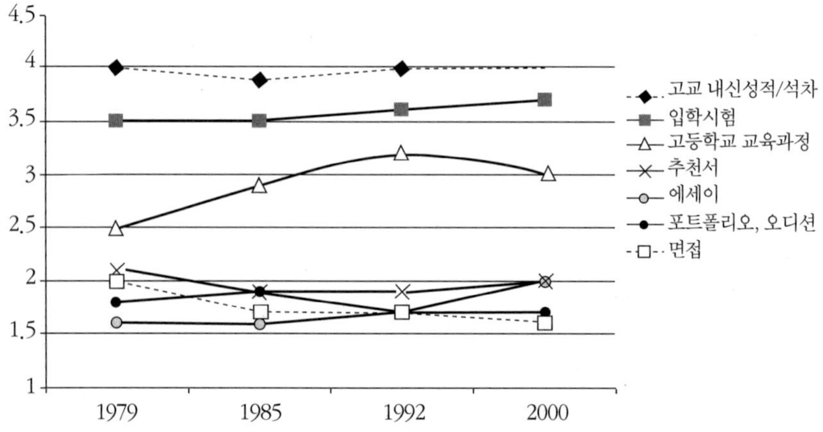

[그림 4-1] 입학전형 요소의 중요도: 4년제 공립대학

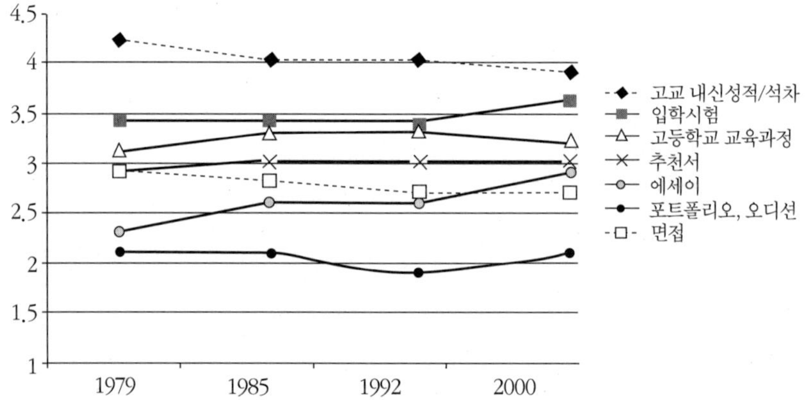

[그림 4-2] 입학전형 요소의 중요도: 4년제 사립대학

용해 학부 입학 정책과 실제에서 다양한 요소의 중요성을 표시했다. 고등학교 성적과 석차는 지속적으로 가장 중요한 입학전형 요소로 여겨졌고, 입학

2) 5(가장 중요한 요소), 4(아주 중요한 요소), 3(적당히 중요한 요소), 2(부수 요소), 그리고 1(고려하지 않음)이다.

시험 점수는 두 번째로 중요한 요소로 여겨졌다. 공립대학에서는 심화된 고등학교 과정이 점점 더 중요하게 생각되고 있고, 사립대학에서는 처음부터 그것이 중요시되어 왔다. 에세이, 추천서, 면접, 포트폴리오 등 다른 요소는 대부분의 공립학교에서 비교적 덜 중요하게 여겨졌다.

대학에 따라 그리고 음악, 미술 같은 특정 프로그램에 따라 예외는 있다. 사립대학들은 최근에 에세이의 비중을 조금 상향 조정했다고 보고했다. 다른 요소는 공립대학에 비해 사립대학에서 더 큰 비중을 갖고 있지만, GPA나 입학시험 점수, 심화된 고등학교 과정에 비해서는 훨씬 비중이 작다. 공립과 사립학교의 크기와 지원자 수 그리고 자원을 고려해 볼 때 이것은 전혀 놀라운 일이 아니다. 이 설문에 응답한 사립학교는 공립학교에 비해서 훨씬 규모가 작고 지원자에 대해서 포괄적이고 총체적인 관점을 갖는 경우가 많았다. 입학시험 점수는 최근에 비중이 약간 상승한 데 비해서 고교 GPA나 학급 석차는 일관성 있게 중요시되는 요소다. 고등학교 교육 과정(AP 과정뿐 아니라)은 입학전형에서 중간 정도로 중요시되는 요소다. 추천서, 에세이, 면접은 사립대학에서는 부수적인 요소였고, 공립대학에서는 그 중요도가 더욱 낮았다. 흥미롭게도 1985년부터는 4년제 사립학교에서 학생 에세이를 점점 더 중요하게 여기고 있다. 포트폴리오와 오디션은 미술 전공에서 특별히 사용된다. 다른 전공에 지원한 학생들도 포트폴리오를 제출하기도 한다. [그림 4-1]은 대학 성공과 관련된 결과나 수행 요소를 정할 때 가장 많이 사용되는 입학전형 요소의 중요도를 보여 준다. 고등학교 성적과 GPA는 대학 성공을 예측하는 가장 광범위하고 일반적인 요인이다. 그것들이 노력, 수업 참여, 양심, 출석 등 다른 요소를 반영하고 있기 때문이다. 하지만 고등학교 성적은 성적 자체, 성적 부여 기준, 그리고 그에 포함되는 비학업적 요소와 관련해서 주관성이라는 문제를 안고 있다. 추천서나 학생 에세이, 자기보고 지원 자료 같은 비표준화된 예측요인은 대학 성적과 관련된 다른 기질이나 흥미 요소를 다룰 수도 있고 그렇지 않을 수도 있다. 예를 들어, 학생 에세이나 교사 추천서는 학생의 사회적 책임감, 예술적 호기심, 진로 성향 등을 자세하게 보여 준다. 하지만 다른 학생의 에세이나 추천서에서 그런 논의가 없다고 해서 능력이 없다는 것을 나타내는 것은 아니다.

인력채용에 사용되는 비교 가능한 자료는 구하기 힘들고 조직 유형에 따라 차이가 있다. 미국경영협회(American Management Association)가 1996년 실시한 설문(Sharf & Jones, 1999)에서 설문 대상 기업의 28%가 인지능력 검사를 했고 20%는 경영 평가와 인성 검사를 실시한 것으로 나타났다. 인지능력 검사와 인성 검사는 공적인 분야에서 많이 사용되고 비영리 단체에서는 거의 사용되지 않고 있다. Tippins와 Wunder(1997)는 포춘 100대 기업 고용주에게 설문조사를 했는데 사실상 모든 기관에서 대면 면접을 한다고 발표했다. 또 교육과 경험 평가를 포함한 이력서가 71%로 나타나 두 번째로 자주 쓰이는 척도였다. 학교에서의 면접과 시험은 각각 40%, 배경조사와 추천서는 각각 36%와 28% 정도의 기업이 사용한 것으로 나타났다. 25%의 기업은 채용 결정에 대학 성적을 활용한다고 밝혔다.

또 다른 인지적 척도

SAT, 성취도 검사, 고등학교 GPA, 고등학교 과목 성적과 같은 검사는 일반적인 인지능력과 사고능력 그리고 전공에서의 특정한 지식과 기술을 측정한다. 일반적인 인지력이나 성취도를 측정하는 척도는 많이 있지만 일반적인 구인에 추가 예측요인을 넣어서 얻어지는 증분타당도는 한계가 있다. Sternberg(1997)는 이런 분석적인 능력을 넘어서 예측요인을 확장하는 것이 몇 십 년간 똑같이 사용된 인지적 예측요인을 개선하는 것보다 예측력을 더 높여 줄 것이라고 주장한다.

Snow(1999)는 고등교육에서 개인과 대학 모두에게 가치 있고 유용한 방식으로 입학전형 요소를 넓고 깊게 해야 한다고 말한다.

> …넓이는 평가되는 인지적, 행동적, 정의적 적성의 범위를 확장하는 것을 의미한다…. 이것은 고등교육에서 개발되는 자질과 개인적 능력을 더 다양하게 볼 수 있게 한다. 깊이는 평가되는 구인의 심리적 측면을 더욱 깊고 풍부하게 설명하고 이해해야 한다는 것을 의미한다(p. 132).

Sternberg(1985)는 가장 성공적인 학생은 분석적이고 창의적이고 실제적인 능력이 균형 있게 발달한 사람이라고 주장하는 삼원지능이론(theory of triarchic intelligence)을 제안했다. 분석적 지능은 SAT나 ACT와 같은 검사에서 측정되며, 추론하고 문제 해결을 하는 인지능력 검사로 평가된다. 창의적 지능은 새로운 문제 해결과 접근 방식의 생산에서 반영된다. 실제적 지능은 학교, 직장, 생활에서 겪게 되는 일상적인 문제를 푸는 데 필요한 일상 지능과 유사한 것이다. 실제적 지능에서 중요한 요소는 개인이 실제 환경에 적응하고 선택하고 가꾸어 가는 무언의 지식이다.

이런 지식은 경험에 의한 실제적인 능력과 가치 기반적 상황에서 그것을 적용할 수 있는 능력을 나타낸다(Sternberg & Hedlund, 2002). 미국 대학입학위원회는 대학 신입생의 세 가지 능력에 대해서 여러 척도의 효용과 타당성 연구를 지원했다(Sternberg et al., 2003). 이 연구는 9장에서 자세하게 설명할 것이다.

입학시험은 여러 가지 인지능력 요소 중 두 가지(결정 지능과 학업 성적, 좀 더 제한적인 방식으로 유동 지능과 추상적 사고력)를 주로 나타낸다. Snow(1999)는 입학시험의 인지 영역에 추가될 수 있는 세 가지 요소를 제안했다. 그것은 시공간 지각력과 유동적 사고 능력, 그리고 아이디어 생성이다.

시공간 지각력

시각적 혹은 공간적 능력은 기계적인 추론, 시각화, 공간 지향성 등 여러 능력을 포함하고 있다. 공간 적성은 기하학적 형태를 시각적으로 생각하고

표 4-1 대학 입학전형 요소와 구인

	대학 입학전형 요소								
	언어 SAT	수리 SAT	쓰기 SAT	성취도 검사	고교 GPA	고교 성적	에세이	추천서	지원서
언어 사고력	★				○	○			
수리적 사고력		★		●	○	○			
글쓰기			★	●	○	○			
대화 능력						●			
언어 능력	○		○	●	○	○			
일반 지식	★	★	★		★	★			
전공 특정 지식				★		★			
시공간 지각력									
초인지									
창의력								●	
아이디어 생산									
상황적 수행					★	★			
자기 관리								●	
노력과 동기부여						★	●	●	
인내력								●	
지적 호기심								●	
양심					★	★			
리더십								●	★
예술적 호기심								●	
진로 성향							●	●	
다문화 이해/포용력									
대인관계 능력									
팀워크									
사회적 책임감과 참여							●	●	
운동능력							●	●	★
윤리와 성실성									
신체적, 정신적 건강									
수업 참여					●	●		●	
출석					●	●			

주: ★ 포함된 영역, ○ 일부 포함된 영역, ● 일관되지 않게 포함됨(어떤 상황에서는 포함될 수 있음).

3차원적인 물체를 2차원적으로 이해하는 능력으로 정의되어 왔다(U. S. Department of Labor, 1970). 많은 검사 프로그램이 공간 지각력을 포함하고 있다. 예를 들어, 적성검사에서 공간관계 검사는 수험자가 사물을 다른 관점으로 시각화하고 그에 맞는 패턴을 찾도록 요구했다. 일반적성검사(General Aptitude Test Battery: GATB)는 공간 적응력을 측정하는 유사한 하위 검사가 있다(Anastasi & Urbina, 1988). 공간 시각화의 척도인 사물 조립은 2001년에 군 직업 적성검사(Armed Services Vocational Aptitude Battery: ASVAB)에 추가되었고, 이전의 형식은 공간지각 세부 검사에 포함되었다. 공간 지각력은 종이 형태의 판자 문제, 종이접기 문제, 사물 회전, 미로, 암호, 그리고 시각적 움직임, 손재주, 미세 운동기능 또는 다른 특수 능력을 포함하는 수행 과제로 측정할 수 있다. 이런 검사는 시간 제약 상태에서 진행되며 성별 차이가 크게 나타난다(Anstasi & Urbina, 1988). 성별에 따른 공간 지각능력의 차이는 공간 검사의 종류에 따라 다르다. ASVAB의 사물 조립과 같은 공간적 시각화에서는 차이가 작게 나타났고, 3차원상의 정신 회전 검사에서는 가장 큰 차이를 보인다(Linn & Peterson, 1985).

공간 지각력이 건축, 의약, 공학과 같은 전문적인 기능이나 성취와 연관된다는 증거가 있다. 그러나 그것은 대학 성적 예측에는 별 도움이 되지 않는다(Snow, 1999).[3] 덧붙여 많은 공간 지각력 척도의 경우 성별 차이가 크고 일반적인 대학 성공 준거와 직접적인 연관성이 없어서 약학이나 공학 등 특별한 분야를 제외하고는 적용하기 어렵다. 유사하게 집단 잠입도형검사(Group Embedded Figures Test)의 척도인 장 의존성(Field Dependence)은 FGPA와는 관련이 없지만 과학과 수학 성적과는 관련이 있고, 수학 SAT와 고등학교 성적을 넘어서는 추가 변량을 설명한다(Witkin, Moore, Goodenough, & Cox, 1977). 그러나 학부 수준에서는 대부분의 신입생이

3) Zwick(2002)은 SAT가 1930년에 공간 지각력을 시험에 포함시키려고 했으나 대학 성적 예측에 도움이 되지 않는다는 이유로 누락시켰다고 하였다.

전공이 아닌 대학을 선택하기 때문에 전문 분야나 전공 의존적인 척도는 대학원 입학 시에 비해 활용성이 떨어진다.

유동적 사고력

이 구인은 귀납적 사고에 가깝고, 새로운 학습과 문제 해결 상황에서 융통성이 있고, 적응적이며 추상적이고 추론적인 사고를 포함한다. Snow(1999)는 이 구인이 SAT 사고력 시험에서 나타난다고 했지만 더욱 순수한 척도가 개발되어야 한다고 주장했다. 그는 대학에서 사용되는 지식과 문제 영역 맥락에서 사고력과 문제해결 과제를 제시해야 한다고 제안했다. Snow는 가상 학습 맥락에서 학생에게 새롭고 도전적인 과제를 제시하는 시뮬레이션을 계획했다. Ackerman(1987)의 일관성 없는 과제와 일관성 있는 과제의 차이는 결정 지능과 유동 지능의 차이와 많은 부분에서 비슷하다. 유동지능 과제는 벽돌 쌓기, 숨겨진 형태 찾기, 단어와 문장 정렬하기 등 비언어적 혹은 행위적 과제를 포함한다. 그러나 이런 것에서 개념이 필요 없다는 것은 아니다. 유동적 또는 비일관적 과제에서는 새로움과 적용성이 가장 필요하다. 동일한 반응방식과 인지 전략은 소용없을 것이다. 그러나 관심과 전공에 관계없이 모든 학생에게 적절한 맥락적인 유동성 과제를 개발하기는 어렵다. 이런 과제는 진정성이 부족하고 비현실적인 것으로 비판받고 있다(Snow, 1999).

아이디어 생성/창의력

아이디어 생성은 창의성의 한 요소이며 대부분의 고등교육 분야에서 가치 있게 여겨지는 능력이다(Snow, 1999). 몇몇 검사는 폭넓은 창의성과 구별되는 아이디어 생성을 측정한다. Sternberg(1985)는 창의적 지능의 척도는 SAT나 ACT와 같은 시험에서 측정하는 분석적 능력을 넘어서는 것이라고 주장한다. 9장에서 설명될 연구에서는 두 가지 유형의 창의성 척도가 사용되었다(Sternberg & Rainbow Collaborators, 2003).

특정한 적성이나 능력 또한 연구와 고용 분야에서 연구되고 있다. Kobrin, Camara와 Milewski(2002)는 SAT II가 SAT I이 설명해 주는 것 이상으로 대학에서의 수행을 예측하는 데 있어 타당도를 거의 제공하지 못한다고 말한다. Schmidt(2002)는 특수 적성검사는 보통 일반 인지능력 검사와 거의 동일하고, 이런 능력과 적성은 직업 및 학과에 따라 달라질 수 있다고 말한다. Everson(출판 중)은 현대 인지심리학이 입학시험에 미친 영향을 설명하면서, 평가는 학생들이 무엇을 아는가와 어떻게 학습하는가에 대해서 좀 더 많은 것을 알려 주어야 한다고 말한다. 그는 학습 전략, 선행지식, 초인지 능력을 내용 지식 및 전통적인 능력 측정과 결합할 것을 제안한다. 그리고 학습자가 학습할 때 취하는 과정을 평가하는 데 관련된 많은 인지적 차원이 제안되었다. 여기에는 지식 표상, 정신모형, 초인지가 포함된다(Glaser, Lesgold, & Lajoie, 1985). 학습 동기화 전략(Motivated Strategies for Learning: MSFL)은 학업 수행을 예측하는 데 사용되는 자기조절 학습 척도다(VanderStoep, Pintrich, & Fagerlin, 1996). 현재 인지과정 척도는 입학전형에서 사용되는 종합적 평가보다 진단적 평가와 학습에 더 적절한 것으로 보인다. 전통적 지식 검사와 결합된 인지능력 진단 평가는 대학 배치에 유용한 것으로 보인다. 이러한 정보는 대학과 학생 모두에게 적절한 과정 배치 정보를 알려 주고, 약점을 보완하고 새로운 학습을 촉진하는 학습 전략에 대한 길잡이를 제공할 것이다.

입학시험은 실용적인 필요에서 시작되어 최근까지만 해도 주로 실증적 근거에 바탕을 두고 만들어졌다(Everson, 1999). Snow(1999)는 예측요인을 확장하기 시작해야 한다고 주장한다. 더 다양한 적성과 재능이 입학전형에 사용되면 고등교육의 목적으로서 그것들은 더 완벽하게 인정받게 된다. 그러나 이런 접근법에는 몇 가지 문제점이 있다. 첫째, 몇몇 적성과 재능의 가치 및 효용성에 대하여 고등교육에서 보편적으로 합의하기가 어렵다. 둘째, 평가도구는 예언타당도와 같은 실증적 근거에 주로 의지하여 계속 평가될 것이다. 적절한 준거를 사용할 수 없다면 대학에서 학업 성공과 관계가 적은 예측요인의 효용성은 평가하기 어렵다. 셋째, 고등교육 전반에 걸쳐 어떤 적성과 재능을 목적으로 여겨야 할지를 검사기관이 결정하는 것이 과연 적절한 것일까? 지난 10년 동안 교육개혁은 교수법 개혁의 수단으로서 K-12 학제에서의 평가를 활용해 왔다. 하지만 이런 노력은 대부분 중단되었고 고등교육에 바람직한 영향을 미치지 못했다(Linn, 1999).

결 론

대학생활의 성공은 대학 안내책자, 대학의 사명 진술과 학문적 논의 속에서 수십 년 동안 광범위하게 설명되어 왔다. Gillespie 등(2002)은 35개 대학의 교육적 사명과 목적을 부분적으로 정의하고 있는 170개 이상의 진술문을 찾았다. 그러나 현실적으로 고등교육은 대학생활의 성공을 주로 대학 성적(FGPA) 면에서 정의하고 있다.

대학과 대학생이 가치를 높게 두고 있는 대학교육의 중요한 결과물은 많이 있다. Campbell과 동료들(1993)은 다차원적인 직무수행 모형을 제안했고, 이와 비슷한 대학원 수행모형을 정의하려고 했다(1998). 학부생의 성공은 성장, 비학업적 분야에서의 성취뿐만 아니라 여러 학문 분야에서의 학업적 성취를 포함하는 다차원적 모형을 통해 판단될 수 있다.

입학시험은 지난 1970년대 이후 증가하는 대학 지원자를 선별하는 데 효율적이고 타당한 방법이라는 실용적 필요에서 발전해 왔다. 오늘날 입학시험은 그 효용성과 타당성을 유지하고 있다. 그러나 대학의 성공은 학업 성적뿐만 아니라 다른 요소로 정의되어야 한다. 따라서 인지적 척도 이상의 예측요인이 필요하다. 고등학교 성적으로 경쟁이 치열한 대학에 지원하는 학생들을 판단하기에는 타당성과 효용성이 크게 떨어진다. 고등학교마다 교육과정의 정밀함이 다르고 점수 준거와 평가 정책이 일치하지 않기 때문에 고등학교 성적을 해석하는 데 주의가 필요하다. 입학시험과 성적은 지난 30년 동안 사립과 공립 학교 모두에게 가장 중요한 척도였다(Breland et al., 2002). 또 다른 예측요인을 찾기 위해서 몇몇 대학은 교육과정의 정밀함에 더 큰 무게를 두기 시작하고 있다. 하지만 이 척도는 성적과 비교하여 여전히 주관성과 비일관성이라는 문제가 있다. 게다가 그것은 가난하고 규모가 작은 고등학교를 다니는 학생들에게는 또 다른 장애물이 될 수 있다.

인지적 기능을 측정하는 다른 방법이 제안되고 있다. 하지만 대학 성적을 유일한 준거로 사용한다면 고교 성적과 함께 사용할 때 입학시험이 가지는 상대적으로 높은 타당도를 넘어서는 다른 것을 발견할 가능성은 거의 없다. 대부분의 연구가 오직 FGPA에 초점을 맞추고 있지만, 학위 취득과 끈기의 중요성 및 대학생활의 성공에 대한 다른 차원의 논의가 대두되고 있다.

이 책에서는 대안적인 다양한 예측요인과 대학생활에 대한 폭넓은 척도를 제시해 주는 새로운 입학모형을 다룬다. 5장은 교육과 직장에서의 대안적인 예측요인 연구에 대해 설명하고 있다. 고등교육 지도자는 대학 성공을 측정하는 폭넓은 준거가 중요하다는 것을 증명함으로써 대학생활의 성공을 예측하는 요인을 확장하는 데 필요한 증거를 더욱 개발해야 한다. 그러한 연구 과제는 대학의 많은 노력과 함께 다양한 연구와 투자를 요구한다. 이는 다양한 결과 수행 척도를 정의하고 개발하여 고등교육의 예측요인과 다양성을 확장시키는 연구 또한 촉진시킬 것이다.

참고문헌

Ackerman, P. L. (1987). Individual differences in skill learning: An integration of psychometric and information processing perspectives. *Psychological Bulletin, 102*, 3-27.

Anastasi, A., & Urbina, S. (1988). *Psychological testing* (7th ed.). Upper saddle River, NJ: Prentice-Hall

Borman, W. C., Campbell, C. H., & Pulakos, E. D. (2001). Analyzing job performance measurement. In J. P. Campbell & D. J. Knapp (Eds.), *Exploring the limits in personnel selection and classification* (pp. 157-180). Mahwah, NJ: Lawrence Erlbaum Associates.

Borman, W. C., & Motowildo, S. J. (1993). Expanding the criterion domain to include elements of contextual performance. In N. Schmitt & W. Borman (Eds.), *Personnel selection in organizations* (pp. 71-98). San Francisco: Jossey-Bass.

Bowen, W. G., & Bok, D. (1998). *The shape of the river*. Princeton, NJ: Princeton University Press.

Breland, H., Maxey, J., Gernard, R., Cummings, T., & Trapani, C. (2002). *Trends in college admissions: A report of a survey of undergraduate admissions policies, practices, and procedures*. ACT, AIR, College Board, Educational Testing Service, National Association of Collegiate Admissions Counselors.

Bridgeman, B., McCamley-Jenkins, L., & Ervin, N. (2000). *Predictions of freshmen grade-point average from the revised and recentered SAT I reasoning test* (College Board Research Rep. No. 2000-1). New York: The College Board.

Burton, N., & Ramist, L. (2001). *Predicting success in college: SAT studies of classes graduating since 1980* (College Board Research Rep. No. 2001-01). New York: The College Board.

Camara, W. J., & Baum, C. (1993). *Developing careers in research.*

Knowledge, attitudes and intentions of recent doctoral recipients in psychology: A discriminant analysis. (Final Rep. 92MF04400101D). Rockvill, MD: National Institute of Drug Abuse.

Camara, W. J., & Echternacht, G. (2000). *The SAT I and high school grades: Utility in predicting success in college* (College Board Research Rep. No. 03-04). New York: College Board.

Camara, W. J., Kimmel, E., Scheuneman, J., & Sawtell, E. (2003). *Whose grades are inflated?* (College Board Research Rep. No. 03-04). New York: College Board.

Campbell, J. P., & Knapp, K. J. (2001). *Exploring the limits in personnel selection and classification*. Mahwah, NJ: Lawrence Erlbaum Associates.

Campbell, J., Kuncel, N. R., & Oswald, F. L. (1998, April). *Predicting performance in graduate school: The criterion problem*. Paper presented at the annual meeting of the Society of Industrial and Organizational Psychologists, Dallas, TX.

Campbell, J. P., McCloy, R. A., Oppler, S. H., & Sager, C. E. (1993). A theory of performance. In N. Schmitt, & W. Borman (Eds.), *Personnel selection in organizations* (pp. 35-70). San Francisco: Jossey-Bass.

Campbell, J. P., McHenry, J. J., & Wise, L. L. (1990). Modeling job performance in a population of jobs. *Personnel Psychology, 43*, 313-333.

Chan, D., & Schmitt, N. (1997). Video-based versus paper-and-pencil method of assessment is situational judgment tests; subgroup differences in test performance and face validity perceptions. *Journal of Applied Psychology, 82*, 143-159.

College Board. (1999). *Toward a taxonomy of the admissions decision-making process*. New York: Author.

Conley, D. (2003). *Standards for success methodology for developing knowledge and skills for university success*. Unpublished memorandum.

Donlon, T. (1984). *The college Board technical handbook for the Scholastic Aptitude and Achievement Tests*. New York: College Board.

Everson, H. T. (1999). A theory-based framework for future college-admissions tests. In S. Messick (Ed.), *Assessment in higher education: Issues of access, quality, student development and public policy* (pp. 113-130). Mahwah, NJ: Lawrence Erlbaum Associates.

Everson, H. T. (in press). Innovation and change in the SAT: A design framework for future college admissions tests. New York: Routledge-Falmer.

Freeberg, N. E., Rock, D. A., & Pollack, J. (1989). *Analysis of the revised student descriptive questionnaire: Phase II predictive validity of academic self report* (College Board Research Rep. No. 89-8). New York: College Board.

Friede, A., Gillespie, M., Kim, B., Oswald, F., Ramsay, L., & Schmitt, N. (2003). *Development and validation of alternative measures of college success*. (Final report available from The College Board, New York).

Gillespie, M., Kim, B., Oswald, F., Ramsay, L., & Schmitt, N. (2002). *Biodata and situational judgment inventories as measures of college success: Developing and pilot testing phases*. (Interim report available from The College Board, New York).

Glaser, R., Lesgold, A., & Lajoie. S. (1985). Toward a cognitive theory for the measurement of achievement. In D. Klahr & K. Kotovsky (Eds.), *Complex information processing: The impact of Hebert A. Simon* (pp. 269-282). Hillsdale, NJ: Lawrence Erlbaum Associates.

Guion, R. M. (1998). *Assessment, measurement, and prediction for personnel decisions*. San Francisco: Jossey-Bass.

Knapp, D. J., Campbell, C. H., Borman, W. C., Pulakos, E. D. & Hanson, M. A. (2001). Performance assessment for a population of jobs. In J. P. Campbell & K. J. Knapp (Eds.), *Exploring the limits in personnel selection and classification* (pp. 181-235). Mahwah, NJ: Lawrence Erlbaum Associates.

Kobrin, J., Camara, W. J., & Milewski, G. (2002). *The utility of the SAT I and SAT II for admissions decisions in California and the nation* (College

Board Research Rep. No. 2002-6). New York: College Board.

Linn, R. L. (1999). Implications of standards-based reform for admissions testing. In S. Messick (Ed.), *Assessment in higher education: Issues of access, quality, student development, and public policy* (pp. 73-90). Mahwah, NJ: Lawrence Erlbaum Associates.

Linn, R. L., & Peterson, A. C. (1985). Emergence and characterization of sex differences in spatial ability: A meta-analysis. *Child Development, 56*, 1479-1498.

McHenry, J. J., Hough, L. M., Toquam, J. L., Hanson, M. A., & Ashworth, S. (1990). Project A validity results: The relationship between predictor and criterion domains. *Personnel Psychology, 42*, 335-354.

Ramist, L., Lewis, C., & McCamley-Jenkins, L. (1993). *Student group differences in predicting college grades: Sex, language and ethnic groups* (College Board Research Rep. No. 93-01). New York College Board.

Russell, T. L., & Peterson, N. G. (2001). The experimental battery: Basic attribute scores for predicting performance in a population of jobs. In J. P. Campbell & D. J. Knapp (Eds.), *Exploring the limits in personnel selection and classification* (pp. 269-306). Mahwah, NJ: Lawrence Erlbaum Associates.

Schmidt, F. L. (2002). The role of general cognitive ability and job performance: Why there cannot be a debate. *Human Performance, 15*, 187-210.

Schmidt, F. L., Ones, D. O., & Hunter, J. E. (1992). Personnel selection. *Annual Review of Psychology, 43*, 627-670.

Schmitt, N., & Kunce, C. (2002). The effects of required elaboration of answers to noncognitive measures. *Personnel Psychology, 55*, 569-577.

Sedlacek, W. E. (1998). Admissions in higher education: Measuring cognitive and noncognitive variables. In D. J. Wilds & R. Wilson (Eds.), *Minorities in higher education 1997-98. Sixteenth annual status report* (pp. 47-71). Washington, DC: American Council on Education.

Sharf, J. C., & Jones, D. P. (1999). Employment risk management. In J. Kehoe

(Ed.), *Managing selection in changing organizations: Human resource strategies* (pp. 371-385). San Francisco: Jossey-Bass

Snow, R. E. (1999). Expanding the breadth and depth of admissions testing. In S. Messick (Ed.), *Assessment in higher education: Issues of access, quality, student development and public policy* (pp. 132-140). Mahwah, NJ: Lawrence Erlbaum Associates.

Sternberg, R. J. (1985). *Beyond IQ: A triarchic theory of human intelligence.* New York: Cambridge University Press.

Sternberg. R. J. (1997). *Successful intelligence.* New York: Plume.

Sternberg, R. J. & Hedlund, J. (2002). Practical intelligence, g, and work psychology. *Human Performance, 15,* 143-160.

Sternberg, R. J. & Rainbow Collaborators. (2003). *The rainbow project: Enhancing the SAT through assessments of analytical, practical and creative skills.* (Final report available for The College Board, New York).

Stricker. L. J. (1993). *Usefulness of noncognitive measures in the College Board's Admissions Testing Program.* Unpublished paper.

Tippins, N., & Wunder, S. (1997, April). *Entry-level management and professional selection: Best and most common practices (Are they the same?).* Workshop presented at the meeting of the Society for Industrial and Organizational Psychology, St. Louis, MO.

U. S. Department of Labor. (1970). *Manual for USES General Aptitude Test Battery.* Washington, DC: U. S. Department of Labor, U. S. Employment Service, Employment and Training Administration.

VanderStoep, S. W., Pintrich, P. R., & Fagerlin, A. (1996). Disciplinary differences in self-regulated learning in college students. *Contemporary Educational Psychology, 21,* 345-362.

Willingham, W. W. (1985). *Success in college: The Role of personal qualities and academic ability.* New York: College Board.

Wise, L., L., McHenry, J., & Campbell, J. P. (1990). Identifying optimal predictor composites and testing for generalizability across jobs and performance factors. *Personnel Psychology, 43,* 355-366.

Witkin, H. A., Moore, C. A., Goodenough, D. R., & Cox, P. W. (1997). Field-dependent and field-independent cognitive styles and their educational implications. *Review of Educational Research, 47*, 1-64.

Zwick, R. (2002). *Fair game: The use of standardized admissions tests in higher education*. New York: Routledge-Falmer.

CHAPTER 05

대학 성공의 예측요인 확대

Wayne J. Camara(미국 대학입학위원회 연구 부소장)

대학생활을 예측하는 연구는 SAT 같은 시험이나 다른 예측요인이 준거 척도와 어떤 관련이 있는지에 초점을 두고 있다. 시험과 준거 척도의 관련성에 초점을 두는 연구자는 더 많다. 대학교 1학년 성적(FGPA)과 SAT 언어와 수리 점수의 상관계수는 .44～.66의 범위에 이른다(Hezlett et al., 2001). SAT는 FGPA 변수의 30% 이상을 설명하고 있고, 고교 GPA(HSGPA; Bridgeman, McCamley-Jenkins, & Ervin, 2000; Ramist, Lewis, & McCamley-Jenkins, 1993)보다 약 .07～.1 이상 상관계수가 높다. 최근에 129개 기관에서 타당도 연구를 했을 때 FGPA와 4개의 ACT 점수 간의 중다상관계수 중앙치는 .43이었다(Maxey, 2001). 졸업생과 직장인을 대상으로 한 시험의 예언타당도 계수는 일반적으로 .3～.4로 학부생의 GPA 타당도를 넘어섰다(Zwick, 2002). 최근에 SAT I의 예언타당도를 메타 분석한 연구에서는 대략 3,000건의 연구가 포함되었다. 100만 명 이상의 학생을 대상으로 한 이 연구에서 SAT I은 대학입학 초기의 성적을 예상하는 데 타당한 것으로 나타났다. SAT I의 언어 및 수리 영역과 FGPA의 중다상관계수는 .44～.62로 나타났다(Hezlett et al., 2001). 바로 이 연구는 .3 중반에서 .4 중반 정도의 중다상관을 보이면서 SAT I이 졸업이나 GPA와 같은 대학에서의 성취를 타당하게 예측하고 있음을 밝혔다.

채용 선발에서 인지능력 검사의 경우도 마찬가지다. Schmidt와 Hunter(1998)는 다양한 직업과 환경의 초기 진입 단계 및 발전 단계에서 높은 타당도를 지속적으로 보여 왔던 인지능력 검사 연구에 대해 역사적으로 의미 있는 개관을 했다. 그리고 그것이 탄탄한 이론과 경험적 토대를 가지고 있는 직무 수행력의 예측요인이라고 높이 평가했다. 이 메타분석에서 인지능력 검사는 직무 수행력의 약 25% 변량을 설명하였고 그것과 .51의 상관계수를 나타냈다. Goldstein, Zedeck과 Goldstein(2002)은 인지능력 검사에 대한 지속적인 지지에 대해 두 가지 반응이 있다고 설명했다. 첫 번째 반응은 인지능력 검사가 상당히 복잡하고 다양한 요소의 영향을 받는 인간 행동을 강력하게 예측할 수 있다고 인정하고는 다른 예측요인을 찾는 노력을 그만두는 것이다. 두 번째 반응은 특히 인지능력 검사와 낮은 상관을 가지는 비인지적 예측요인과 같은 다른 요인을 찾으려 하는 것이다. 이는 대학 성공과 직무 수행력에서 설명되지 않은 변량을 각각 70% 또는 75% 정도 설명하고 있다. 입학시험이나 성적과 같은 인지능력 측정에 대해 보충 설명을 할 수 있는 다른 측정 이론이나 제안은 많이 있다. 현재 널리 사용되고 있는 인지 척도와 가장 구별되는 구인, 다양한 능력을 가진 시험 응시자의 다른 분포에 관심이 있다면 비인지적 척도에 대한 연구는 가장 전망이 밝은 분야로 보인다. 하지만 비인지적 척도에 대한 연구는 한계가 있으며, 소수 인원을 대상으로 한 소규모 연구만 이루어지고 있다.

입학전형에 사용되고 제안되고 있는 척도는 다양하다. 그러한 척도는 (1) 인지 척도, (2) 기질, (3) 개인적 자질 및 경험, (4) 지원자의 특징, (5) 기타 요소의 다섯 가지로 구분된다. 〈표 5-1〉은 이들 다섯 가지 예측요인의 내용과 구체적인 척도를 설명한다. 인지 척도는 SAT와 ACT와 같은 시험과

SAT II 생물, TOEFL 같은 특정한 기능이나 성취, 배치나 입학 시험을 포함한다.

GPA 또는 가중치를 부여한 GPA[1] 같은 고등학교 성적과 학급 석차도 인지능력 척도다. 하지만 고교에서 이수한 교육 과정의 난이도는 학사학위 취득을 가장 잘 예측하는 요인이다. 최상위 수준의 수학과목 이수는 가장 높은 가중치를 가지고 있다(Adelman, 1999; 대학은 AP 과정의 학점에 가중치를 준다.). 많은 대학이 전체적으로 그리고 세부 과목(예, 영어, 수학, 과학, 외국어)에서 요구되는 최소한의 이수 단위를 명시하고 있다. 학교별로 교육과정과 접근법이 상당히 다른데, 학업의 엄밀함은 거의 수량화되지 않고 있다. 개설된 과목, 점수 부여방식, 평가제도, 학생들의 경쟁이 너무나 다르기 때문에 학교 상황에 대한 정보 없이는 평가하기가 어렵다. 다음 절에서는 대학생활의 성공, 장래성 및 한계와 관련되는 대안적인 척도를 간략하게 살펴보겠다.

비인지적 척도는 아주 다양한 구인과 측정방법을 포함하고 있다. 기질, 인성, 자기평가는 하나의 광범위한 범주를 구성한다. 개인적 경험과 자전적 자료는 비인지적 척도와 관련되지만 구별되는 영역이다. 지원자의 특징은 거주지, 성별, 인종, 경제적 상태와 같은 배경과 관련되는 것이다. 기타 요소는 출신 고등학교와 다른 상황적 요소의 다양한 특징을 포함한다.

이 장에서는 '기질/인성' 과 '개인적 자질/경험' 영역에 속하는 비인지적 특성에 초점을 둔다. 그러나 본격적으로 논의하기에 앞서 〈표 5-1〉에서 설명하고 있는 마지막 두 가지 범주인 지원자 특징과 기타 요소에 대해서 짧게 언급할 필요가 있다. 이 두 분야는 입학전형 시에 다른 가치를 반영하는 척도다. 고등교육기관의 입학전형에 대한 철학적 관점을 설명하는 모형에는 여덟 가지가 있다(College Board, 1999). 각 모형에서는 입학 및 졸업

---

1) 많은 대학은 우등과정 또는 AP 과정에 대해 가중치를 주면서 비교과를 제외한 고등학교 성적을 재산출하기도 한다.

표 5-1 대학입학에서의 예측요인 영역

인지적 척도			비인지적 척도	개인적 자질/경험과 전기	지원자 특징	기 타
시험 **일반능력/사고력** • SAT I • ACT **특수 능력** • SAT II 과목 시험 • TOEFL • 주정부 고교 졸업시험 • 최소능력 시험 • 지역에서 개발 혹은 시행한 시험 • 배치시험 (글쓰기, 읽기, 수학)	**고교 성적** • 석차 • GPA • 특정 과정 GPA • 성적 궤적 • 가중치를 부여한 GPA	**고교 과정** • AP/IB • 우등과정 • 카네기 단위(CU) • 대학준비과정 • 엄격함과 분포	**5요인 인성특성** • 성실성 • 친화성 • 개방성 • 외향성 • 신경증 **자기 보고** • 긍정적 자아개념 • 현실적인 자기평가 • 인종차별에대한이해 • 단기목표보다 장기목표 선호형 • 성공적 리더십 경험 • 사회 봉사 • 현장 지식 습득 **지원서상의 자질** • 동기/주동성 • 마무리능력 • 도덕/윤리적 성품 • 동정심, 사회 양심 • 의사소통 능력 • 간학문적 연구 이해 • 지적 호기심 • 타인에 대한 관심	**개인 자질** • 추천서 • 이력서 • 상담자와의 대화, 교사/상담자 평가 • 포트폴리오/오디션 • 에세이/자기소개서 • 면접 **경험과 전기** • 학력 우수생 • 특별한 과제, 연구 • 과외활동 • 리더십 활동 • 사회 봉사 • 미술, 운동, 음악, 연극, 과학적 성취 • 업무 경험 • 외국어 능력 • 상벌 기록 • 삶의 경험 (여행, 문화적)	• 인종/민족 • 경제적 불리함 • 거주지 • 신체검사 • 학비 보조 필요 여부 • 종교 • 성별 • 장애 • 나이 • 전일제 혹은 시간제 학생 • 전공의 다양성 • 병역 • 학점 인정 • 발전(자금 모금) 가능여부 **개인에 대한 영향** • 이익 추구 능력 • 고난 극복	**고교 특성** • 고교 수준 (예, AP/IB 과정의 수, 대학 진학률, SAT/ACT 평균) • 고등학교지역 **맥락적 요소** • 대학의 우선 가치 • 지원 경쟁률 (지원자의 수와 질) • 조기 입학 **기타** • 가문/동문 추천 • 학장 결정 • 미 국회의원에 의한 지명 (군인 입학) • 추첨(최소 요건구비자)

과 같은 미래의 전망, 역경 극복, 사회 공헌 가능성과 같은 준거에 높은 가치를 두고 있다. 반면에 어떤 모형은 수행능력과 이전의 성취도에 더 높은 가치를 두고 있다. 성별, 인종, 나이, 거주지, 군복무, 경제력과 같은 지원자의 자질은 신입생 학급을 구성하는 데 사용되기도 하지만 기계적인 방식으로 사용하기는 어려울 것이다. 출신 고교의 규모, 학생 구성, 학업의 엄격함, 경쟁 등과 상관 있는 맥락적 요소 또한 어느 정도 전반적인 전형 과정에서 고려될 것이다. 하지만 이런 요소가 대학 성공과 관계 있는 요소인지는 연구된 바가 거의 없다. 학교 수준 요소들에 대한 연구에 의하면 학교 간 편차보다 학교 내 편차가 더 큰 것으로 알려져 있다. 그리고 학교의 경제적 유리함은 학생의 학업 수행 및 SAT 점수, 고교 GPA에서의 차이를 상당히 예측하는 것으로 알려졌다(Kobrin, Milewski, Everson, & Zhou, 2003).

기질, 인성 및 자기 평가

기질 혹은 인성 척도는 '할 것이다' 를 측정하고, 경험 척도는 '해 보았다' 를 측정한다. 반면에 인지 척도는 학업과 직무 수행에서 '할 수 있다' 의 측면을 알아보는 것이다. 비인지적 영역을 평가하기 위해 교육에서 널리 사용되는 자기 보고식 검사는 다양하다. 비인지적 설문지(Noncognitive Questionnaire: NCQ)는 전통적이지 않은 학생들의 성공을 잘 예측할 수 있는 체험적 성격의 지능을 평가하기 위해 개발되었다(Sedlacek, 1996, 1998). Sedlacek은 대학입학 전에 백인, 중상류층, 남성, 이성애자, 유럽인 중심의 경험이 없는 사회화를 겪은 사람을 전통적이지 않은 학생으로 정의하고 있다. 적절한 검사 신뢰도와 성적이나 졸업 같은 대학 성공과 다양한 상관을 나타내는 비인지적 설문지를 가지고 몇몇 연구가 실시되었다. 그러나 특정한 척도와 준거 척도 간의 상관이 연구마다 상당히 다르고 표집에 따라 결과가 다르게 나타났다. 비인지적 설문지는 기질/인성 척도나 자기 평가와 같이 쉽게 위조할 수 있는 것으로 보인다. 이는 평가 결과가 중요한 상황에서 사용될 때 문제가 된다.

홍미와 가치에 대한 대부분의 연구에서는 표집 크기가 작고 여러 준거 척도를 포함하고 있다. 홍미는 직업 선택과 지속기간을 예측했고, 가치는 직무 만족도를 예측한다는 것이 일반적인 결과다. 홍미, 가치, 선호는 인성을 드러내는 것이지만 인성검사와 자기소개서에 나오는 측정치와는 구별된다. 일반적으로 그러한 측정에서 점수의 안정성은 성인보다 청소년의 경우 상당히 낮으며 검사 간격과도 상관이 있다. 홍미와 가치는 성별에 따라 다르다. 이러한 차이로 인해서 많은 표준화된 검사에서는 점수 해석 기준이 남녀별로 다르다(Dawis, 1991). 연구에서 학업능력과 재능에 대한 학생들의 자기 보고는 대학에서의 학업 수행과 유의미한 상관을 보이는 것으로 드러났다. 그러나 직접적인 인지능력 척도를 넘어서는 증분 타당도는 없었다(Freeberg, Rock, & Pollack, 1989).

여러 상황 속의 다양한 사람을 대상으로 인성을 연구하는 이론 구조로서 5요인 모형이 있다(Costa & McCrae, 1994; Digman, 1997). 이 모형에서의 다섯 가지 인성요인은 다음과 같다.

- 신경증: 안정성과 불안정성 정도
- 외향성: 자기주장이 강하고, 사회성이 높고, 열정적이고, 활발한 경향
- 개방성: 호기심이 많고, 새롭고 비관습적인 상황에 개방적이고, 상상력이 풍부한 성향
- 친화성: 협조적이고, 지원적이고, 어울리기 쉬운 성향
- 성실성: 목적성이 있고, 단호하며, 목적을 향해 행동하는 성향

지난 20년 동안, 직업 수행을 예측하고 인지능력 척도를 넘어서는 증분 타당도를 더해 주는 인성 척도의 타당성을 보여 주는 연구가 상당히 있었다(Judge, Higgins, Thorensen, & Barrick, 1999; Ones, Viswesvaran, &

Schmidt, 1993). 최근에는 인성 척도가 GPA나 장기 결석과 같은 학업 준거를 예측한다는 연구도 있었다(Lounsbury et al., 출판 중; Paunonen & Nicol, 2001). 여기서 사용된 준거는 인성 특성에 따라 다른 수행 및 학업 준거와 관련이 있으며 인종적 차이가 일반적으로 최소한에 불과하다는 것을 연구가 보여 주고 있기에 매우 중요하다. Hough(1998)는 인성 구인과 준거 구인의 관계를 조사했는데, 개인의 성취는 직무 능숙도, 훈련 성공도, 교육적 성공과 비생산적 행동을 예측하는 가장 뛰어난 인성 구인인 것으로 나타났다. 높은 준거를 세우고 탁월함을 위해 정진하는 경향을 뜻하는 성취도, 그리고 정서적 안정과 스트레스에 대한 높은 인내력을 말하는 적응력은 교육적 성공과 각각 .29와 .20의 상관을 보였다. McHenry, Hough, Toquam, Hanson과 Ashworth(1990)는 여섯 가지 다른 예측요인의 타당도를 프로젝트 A에서 검증된 군인 수행력의 다섯 가지 준거 척도와 함께 설명했다. 〈표

표 5-2 다섯 가지 직무 수행요소와 여섯 가지 예측요인 영역에 대한 프로젝트 A의 타당도 계수

	예측치 영역[a]					
직무 수행요소	일반 인지능력 (k=4)[b]	공간능력 (k=1)	지각/심리 운동 영역 (k=6)	기질/인성 (k=4)	직업흥미 (k=6)	보수 선호도 (k=3)
핵심 기술 기량	.63	.56	.53	.26	.35	.29
일반 군인 기량	.65	.63	.57	.25	.34	.30
노력과 리더십	.31	.25	.26	.33	.24	.19
개인적 자제심	.16	.12	.12	.32	.13	.11
육체적 건강과 군대 적응력	.20	.10	.11	.37	.12	.11

[a] 범위 조정, [b] k는 예측치 점수.

5-2〉에서는 이러한 척도에 대한 타당도 계수를 제공하고 있다. 기질 및 인성검사인 배경경험 평가(Assessment of Background Life Experiences: ABLE)는 군대 직무 수행과 관련된 네 가지 구인인 성취 지향성, 신뢰성, 적응력, 신체 조건을 측정하는 척도를 포함한다. 이 도구는 다섯 가지 준거 중 노력과 리더십, 자제심, 신체건강 및 군대생활 인내심의 세 가지를 예측하는 데 가장 뛰어난 것으로 나타났다. 그리고 성취 지향성은 노력과 리더십을 가장 잘 예측했고, 신뢰성은 자제심을 가장 잘 예측했다. 흥미롭게도 직업 흥미 척도는 핵심 기술 능력과 일반적인 군인 능력을 예측하는 데 있어서 ABLE보다 우수한 것으로 드러났다. 그러나 어떤 예측요인도 인지능력 점수인 ASVAB를 넘어서 .02 이상의 타당도를 더해 주지 못했다. 마지막 세 가지 준거에 대해서 기질 및 인성 점수는 ASVAB를 넘어서 가장 많은 타당도 증가에 기여했다. 이러한 네 가지 척도는 노력과 리더십을 예측하는 데 .11, 자제심을 예측하는 데 .19, 신체건강 및 군대생활 인내심을 예측하는 데 .21의 타당도를 더해 주었다. 일반적인 인지능력과 구별되는 맥락적 변수를 포함하는 것으로 준거가 확장될 때 기질 및 인성 척도는 유용한 예측 도구가 될 수 있다(Hough, 1998). Etienne과 Julian(12장 참조)은 입학전형에서 전통적인 인성 척도 사용을 실제적으로 방해하는 것을 몇 가지 요약하고 있다.

위조나 의도적인 응답 왜곡은 인성검사에서 큰 문제로 여겨지고 있다. Hough(1998)는 사람들이 응답을 위조하고 있고, 또 위조할 수 있지만, 타당도 감소는 적다는 것을 보여 주는 이전 연구를 인용했다. 그러나 그런 척도가 학부생의 입학전형을 위해 개발된다면 입시에 대한 범국가적 관심과 입시상담 업무를 고려해 볼 때 응답이 위조될 가능성은 상당히 높다. 기질 및 인성 척도에서 더 큰 문제는 사회적 수용 가능성과 입학전형 간의 연관성 인식에 있다. 취업 지원자는 인성 척도를 인지능력 검사보다 덜 선호했다. 반면에 면접, 수행능력 검사와 경력은 인지능력 검사보다 더 선호했다(Steiner & Gilliland, 1996).

개인적 자질, 경험 및 전기 자료

학교와 생활에서 개인이 성취한 것은 미래의 수행과 성취에 대해 중요한 정보를 제공한다. 한 사람의 행동, 태도, 가치에는 일관성이 있기 때문에 이런 요소를 측정하면 미래의 경험을 예측할 수 있다. 연구에 따르면 경력은 직무 수행과 관련된 준거를 성공적으로 예측하며, 예측된 준거 변량은 다른 척도가 예측하는 변량과 겹치지 않는다고 한다(Mount, Witt, & Barrick, 2000; Muchinsky, 2003). Mitchell(1994)에 따르면 "경력은 인력채용 프로그램의 공정성과 타당성을 향상시킬 수 있고, 동시에 그런 프로그램의 부작용을 줄일 수 있다." 경력은 또한 군대 수행을 예측하는 데도 사용되었다. 작업 지향성과 리더십 척도는 관찰된 수행과 각각 .40과 .33의 상관을 보였다(Ford, Knapp, Campbell, Campbell, & Walker, 2000). 교육에서의 연구는 어떤 사람의 고등학교 성적이 입학시험, 고교졸업 성적, 인성, 흥미 척도와 같은 다른 예측요인과 최소한으로 겹치면서 대학 및 대학졸업 후의 성취를 예측한다고 하였다(ACT, 1973; Stricker, Rock, & Bennett, 2001). Willingham과 Breland(1982)는 경험적으로 중요한 개인 이력 검사와 비학업적 성취도는 대학의 학업적 및 비학업적 준거와 상관이 있다고 보고했다. 경험 접근법은 구인 지향적인 채점방식으로 대체되었고, 생활 경력 검사는 인성검사와 종종 구별하기 어렵다(Schmitt, Jennings, & Toney, 1999).

1978~1984년에 진행된 개인 자질 프로젝트(The Personal Qualities Project)는 140개의 예측요인과 대학 성공의 관계를 결정하려는 야심찬 시도였다(Willingham, 1985). 연구에 참가했던 9개 대학의 4,814명의 신입생 중 76%에 해당하는 3,676명이 여전히 4학년에 재학 중이었다. 이 연구는 학생들의 지원서와 입학 서류에서 발췌한 다음의 예측요인을 조사했다.

- 지원서: 면접, 보낸 샘플, 받은 도움, 요청한 도움 등
- 학업성취: 고교 성적, SAT나 ACT 점수, 졸업생 대표, 학업 총점, 우등상
- 개인적 성취(지원서 정보에 근거해서 1~5점 점수를 받음): 지역사회 활동, 운동 업적, 리더십, 창의력, 작업 수준, 개인적 진술문, 교사 추천서 등
- 배경: 나이, 인종, 거주지, 통학 거리, 학교 규모, 부모교육 수준, 부모 직업, 교우관계
- 대학 평가(0~1점): 음악, 예술, 문학, 운동에 대한 재능, 고난 극복, 중요한 일 경험, 풍부한 경험, 중요한 학교 또는 지역사회 유대감, 학업 등급, 교육목표, 실용적 기술, 리더십 교육 등
- 지원 이유: 학업 명성, 학업 프로그램, 위치, 학교의 충고, 사회적 분위기 등
- 교육적/직업적 흥미: 학위 계획, 전공 선택, 보고서, 직업 흥미 등
- 신입생 경험과 수행(대학 1학년 동안 수집된 자료): 학년말 목표, FGPA, 학우 추천 등

27개의 준거 척도에는 GPA, 4학년까지 재학기간, 졸업시기, 대학원과 전문 과정 입학 같은 전통적인 준거가 포함되었다. 또 성취의 10개 영역은 장학금, 리더십 또는 특별한 성취로 분류되었다. 44%의 학생은 이러한 성취 중 하나도 이룬 것이 없는 반면, 30%는 장학금, 35%는 리더십, 24%는 특별한 성취 업적이 있었다. 장학금, 리더십, 그리고 특별한 성취가 있는 학생들은 다른 두 성공 그룹을 각각 대표하는 학생들의 거의 절반 정도와 .25~.35의 상관을 보였다.

고등학교 석차와 SAT 점수는 대학 학업 성공을 가장 잘 예측했고, 고교 석차는 대학 우등생을 잘 예측했다. 그리고 SAT 성적은 단과대 우등생을 잘 예측했다. 네 가지 다른 척도를 포함시켰을 때 대학 성적의 하위권, 상위권에 대한 예측력은 단지 .3만 높아졌다. 각 대학마다 성공적인 학생을

식별하기 위한 위원회는 대학 성공의 준거를 개발했다. 고교 성적과 SAT 점수를 먼저 고려한 후에 네 가지 다른 척도를 대학 성공을 예측하는 데 사용했다. 이 네 가지 척도는 과외활동에 대한 지속적 노력이나 성취와 같은 마무리 수행력, 고교 우등생, 잘 쓴 에세이, 고교 에세이의 강도다. 이 네 가지 척도는 대학 교수들이 가장 성공적인 학생을 판단할 때 SAT와 고교 성적을 넘어서 또 다른 25% 변량을 설명해 주고 있다. 그것들은 특별한 성취와 리더십이 준거 척도일 때 상당한 기여를 하는 반면, 장학금에 대한 예측력은 7%만 높였다. 장학금이 다른 어떤 준거보다 예측하기 쉽다는 것은 주목할 가치가 있다. 여섯 가지 예측요인 중 한 가지 활동에 다년간 참여해서 마무리하는 능력은 리더십과 특별한 성취를 가장 잘 예측했다. 그리고 가장 성공할 가능성이 높은 학생을 예측하는 데에는 두 번째로 비중이 컸다.

Stricker(1993)는 대학원생과 학부생 입학전형을 위해 생활 경력 검사의 개발을 제안했다. 그는 특별한 재능이나 리더십, 인문학, 과학, 사회활동 등 다양한 분야에서 성취를 보이는 학생을 식별하는 데 사용할 표준화된 척도도 제안했다. 생활 경력은 좀 더 사실적인 문제를 다루기 때문에 인성검사보다 더 타당도가 높고 적합한 것이라고 그는 설명한다. 더불어 생활 경력은 행동을 피검사자가 제어할 수 있기에 좀 더 공정하게 여겨질 수 있다. 그는 반응 왜곡 정도를 줄이기 위해서 학생들이 사실적으로 증명 가능한 정보를 선다형과 개방형 문항이 결합된 설문에 답하도록 했다. Gillespie, Kim, Oswald, Ramsay와 Schmitt(2002)는 21개의 부연설명을 요구하는 문항과 함께 학생의 과거 경험, 활동을 묻는 선다형 질문으로 구성된 생활 경력 검사를 개발하였다. 부연설명 문항은 취업 상황에서 경력 검사 점수를 더 낮추는 것으로 나타났다(Schmitt & Kunce, 2002). 다음은 그 예다(Gillespie et al., 2002).

> 지난 6개월 동안 어떤 것을 배우기 위해 책을 얼마나 자주 읽었습니까?
>
> a. 전혀 읽지 않았음
> b. 1회
> c. 2회
> d. 3~4회
> e. 5회 이상
>
> 만약에 b, c, d, e 중 하나를 선택했으면 읽은 책의 목록을 써 주십시오. (다섯 권까지만 기록)

1979년과 2000년 동안 4년제 사립대학의 약 75~85%는 동기, 리더십 경험, 지역사회 및 교회 활동, 과외활동, 융화력이 입학전형에서 중요한 요소라고 손꼽았다(Breland, Maxey, Gernard, Cummings, & Trapani, 2002). 공립학교의 40~57%도 이를 중요하게 여겼다.

개인적 자질, 경험 및 생활 경력을 사용할 때 가장 큰 문제는 바로 자신의 최고 모습만 보이려는 학생들이 정보를 왜곡할 가능성이 있다는 것이다. 의도적인 반응 왜곡은 재직자보다 구직자에게서 더 빈번하게 발견되었다(Kluger, Reilly, & Russell, 1991). Zwick(2002)은 Sedlacek의 비인지적 설문(NCQ)을 실제로 입학에 사용한다면 여러 문항이 위조될 가능성이 높다고 주장했다. 그 예로는 "저는 학업적으로 자신을 증명할 수 있는 기회를 원합니다." 또는 "저의 고등학교 성적은 제 능력을 진정 반영하지 못합니다."와 같은 것을 들 수 있다. 지원자는 좀 더 잘 보이기 위해 자질과 경험을 과장할 수 있다. 게다가 누군가 코치를 하면 더 높은 과장된 점수를 낳게 되고, 어떤 경우에는 타당도를 낮추게 된다(White, Young, & Rumsey, 2001). 대학 성공에 관련된 것으로 보이는 항목은 위조할 수 없는 것이어야 한다. 그러나 대규모 학부생이 지원하는 입학전형에서 이러한 표준화된 척도를 사용하는 것은 취업 선발에서는 볼 수 없는 독특한 문제를 가지고 있다. 자기 보고식 검사는 일반적으로 한두 가지 형식이 있으며, 문항은 국가적으로 활용 가능하게 표준화되어 있으면 쉽게 조절할 수 있다. 물론 남의 도움이나 속임수 관행의 영향은 고려해야 한다. 교육에서 인지능력 검사는 성적이나 성취 기록보다 덜 선호된다. 하지만 Gillespie 등(2002)은 대학생들이 생활 경력과 상황 판단 검사보다 성적이나 입학시험 성적을 더 선호한다고 했다.

상황판단검사

가상적인 상황이나 문제에 대해 여러 가능한 대안 중 하나를 고르는 상황판단검사(Situational Judgement Inventory: SJI) 역시 Gillespie 등(2002)의 연구를 위해 개발되었다. 상황판단검사는 상황에 따라 매우 다른 과제이고 인성검사나 생활 경력 등과 달리 항상 다차원적이다. 그리고 특성, 성취 또는 과거 경험을 순수하게 측정하는 것이 아니다(Borman & Motowildo, 1993; Chan & Schmitt, 1997). 상황판단검사는 직무 수행에 대해서 일반적인 인지능력보다 높은 중간 정도의 예측력을 가지고 있고, 높은 수준의 안면 타당도와 실용성이 있으며, 비교적 개발하고 관리하기가 쉽다(Clevenger, Pereira, Wiechmann, Schmitt, & Harvey, 2001).

최근에 대학 신입생을 대상으로 한 상황 판단 연구(이 책 11장에서 언급)에서 FGPA나 출석률 같은 준거는 대학의 목적과 교훈에서 확인되는 대학 성공의 12개 차원과 상관이 있었다(Gillespie et al., 2002). 즉, 지식, 지속적인 학습, 예술적 이해, 다문화 포용력, 리더십, 대인관계, 지역사회활동, 신체적 · 정신적 건강, 직업 성향, 적응력, 인내심, 윤리, 그리고 성실성이다. 이들은 FGPA와 같은 전통적인 준거와 최근 개발된 새로운 예측요인 중 많은 것과 연관된다. 실제적인 경력은 입학시험 점수와 관련이 적었고, 경력과 상황판단검사는 입학시험과 인성검사만 했을 때보다 FGPA

(R^2 = .061[경력], .039[상황판단검사])와 결석(R^2 = .098[경력], .117[상황판단검사])을 예측하는 데 유의미한 증분타당도를 제공했다. 몇몇 경력 척도는 또한 출석률(r = .15 ~ .31)을 예측하는 데에도 도움이 되었다. 같은 연구에서 대학생활의 12개 차원 및 전체 척도와 이러한 예측요인의 상관관계를 조사했다(Friede et al., 2003). 경력은 12개 차원 중에서 9개 차원의 헌신과 참여를 예측하는 정도를 높여 주었다.

학생들이 비디오를 통해 본 어려운 상황이나 문제에 대해 여섯 가지 대안을 평가하는 상황판단검사도 Sternberg와 동료들(2003)이 실행한 대학 연계 연구의 구성요소였다. 이 척도는 홀로 FGPA와 .14만큼 상관이 있었다. 하지만 실제적인 능력을 측정하는 지필검사와 합쳤을 때는 FGPA를 예측하는 데 약간 도움이 되는 정도에 불과했다. Sternberg 등(2003)은 고등학교 성적이 이런 척도에 포함된 여러 실제적인 능력을 이미 담고 있어서 비학업적 준거가 더 성공적일 수 있다고 말한다.

면접, 자기소개서 및 추천서

대학은 개별 면접, 자기소개서, 추천서 등 여러 다른 예측요인을 사용한다. 면접은 여러 대학에서 선택하는 요소이며 학생들이 학교를 방문해서 대학에 대해 더 알 수 있게 한다. 이것은 학생 흥미를 일반적으로 측정하는 것이다(Rigol, 2003). 이런 면접은 평가목적으로 사용되는 입학전형 면접과 대조적으로 '홍보' 면접이라고 한다. 학생들에게 입학전형 과정으로서 평가 면접에 참여하도록 장려하는 학교의 수는 그렇지 않은 학교의 수보다 더 적고, 간호학이나 건축학 같은 경쟁적이고 특수한 프로그램은 교수진이 참여하는 면접을 요구하기도 한다.

평가 면접은 일반적으로 비구조적으로 하게 되며 두 가지 목적을 가지고 있다(Breland et al., 2002). 첫째, 입학사정관이 면접 도중 어느 정도 일목요

연한 제한된 행동 표본을 직접 관찰할 수 있는 기회가 된다. 입학처는 학생에게 학교를 좋게 보이게 하는 것과 학생을 선발하는 것 모두에 관심을 갖고 있다. 그래서 일반적으로 면접은 한 사람이 맡아서 학생의 긴장을 줄여준다. 둘째, 평가 면접이라고 해도 학생에게 대학 홍보와 같은 정보 제공에 상당한 시간을 할애한다. 비구조적인 면접은 대학의 가치나 분위기 등과 같은 정보를 전달하는 기회를 제공한다(Dipboye, 1997). 그러나 입학사정관은 학생이 대학에 관심을 가지는지, 학생의 학업적 · 비학업적 목표가 무엇인지, 대화와 청취 능력은 어떠한지, 그리고 비공식적인 면접 중에 일반적인 태도는 어떠한지를 명확하게 평가할 수 있다. 지원서 내용 중 모호하거나 불명확한 부분에 대해서는 질문을 통해 명확하게 할 수 있다. Willingham와 Breland(1982)는 면접을 받으러 대학에 온다고 해서 학생의 입학 가능성이 높아지는 것은 아니라고 했다. 하지만 어떤 대학에서는 면접을 잘한 소수의 학생을 명확하게 선호했다. 그들은 또 4년 후에 이런 학생들이 고등학교 성적이나 SAT 점수로 예측했을 때보다 네 가지 준거(장학금, 리더십, 특별한 성취, 학생이 성공했다고 선택한 것)에서 더 뛰어나다는 증거는 없다고 밝혔다.

자기소개서는 우등과정과 특별 장학금 프로그램을 위해 부수적으로 필요한 에세이와 함께 점점 더 많은 대학에서 요구하고 있다(Rigol, 2003). Wickenden(1982)은 자기소개서가 대학입학에서 두 가지 목적을 가지고 있다고 말했다. 즉, 학생의 삶에서 어떤 중요한 부분(역경 극복, 특수한 재능, 삶의 경험)을 공들여 설명하게 하는 것과 글쓰기 능력을 측정하는 것이다. 자기소개서는 전형적으로 학생에게 어떤 주제를 선택하도록 하는 개방된 글이다. 예를 들어, 2002~2003년에 입학을 위한 자기소개서는 다음 다섯 가지 주제 중에서 어떤 것이든 선택하여 250~500자 정도의 에세이를 쓰라고 요구했다.

1 중요한 경험이나 성취, 자신이 겪었던 위험이나 윤리적 딜레마와 그

것이 자신에게 끼친 영향에 대해 평가하라.

2 개인적, 지역적, 국가적, 국제적 문제를 선정해서 그것이 자신에게 어떻게 중요한지 논하라.

3 자신에게 중요한 영향을 주었던 사람을 말하고 그 영향에 대해 설명하라.

4 자신에게 영향을 준 소설, 역사, 창조적인 작업(미술, 음악, 과학)에 대해 설명하라.

5 자유 주제

대학마다 자기소개서를 평가하는 방식은 다르다. 어떤 대학에서는 SAT II의 쓰기에서 에세이를 채점하는 것과 유사하게 총체적으로 평가한다. Rigol(2003)은 입학전형 연구를 실시한 적어도 한 대학에서는 전반적인 지원서 평가와는 별도로 에세이를 평가하는 훈련된 집단이 있다고 밝혔다. 자기소개서를 평가하기 위해 사용된 준거의 예는 다음과 같다.

자기소개서 평가 지침: 에세이는 맞춤법, 문체, 내용으로 평가해야 한다. 작성된 주제와 관련해서 생각을 정리하는 능력을 채점해야 한다. 지원서의 다른 곳에 있는 간단한 반응도 평가에서 고려할 수 있다.

1. 짧음: 노력 없음, 모호함, 문법 미숙
2. 피상적임: 노력이 거의 없음. 문법적으로 보이나 내용이 없음
3. 전형적인 에세이: 노력과 성실성이 보임. 뛰어난 것은 아니지만 분명한 생각을 썼음. 독특하거나 특별하지 않지만 흥미로운 면을 발견할 수 있음
4. 아주 잘 썼음: 유려함, 전형적인 주제에 대해 썼으나 뛰어남. 다른 점이 있고 창의적이며 잘 썼음. 지원자를 잘 알 수 있게 해 줌
5. 굉장히 잘 썼음: 창의적이며 독창적이고 기억에 남음. 다른 사람에게 보여 주고 싶음(Rigol, 2003, p. 30)

Willingham과 Breland(1982)는 자기소개서를 특히 잘 쓴 학생들이 SAT 점수와 석차로 예측된 FGPA보다 약간 더 높은 점수를 받았고, 글의 기교가 아닌 내용과 관련해서도 비슷한 결과를 보였다고 하였다. 대학원 입학을 준비하는 학생 중 60% 가까이는 자기소개서를 교정받는 도움을 받았다고 인정했고, 그중 34%는 상당한 도움을 받았다고 했다. 그리고 36%는 에세이를 쓸 때 개요 작성에서 도움을 받았다고 했고, 단지 38%만이 아무 도움도 받지 않았다고 했다(Powers & Fowles, 1997). 자기소개서와 GRE 에세이 간의 상관계수는 .15를 나타났는데, 두 글이 같은 종류가 아니라는 것을 알 수 있다. 에세이 시험은 자기소개서에 비해 대부분의 결과 척도(작문과목 평균 점수, 최근 작문 성적, 작문에서의 성취, 교수가 채점한 작문 등)와 훨씬 더 높은 상관계수를 보였다. 이런 결과는 SAT나 GRE에 에세이를 포함시키면 시험의 예언타당도를 높일 수 있음을 보여 준다. 하지만 자기소개서로 작문능력을 입증하기는 무리가 있다. Powers와 Fowles(1997)은 "자기소개서는 지원자의 장점만 대변하기 때문에 믿을 만한 잣대가 아닐 수 있다."(p. 84)라고 결론 내렸다. 자기소개서가 지원자에 관해 특별한 정보를 말해 줄 수 있다고 해도 작문능력의 척도로서의 가치는 더 연구해야 한다. 어떤 공식적인 타당도 연구에서도 자기소개서는 대학 성공을 예측하는 요인으로 잘 쓰이지 않는다고 하는 Willingham과 Breland(1982)의 결론은 오늘날까지도 맞는 것이다.

학생들에게 주제를 선택할 수 있게 하는 것이 부담을 덜어 주고 중요한 인성 자질이나 경험에 대한 정보를 얻을 수 있게 하지만 이것은 양적 혹은 표준화된 방식으로 학생들의 에세이를 비교하는 데 어려움을 더해 준다. AP 시험에 관한 연구는 주제의 난이도가 피검사자 선택의 효과를 상쇄시키며 점수 분포에도 영향을 준다고 하였다(Allen, Holland, & Thayer, 2003). 주제와 학생의 상호작용과 마찬가지로, 주제별 난이도의 차이는 다른 주제를 선택한 학생들을 비교할 때 반드시 고려되어야 한다.

선택권이 없는 표준화된 주제, 평가자 훈련, 초안과 교정에서 어느 정도 도움을 받았는지에 대한 질문은 자기소개서의 타당성을 높일 수 있는 제안이 될 수 있다. 하지만 이런 것들은 학생들이 자신의 관심과 개인적 자질을 다듬어 가려는 자발성을 줄일 수 있다. 요약하자면, 인성 자질은 지원자를 학생으로서 그리고 인간으로서 살펴볼 수 있게 하는 데 도움이 된다. 이런 예측요인의 타당성과 유용성을 증가시키기 위한 시도는 또 다른 척도를 만들어 내는 것보다 더 나을 것이다.

추천서와 자기소개서는 일관되게 어느 정도는 중요하게 여겨지고 있다(대학입학 전형에서 면접, 주거 여건, 포트폴리오보다 중요하지만 고교 GPA나 입학시험 점수보다는 덜 중요하다; Breland et al., 2002). 학교 추천서에 대한 연구는 거의 없다. 한 연구에서 학교 추천서가 대학학점과 .13~.14의 상관을 가진다고 보고하였다. 하지만 고등학교 성적과 SAT 성적을 고려했을 때는 예측에 별로 도움이 되지 않았다(Willingham, 1985). Muchinsky(2003)는 채용시험에서 추천서는 "가장 많이 사용되지만 타당성은 가장 떨어지는 예측요인"(p. 124)이라고 말했다. 여러 직업 영역에서 추천서와 상사 평가는 -.10~.29의 상관계수를 보였다(Mosel & Goheen, 1959). 이런 척도에서 범위의 제한은 중요한 문제다. 지원자들은(대학입학과 직장 모두) 스스로 추천인을 선택하기 때문에 추천서가 굉장히 긍정적이라는 것은 놀라운 일이 아니다.

다양한 척도 사용이 타당성, 다양성, 수용 가능성에 미치는 영향

입학시험 점수를 고등학교 성적(고교 GPA나 석차)과 결합하면 각각의 척도만 사용했을 때 좀 더 높은 타당도를 갖는다는 것을 많은 연구가 보여 주고 있다(Bridgeman et al., 2000; Kobrin, Camara, & Milewski, 2002; Noble & Sawyer, 2002; Ramist et al., 1993; Willingham, 1998; Zwick, 2002).

Whitney(1989)는 입학전형 요소의 타당도에 관해 일반적인 결론을 내렸다.

> 학부 수준의 일반전형에서 이전 학교의 기록과 입학시험 점수는 둘 다 대학 성적을 예측하는 데 유용하다. 어느 하나가 다른 것보다 더 나은 것은 아니다. 점수와 이전 학점을 결합한 것은 각각 따로 했을 때보다 더 정확한 예측을 하게 한다(p. 520).

고등학교 성적과 입학시험을 일단 채택하고 나서 덧붙인 예측요인은 타당도 계수에 별 영향을 주지 않았다. SAT I과 고교 GPA를 고려한 후 SAT II의 세 과목 시험을 추가하면 .00 ~ .03의 타당도 계수를 더해 주었다(Kobrin et al., 2002). 비인지적 예측요인을 사용했을 경우에도 비슷한 결과가 나온다. 개인 자질 연구(Willingham, 1985)의 결과는 고등학교 우등과정, 동아리 활동, 자기소개서, 그리고 학교 추천서를 추가하는 것이 고등학교 성적과 SAT 점수만 있을 때보다 중다상관계수를 단지 .03 정도 올려 주는 데 불과하다는 것을 보여 준다. 앞에서 언급했듯이, 여러 추가적인 예측요인을 더하는 것은 ASVAB와 군대활동 간의 중다상관을 .02 올려 주는 데 불과했다(McHenry et al., 1990). 인지적으로 치우친 성과(예, GPA)가 유일한 준거가 되는 한 새로운 척도와 비인지적 예측요인의 예측력은 제한적일 수밖에 없다. 예를 들어, 개인 자질 연구에서 생산적인 동아리 활동이 SAT와 고등학교 성적에 비해 대학 성공을 예측하는 데 상당히 열등한 것으로 나타났지만, 이러한 척도를 합치면 타당도가 높아졌다(Willingham, 1985). 경력, 상황판단검사, 인성검사, 학생 에세이 등 대안적인 예측치는 성취를 포함한 더 넓은 준거를 사용할 때 추가 변수로서 효과가 있다(Campbell, Kuncel, & Oswald, 1998; Gillespie et al., 2002; McHenry et al., 1990).

만약 추가 척도가 지금 사용하고 있는 준거를 예측하는 데 제한적인 효용성을 가지고 있다면 학교와 직장의 인력 충원에서 예측요인을 확장하려고 왜 그토록 많은 노력과 헌신을 하는 것일까? 대안적인 예측요인을 열심히 추구하는 한 가지 이유는 그것이 다양성을 넓힐 수 있다는 것이다. 표준화된 지식, 기술, 능력, 그리고 성취도 검사에서 인종과 민족에 따라 차이가 있음이 계속 나타나고 있다. 흑인과 히스패닉계의 점수는 각각 백인에 비해 2/3에서 1 표준편차 낮은 수준을 보인다(J. E. Hunter & R. F. Hunter, 1984; Pulakos & Schmitt, 1996; Sackett, Schmitt, Ellingson, & Kabin, 2001; Zwick, 2002). 비슷한 차이는 교육에서의 수행평가에서도 나타난다(Camara & Schmidt, 1999; Dunbar, Koretz, & Hoover, 1991; Linn, Baker, & Dunber, 1991). 인종과 민족에 따른 차이는 인지능력 시험에서보다는 작지만 고등학교와 대학교 성적에서도 나타난다(Camara & Schmidt, 1999; Willingham, 1998). Hough, Oswald와 Ployhart(2001)는 산업 현장에서 일반적인 인지능력 척도는 표준화된 평균 점수 차이는 같아도 어떤 인지 구인 척도는 차이가 더 작다고 말했다. 예를 들어, 기억, 정보처리 속도, 공간지각능력, 그리고 양적인 능력에서 흑인과 백인의 차이는 훨씬 작았다.

교육과 인력채용에서 사용되는 다양한 예측요인은 인지능력 시험에 비해 하위 집단 간의 차이가 더 작았고, 관련된 수행 결과와 중간 크기의 상관계수를 보였다(Ryan, Ployhart, & Friedel, 1998; Sackett & Wilk, 1994; Schmitt, Rogers, Chan, Sheppard, & Jennings, 1997; Sedlacek, 1998). 여러 가지 인성검사, 경력, 면접에 관한 연구에서 표준화된 차이 $d = .15 \sim .25$의 범위로 나타났다(Hough et al., 2001). 많은 인지능력 검사가 비인지적 척도에 비해 3~5배 정도의 부작용을 더 많이 가지고 있지만, 대부분의 연구는 인지적 척도를 대신하기보다는 보완하는 척도에 초점을 맞추고 있다.

입학전형 척도 준거

교육자와 연구자는 대안적인 예측요인과 척도를 제안했다. 그러나 추가 예측요인에 대한 심도 깊은 논의는 고등교육의 유용성, 적합성과 전망을 평가하기 위해 사용될 수 있는 준거에 비추어 이뤄져야 한다. 4장에서는 대학 성공의 준거를 확장하는 것에 초점을 두고 있다. 하지만 고려해 볼 예측요인의 특징은 그 외에도 더 있다. 1990년에 블루리본 위원회는 『예측을 넘어서(*Beyond Prediction*)』라는 보고서를 발간했다. 이 보고서는 SAT 시험제도를 바꾸는 방법을 제안하면서 SAT에 추가할 것과 바꿀 것을 평가하는 준거를 제시했다(Commission on New Possibilities for the Admissions Testing Program, 1990). 그들은 입학전형 예측요인에 대해서 다음의 준거를 제안했다. 즉, (1) 대학 성공 예측도, (2) 내용 및 수업과의 연관성, (3) 신뢰도 및 측정 가능성, (4) 공정성, (5) 실용성, 효용성 및 고등학교에서의 활용 가능성, (6) 일반화 가능성, (7) 다용도성이다. 이러한 준거는 예측요인의 목적과 실제적 측면을 강조하는 것으로 보인다. Willingham(1985)은 대학 성공 예측요인의 효용성을 평가하는 준거를 좀 더 확장해서 개발했다. 이는 『예측을 넘어서』가 제안했던 준거의 중요성을 다시 한 번 강조하면서도 수용 가능성, 집단 간 점수 편차, 훈련 가능성, 행정적 실행성, 개발 실행성, 윤리적 한계, 비용, 위험, 교육적 가치와 같은 준거를 더하고 있다. 이런 준거는 고등교육을 위해 제안된 새로운 척도나 예측요인을 검토할 때 중요하게 보인다. 마지막으로 Ford, Knapp, J. P. Campbell, R. C. Campbell과 Walker(2000)는 21세기 군인과 장교를 위한 평가도구와 그 방법에 대해 15개 준거를 찾아냈다. 이는 앞서 말한 많은 요소를 포함하면서도 타협에 대한 저항(피검사자가 쉽게 척도를 누설하거나 위조하지 못하는 점), 결과적 타당도, 일반성(폭넓은 구인을 측정하는 점), 변별성(충분한 범위의 점수와 편차를 가지는 척도)을 추가하고 있다. 〈표 5-3〉은 예측요인을 평가하는 준거 개요다.

표 5-3 입학전형 척도를 평가하기 위한 준거

Commision on New Possibilities(1990)	Willingham(1985)	Ford et al.(2000)
✓예언타당도 ✓내용 적절성 ✓수업 적절성 ✓신뢰성 ✓채점 가능성 ✓공정성 ✓실용성, 사용 가능함 ✓채점의 효율성 ✓일반화 가능성 ✓융통성	✓예언타당도 ✓내용 적절성 ✓평가의 일관성 ✓모든 집단에 대한 공정성 ✓장애학생에 대한 공정성 ✓관리 가능성 ✓일반화 가능성 ✓타당한 비용 ✓교육 가능성 ✓적용성 ✓준거 척도와 유사한 집단 간 차이 ✓문제되지 않는 변별 문항 ✓개발 가능성 ✓윤리적 제약(거짓 없음) ✓내용의 공정성 ✓위험 최소화(검증되지 않은 방법) ✓교육 가치	✓준거관련 타당도 ✓신뢰도 ✓시행과 평가의 일관성 ✓시험의 공정성 ✓효용성 ✓예측에 유용함 ✓운영비용 ✓안면타당도/지원자 수용 가능성 ✓집단 간 점수 차이 ✓변별타당도 ✓타협에의 저항 ✓구인타당도 ✓결과타당도 ✓일반화 가능성

참고문헌

ACT. (1973). *Assessing students on the way to college－Technical report for the ACT Assessment program* (Vol. 1). Iowa City, IA: ACT.

Adelman, C. (1999). *Answers in the Tool Box: Academic intensity, attendance patterns and bachelor's degree attainment*. Washington, DC: U. S. Department of Education, Office of Educational Research and

Improvement.

Allen, N., Holland, P., & Thayer, D. (2003). *Measuring the benefits of examinee selected questions*. Manuscript in preparation.

Borman, W. C., & Motowildo, S. J. (1993). Expanding the criterion domain to include elements of contextual performance. In N. Schmitt & W. Borman (Eds.), *Personnel selection in organizations* (pp. 71-98). San Francisco, CA: Jossey-Bass.

Breland, H., Maxey, J., Gernard, R., Cummings, T., & Trapani, C. (2002). *Trends in college admissions: A report of a survey of undergraduate admissions policies, practices, and procedures*. ACT, AIR, College Board, Educational Testing Service, National Association of Collegiate Admissions Counselors.

Bridgeman, B., McCamley-Jenkins, L., & Ervin, N. (2000). *Predictions of freshman grade-point average from the revised and recentered SAT I Reasoning test* (College Board Research Rep. No. 2000-1). New York: The College Board.

Camara, W. J., & Schmidt, A. E. (1999). *Group differences in standardized testing and social stratification* (College Board Research Rep. NO. 99-5). New York: The College Board.

Campbell, J., Kuncel, N. R., & Oswald, F. L. (1998, April). *Predicting performance in graduate school: The criterion problem*. Paper presented at the Society of Industrial and Organizational Psychologists, Dallas, TX.

Chan, D., & Schmitt, N. (1997). Video-based versus paper-and-pencil method of assessment in situational judgment tests; Subgroup differences in test performance and face validity perceptions. *Journal of Applied Psychology*, *82*, 143-159.

Clevenger, J., Pereira, G. M., Wiechmann, D., Schmitt, N., & Harvey, V. S. (2001). Incremental validity of situational judgment tests. *Journal of Applied Psychology*, *86*, 410-417.

College Board. (1999). *Toward a taxonomy of the admissions decision-*

making process. New York: Author.

Commission on New Possibilities for the Admissions Testing Program. (1990). *Beyond prediction*. New York: The College Board.

Costa, P. T., & McCrae, R. R. (1994). Stability and change in personality from adolescence through adulthood. In C. F. Halverson, Jr., G. A. Kohnmstamm, & R. P. Martin (Eds.), *The developing structure of temperament and personality from infancy to adulthood* (pp. 139-155). Hillsdale, NJ: Lawrence Erlbaum Associates.

Dawis, R. V. (1991). Vocational interests, values and preferences. In M. D. Dunnette & L. M. Hough (Eds), *Handbook of industrial & organizational psychology* (2nd ed., Vol. II, pp. 833-871). Palo Alto, CA: Consulting Psychologists Press.

Digman, J. (1997). Higher order factors of the Big Five. *Journal of Personality and Social Psychology, 73*, 1246-1256.

Dipboye, R. (1997). Structured selection interviews: Why do they work? Why are they underutilized? In N. Anderson & P. Herriot (Eds.), *International handbook of selection and assessment* (pp. 455-473). Chichester, England: Wiley.

Dunbar, S. B., Koretz, D. M., & Hoover, H. D. (1991). Quality control in the development and use of performance assessments. *Applied Measurement in Education, 4*, 289-303.

Ford, L. A., Knapp, D. J., Campbell, J. P., Campbell, R. C., & Walker, C. B. (2000). *21st Century soldier and noncommissioned officers: Critical predictors of performance* (Tech. Rep. No. 1102). Alexandria, VA: U. S. Army Research Institute for the Behavioral and Social Sciences.

Freeberg, N. E., Rock, D. A., & Pollack, J. (1989). *Analysis of the revised student descriptive questionnaire: Phase II predictive validity of academic self report* (College Board Research Rep. No. 98-8). New York: The College Board.

Gillespie, M., Kim, B., Oswald, F., Ramsay, L., & Schmitt, N. (2002). *Biodata and situational judgment inventories as measures of college success:*

Developing and pilot testing phases (Interim Report available from the College Board, New York).

Goldstein, H. W., Zedeck, S., & Goldstein, I. L. (2002). G: Is this your final answer. *Human Performance, 15*, 123-142.

Hezlett, S. A., Kuncel, N., Vey, M. A., Ahart, A. M., Ones, D. S., Campbell, J. P., & Camara, W. J. (2001, April). *The effectiveness of the SAT in predicting success early and late in college: A comprehensive meta-analysis*. Paper presented at the National Council of Measurement in Education, Seattle, WA.

Hough, L. M. (1998). Personality at work: Issues and evidence. In M. Hakel (Ed.), *Beyond multiple-choice: Evaluating alternatives to traditional testing for selection* (pp. 131-166). Mahwah, NJ: Lawrence Erlbaum Associates.

Hough, L. M., Oswald, F. L., & Ployhart, R. E. (2001). Determinants, detection and amelioration of adverse impact in personnel selection procedures: Issues, evidence and lessons learned. *International Journal of Selection and Assessment, 9*, 152-194.

Hunter, J. E., & Hunter, R. F. (1984). Validity and utility of alternative predictors of job performance. *Psychological Bulletin, 96*, 72-98.

Judge, T. A., Higgins, C. A., Thorensen, C. J., & Barrick, M. R. (1999). The Big Five personality traits, general mental ability and career success cross the life span. *Personnel Psychology, 52*, 621-652.

Kluger, A. N., Reilly, R. R., & Russell, C. J. (1991). Faking biodata tests: Are option-keyed instruments more resistant? *Journal of Applied Psychology, 76*, 889-896.

Kobrin, J. L., Camara, W. J., & Milewski, G. (2002). *The utility of the SAT I and SAT II for admissions decisions in California and the nation* (College Board Research Rep. No. 2002-6). New York: The College Board.

Kobrin, J. L., Milewski, G. B., Everson, H,. & Zhou, Y. (2003, April), *An investigation of school-level factors for students with discrepant high school GPA and SAT scores*. Paper presented at the Annual Meeting of the National Council on Measurement in Education, Chicago, IL.

Linn, R. L., Baker, E. L., & Dunbar, S. B. (1991). Complex performance-based assessment: Expectations and validity criteria. *Educational Researcher, 20*, 15-21.

Lounsbury, J. W., Lovejoy, J. M., Sundstrom, E. D., Gibson, L. W., Drost, A. W., & Hamrick, J. L. (in press). An investigation of personality traits in relation to career satisfaction. *Journal of Career Assessment*.

Maxey. J. (2001). *Selected trends in ACT-Tested Students*. Unpublished manuscript. Iowa City, IA: ACT, Inc.

McHenry, J. J., Hough, L. M., Toquam, J. L., Hanson, M. A., & Ashworth, S. (1990). Project A validity results: The relationship between predictor and criterion domains. *Personnel Psychology, 42*, 335-354.

Mitchell, T. W. (1994). The utility of biodata. In G. S. Stokes, M. D. Mumford, & W. A. Owens (Eds.), *Biodata handbook* (pp. 486-516). Palo Alto, CA: Consulting Psychologists Press.

Mosel, J. N., & Goheen, H. W. (1959). The employment recommendation questionnaire: Validity of different types of references. *Personnel Psychology, 12*, 469-477.

Mount, M. K., Witt, L. A., & Barrick, M. R. (2000). Incremental validity of empirically keyed biodata scales over GMA and the five factor personality constructs. *Personnel Psychology, 53*, 299-323.

Muchinsky, P. M. (2003). Predictors: Psychology assessments. In P. M. Muchinsky (Ed.), *Psychology applied to work* (7th ed., pp. 89-135). Belmont, CA: Wadsworth Publishing/Thomson Learning.

Noble, J., & Sawyer, R. (2002). *Predicting different levels of academic success in college using high school GPA and ACT composite score* (ACT Research Rep. No. 2002-4). Iowa City, IA: ACT. Inc

Ones, D. S., Viswesvaran, C., & Schmidt, F. S. (1993). Comprehensive meta-analysis of integrity test validities: Findings and implications from personnel selection and theories of job performance. *Journal of Applied*

Psychology, 78, 679-703.

Paunonen, S. V., & Nicol, A. M. (2001). The Personality hierarchy and the prediction of work behaviors. In B. W. Roberts & R. Hogan (Eds.), *Personality psychology in the workplace* (pp. 161-191). Washington, DC: American Psychological Association.

Powers, D. E., & Fowles, M. E. (1997). The personal statement as an indicator of writing skill: A cautionary note. *Educational Assessment, 4*, 75-87.

Pulakos, E. D., & Schmitt, N. (1996). an evaluation of two strategies for reducing adverse impact and their effects on criterion-related validity. *Human Performance, 9*, 241-258.

Ramist, L., Lewis, C., & McCamley-Jenkins, L. (1993). *Student group differences in predicting college grades: Sex, language and ethnic groups* (College Board Research Rep. No. 93-01). New York: The College Board.

Rigol, G. (2003). *Admissions decision-making models: How U. S. institutions of higher education select undergraduate students*. New York: The College Board.

Ryan, A. M., Plowhart, R. E. & Friedel, L. A. (1998). Using personality testing to reduce adverse impact: A cautionary note. *Journal of Applied Psychology, 83*, 298-307.

Sackett, P., Schmitt, N., Ellingson, J. E., & Kabin, M. B. (2001). High-stakes testing in employment, credentialing and higher education: Prospects in a post-affirmative action world. *American Psychologist, 56*, 302-318.

Sackett, P. R., & Wilk, S. L. (1994). Within-group norming and other forms of score adjustment in pre-employment testing. *American Psychologist, 49, 929-954.*

Schmidt, F. L., & Hunter, J. E. (1998). The validity and utility of selection methods in personnel psychology: Practical and theoretical implications of 85 years of research findings. *Psychological Bulletin, 124*, 262-274.

Schmitt, N., Jennigs, D., & Toney, R. (1999). Can we develop measures of hypothetical constructs? *Human Resources Management Review, 9*,

169–184.

Schmitt, N., & Kunce, C. (2002). The effects of required elaboration of answers to noncognitive measures. *Personnel Psychology, 55*, 569–577.

Schmitt, N., Rogers, W., Chan, D., Sheppard, L., & Jennings, D. (1997). Adverse impact and predictive efficiency of various predictor combinations. *Journal of Applied Psychology, 82*, 719–730.

Sedlacek, W. E. (1996). An empirical method of determining nontraditional group status. *Measurement and Evaluation in Counseling and development, 28*, 200–210.

Sedlacek, W. E. (1998). Admissions in Higher education: Measuring cognitive and noncognitive variables. In D. J. Wilds & R. Wilson (Eds.), *Minorities in higher education 1997–98. Sixteenth annual status report* (pp. 47–71). Washington, DC: American Council on Education.

Steiner, D. D., & Gilliland, S. W. (1996). Fairness reactions to personnel selection techniques in France and the United States. *Journal of Applied Psychology, 81*, 134–141.

Sternberg, R. J., & Rainbow Collaborators. (2003). *The rainbow project: Enhancing the SAT through assessments of analytical, practical and creative skills.* (Final Report available from the College Board, New York).

Stricker, L. J. (1993). *Usefulness of noncognitive measures in the College Board's Admissions Testing Program.* Unpublished manuscript.

Stricker, L. J., Rock, D. A., & Bennett, R. E. (2001). Sex and ethnic differences on accomplishments measures. *Applied Measurement in Education, 14,* 205–218.

White, L. A., Young, M, C,. & Rumsey, M. G. (2001). ABLE Implementation issues and related research. In J. P. Campbell & D. J. Knapp (Eds.), *Exploring the limits in personnel selection and classification* (pp. 525–558). Mahwah, NJ: Lawrence Erlbaum Associates.

Whitney, K. R. (1989). Educational admissions and placement. In R. L. Linn (Ed.), *Educational measurement* (3rd ed., pp. 515–525). New York:

Macmillan.

Wickenden. J. W. (1982). Open letter to college students applying to competitive colleges. In H. C. Hegener (Ed.), *The competitive colleges: Who are they? Where are they? What are the like?* (ix-xvii). Princeton, NJ: Peterson's Guides.

Willinghan, W. W. (1985). *Success in college: The role of personal qualities and academic ability*. New York: The College Board.

Willingham, W. W. (1998, December). *Validity in college selection: Context and evidence*. Prepared for a workshop on the role of tests in higher education admissions sponsored by the National Research Council, Washington, DC.

Willingham, W. W., & Breland, H. M. (1982). *Personal qualities and college admissions*. New York: The College Board.

Zwick, R. (2002). *Fair game: The use of standardized admissions tests in higher education*. New York: Routledge-Falmer.

CHOOSING STUDENTS

02 PART

현행 실제 개선

CHAPTER 06

입학시험에서 수행과 다양성의 갈등

Paul R. Sackett(미네소타 대학교)

이 장을 쓰는 나는 채용시험 맥락에서 타당성과 다양성 문제를 연구해 왔다. 대학 입학전형과 채용시험, 전문적인 면허와 자격 부여 영역 사이에는 많은 공통점이 있으며, 이러한 각 영역에서 나온 연구 결과들은 다른 영역에도 유용하다고 생각한다.

Sackett, Schmitt, Ellingson와 Kabin(2001)이 말했듯이, 채용, 자격 검정, 입학전형에서의 의사결정 목적으로 지식, 기술, 능력, 성취도 영역에서 표준화된 검사를 활용하는 것은 세 가지 특징을 갖고 있다. 첫째, 광범위한 연구 결과는 이러한 영역에서 개발된 시험이 의도하는 목적에 타당하다는 것을 보여 준다. 완벽하지는 않으나 현재 수준의 지식, 기술, 능력 혹은 성취도를 분석하는 데 유용하다. 그러므로 이런 것들은 자격 검정 결정에 의미 있게 공헌하고 있으며 직장과 학업 수행을 제대로 예측하고 있다(Mehrens, 1999; Neisser et al., 1996; Schmidt & Hunter, 1998; Wightman, 1997; Wilson, 1981).

둘째, 표준화된 지식, 기술, 능력, 성취도 시험에서 인종 집단 간 차이가 일관되게 나타나고 있다. 교육, 직장, 그리고 자격 검정 맥락에서 시험 점수의 분포는 인종에 따라 유의미한 차이를 나타낸다(예, Bobko, Roth, & Potosky, 1999; Hartigan & Wigdor, 1989; Jensen, 1980; Lynn, 1996; Neisser et al., 1996; Scarr, 1981; Schmidt, 1988; Schmitt, Clause, & Pulakos, 1996; Wightman, 1997; Wilson, 1981). 흑인은 백인에 비해 대략 1 표준편차 정도 낮은 수준이고, 히스패닉계는 대략 2/3 표준편차 정도 낮은 점수를 나타낸다. 아시아계는 수학과 통계능력에서 백인보다 높은 점수를 받았고, 언어능력과 이해력에서 낮은 점수를 받았다. 이런 시험 점수에서의 평균 차이는 시험 점수가 선발과 자격 검정 결정에 사용되었을 경우 보호받는 집단에게 부정적인 영향을 줄 수 있음을 시사한다. 시험 점수에서 하위 집단 간에 평균 차이가 커지면서 낮은 점수 집단에 속하는 사람들이 선발이나 자격 검정을 통과하는 비율은 떨어지고 있다(Sackett & Wilk, 1994).

셋째, 하위 집단 간 차이로 인해 결과가 되는 결정을 편파적으로 하지 않을까 하는 의문을 가지게 된다. 직업과 교육 맥락에서 이루어진 광범위한 연구에서는 일반적으로 예견되는 편파성이 나타나지 않고 있음을 알 수 있다. 이는 표준화된 시험이 소수 집단 구성원의 성과를 더 낮게 예견하지 않는다는 것이다(예, American Educational Research Association, American Psychological Association, & National Council of Measurement in Education, 1999; Cole, 1981; Jensen, 1980; Neisser et al., 1996; O'Conner, 1989; Sackett & Wilk, 1994; Wightman, 1997; Wilson, 1981).

이러한 전형적인 시험의 특징은 많은 고등교육기관에 상당한 긴장을 조성한다. 시험을 이용해서 얻은 대부분의 가치는 의도한 목적에 비추어 타당성이 있다(예, 높은 성과를 가져다주는 노동력, 높은 성취도를 나타내는 학생, 지식과 기술 및 성취 기준을 충족시키는 검증된 교사). 그러나 대체로 사회 구성원 전체를 반영하고자 하는 마음과 학문적 경험이나 직무 효율성이 다양성으로 인해 더욱 향상될 수 있다는 믿음을 바탕으로 해서 직장인이나 학생들의 인종·민족적 차이가 가치 있게 여겨지고 있다. 확실한 것은 수행과 다양성이라는 두 가지 가치가 서로 마찰하고 있다는 것이다. 수행에 초점을 맞추는 시험 활용이 증가하면 흑인과 히스패닉계에게는 불리할 것으로 예측된다. 반대로 다양한 지원자 집단에 초점을 맞추고 시험 활용을 축소시키면 시험을 통해 알아낼 수 있는 수행을 심각하게 제한하게 될 것이다(예, Schmidt, Mack, & Hunter, 1984; Schmitt et al., 1996).

이 장에서는 집단 간 시험 점수 평균의 차이를 줄이기 위한 시도로 제시된 세 가지 안을 검토한다. 첫 번째 안은 시험 내용 수정(예, 편향된 시험 문항의 확인과 제거)이나 시험 시행 절차 변경(예, 제한시간 변경과 보조 프로그램 제공) 등을 포함하는 것이다. 이 대안을 검토하는 연구는 현재 측정하고자 하는 구인이 일반적으로 유용하다고 전제하고 있다. 주요 관심사는 관찰된 점수가 어떤 편향요인으로 인해 생기며 그 요인은 하위 집단 간 차이에 어떻게 기여하는가 하는 것이다. 두 번째 대안은 기존 시험을 통째로 바꾸는 것이다. 이 경우 다른 종류의 새로운 시험을 통해 하위 집단 간 차이를 더 줄이려고 할 수 있다. 세 번째 대안은 새로운 척도를 이용하여 기존 시험을 보완하는 것이다. 이는 현재 시험의 예측력을 인정하지만 성공에 중요한 속성의 일부만 측정하고 있다고 비판한다. 인성, 가치, 그리고 동기 영역과 관련된 속성은 능력과 성취 영역을 측정하는 현재 시험에서는 측정되지 않고 있다는 것이다. 이를 입학진형 과정에 추가하는 것은 타당성을 높이면서 동시에 하위 집단 간 차이를 줄일 수 있을 것이다. 다음에서 이 세 대안에 대한 전망이 차례로 논의될 것이다.

대안 1: 시험 내용 혹은 시험 시행 절차의 수정

시험 내용과 시험 시행 절차의 수정에 대한 연구 논의는 Sackett, Schmitt, Ellingson과 Kabin(2001)이 최근 연구에서 요약하고 있다.

편향된 문항의 확인과 제거

수행 대 다양성 딜레마를 풀기 위한 시도로 실시되는 한 가지 전략은 특정한 유형의 시험 문항이 편향된 것인지 조사하는 것이다. 변별 문항을 조사하는 연구에서 전통적인 초점은 소수 집단 수험자와 다수 집단 수험자가 다르게 반응하는 문항을 찾아내는 것에 맞춰져 왔다(Berk, 1982). 이런 문항은 특정한 하위 집단 구성원이 받은 시험 점수를 잘못 판단하도록 할 수 있다. 통계적으로 문항변별지수(Differential Item Functioning: DIF)는 측정된 구인이 실제로는 균등한 하위 집단 구성원에게서 난이도가 다르게 나타나는 문항을 찾게 한다. 이는 같은 능력을 가진 다수 집단 수험생에 비해 소수 집단 수험생의 점수가 낮게 나타나는 문항의 특징을 확인하기 위한 것이다. Sackett 등(2001)의 최근 연구는 여러 시험 문항에 대해서 변별지수를 계산할 수 있지만 대부분 DIF 효과의 크기는 굉장히 작다는 결론을 내리고 있다. 더욱이 다른 집단보다 특정 집단에게만 유리하게 작용하는 문항이 일관성 있게 나타나지 않는다. 따라서 이런 문항을 제거하는 것은 전체 시험 성적에 큰 영향을 주지 않았다. 즉, 편향된 문항이 하위 집단 간 차이에 큰 영향을 끼치는 것은 아니었다.

응시 동기 변경

Steele과 동료들(Steele, 1997; Steele & Aronson, 1995)은 시험 실시방법에 따라 수행이 달라질 수 있다는 고정관념 위협이론(Provocative theory of Stereotype)을 제안했다. 이 이론은 개인이 속하는 정형화된 집단에서 고정관념이 생성되면 그로 인해 수행이 억제된다고 가정한다. 이러한 현상이 많은 영역에서 영향을 줄 수 있지만 대부분의 연구에서 초점을 둔 것은 인지능력 시험이라는 맥락에서 고정관념 위협이론을 적용할 수 있는가 하는 것이다. 이 이론에 따르면 소수 집단 구성원이 시험을 칠 때는 그 집단의 구성원이 그 시험에서 더 낮은 점수를 얻는 경향이 있다는 결과를 인식해서 자신도 시험을 잘 치지 못할 것이라는 생각을 하게 만들고, 이것이 고정관념을 강화시킨다는 것이다. 따라서 이러한 걱정은 시험에 집중할 수 있는 능력을 다른 곳으로 돌리게 만들어 낮은 시험 성적을 얻게 한다는 것이다.

이 생각을 검증하기 위해 Steele과 Aronson(1995)은 SAT 성적에서 통계적으로 동등하게 높은 성적을 보이는 다수와 소수 집단 학생을 표집해서 고정관념 위협을 유도했다. 고정관념 위협 조건의 참가자는 지능 검사를 받을 것이라는 말을 들었고, 위협이 없는 조건의 참가자는 문제해결 과제를 하게 될 것이라고 들었다. 그러나 모든 참가자는 같은 검사를 받았다. Steele은 고정관념 위협이 있는 조건의 피험자가 없는 조건의 피험자에 비해 소수 집단과 다수 집단 간 차이를 더 크게 나타냈다고 했다. 이것은 고정관념 위협이 소수 집단의 성적을 낮춘다는 것을 지지하는 결과였다. 고정관념 위협이 없는 조건에서는 SAT 성적을 고려하고 살펴보았을 때 소수 집단과 다수 집단 간에 차이를 발견할 수 없었다.

이 연구는 고정관념 위협이 제거되면 흑인과 백인이 같은 점수를 얻을 수 있다는 오해를 만들기도 한다. 이런 오해는 Steele의 연구를 발표한 유명 출판물 16개 중 14개에서 발견되었으며, 과학적인 문헌 11개 중 10개에서 발견되었다(Sackett, Hardison, & Cullen, 2004). 이런 오해는 Steele의 연구가 통계적으로 동등한 SAT 성적을 갖는 흑인과 백인을 표집했음을 무시한 결과다. 이 연구는 점수 차이를 없애는 것이 아니라 사실은 아주 다른 것을 얘기하고 있다. 고정관념 위협을 없앴을 때 SAT 성적이 같은 흑인과 백인 사이의 차이는 기대하는 대로다. 하지만 고정관념 위협이 있을 때에는 SAT 성적이 같은 흑인과 백인의 차이는 예상보다 크게 나타난다고 보아야 한다.

Steele의 연구는 수험자 동기와 관련된 이슈에 관심을 불러일으킨 점에서는 중요하다. 하지만 이 연구로 다수 인종 학생과 소수 인종 학생 간의 시험 점수 차이가 수험자에게 시험을 제시하는 방법에 의해 달라진다고 결론 내리는 것은 심각한 오류다.

적응 프로그램 사용

하위 집단 간 차이를 줄이는 다른 전략은 적응 프로그램을 사용하는 것이다. Sackett 등(2001)은 적응 프로그램에 대한 여러 연구에서 하위 집단 간 차이의 크기에 긍정적인 영향을 거의 주지 못했다고 결론지었다. 이 프로그램은 소수 인종과 다수 인종의 수험자에게 약간의 도움을 가져다주었지만 하위 집단 간 차이를 줄이는 것으로 보이지 않는다.

더 많은 시간 제공

대안 1의 마지막 방법은 시험에 할당된 시간을 더 많이 주는 전략이다. 시험 치는 속도로 문항을 구성하고 있지 않다면 시간제한이 시험 성적에 영향을 준다고 주장할 수 있다. 제한시간이 있는 시험에서 특정한 집단이 시험을 끝까지 마치는 데 시간이 부족하다고 한다면 그 집단에 대해 편향된 것으로 볼 수 있다. 그러나 Sackett 등(2001)은 제한시간을 늘리면 모든 수험자들이 더 높은 성적을 받게 되며, 이것은 소수 집단에게만 유리한 것이 아니라고 한다. 수험자에게 시험시간을 더 주는 것은 하위 집단 간의 차이를 더 증가시킨다는 것이 상식적이다.

요약하면, 이상의 검토된 대안 중 어떤 것도 하위 집단 간 차이를 줄이는 데 큰 역할을 하는 것으로 보이지 않았다. 이에 다음에서는 기존 시험을 대체하는 것을 고려하고자 한다.

대안 2: 새로운 시험으로 기존 시험 대체

상당한 관심을 끌고 있는 한 가지 대안은 현재 사용되고 있는 시험을 새로운 시험으로 바꾸는 것이다. 이에 관해 관찰된 몇 가지 점을 제시하고자 한다.

첫째, 인지적인 영역에서 기존의 척도(SAT I)를 다른 척도(SAT II)로 바꾸는 것도 하위 집단 간 차이 측면에서 비슷한 결과가 나올 것으로 기대할 수 있다. SAT I과 SAT II를 비교한 최근의 캘리포니아 대학 연구(Geiser & Studley, 2001)는 이를 보여 주는 좋은 예다. 이 두 척도는 하위 집단 간 차이나 다음의 학업 성과를 예측하는 타당성에서 전체적으로 크게 다르지 않았다. SAT II를 SAT I에 비해 선호하는 이유가 있겠지만 그것은 타당성이나 다양성과는 다른 이유일 것이다.

둘째, 기존 시험을 대체하는 것을 지지하는 많은 사람은 전통적인 척도의 가치가 제한적이라고 주장한다. 기존 척도는 1학년 성적을 예측하기는 하지만 더 이상의 가치를 지니지 못했다는 것이다. 이는 분명 틀렸다. 최근 SAT와 GRE에 대한 메타분석에서 학업성취와 이들 척도가 교육기간 내내 상당한 상관관계를 나타냈고, 이보다는 작지만 학위 취득과도 의미 있는 상관관계를 보였다고 한다(Hezlett et al., 2001; Kuncel, Hezlett, & Ones, 2001).

다른 연구에서는 인지적인 면에 치우친 시험도 대학졸업 후의 삶과 관련된 몇몇 지표와 상관이 있다는 것을 시사한다. Johnson과 Neal(1998)은 인지적인 시험과 30대 중반까지의 수입 간의 연관성에 관한 자료를 요약하였다. 그들은 인지적 시험 성적과 월급의 관계는 교육 정도를 고려하더라도 상관이 있다고 밝혔다.

셋째, 기존에 사용되는 입학시험의 타당성 연구 준거로서 학위 취득을 사용한다는 점은 시험의 가치를 불투명하게 한다. 심리 측정에서 잘 알려진 원칙은 극단적으로 양분된 준거를 사용할 경우 상관계수가 급격히 떨어진다는 것이다. 학위 취득률이 높은 표본(예, Vars & Bowen, 1998에서 보고된 엘리트 대학의 연구의 경우 90%)에서 이 시험이 무언가 잘못되었다고 결론을 내리면 잘못이다. 왜냐하면 그 시험에서 소수 인종과 다수 인종 간에 큰 차이가 존재하고 있지만 학위 취득률에는 큰 차이가 없기 때문이다. 학점 평균과 같은 좀 더 민감한 준거를 보면 아주 다른 패턴이 나타난다. Vars와 Bowen(1998)의 엘리트 대학 연구에서 흑인과 백인 간의 GPA 차이는 .50로 나타났다(3.3 대 2.8). 표준편차는 .44, 표준화된 평균 차는 1.14다. 따라서 준거에서의 차이가 아닌 집단 평균 간 차이가 있기 때문에 기존 시험이 잘못된 것이라는 주장은 허점이 있다.

넷째, 이상 제시한 것에서 논리적으로 내려지는 결론을 고려하면 도움이 된다. 인지적인 영역의 척도가 하위 집단의 평균 간 차이에서 지속적이고 예측 가능한 패턴을 보여 준다면 기존 시험을 완전히 대체하는 도구는 다른 영역을 측정하는 것이어야 한다. 영역은 세부적으로 제시하지 않아도 다른 영역에서 나온 대체 척도는 기존 시험과 상관관계가 낮은 것이어야 한다. 이런 시험이 유용한 것이 되기 위해서는 역시 관심 있는 준거에 대해 설명력을 가져야 한다. 하지만 제안된 대체 시험이 기존 시험과 낮은 상관관계를 갖는다는 뜻은 기존 시험과 다른 준거변인을 설명해야 한다는 것을 의미한다. 따라서 제안된 대체 시험이 단독으로서가 아니라 기존 시험과 혼합되어 사용된다면 관심을 두고 있는 준거를 예측하는 타당성은 더 커져야 한다. 그런데 대체 시험 옹호는 새로운 시험으로 기존 시험을 대체하는 것보다 보완된 새로운 시험을 사용하면 예측력이 더 낮다는 것을 받아들이는 셈이 된다.

전통적인 인지 척도는 학업 성적과 미래의 수입을 예측하는 데 상당한 타당성을 갖고 있다. 대체 시험을 주장하기 위해서는 그것의 예측력과 타당성 결과를 명확하고 뚜렷하게 알고 있어야 한다. 그리고 대부분의 논의가 전통적인 척도를 대체하는 것에 국한되어 있지만, 새로운 시험이 전통적인 시험과 결합되었을 경우의 타당성 정도에 대한 질문을 무시하면 안 된다. 따라서 다음에서는 새로운 척도로 기존 시험을 보완하는 논의에 초점을 맞추고자 한다.

대안 3: 새로운 척도로 기존 시험 보완

기존의 입학시험에 새로운 척도를 보완함으로써 하위 집단 간 차이를 줄일 수 있는지에 대하여 알아보고자 한다. 이는 어떤 특정한 척도에 관한 논의가 아니다. 여기서의 초점은 기존에 사용되는 척도를 보완하는 것이 집단 간 차이를 줄일 수 있을지를 개념적으로 이해하는 데 있다. 이 문제에 유용한 통찰을 제시해 주는 심리측정학적 이론을 살펴보도록 하겠다. 둘 혹은 그 이상의 척도가 결합되었을 경우 어떤 일이 벌어지는지 알 수 있게 해 주는 유용한 심리측정학 이론이 있다. 이 장에서는 SAT I과 같은 기존 척도에 하나 이상의 새로운 척도를 결합하는 것이 집단 간 차이에 미치는 영향을 살펴본다. 결합에 대한 심리측정 이론은 개별 척도 각각에서의 집단 간 차이와 그 척도들 간의 상관계수를 알아야 적용할 수 있다.

먼저 집단 간 차이와 각각의 집단에서 선발된 비율의 관계를 살펴보자. 하위 집단 간 차이는 'd'라고 표현하는데, 이는 두 집단 간의 표준화된 평균 차이다. d값이 .0이라는 뜻은 두 집단의 평균이 같다는 것이다. 그리고 d값이 1.0이라는 것은 한 집단의 평균이 나머지 집단의 평균보다 1 표준편차가 더 높다는 것을 뜻한다. 1 표준편차의 평균 차이는 일반적으로 사용되는 입학시험에서 흑인과 백인 간의 d값과 대략 일치한다. 〈표 6-1〉은 하위 집단 간 차이와 소수-다수 집단의 선발 비율 관계를 보여 준다. 여기서는 다수 집단의 선발 비율로 세 가지가 제시된다. 즉, 10%는 아주 까다로운 선발을 하는 입학 프로그램을 나타내고, 50%는 적당히 까다로운 선발을 하는 입학 프로그램을 나타낸다. 그리고 90%는 아주 까다롭지 않은 선발

표 6-1 집단 간 표준점수 평균 차이(d)와 다수 집단의 선발 비율이 .10, .50, .90일 때 소수 집단의 선발 비율

d	다수 집단의 선발 비율		
	.10	.50	.90
.0	.10	.50	.90
.2	.07	.42	.86
.4	.05	.35	.81
.6	.03	.27	.75
.8	.02	.21	.68
1.0	.01	.16	.61

주: Sackett & Ellingson(1997), 〈표 1〉에서 발췌함.

을 하는 입학 프로그램을 나타낸다. 이 표는 '만일 다수 집단의 상위 10%(혹은 50%, 90%)만 선발되었고, 소수-다수 집단 차이(d)가 다음과 같은 값을 나타낼 때 소수 집단의 선발 비율은 어떤 결과를 나타낼 것인가?'라는 질문을 하게 한다.

〈표 6-1〉은 소수-다수 집단 차이는 d값에 따라 다르다는 것을 보여 준다. 어떤 다수 집단의 선발 비율에서도 다수 집단과 소수 집단 사이의 선발 비율의 차이는 d값이 커질수록 커진다. 표는 또한 그 차이가 선발 비율이 낮을 때 더 크다는 것을 보여 준다. 더불어 d값이 1.0 정도 되는 경우(흑인과 백인의 입학시험에서의 전형적인 d값) 선발이 까다로운 대학에서 더 큰 영향을 준다는 것을 보여 준다.

〈표 6-2〉는 같은 정보를 변형한 것이다. d값과 다수 집단의 선발 비율에 따라서 다수 집단의 선발 비율 대비 소수 집단의 선발 비율을 나타낸 것이다. 이것은 취업 차별 상황에서 사용되는 이른바 '4/5 법칙'을 반영한다. 정부의 반차별 정책으로 소수 집단의 선발비율이 다수 집단의 선발 비율의 80% 이하일 경우는 조사를 받게 되어 있다.

이것은 d값에 대한 목표를 정하는 데 유용하다. 다수 집단의 선발 비율

표 6-2 집단 간 표준점수 평균 차이(d)와 다수 집단의 선발 비율이 .10, .50, .90일 때 4/5 비율

d	다수 집단의 선발 비율		
	.10	.50	.90
.0	1.00	1.00	1.00
.2	.69	.84	.98
.4	.46	.69	.90
.6	.30	.55	.84
.8	.19	.42	.72
1.0	.11	.32	.68

주: Sackett & Ellingson(1997), 〈표 2〉에서 발췌함.

에 대한 소수 집단의 선발 비율이 정해졌을 때 d값은 얼마나 낮아져야 하는가? 아주 까다로운 선발(10%)에서는 d값이 .2 정도로 낮아도 두 집단 사이에 상당한 차이가 나타났다. 좀 더 완화된 선발(50%)에서는 d값이 .2였을 때 경험적으로 4/5 법칙에서 .84의 값을 가진다. 〈표 6-2〉를 바탕으로 척도의 결합을 통해 무엇을 얻을 수 있는지에 대한 질문을 하고자 한다. 구체적으로 두 개 이상의 똑같은 가중치를 가진 예언요인이 결합되었을 때 어떤 수준의 d값이 나오는가? 단계를 설정하기 위해서 다음의 문제를 풀어 보기 바란다.

A 예언요인의 d값은 1.0.
B 예언요인의 d값은 0.0.
A와 B는 상관관계가 없고 둘 다 표준정규분포를 따른다.
질문 같은 비율로 결합된 A와 B의 d값은 얼마인가?
(a) 1.00 (b) .71 c) .50 (d) .0

Sackett와 Ellingson(1997)은 두 개의 예언요인이 결합하여 하나의 결합된 변인을 만들었을 때 집단 차이의 정도를 결정하는 다음 공식을 발표하였다.

$$d = \frac{d_1 + d_2}{\sqrt{2 + 2\gamma_{12}}}$$

d_1은 첫 번째 예언요인의 d값을 나타내고, d_2는 두 번째 예언요인의 d값 그리고 γ_{12}는 두 예언요인 간의 상관계수를 나타낸다. 모든 수의 예언요인에 대해 좀 더 일반화된 공식은 다음과 같다.

$$d = \frac{\sum_{i=1}^{k} d_i}{k + k(k-1)\gamma_{ii}}$$

d_i는 결합된 변인을 포함한 각각의 d값을 나타낸다. k는 결합된 변인을 구성하기 위해 결합된 예언요인의 수를 나타내고, γ_{ii}는 결합된 변인을 포함한 예언요인 사이의 평균 상관계수를 나타낸다.

단순하지만 매우 유용한 원칙이 이 공식을 통해 도출된다. 첫째, 기존 시험에 새로운 변인을 보완하는 논쟁에서 직감적으로 대학들은 두 개의 예언요인이 결합했을 때의 d값은 대략 두 예언요인의 d값 평균이라고 생각한다(예, d값이 1.0인 예언요인과 d값이 .0인 예언요인이 결합된 결합변인의 d값은 .5). 특히 두 예언요인 사이의 상관계수가 작을 경우에는 결합변인의 d를 상당히 과소추정하게 된다(예, 두 가지 상관관계가 없는 예언요인에 대한 결합변인의 d값은 .71). 따라서 집단 간 차이와 부작용이 그 결과로서 영향이 큰 d값을 가진 예언요인을 작은 d값을 가진 두 번째 예언요인으로 보완했을 때 줄일 수 있는 정도는 일반적으로 과대평가되어 있다.

둘째, 다른 문제를 풀어 보자. 주 변호사 시험의 d값이 1.0이라고 가정하자. 여기에 로스쿨 점수를 변호사 시험과정에 구성요인으로 넣음으로써 d값을 줄이자는 제안이 있다. 로스쿨 점수의 d값은 .8로 관찰되었고 변호사 시험과 .5의 상관계수를 갖고 있다. 이 사실에서 같은 가중치로 변호사 시험과 성적을 결합한 변인을 만들었다면 d값은 어떻게 되겠는가?

(a) 1.0 (b) .9 (c) .8 (d) 1.04

위의 공식을 대입하면 답은 1.04다. 따라서 어떤 맥락에서 높은 d값을 갖는 예언요인에 더 낮은 d값을 갖는 예언요인으로 보완했을 때 결합변인은 각각의 예언요인의 d값보다 더 큰 d값을 갖는다. 이는 보완하는 예언요인이 기존의 예언요인과 상관관계가 있을 때 발생한다. 예를 들어, 변호사 시험에서 변호사 시험과 로스쿨 성적을 포함한 결합변인은 두 척도가 $\gamma \geq .70$에서 상관되어 있을 때에만 집단 간 차이 수준을 줄일 수 있다. 만일 두 예언요인의 상관계수가 .70보다 작다면 두 개의 예언요인을 모두 사용하는 것은 변호사 시험을 단독으로 사용하는 것보다 사실상 더 큰 집단 간 차이를 가져올 수 있다. 따라서 보완적인 예언요인을 추가하는 것은 사실상 d값을 줄이지 않고 높일 수 있다.

셋째, 이 예가 하나의 보완적 예언요인을 추가하는 것에 초점을 맞추고 있지만 추가적인 예언요인을 더했을 때 결합변인의 d값에 대한 영향을 고려할 필요가 있다. 이 공식을 이용해서 추가적인 예언요인을 더하면 차이를 감소시키는 결과를 가져다준다는 것이 자명해진다. 만일 기존의 시험이 1.0의 d값을 갖고 추가적으로 상관관계가 없는 d값이 .0인 시험이 결합변인에 포함된다면 예언요인의 수가 2, 3, 4, 5인 결합변인의 d값은 각각 .71, .58, .50, .45다.

넷째, 지금까지는 결합변인에 포함된 모든 변수의 가중치가 같았다. 위의 공식은 각각의 예언요인에 다른 가중치를 두었을 때의 공식으로 확장될 수 있다.

$$d = \frac{\sum_{i=1}^{k} w_i d_i}{\sqrt{\sum_{i=1}^{k} w_i^2 + 2\sum_{i=1}^{k-1} \sum_{j=i+1}^{k} w_i w_j \gamma_{ij}}}$$

w_i와 w_j는 결합변인에 포함된 각 예언요인의 가중치이고, d_i는 결합변인에 포함된 각 예언요인의 d값을 나타낸다. 그리고 k는 결합된 예언요인의 수를 나타내고, γ_{ij}는 결합변인에 포함된 예언요인 간의 상관계수를 나타낸다.

〈표 6-3〉은 이 공식을 기존의 d값이 1.0인 예언요인에 d값이 0인 상관관계가 없는 보완적 예언요인을 결합했을 경우를 조사하기 위해 사용한 것이다. 이 표는 높은 d값을 가진 예언요인이 높은 가중치를 가졌을 때와 낮은 d값을 갖는 예언요인이 높은 가중치를 가졌을 때 모두의 결과를 보여준다. 표에 따르면 높은 d값을 갖는 예언요인이 낮은 가중치를 가졌을 경우 결합변인의 d값을 낮추기 위해 보완적인 예언요인을 추가하는 효과는

표 6-3 가중치가 다른 d=1.0인 인지적 척도와 d=0.0인 상관관계가 없는 추가적인 예언요인의 결합변인의 d값 결과

높은 d값을 갖는 예언요인의 가중치	낮은 d값을 갖는 예언요인의 가중치	결합변인의 d값
.1	1.0	.10
.3	1.0	.29
.5	1.0	.45
.7	1.0	.57
1.0	1.0	.71
1.0	0.7	.82
1.0	0.5	.89
1.0	0.3	.96
1.0	0.1	1.0

주: Sackett & Ellingson(1997), 〈표 5〉에서 발췌함.

상당히 제한적이다. 다른 예언요인에 주어진 가중치가 일반적으로 관심이 가는 준거를 예측하는 데 대한 상대적인 가치에 따라 결정되기 때문에 이것은 매우 중요한 문제다. 학업성취를 예측하는 데 추가적인 공헌을 하는 작지만 유용하고 보완적인 예언요인은 상대적으로 낮은 가중치를 가지며, 결과적으로 결합변인의 d값에 상대적으로 작은 영향을 줄 것이다.

결론적으로 결합변인 이론은 네 가지 주요한 시사점을 가진다. 첫째, 보완적인 예언요인을 추가하는 것은 결합변인의 d값(그리고 결과적으로 소수 집단 선발)에 대해 많은 사람이 생각하는 것보다 영향력이 적다. 둘째, 추가 보완적인 예언요인을 더하는 것은 별 이득이 없다. 셋째, 보완적인 예언요인이 결합변인의 d값을 낮은 수준으로 내리기 위해서는 기존의 예언요인에 비해서 상대적으로 아주 높은 가중치를 가지고 있어야 한다. 넷째, 기존 예언요인과 보완적인 예언요인의 상관관계 수준에 따라 결과는 달라진다. 상관관계에 따라서 기존 예언요인보다 더 낮은 d값을 갖는 보완적인 예언요인을 추가할 경우 기존 예언요인보다 더 높은 d값을 갖는 결합변인을 만들 수 있다. 이 모든 것은 보완적인 예언요인을 찾는 것을 반대하고자 하는 것이 아니다. 보완적인 예언요인은 준거가 되는 변인에 대한 예언타당도에 영향을 줄 수 있다. 이 논의를 통해 분명히 밝히고자 하는 것은 보완적인 예언요인이 하위 집단 간 차이를 줄이면서 예측을 높여 주는 정도는 한계가 있다는 것이다.

보완적 예언요인 운영의 문제점

검사 분야에서 일반적인 전통은 어떤 시험이 제안된 목적에 맞는지 그 타당성을 광범위하게 연구하는 것이다. 강력하고 설득력 있는 타당성 증거를 가진 다음에는 시험 실시와 관련된 운영상의 문제를 논의할 수 있다. 기존 입학시험을 보완하는 새로운 척도를 고려할 때는 이런 순서가 가장 생산적인 진행방법은 아닐 것이라고 생각한다. 대신 제안되는 어떤 척도라도 입학시험의 운영에서 적절한 환경 조건을 명확히 하는 것이 더 좋은 전략이라고 생각한다. 많은 유형의 척도가 타당성 연구를 하기 전에 운영상 어려움을 강조하기 때문에 이런 주장을 하는 것이다. 이런 결론에 이르게 되면 타당성 연구를 진행하는 것의 이점이 분명하지 않다.

새로운 척도를 발달시키기 위해서는 반드시 갖추어야 할 두 가지 조건이 있다. 첫째, 같은 유형의 척도가 나올 수 있도록 계속 개발하여야 한다. 기존 입학시험에서처럼 첫 번째 시험이 실시되고 나서 그다음 시행에서도 같은 측정값이 나와야 한다. 두 번째 고려사항은 최초 시행을 한 후에 공적인 정책 발표나 시험 준비에 관심을 가진 사람들에 의한 내용 유출을 통해 첫 번째 형식의 내용이 공적인 지식이 된다는 사실에서 나온다. 작은 규모의 시험에서는 수험자가 시험 내용에 대한 정보를 얻을 수 있는 기회는 제한되어 있다. 예를 들어, 작은 회사에 취업하려는 사람은 이전의 구직자를 찾아서 시험 내용에 대한 정보를 얻기가 힘들다. 그러나 대학 입학시험은 많은 수의 학생이 참여하기 때문에 상당히 공개적인 연구조사 없이는 시험이 실행된다고 믿기 어렵다. 따라서 어떤 척도가 처음 실시되고 난 이후에 공적인 것이 된다고 가정한다면, 처음 시행된 시험에 대한 지식이 그다음 시험의 수험자 성취에 두드러진 영향을 주어서는 안 된다.

예를 들어, 이 책의 많은 공헌자들(Schmitt, Oswald, & Gillespie, 11장; Sternberg, 9장)이 조사하고 있는 척도, 다시 말해서 상황판단검사에 대해 생각해 보자. 그런 척도는 수험자에게 다수의 행동 방향을 갖는 시나리오를 제공한다. 예를 들면, '도서관에서 당신은 모르는 두 학생이 격하게 말싸움하는 것을 목격한다. 그 싸움은 공부하려는 사람을 방해한다. 당신이 할 수 있는 최선의 일은 무엇인가? (1) 무시한다, (2) 밖에서 싸우라고 한다, (3) 도서관 직원에게 말리라고 한다.' 이 예에서 수험자는 최선의 행동을 찾아야 한다. 어떤 경우에는 개인적으로 선택할 행동을 찾아야 한다.

여기서 흥미로운 점은 비슷한 형식의 도구를 다량으로 만들어 낼 수 있는가 하는 점과 첫 번째 시험에서 중요했던 답에 관한 지식이 중요한 대답을 제한할 것인가 하는 점이다. 극단적인 경우 척도의 가치를 부정할 정도로 편차를 줄여 줄 응답 전략을 배울지도 모른다. 다른 극단에서는 그 전에 시행된 시험에 대한 지식이 그다음 시험의 성적에 무시할 만한 영향을 가진다는 것이 입증될 것이다.

다른 예로 Sternberg(9장)가 연구한 혁신적인 새로운 척도를 고려해 보자. 창의력 영역에서의 한 가지 예는 수험자들에게 자막이 없는 만화를 보여 주는 것이다. 수험자가 할 일은 재미있고 창의적인 자막을 만드는 것이다. 이 과제는 첫 참가자에게는 완전히 새로운 과제다. 그런데 이 과제가 더 이상 새로운 것이 아닐 때 운영상 같은 형식으로 작동할지는 불분명하다. 수백 개의 만화 자막을 쓰고 있거나 이 과제에 효과적으로 응답할 수 있는 방법을 배우고 있는 학생을 상상해 볼 수 있다.

결 론

이 장은 수행과 다양성의 갈등이라고 불리는 것을 여러 가지 측면으로 살펴보았다. 이런 갈등은 입학전형에서 광범위하게 쓰이는 시험이 다양한 인종과 민족 집단 간에 평균 점수 차이를 보여 준다는 사실의 결과다. 이러한 결과는 경쟁적인 동기를 유발한다. 학업 수행을 예측한다는 입증된 가치에 따라 그 시험에 높은 가중치를 두려는 욕구와 학생 구성에서 다양성을 높이는 것에 관심을 두는 다른 요인(따라서 시험에 가중치가 적게 부여된다.)에 더 높은 가중치를 두려는 욕구의 갈등이 유발된다. 이 두 가지 동기의 경쟁을 조정하기 위해서 기존 시험에 비해 상대적으로 비슷하거나 더 높은 예측력을 가져다주면서 동시에 하위 집단 간 차이를 줄일 수 있는 시험을 만드는 것에 상당한 관심이 집중되고 있다.

이 장은 먼저 시험 내용이나 시험 시행 절차를 바꿈으로써 하위 집단 간 차이를 줄이려는 관점을 생각하였다. 편향된 문항을 없애고, 시험시간을 늘리고, 도움과 시험 준비를 제공하고, 응시 동기에 목적을 둔 개입 등을 검토하였다. 이 중 몇몇은 다른 이유에서 가치가 있었지만(예, 수험자의 공정성 인식), 아직까지 이런 영역의 수정이 하위 집단 간 차이를 줄여 줄 수 있는 효과적인 방법이라는 것은 증명되지 않았다. 다음으로 기존 시험을 없애고 완전히 새로운 시험으로 대체하는 것을 고려해 보았다. 이것은 기존 시험이 학업 성과를 예측하는 데 분명히 유용하기 때문에 거부되었다. 새로운 시험은 학업 수행의 추가 변량을 예측함으로써 예측력을 높일 수 있지만 기존 시험을 대신해서 새로운 시험을 사용하는 것은 기존 시험의 예측력을 잃는 결과를 가져온다. 그리하여 기존 시험을 없애기보다는 새로운 척도로 기존 시험을 보완할 것을 주장했다.

새로운 척도로 기존 시험을 보완하는 것을 생각하면서 기존 척도와 새로운 척도를 결합함으로써 집단 간 차이가 줄어드는 정도를 밝히는 여러 가지 공식을 검토하고 많은 일반적인 원칙을 도출했다. 무엇보다 중요한 시사점은 보완적인 예언요인이 실제로 집단 간 차이를 줄일 수 있다 하더라도 그 차이가 줄어든 정도는 많은 사람이 생각하는 것보다 작다는 것이다. 추가적으로 보완적인 예언요인을 고려할 때는 여러 가지 중요한 운영상의 문제가 존재한다. 수행과 다양성의 갈등에서 쉽게 사용할 수 있거나 완벽한 해결책은 없다. 바라는 것은 이 장에서 제안된 여러 대안이 어떤 것을 얻을 수 있고 어떤 것을 얻을 수 없는지에 대한 더욱 선명한 그림을 제공하는 데 기여했으면 하는 것이다.

참고문헌

American Educational Research Association, American Psychological Association, & National Council on Measurement in Education. (1999). *Standards for educational and Psychological testing*. Washington, DC: American Psychological Association.

Berk, R. A. (1982). *Handbook of methods for detecting test bias*. Baltimore: Johns Hopkins University Press.

Bobko, P., Roth, P. L., & Potosky, D. (1999). Derivation and implications of a meta-analytic matrix incorporating cognitive ability, alternative predictors, and job performance. *Personnel Psychology, 52*, 561-590.

Cole, N. S. (1981). Bias in testing. *American Psychologist, 36*, 1067-1077.

Geiser, S., & Studley, R. (2001). *UC and the SAT: Predictive validity and differential impact of the SAT I and SAT II at the University of California*. Oakland: University of California, Office of the President.

Hartigan, J. A., & Wigdor, A. K. (1989). *Fairness in employment testing*. Washington, DC: National Academy Press.

Hezlett, S., Kuncel, N., Vey, M., Ones, D., Campbell, J., & Camara, W. (2001, April). *The effectiveness of the SAT in predicting success early and late in college: A comprehensive meta-analysis*. Paper presented at the annual meeting of the National Council of Measurement in Education, Seattle, WA.

Jensen, A. R. (1980). *Bias in mental testing*. New York: The Free Press.

Johnson, W. R., & Neal, D. (1998). Basic skills and the Black-White earnings gap. In C. Jencks & M. Phillips (Eds.), *The Black-White score gap* (pp. 480-497). Washington, DC: The Brookings Institute.

Kuncel, N. R., Hezlett, S. A., & Ones, D. S. (2001). A comprehensive meta-analysis of the predictive validity of the graduate record examinations. *Psychological Bulletin, 127*, 161-181.

Lynn, R. (1996). Racial and ethnic differneces in intelligence in the U. S. on the

Differential Ability Scale. *Personality and Individual Differences, 20*, 271-273.

Mehrens, W. A. (1999). The CBEST saga: Implications for licensure and employment testing. *The Bar Examiner, 68*, 23-32.

Neisser, U., Boodoo, G., Bouchard, T. J., Jr, Boykin, A. W., Brody, N., Ceci, S. J., Halpern, D. F., Loehilin, J. C., Perloff, R., Sternberg, R. J., & Urbina, S. (1996). Intelligence: Knowns and unknowns. *American Psychologist, 51*, 77-101.

O'Connor, M. C. (1989). Aspects of differential performance by minorities on standardized tests: Linguistic and sociocultural factors. In B. R. Gifford (Ed.), *Test policy and test performance: Education, language, and culture* (pp. 129-181). Boston: Kluwer.

Sackett, P. R., & Ellingson, J. E. (1997). The effects of forming multi-predictor composites on group differences and adverse impact. *Personnel Psychology, 50*, 707-722.

Sackett, P. R., Hardison, C. M., & Cullen, M. J. (2004). On interpreting stereotype threat as accounting for Black-White differences on cognitive tests. *American Psychologist, 59*, 7-13.

Sackett, P. R., Schmitt, N., Ellingson, J. E., & Kabin, M. B. (2001). High stakes testing in employment, credentialing, and higher education: Prospects in a post-affirmative action world. *American Psychologist, 56*, 302-318.

Sackett, P. R., & Wilk, S. L. (1994). Within-group norming and other forms of score adjustment in preemployment testing. *American Psychologist, 49*, 929-954.

Scarr, S. (1981). *Race, social class, and individual differences in I.Q.* Hillsdale, NJ: Lawrence Erlbaum Associates.

Schmidt, F. L. (1988). The problem of group differences in ability test scores in employment selection. *Journal of Vocational Behavior, 33*, 272-292.

Schmidt, F. L., & Hunter, J. E. (1998). The validity and utility of selection methods in personnel psychology: Practical and theoretical implications of 85 years of research findings. *Psychological Bulletin, 124*, 262-274.

Schmidt, F. L., & Mack, M. J., & Hunter, J.E. (1984). Selection utility in the occupation of U. S. park ranger for three modes of test use. *Journal of Applied Psychology, 69,* 490-497.

Schmitt, N., Clause, C. S., & Pulakos, E. D. (1996). Subgroup differences associated with different measures of some job-relevant constructs. In C. R. Cooper & I. T. Robertson (Eds.), *International review of industrial and organizational psychology* (Vol. 11, pp. 115-140). New York: Wiley.

Steele, C. M. (1997). A threat in the air: How stereotypes shape intellectual identity and performance. *American Psychologist, 52*, 613-629.

Steele, C. M., & Aronson, J. (1995). Stereotype threat and the intellectual test performance of African American. *Journal of Personality and Social Psychology, 69*, 797-811.

Vars, F. E., & Bower, W. F. (1998). Scholastic aptitude test scores, race, and academic performance in selective colleges and universities. In C. Jencks & M. Phillips (Eds.), *The Black-White score gap* (pp. 457-479). Washington, DC: The Brookings Institute.

Wightman, L. F. (1997). The threat to diversity in legal education: an empirical analysis of the consequences of abandoning race as a factor in law school admission decisions. *New York University Law Review, 72*, 1-53.

Wilson, K. M. (1981). Analyzing the long-term performance of minority and non-minority students: *A tale of two studies. Research in Higher Education, 15*, 351-375.

CHAPTER 07

입학전형에서 활용할 내신성적 산출방식 개선 전망

Warren W. Willingham(전 ETS 연구위원)

성적은 교육에 명백한 이점을 제공해 주기 때문에 점수를 매기는 행위는 매우 중요하다. 가르치는 것과 성적 매기는 것이 잘 이루어질 경우, 성적 부여는 학습 목표와 결과를 이어 주며, 학습자의 노력에 대해 즉각적인 피드백을 제공한다. 성적 부여는 학교교육에서 많은 가치를 가지고 있지만, 그 가치가 제대로 인정받고 있는 것은 아니다. 우리는 이미 성적 부여에 대한 불만을 잘 알고 있다. 학습에 대해 의도하지 않았던 부정적 영향, 중요한 교육적 결과에 대한 집중적인 수업과 평가의 어려움, 공정한 준거를 유지하는 것의 어려움, 성적 부여 시 발생하는 편향된 판단의 가능성이 그런 것들이다(Milton, Pollio, & Eison, 1986; Terwilliger, 1989). 수 세기 동안 교육자들은 그런 문제점을 언급하면서 성적 부여의 목적과 그 활용방법에 대해서 논쟁해 오고 있다(Cureton, 1971).

우선 우리가 고려할 성적의 특정한 용도를 생각해 보고자 한다. 교사는 학습목표를 명확히 하고 개별 수업에서 학생 수행을 평가하기 위해 성적을 활용한다. 이후 성적은 학위 수여 및 수업 등록 등의 행정적인 목적에 이바지한다. 그러한 경우 성적은 교사의 원래 평가보다 훨씬 더 넓은 의미에서 중요해진다. 우리가 현재 관심을 가지고 있는 것은 이러한 후속적인 성적의 활용이다. 그러므로 이것은 중요도가 높은 검사에서 기대하는 것과 같은 수준으로 타당성과 공정성을 가지고 있어야 한다(American Psychological Association, American Educational Research Association, National Council on Measurement in Education, 1999). 성적 부여방식은 널리 알려진 좋은 측정의 준거를 잘 적용함으로써 개선될 수 있다.

그러나 그것은 가치 있기는 하지만 한편으로 어려운 목표다. 이 책의 다른 장을 쓴 저자들은 측정 원리의 많은 부분을 시험에 적용하면서 면밀히 연구하였다. 주로 내신성적에만 할애한 이 간략한 논의를 위해서는 내신성적과 시험이 어떻게 다른지 고려해 보고자 한다. 여기서 시험은 교사가 개발한 교실 내 시험이 아니라 외부에서 주관한 시험을 의미한다. 비슷한 자료를 바탕으로 한다면 내신성적과 외부 시험 점수는 같은 결과를 가져올 것으로 예상되지만, 우리는 이 두 척도가 다소 다른 결과를 보인다는 것을 알고 있다. 만약 그 차이점을 밝히고 그 원인을 설명할 수 있다면, 그런 차이점들은 약점을 줄이거나 강점을 높여서 내신성적 산출방식을 개선할 수 있는 다른 관점을 줄 것이다.

내신성적과 외부 시험 점수의 주요 차이점

내신성적을 외부 시험 점수와 다른 것으로 만드는 요인은 세 가지다. 그것은 두 명의 동료와 함께 수행한 「성적과 시험 점수(Grades and Test Scores)」(Willingham, Pollack, & Lewis, 2000, 2002)라는 최근에 완결된 연구에서 나왔다. 이 연구는 1988년의 국가교육 종단연구(National Education Longitudinal Study: NELS; Ingels et al., 1994)에 참가했던 8,454명의 고교생을 대상으로 한 광범위한 자료에 근거하고 있다. 연구목표는 내신성적과 외부 시험 점수 사이에 관찰되는 차이를 어느 정도까지 설명할 수 있는지 알아보는 것이었다.

많은 학생을 대상으로 한 전체 NELS 시험 점수와 4년간 고등학교 내신 성적 간의 원래 상관계수는 .62였다. 통계적으로 적절하게 수정하고 학생 관련 정보를 고려하여 좀 더 잘 비교할 수 있는 상황에서 내신성적과 외부 시험 점수의 관계를 살필 수 있었다. 그렇게 수정된 상관계수는 .90으로 높아졌다. 8개 하위 집단(여학생, 3개 인종 집단, 4개 학교 프로그램)에서 내신성적의 평균적인 변별적 예언은 .02로 감소하였다(Willingham et al., 2002, 〈표 2〉, 〈표 5〉).

따라서 내신성적과 외부 시험 수행의 개별 편차와 집단 편차는 모두 상당히 줄어들었다. 이러한 감소 중 일부는 성적과 시험 점수의 신뢰도를 조절한 것에서 그 원인을 찾을 수 있었고, 또 다른 일부는 평균 성적과 시험 점수에서 가능하면 같은 과목을 다루도록 조절한 것에 기인했다. 비신뢰성과 과목 간 편차 모두 성적과 시험 점수의 차이를 발생시키지만, 이 둘 다 두 가지 척도의 성격상 독특한 것이 아니기에 여기서는 관심을 가질 필요가 없겠다. 집단 간에 변별적 예언력의 감소와 성적 평균과 시험 점수 간 상관계수의 상승은 다른 세 가지 요인을 고려함으로써 발생했다. 그것은 성적 수행과 시험 수행 사이에 관찰되는 편차의 중요한 원인이고 두 척도 사이의 본질적인 차이를 알려 준다. 〈표 7-1〉은 학급 성적과 외부 시험의 중요한 특성을 대조할 수 있는 방법을 제시한다.

표의 처음 두 칸은 각 요인과 특히 관련 있는 평가목표와 함께 세 가지 요인을 나열하고 있다. 첫 번째 요인인 성적 부여 변량은 한 집단 학생과 다른 집단 학생의 성적을 부여하는 기준 차이를 말한다. 두 번째 요인인 학업 참여는 성적과 시험의 차이와 특히 관련 있는 아홉 가지 학생 특성에 근거하고 있다. 세 번째 요인인 교사 판단은 NELS가 수집한 고교 2학년 시절의 학생 행동에 대한 평가에 바탕을 둔다. 각각의 요인은 성적의 추가 요인 또는 부가된 특징으로 여길 수 있다. 요인 1과 요인 3은 내신성적에서만 발견된

표 7-1 중요한 결과를 초래하는 평가에서 내신성적과 외부 시험 점수의 잠재적인 강점

성적에 추가된 요인	상대적 측정목표	특별한 장점	
		성적(지역별 계약)	시험 성적(외부적 표준)
1. 성적부여기준차이	공정한 평가	지역 표준	공동 잣대
2. 학업 참여	중요한 능력 평가	능동적 기능	인지적 기능
3. 교사 판단	교수와 학습의 동기 부여	개별 평가	표준 기반 평가

주: Willingham et al.(2002)에서 발췌함.

다. 요인 2는 외부 시험 점수보다 내신성적에서 좀 더 직접적으로 표현된다.

〈표 7-1〉의 마지막 두 칸은 이러한 요인이 특별한 강점으로서 또는 내신성적과 외부 시험의 특별한 특징으로서 구현되는 방법을 제시한다. 이와 같은 요인이 모든 평가 상황에서 강점은 아니다. 내신성적과 시험 점수의 강점은 두 가지 이유에서 다르다. 첫째, 이 세 가지 요인은 시험 점수보다는 내신성적에 강하게 영향을 미친다. 예를 들어, 시험 점수는 요인 1인 성적 부여 기준 차이를 포함하지 않기 때문에 공동 잣대가 될 수 있다는 것이 특별한 강점이다.

내신성적과 외부 시험 점수가 각기 다른 강점을 갖는 두 번째 이유는 바로 그 두 척도가 다른 이유에서 만들어졌다는 것이다. 내신성적은 교사 기준에 따라서 학생이 얼마나 잘 수행하는가 하는 교사와 학생 사이의 내재적인 계약에 바탕을 둔 수행을 의미한다. 중요한 결과를 초래하는 외부 시험은 학생과 교사가 교육체계 전반에 적용되는 기준을 얼마나 잘 수행하는가와 같은 외재적 기준을 대표한다. 심지어 최적의 상황에서도 교사의 기준과 교육체계의 기준은 정확히 일치하기가 어렵다.

내신성적 산출방식을 개선하기 위해 이런 요인이 주는 시사점을 고려해 보면 비슷한 시사점을 다른 교육 수준에서도 적용할 수 있겠지만, 여기서는 대학입학 전형과 같이 결과가 중요한 결정에서의 내신성적 사용을 주로 다루겠다. 내신성적 산출방식을 개선하는 것은 넓은 의미에서 타당성과 공정성의 향상을 의미한다. 하지만 중요도가 높은 결정에 활용하기 위해 성적 산출방식을 개선하는 것은 교실에서 사용하는 성적 산출방식이 반드시 향상된다는 것을 의미하는 것은 아니다. 그 반대 또한 마찬가지다. 이제 각 요인을 순서대로 살펴보기로 한다.

내신성적 부여 기준 차이

어떤 학생은 좀 더 관대하게 평가받고 어떤 학생은 좀 더 엄격하게 평가받을 때 성적 부여 기준은 달라진다. 그러한 성적 부여방식의 차이가 있다는 통계적 증거는 비슷한 능력을 가진 두 집단 혹은 다른 학급에 속한 같은 집단이 얻은 평균 성적에서 차이가 있다는 것이다. 평가 기준에 대한 사람들의 염려는 지나치게 관대한 평가, 즉 점수 인플레이션과 관계가 있다. 부풀려진 평가는 측정 문제를 야기하는데, 특히 그것이 널리 퍼져 있거나 극단적일 경우 더욱 그러하다. 성적 부여 기준은 우리가 예상할 수 있듯 장소별, 국가별로 매우 다양하다. 이는 지난 50년 동안 시기에 따라서 성적이 부풀려지기도 하고 축소되기도 했던 것을 보면 알 수 있다(Webb, 1959; Willingham & Cole, 1997; Ziomek & Svec, 1995). 게다가 특정 시간에 어떤 기관에서는 성적 부여 기준이 높고 또 어떤 기관에서는 낮다는 증거도 있다(Willingham & Lewis, 1990).

요인 1은 어떤 시기에 학급별, 학교별로 성적 부여 기준이 다르다는 것과 관련이 있다. 중 · 고등학교와 대학에서 중요성이 높은 결정에 사용되는 내신성적의 유용성에 가장 지속적이고 심각하게 영향을 미치기 쉬운 것이 바로 그러한 상황적 차이이다. 만약에 중요한 척도가 대학입학 결정과 같은 학생별 비교에 사용될 때 요인 1은 오류를 나타낸다. 성적 부여 기준이 상황별로 달라질 경우, 성적의 예언타당도와 공정성은 둘 다 낮아진다. 성적 부여 기준 차이의 성격과 교육적 결과의 준거로서 성적의 질에 대한 영향력을 보여 주는 연구가 있다(Elliott & Strenta, 1988; Willingham et al., 2000).

교사는 그들이 부여한 성적의 예언타당도에 별로 관심이 없겠지만 공정하게 성적을 매기는 것은 언제나 중요하다. 성적 부여 기준에서 지역별 차이는 고의적일 수 있다. 미국 학교들은 획일적인 교육과정을 따르고 있지 않다. 그렇기에 지역별 교육 목적과 상황에 따라 기준을 조정하는 능력은 내신성적의 강점이 될 수 있다. 하지만 대학 선택과 같은 중요도가 높은 결정에서 성적 부여 기준의 차이는 문제가 된다. 대학입학 전형은 많은 다른 학교 출신의 지원자를 대상으로 하며, 개별 학생은 각기 다른 교육과정을 거쳐 왔다. 입학시험의 특별한 장점은 공통된 기준을 제공한다는 점이다. 내신성적과 시험 점수 연구에서 우리는 학교와 교실의 성적 부여 기준이 상당히 다르다는 점을 이미 확인했다(Linn, 1966; Ramist, Lewis, & McCamley, 1990; Starch & Elliott, 1912). 이러한 오류의 원인을 줄이는 것이 입학전형에서 활용할 내신성적을 개선하는 한 가지 방법이다.

점수 부여 기준의 차이는 통계적으로 조절될 수 있을까? 만약에 제대로 실행할 수 있다면 어느 정도는 가능하겠지만, 대부분의 상황에서는 몇 가지 이유로 유용하게 조정하기가 어려울 것이다. 우선 정확하고 공정하게 조정하려면 모든 학교가 공동 시험을 쳐야 한다. 만약 입학시험과 같은 공동 시험을 이미 활용하고 있다면 학교의 성적 부여 기준의 조정은 사용 가능한 내신성적과 시험 점수에 근거한 대학 성적 예측력을 향상시킬 수 없다(Linn, 1966; Willingham, 1963). 과목별 점수 부여 기준의 차이는 또 다른 문제점이다. 이는 학교별로 상당히 다르고, 학교의 전반적인 성적 부여 기준과도 독립적이다(Willingham et al., 2002). 그러나 가장 심각한 문제는 학생들이 얻은 내신성적이 통계적으로 이리저리 조작된다고 생각하는 것에 대한 일반적인 저항과 법적 도전일 것이다.

성적 부여방식을 개선하기 위한 한 가지 방법은 적절한 관심을 지속적으로 기울이는 것이다. 교사와 행정가가 부여된 성적에 관해서 좀 더 나은 정보를 가지고 있다면 집단에서 의도하지 않았던 불공정은 어느 정도 스스로 개선될 수 있다. 최근에도 여러 교육 상황에 있는 다른 학생 집단들에 대한 평가의 공정성에 관한 자료는 거의 없는 실정이다. 학생 평가에서 책무성을 가지려면 교육자들은 비교 가능한 수행에서 성적 부여 수준이 학교별 및 과목별로 어떻게 달라지는지를 잘 알고 있어야 한다.

성적 부여는 교사의 특권이고 또 특권이어야 한다. 하지만 기준이 그렇듯 매우 다양하게 실행되고 있는 것도 사실이다. 그렇다면 그것이 항상 잘못이라고 할 수 있는가? 반드시 그렇지는 않지만 한 학생을 다른 학생보다 유리하게 평가한다는 것은 중요한 문제가 된다. 이는 '교사가 성적을 부여할 때 어떤 자유와 원칙을 가져야 적절한가?' 하는 것이다. 점수 부여 실제에 대한 지역별 기준을 개발하고 촉진하는 것은 성적 부여 수준의 임의적 차이를 줄이는 데 기여한다. 그럼에도 불구하고 지역별 성적 부여 기준 차이는 어느 정도 성적의 타당성과 공정성을 낮춘다. 따라서 중요한 결정 시 내신성적만 사용하는 것은 문제가 있다. 내신성적과 함께 타당한 시험을 활용하는 것은 성적 부여의 비일관성을 완화시키는 데 도움이 된다. 한 가지 척도를 사용하기보다 두 가지 척도를 사용하는 것이 더 좋은 예는 이런 경우다.

우리가 알고 있듯이, 평균 내신성적을 계산하는 것이 입학전형에서 내신성적을 활용하는 유일한 방법은 아니다. 몇몇 대학은 입학 지원자를 평가할 때 평균 성적 대신에 학급 석차를 사용하고 있다. 어떤 주의 고등교육기관은 정해진 비율로 각 학교 최상위급 학생에게 입학 우선권을 주고 있다(예, 졸업학급 상위 10%). 학급 석차 백분위는 흔한 척도로 여겨지지만 학교별로 학생의 수행이 다양하듯 그 의미도 다양하다. 최상위 학생을 자동적으로 받아들이는 의도와 그로 인한 결과는 예상되는 대학 성적을 향상시키기 위한 것이 아니다. 학급 석차의 사용은 선발에서 타당성과 공정성의 다른 측면, 즉 지역별 자격, 학습 기회, 다양성 증진과 같은 이슈를 다루는 것이다. 이런 관점에서 볼 때 어떤 지역에서 우수하다는 것은 입학 선발 전형에서 고려할 수 있는 충분한 권리를 가지기 때문에 타당한 것이다. 이 주장은 각 학교에서 우수하다는 것이 모든 학교에서 같은 성적을 의미하는가에 상관없이 중요하다.

지역 우수성 모형에서 학교별로 독특한 학생 수행의 차이는 무시되지만, 대학 선발 기준에서 결과적인 차이는 우연한 오류로 보기 어렵다. 그런 차이는 경제 상황과 부모의 교육 수준과 같은 지역사회 특징과 관련된다. 따라서 이 모형에서 그런 지역사회 특징은 입학전형 정책에서 의미 있는 요인으로 작용한다. 지역별로 우수한 학생을 보상하는 것의 가치에 대해서는 의견이 분분하다. 마지막으로 많은 대학에서 학생을 선발할 때 성적 평균보다 학급 석차를 사용하는 것은 덜 알려져 있지만 비슷한 영향력을 가지고 있다.

학업 참여

내신성적과 시험 점수 연구에서는 특정 행동 특성이 학교에서 획득한 내신성적과 특히 관련 있다는 것이 밝혀졌다. 학업 참여는 그런 특성 아홉 가지에 근거해서 정의되었다. 이러한 특성은 학교에서 중요한 기능을 개발하는 데 도움이 되는 건설적인 행동양식을 반영한다. 예컨대, 심화과목을 듣는 것, 부과된 과제를 하는 것, 경쟁적인 활동을 피하는 것과 같은 행동이다. 학업 참여는 시험 점수와 평균 내신성적 모두와 상관 있지만, 평균 내신성적과 더 높은 상관을 보였다(.41 대 .57; Willingham et al., 2002, 〈표 6〉).

시험의 강점은 교육목표에 중요한 인지 기능의 학습을 측정하는 데 초점을 둘 수 있다는 점이다. 위에 제시된 학생 행동은 다소 다른 강점을 가진다. 학업 참여는 의지력, 탐구력, 자기 통제력과 같은 능동적인 기능을 암시한다. 널리 유용한 이러한 기능은 내재적 동기에서 나오며 또 내재적 동기를 강화시킨다. 능동적 기능은 학습과 수행을 촉진하기 때문에 학업에서 중요한 역할을 한다(Snow, 1989). 내신성적만 활용하는 것을 반대하는 경고를 상기해 보라. 학교 수행에서 특히 내신성적에 반영되는 능동적 특징은 인지적인 것을 강조하는 시험을 보완해 준다. 이런 결합은 개별 학생에 대한 중요한 결정을 할 때 시험만 사용하는 것의 약점을 잘 보여 준다. 학업 참여가 학업에의 노력을 증진시키고 성인에게 유용한 기능을 촉진한다는 점은 명백하다. 내신성적의 능동적 특성은 어떻게 하면 증진시킬 수 있을까?

한 가지 접근은 평가와 학업에서 주목받아야 할 기능에 의도적으로 더욱 집중하는 것이다. 많은 교사는 학생들이 학업에 열심히 참여하고 있을 때 높은 점수를 준다(Public Agenda, 2000; Robinson & Craver, 1989). 학업 참여가 외부 시험 점수보다 내신성적과 더 높은 상관을 보이는 이유가 바로 이것이다. 능동적 기능 또한 동기가 높은 학생이 더 많이 학습할 가능성이 있기 때문에 내신성적에 영향을 준다. 우리는 내신성적을 한 사람의 교육적 수행을 공식적으로 측정한 것으로 사용한다. 성적 부여와 수업에서의 능동적 기능들은 어떤 역할을 해야 할까? 그런 질문에 더 많은 관심을 가지는 것은 더 심도 깊고 어려운 과정으로 가는 입학전형 토대로서뿐만 아니라 교육 결과의 척도로서 내신성적의 타당성을 높이게 될 것이다.

또 다른 접근은 입학사정관이 학생의 장래성과 열정을 평가할 때 내신성적과 외부 시험에만 의존하지 않는 것이다. 지원자의 기록은 평균 점수보다 헌신도, 열정, 대처능력에 대한 학업 참여 정보를 나타내는 부가적인 역할을 할 수 있다. 학생의 기록은 학교생활에 대한 공식적인 정보를 포함하고 있는데, 이는 출석률, 수료 과목 정보, 학업 수행, 다양한 학교활동에의 참여 같은 증거를 말한다.

그것이 바로 우리가 학업 참여라고 부르는 척도를 개발하는 데 사용되는 공적인 증거다. 그러한 학생 행동은 대학이 가치를 두는 성취를 예측할 수 있음을 보여 주는 많은 연구가 있다(Adelman, 1999; Richards, Holland, & Lutz, 1967; Willingham, 1985). 입학전형에서 성적과 시험 점수가 아닌 다른 정보를 널리 사용하는 것이 가져올 수 있는 부작용을 신중하게 고려해야 한다. 만약에 중요도가 높다면 정보를 잘못 해석하거나 정보 자체를 왜곡할 가능성이 높아진다. 이는 이미 존재하는 교육 정보와 공적으로 구속력을 갖는 프로그램을 통해서 얻어진 신뢰성 있는 학생 수행 정보를 강조함으로써 완화시킬 수 있다. 공식적인 학교 성적 기록과 학교 안팎의 활동기록은 조심스럽게 평가될 경우 중요한 자료가 된다. 이 두 가지 모두 더 연구할 가치가 있다.

교사 판단

평가의 한 가지 목표는 학습 동기를 부여하는 것이다. 즉, 노력의 방향을 제시하고 결과를 보상하는 것이다. 외부 시험에서 그 의도는 종종 교육적 과정에 대한 동기를 부여하고 교사와 학교의 책무성을 부여하는 것이다. 우리는 또한 교사의 평가가 학생들에게 동기부여를 할 수 있기를 희망한다. 교사가 판단한 각 학생의 수행 특징은 내신성적에 잘 반영되지만 외부 시험 점수에서는 그렇지 않다. 이런 판단은 몇 가지 이유에서 내신성적의 강점이 된다.

내신성적은 어떤 시험보다 넓은 범위의 지식, 기능, 수행을 다룬다. 과목과 목표에 대한 공통 기준을 가지고 있더라도 수업과 결과는 학교별, 학생별로 다소 다를 것이다. 학생들은 다양한 흥미와 열정을 가지고 있다. 교사가 하는 개별 평가는 표준 기반 시험보다 각 학생이 공부한 특정한 내용에 더 초점을 맞추고 있다. 또 개별 학생은 다소 다른 평가를 요구하는 다른 방식으로 공동 기준을 달성할 수 있다.

이런 이유로 타당한 교사 판단은 표준 기반 시험을 보완할 수 있다. 표준(standard)이라는 말은 성적 부여의 어려움을 지칭하며, 교과목이나 학교의 전형적인 성적 부여 기준에서처럼 자주 사용되고 있고, 또 과거에도 그러했다. 나는 교사 판단에 대한 논의에서 교사가 평가의 근거로 두는 특정 지식과 기술같은 것을 표준으로 사용한다. 즉, 여기서의 표준은 척도의 눈금이 아닌 학습의 내용을 의미한다.

내신성적의 판단적 특징을 어떻게 개선할 수 있을까? 한 방법은 교실 내 평가에 열의와 전문성을 부과하는 것이다. 최근에 Shepard(2000), Stiggins (2001) 같은 저자들은 그 일이 얼마나 어려운지, 그리고 훌륭한 평가에서 얼마나 많은 혜택을 얻을 수 있는지를 보여 주었다. 학생의 복잡한 수행과 창의적 해결책을 평가하기 위해서는 많은 훈련과 원칙이 필요하다. 효과적인 성적 부여는 효과적인 학습을 강화한다. 비록 효과적인 학습의 정의에 대해서는 개별적이고 상황적인 차이가 있을 수 있지만, 이러한 방식으로 진행되는 훌륭한 성적 평가는 학생과 교사 모두에게 바람직한 결과를 가져다줄 것이다.

또 다른 접근법은 바로 개인마다 능력, 흥미, 스타일에서 차이가 있음을 활용하는 것이다. 표준에 기반을 두고자 하는 움직임은 수업과 평가에서 중요한 교육목표에 초점을 두게 했다(Baker & Linn, 1997). 개별화된 성적 평가로 독특한 자질을 양육하고 인정하는 것이 가능해졌다. 이와 같은 방법은 학생들을 격려하고, 다양한 기능을 효과적으로 사용하도록 도와줄 수 있다. 놀랍게도 우리는 아직도 내신성적 평가를 통해 학습에 대한 내재적 동기를 강화하는 방법에 대해서 별로 알지 못한다(Deci, Koestner, & Ryan, 2001).

대학입학 전형에서 교사 판단의 이점을 실현하는 비슷한 방법이 있다. 그것은 내신성적에만 의존하는 것이 아니라 바로 학생의 인지력 및 의지적 능력에 대한 교사의 평가를 직접 구하는 것이다. 사생활과 정보 공개의 문제로 숨김없이 추천하기는 어렵겠지만, 대학원은 여전히 추천서에 의존하고 있다. 그리고 우리는 학교의 추천이 대학에서 성공하는 학생 선발을 돕는다는 것을 알고 있다(Willingham, 1985). 내신성적과 외부 시험 점수에 관한 연구에서 우리의 자료는 비록 표준에서 차이가 있지만 교사 판단이 갖는 풍부한 정보력을 말해 주고 있다. 합법적이고 윤리적으로 교사 판단을 유도하여 좀 더 체계적으로 만드는 노력은 분명 가치 있는 일이다.

전 망

전반적으로 우리는 입학전형에서 활용하는 내신성적을 개선할 가능성을 어떻게 보아야 할까? 타당하고 공정한 성적 부여는 복잡한 이슈와 고려해야 할 요인이 많기 때문에 획기적인 해결책이 없다. 학급별, 학교별로 다른 성적 부여 기준을 수정하는 것은 기술적이고 정치적인 많은 이유에서 어려운 것이 사실이다. 지역별 우수성 모형은 다른 방식으로 성적을 부여하는 차이를 다루고 있는데, 앞으로 더 많은 연구가 필요하다. 내신성적 자체의 질 개선은(점수 부여 기준의 차이 조절과 반대로) 연구자나 행정가가 아닌 점수 부여자에 따라 크게 좌우된다. 이는 내신성적의 본질을 개선하는 것이 성적의 활용과 기술 향상만을 의미하는 것은 아니기 때문이다. 더불어 그것은 교육의 개선을 의미한다.

이런 관점에서 내신성적과 외부 시험은 보완적인 강점만 갖는 것이 아니라 어느 정도 다른 교육관을 나타내고 있다. 내신성적의 동기 유발적이고 판단적인 특징은 좀 더 학생 중심적인 것이다(J. Dewey & E. Dewey, 1915/1962) 인지적이고 표준 기반적인 시험을 강조하는 것은 학업적, 교과 교육과정에 초점을 두는 것이다(Ravitch, 2000). 이런 두 가지 철학은 수십 년 동안 경쟁관계에 있어 왔다. 학생 중심적인 교실 평가의 열의와 효과성을 개선하는 것은 추구해 볼 가치가 충분하지만, 역사적으로 볼 때 생각만큼 그것을 쉽게 행하기는 어렵다(Wraga, 2001).

한편으로 합리적인 대안은 내신성적 평가에서 학생 중심적 특성을 보여주는 추가 정보를 사용하는 것이다. 이는 교육적으로 관련 있는 학생의 능력과 성향에 관해 좀 더 정확하고 직접적인 정보를 말한다. 교사 추천서에 대해 지나치게 깊은 신뢰를 갖고 있기는 하지만, 학생의 공적 기록은 더욱 풍부한 정보를 지니고 있고 좀 더 직접적이고 실용적인 자료다. 많은 연구에 따르면 학생의 내신성적 증명서와 학교 내 경험을 통해서 알 수 있는 정보는 많다(Adelman, 1999; Willingham et al., 2000).

학업 참여를 평가하고 증진시키는 더 좋은 방법을 찾는 것은 아주 전망이 밝아 보인다. 그러나 그러한 정보 사용이 입학전형 과정에서 더 많은 어려움을 야기하지는 않을까? 그것은 지원자에게 더 많은 선택사항을 제공한다고 생각하고 싶다. 그리고 어떤 학생에게는 과하게 기계적일 수 있는 전형과정을 좀 더 부드럽게 해 줄 수 있다고 생각한다. 그러나 중요한 결정의 토대를 확장하고 세분화하는 것이 중등교육의 교육 경험에 미칠 수 있는 부정적인 효과를 합리적으로 고려해 보아야 한다. 학생들이 현재 직면하고 있는 것 이상으로 훈련 효과와 경쟁 속임수가 더 심화될 가능성이 있다. 학교에서 유리한 활동에 참여할 것을 강조하는 것과 마찬가지로, 표준 기반 시험의 특성을 정의한 결과로서 이런 영향은 이미 학생들에게서 발생하고 있다.

Gardner(1961)는 몇 년 전에 많은 종류의 다중 지능이 있다고 주장했다. 내신성적의 특정한 강점에 더 많은 우선순위를 두는 것은 입학전형 기준과 입학 학생 구성 면에서 다양성을 높일 수 있어야 한다. 이와 관련해서 성적평가를 통해 공동의 교육목표를 잘 양성하고 개인의 발전과 기회를 증진시킬 수 있는 독특한 기능과 성취를 인정할 때 내신성적을 잘 활용할 수 있을 것이다. 가장 가치 있는 교육적 결과는 개별 학생의 발전에 대한 전문적인 판단이 있을 때 충분히 실현될 수 있다.

끝으로 여기서는 오직 선발 척도로서 입학전형에서 사용될 내신성적 활용을 논의했다. 대학입학 전형 척도는 대학 GPA와의 상관관계를 기초로 일상적으로 그리고 아주 편협하게 평가되고 있다. 대학과 사회의 이익을 위해서는 어떤 기능과 특성을 가진 학생들이 대학 신입생이 되어야 할지 신중하고 공평하게 고려해야 한다. 이러한 구별은 잘 검토되지 않은 질문을 하게 한다. 즉, 대학 GPA가 대학 및 성인의 삶에서 성공을 얼마나 잘 측정하는가 하는 점이다. 성공 기준의 적합성은 입학전형 준거의 적합성만큼이나 중요하다.

참고문헌

Adelman, C. (1999). *Answers in the tool box: Academic intensity, attendance patterns, and bachelor's degree attainment*. Washington, DC: U. S. Department of Education, Office of Educational Research and Improvement.

American Psychological Association, American Educational Research Association, & National Council on Measurement in Education. (1999). *Standards for educational and psychological testing*. Washington, DC: American Educational Research Association.

Baker, E. L., & Linn, R. L. (1997). *Emerging educational standards of performance in the United States* (CSE Tech. Rep. No. 437). Los Angeles: National Center for Research on Evaluation, Standards, and Student Testing.

Cureton, L. W. (1971). The history of grading practices. *Measurement in Education, 2*(4), 1–8.

Deci, E. L., Koestner, R., & Ryan, R. M. (2001). Extrinsic rewards and intrinsic motivation in education: Reconsidered once again. *Review of Educational Research, 71*(1), 1–27.

Dewey, J., & Dewey, E. (1962). *Schools of tomorrow*. New York: Dutton. (Original work published 1915)

Elliott, R., & Strenta, A. C. (1988). Effects of improving the reliability of the GPA on prediction generally and on comparative predictions for gender and race particularly. *Journal of Educational Measurement, 25*(4), 333–347.

Gardner, J. W. (1961). *Excellence: Can we be equal and excellent too?* New York: Harper & Row.

Ingels, S. J., Dowd, K. L., Baldridge, J. D., Stripe, J. L., Barrot, V. H., & Frankel, M. R. (1994). *Second follow-up: Student component data file user's manual* (NCES 94-374). Washington, DC: National Center for Education Statistics, U. S. Department of Education.

Linn, R. L. (1966). Grade adjustments for prediction of academic performance: A review. *Journal of Educational Measurement, 3*(4), 313-329.

Milton, O., Pollio, H. R., & Eison, J. A. (1986). *Making sense of college grades.* San Francisco: Jossey-Bass.

Public Agenda (2000, February 16). Reality check 2000 [Special rep.] *Education Week*, pp. S1-S8.

Ramist, L., Lewis, C., & McCamley, L. (1990). Implications of using freshman GPA as the criterion for the predictive validity of the SAT. In W. W. Willingham, C. Lewis, R. Morgan, & L. Ramist (Eds.), *Predicting college grades: An analysis of institutional trends over two decades* (pp. 253-288). Princeton, NJ: Educational Testing Service.

Ravitch, D. (2000). *Left back: A century of failed school reforms.* New York: Simon & Schuster.

Richards, J. M., Jr., Holland, J. L., & Luts, S. W. (1967). Prediction of student accomplishment in college. *Journal of Educational Psychology, 58*(6), 343-355.

Robinson, G. E., & Craver, J. M. (1989). *Assessing and grading student achievement.* Arlignton, VA: Educational Research Service.

Shepard, L. A. (2000). *The role of classroom assessment in teaching and learning* (CSE Tech. Rep. No. 517). Los Angeles: National Center for Research on Evaluation, Standards, and Student Testing.

Snow, R. E. (1989). Toward assessment of cognitive and conative structures in learning. *Educational Reseracher, 18*(9), 8-14.

Starch, D., & Elliott, E. C. (1912). Reliability of the grading of high-school work in English. *School Review, 20*, 442-457.

Stiggins, R. J. (2001). The unfulfilled promise of classroom assessment. *Educational Measurement: Issues and Practices, 20*(3), 5–15.

Terwillinger, J. S. (1989). Classroom standard setting and grading practices. *Educational Measurement: Issues and Practices, 8*(2), 15–19.

Webb, S. (1959). Measured changes in college grading standards. *College Board Review, 39*, 27–30.

Willingham, W. W. (1963). Adjusting college predictions on the basis of academic origins. In M. Katz (Ed.), *The twentieth yearbook of the National Council on Measurement in Education* (pp. 1–6). East Lansing, MI: National Council on Measurement in Education.

Willingham, W. W. (1985). *Success in college: The role of personal qualities and academic ability*. New York: College Entrance Examination Board.

Willingham, W. W., & Cole, N. S. (1997). *Gender and fair assessment*. Mahwah, NJ: Lawrence Erelaum Associates.

Willingham, W. W., & Lewis, C. (1990). Institutional differences in prediction trends. In W. W. Willingham, C. Lewis, R. Morgan, & L. Ramist (Eds.), *Predicting college grades: An analysis of institutional trends over two decades* (pp. 141–158). Princeton, NJ: Educational Testing Service.

Willingham, W. W., Pollack, J., & Lewis C. (2000). *Grades and test scores: Accounting for observed differences* (ETS RR-00-15). Princeton, NJ: Educational Testing Service.

Willingham, W. W., Pollack, J., & Lewis C. (2002). Grades and test scores: Accounting for observed differences. *Journal of Educational Measurement, 39*(1), 1–37.

Wraga, W. G. (2001). Left out: The villainization of progressive education in the United States. *Educational Researchers, 30*(7), 34–39.

Ziomek, R. L., & Svec, J. C. (1995). *High school grades and achievement: Evidence of grade inflation* (ACT Research Rep. No. Series 95-3). Iowa City, IA: American College Testing Program.

CHAPTER 08 대학 지원자 평가의 대안

Robert L. Linn(콜로라도 대학교)

대학입학 전형이라고 하면 수많은 지원자 중에서 일정한 학생 수를 선발 · 결정하는 이미지가 제일 먼저 떠오른다. 물론 모든 대학이 학생을 선발하는 것은 아니다. 어떤 고교 졸업생이든 모두 받아들이는 대학도 많다. 이런 대학은 신입생 수를 채우기 위해서 학생 모집에 열중하고 있는 실정이다. 그럼에도 불구하고 대학입학 전형에서 대중적인 인식과 논쟁은 경쟁력이 높은 학교의 실제에 따라 이루어지고 있다. 특히 신입생 수보다 훨씬 더 많은 지원자가 몰리는 명문 사립대학과 공립대학이 그러하다.

Bowen과 Bok(1998)이 주장하듯이, 명문 사립 및 공립 대학이 졸업생에게 제공하는 상당한 혜택을 고려하면 이런 학교의 관행에 주목하는 것은 당연하다. 또한 그들은 "교육기관의 목표와 가치는 학생 선발 결정을 통해서 알 수 있다."(p. 15)라고 밝혔다. 이런 이유로 명문 대학의 입학전형을 면밀히 조사하고 관심을 가지는 것은 가치 있는 일일 것이다.

고등학교 기록

열심히 일하는 것과 개인의 성취에 높은 가치를 두는 사회에서 개인의 과거 성취는 고등학교 기록, 즉 이수한 과목 및 GPA, 학급 석차 등에 반영되며, 대학입시에서 중요한 역할을 할 것으로 기대된다. 고등학교 학급 석차(HSR) 또는 고교 평균성적(HSGPA)이 대학 학업 성취도의 좋은 예측요인이 된다는 증거는 많다(예, ACT, 1988; Bridgeman, McCamley-Jenkins, & Ervin, 2000; Camara & Echternacht, 2000; Donlon, 1984; Willingham, Lewis, & Morgan, & Ramist, 1990).

성적 부여 기준의 차이를 설명하면 예측력이 더욱 향상될 수 있다. 예를 들어, 전체 고교 GPA나 HSR 대신에 학업 교과목에만 기초한 GPA를 사용하면 예측력이 더 높아진다. 또한 학교의 성적 부여 기준 차이를 조정하면 예측력이 높아진다(예, Linn, 1966). 고교 GPA와 HSR를 가지고 예측한 것의 정확도는 알려진 준거 척도 차이를 고려하고, 대학 전공별로 예측하거나 대학 과정별로 다른 성적 기준으로 조정하면 높아질 수 있다(예, Elliott & Strenta, 1988; Pennock-Roman, 1994).

고등학교 기록을 대학입시 전형에서 활용하는 것의 유용성에 대해 의심하는 사람은 거의 없다. 그리고 이런 목적으로 그것을 활용하는 것에 대한 반대도 별로 없다. 반면에 개인적 특성 혹은 표준화 검사 결과와 같은 형식의 다른 정보를 활용하는 것은 상당한 논쟁거리가 될 수 있다.

표준화된 시험

지난 20세기 동안 시험은 미국의 대학입학 전형에서 중요하게 여겨졌으며 또 논란의 소지가 되어 왔다. 논란의 원인이 되어 온 시험 관련 문제의 성격은 최근 수년 동안 변화했다. 때로는 사회경제적 배경이 낮은 학생, 소수민족 출신 및 여성에 대한 편견에 논란의 초점이 집중되었다. 또한 학교 및 시험훈련과 연관된 문제에 시험이 미치는 영향력에 대한 논쟁도 있었다.

20세기 초반에 대학입학위원회(College Entrance Examination Board)가 창설되기 전까지 대학은 고유의 시험방법에 의존했다. 따라서 개별 대학의 세부 입학전형 조건은 여러 대학에 학생을 준비시켜야 하는 고등학교에서 큰 문제를 야기할 정도로 다양했다.

대학입학위원회는 대학입학 전형에서 일관성과 통일성을 가져오기 위해서 창설되었다. 교과 과정 기준은 대학입학위원회의 주요 관심사였다(Valentine, 1987). 위원회는 각 대학이 입학전형 기준을 결정하도록 하면서 내용 기준과 평가를 제시했다. 1901년 최초의 연례 보고서에서 그 목적은 "다른 대학과 학교와의 협력 아래 실행될 수 있고, 정상적인 고등학교 수업에 바탕을 둔 공정한 기준을 결정하는 것"(College Entrance Examination Board, 1925, p. 84)이라고 했다. 다시 말해, 그 목적은 "일률적으로 치러지는 시험으로 주제와 정의를 통일하는 것" 이었다. 그러나 각 대학이 "독자적인 대학입학 전형을 만들 것" (College Entrance Examination Board, 1925, p. 84)을 기대했다.

비록 오늘날 기준으로 보면 수험자의 수가 아주 작지만(1915년에 4,952명), 참여하는 대학이 많아질수록 대학입학위원회 시험이 공 · 사립 고등학교 교육과정에 미치는 영향은 커졌다(Valentine, 1987, 2장 참조). 중등교육과정에 미치는 영향으로 인해서 특정 교과목 시험에서 좀 더 교과 중립적인 시험으로 바뀌게 되었다. 이는 오늘날에도 여전히 논란거리가 되고 있다.

교과목 시험은 좀 더 전반적이고 교과 중립적인 시험으로 대체되어 갔고, 이는 1926년에 SAT로 이어졌다. 하지만 제2차 세계대전 이후 기계로 채점되는 SAT를 선호하는 분위기가 될 때까지 지배적인 입학시험 형식은 에세이 시험이었다.

SAT와 지능검사 개념 그리고 SAT가 개발될 무렵 유행하고 있던 고정된 능력 개념 사이의 긴밀한 연관성은 심지어 오늘날까지 입학시험에 대한 논의를 복잡하게 만드는 불행한 유산이다(예, Gladwell, 2001). 학업 적성은 지능보다 좀 더 범위가 좁지만, SAT를 학교 안팎의 경험으로 변화하고 성장하는 능력을 측정하는 척도로 보려는 지속적인 노력에도 불구하고 그것을 고정된 능력으로 보려는 일반인의 생각은 없어지지 않고 있다(예, Messick & Jungeblut, 1981).

이러한 고정된 능력 관점은 학생의 더 많은 노력을 유도하기 위해 평가와 시험을 활용하는 것을 어렵게 만든다. 적성이란 단어에서 내포된 의도하지 않았던 의미 때문에 대학입학위원회는 SAT의 이름을 학업 적성 평가라는 것에서 학업 평가 시험으로, 즉 간단히 SAT I으로 바꾸는 결정을 내렸다.

최근 대학입학위원회는 웹사이트에 SAT I이 측정하려는 바를 설명했다. "SAT I은 학교에서의 공부나 스스로 하는 공부를 통해 발달되는 언어 및 수리 능력을 측정한다."(College Board, 2002a) 이 설명은 SAT I을 학교공부와 분명히 연관 짓고 있지만 특정 과목에 한정된 것이 아니라 매우 일반적인 수준에서 연관 짓고 있다.

과거 100년 동안 대학입학 전형과정에서 표준화된 시험이 활용된 사실에 기초해 볼 때, 표준화된 시험은 입학전형에서 유용한 역할을 한다고 볼 수 있다. 문제는 표준화된 시험 사용의 여부가 아니라 어떤 종류의 시험이 사용되고 있고 시험 선택에서 어떤 원칙이 적용되어야 하는 것이다.

물론 어느 시험이든 활용 측면에서 가장 근본적인 문제는 타당성이다. 하지만 타당성 개념은 다소 광범위하다. 만약에 타당성이 대학입학 전형과 같은 특정한 목적으로 활용되는 시험 선택을 돕게 하려면 타당도의 여러 가지 다른 측면이 반드시 고려되어야 한다.

Willingham 등(1990)은 대학입학 전형에 사용될 시험을 평가할 때 고려해야 할 타당성의 측면을 네 가지로 제시했다. 그것은 시험 내용, 예측력, 공정성 그리고 시험 활용 결과다. 타당성의 네 가지 측면에 대한 질문은 대학입학 전형에 활용해야 할 시험 유형에 대한 최근의 논쟁에서 중요한 측면을 건드리고 있다.

내용 적합성

Willingham 등(1990)은 첫 번째로 질문해야 할 것은 시험 내용에 관한 것이라고 주장했다. "시험의 내용이 적합한가? 그것은 교육적으로 중요한 지식, 기능, 발전된 능력을 측정하는가? 좀 더 나은 대안적인 내용이 있을까?" (p. 7)

내용에 관한 질문이 첫 번째라는 것은 중요하다. 이는 어떤 시험이 그 이후의 수행을 잘 예측하는 것과 같은 바람직한 경험적 속성을 가지고 있어서 지지한다는 경험주의가 대학입학 전형에서 특정 시험의 활용을 옹호하는 충분한 근거는 아니라는 것을 말해 준다. 시험은 반드시 교육적으로 중요하다고 판단되는 지식, 기능, 능력을 측정해야 한다. 비록 교육적으로 중요하다는 판단이 다양할 수 있지만, 적절한 내용인가 하는 질문을 제기하게 되면 숫자 또는 기억 검사와 같은 어떤 유형의 검사를 옹호하기는 어려울 것이다. 그러나 특정한 교육 과정이나 학과 과정에 구애받지 않는 언어와 수리 능력을 측정하는 SAT I과 같은 시험에 대해서는 다양하게 판단할 수 있다.

대학입학위원회는 「SAT는 무엇을 측정하고, 왜 그것이 중요한가?」라는 문서에서 SAT I의 내용 적합성을 밝히고 있다(College Board, 2002c). 이 문서에서 SAT의 언어시험은 고등학교에서 성공하는 데 중요한 '비판적 읽기' 기능을 측정한다고 주장한다. 그리고 SAT의 수리시험은 '문제 해결력'을 측정하며, 사실상 모든 상황에 영향을 미치는 고등 학업능력을 반영하는 문제 해결력을 강조한다고 설명하고 있다. 비판적 읽기와 문제 해결력을 강조하는 것은 다음과 같이 정당화된다. "교육과정 기준과 SAT 모두 비판적 읽기와 문제 해결력에 초점을 두는 이유는 이 두 기능이 대학에서의 학업에 아주 필요한 능력이기 때문이다." (p. 4)

ACT 평가의 내용 적합성에 대한 주장은 다소 다른 형태를 띠고 있다. 다음 설명은 ACT 웹사이트에서 찾을 수 있다. "ACT 평가는 교과 과정에 기초하고 있다. ACT 평가는 적성검사나 IQ 검사가 아니다. 대신 ACT는 고등학교 영어, 수학, 사회 수업에서 배운 것과 직접적으로 관련이 있다. ACT 시험은 고교 교과 과정에 기초를 두고 있기 때문에 학생들이 전통적인 적성검사나 더 좁은 내용의 시험보다 ACT를 더 편하게 생각한다. SAT II 과목시험은 고교 교과 과정에서 의도한 내용과 근접하게 만들어진다. 이는 SAT I이나 ACT보다 생물학, 화학, 미국 역사, 스페인어와 같은 학교 교과 과정과 더욱 직접적으로 연관이 있다. 대학입학위원회에 따르면 SAT II 과목시험의 목적은 "특정 과목에 대한 지식과 기능 그리고 그런 지식을 응용하는 능력을 측정하는 것" (College Board, 2002b, p. 1)이다.

다른 여러 의견이 있겠지만, 대학입학 전형에 사용하기 위한 SAT I, ACT, SAT II의 내용 적합성을 뒷받침하기 위해서 일관된 주장을 하는 것이 가능하다. 내용 적합성에 대한 방어적인 주장은 주 단위의 고교시험 제도에 대해서도 할 수 있다(예, 뉴욕의 표준 기반 일반 성취도 시험이나 버지니아 주의 학기말 시험). 내용 측면에서 시험을 선택하는 것의 어려움은 Willingham 등(1990)이 내용과 관련해서 제기한 마지막 내용 질문에 대답하는 것이다. 즉, "교육적으로 중요한 지식, 기능, 개발된 능력" (p. 7)을 측정한다는 목적에 가장 적합한 시험은 어느 것인지 결정해야 한다.

예측력

Willingham 등(1990)이 제기한 두 번째 질문은 예측력에 대한 것이다. 입학시험의 예측력을 물어보는 질문은 다음과 같다. "그 시험은 학업 수행을 예측하는 데 효과적인가? 예측을 더 잘하고 유용한 다른 척도가 있을까? 그 시험은 이미 사용 가능한 척도에 유용한 정보를 더해 주는가?" (Willingham et al., 1990, p. 7)

대학 입학시험에 관한 많은 연구에서 시험이 대학 수행을 예측하는 정도와 고교 성적 또는 학급 석차 이상의 증분 예측력을 갖는 정도에 초점을 맞추고 있지만, Willingham과 그의 동료들에게서 예측력은 두 번째 질문이다.

예측력은 대학입학 전형에 사용되거나 제안된 다른 종류의 표준화된 시험들을 구별하는 데는 큰 역할을 하지 못했다. SAT I, ACT, SAT II의 증분 타당도와 예측 정확성에서 작은 차이가 발견되기도 한다. 예를 들어, Geiser와 Studley(2001)는 UC 계열 대학에서 성적을 예측하는 데 있어 SAT II 과목시험이 SAT I보다 조금 더 나은 예측력과 더 높은 증분타당도를 가진다는 것을 최근에 발견하였다. SAT I은 고교 GPA와 SAT II 이상의 증분 예측값을 가지지 않는 것으로 밝혀졌다. 하지만 일반적으로 SAT I, ACT, SAT II의 세 성취도 검사의 결합은 그 자체로 또는 HSR이나 고교 GPA와 결합해서 대학 GPA를 예상할 때 비슷한 수준의 예측력을 제공한다. 더군다나 이 세 시험의 예측값은 대체적으로 중복되며, 두 번째 시험을 추가하면 HSR이나 고교 GPA 그리고 그 시험 중 하나와 함께 할 때 얻는 것 이상으로 눈에 띄게 예측력을 높여 주지 않았다(예, Bridgeman, Burton, & Cline, 2001, 2004; Kobrin, Camara, & Milewski, 2004 참조).

게다가 Bridgeman 등(2001, 2004)은 10개 대학의 자료를 활용하여 고교 성적과 SAT II 평균 점수를 이용해서 선발된 학생이 고교 성적과 SAT I 점수로 선발된 학생들과 거의 동일하다는 것을 발견했다. 이러한 발견에서 한 가지 예외는 스페인어 시험이 포함되면 SAT II 과목 평균으로 더 많은 멕시코계 미국인과 다른 라틴계 학생이 선발될 것이라는 점이다. 스페인어 시험을 포함하는 SAT II 과목시험 평균에 대한 발견은 Geiser와 Studley(2001)가 UC 계열 대학에서 얻은 결과와 일치한다. 그러나 전체적으로 볼 때 예측력은 하나의 시험을 다른 시험보다 더 선호하게 할 만큼 강력한 근거를 제공하지 않았다.

공정성

"이 시험은 하위 집단에게 공정한가? 시험은 교육적 성취와 대학에서의 성공을 공정하게 나타내는가? 내용의 균형은 다양한 집단에게 최대한 공정한가? 대안적인 내용이나 척도가 더 공정하지 않은가?"(Willingham et al., 1990, p. 7). 이러한 질문은 타당도에 관한 것이다.

표준화는 "매우 중요한 결정 시 편견에서 개인을 보호하는 기준과 안전성을 갖고 실행되는 것을 말하는"(Willingham & Cole, 1997, p. 6) 시험 공정성과 거의 같은 것으로 여겨진다. 그러나 Willingham과 Cole은 시험 공정성의 개념이 진화하고 있다고 말한다. 그들은 편견이 없고 시험 결과가 공정해야 한다는 요구는 시험 공정성 개념을 더욱 복잡하게 만든다고 주장한다. 또한 그들은 "공정성이 타당성의 중요한 측면"이고 "공정성이 줄어들면 타당도도 줄어든다."(p. 6)라고 밝혔다. 그들은 "시험 공정성은 평가에서 비교 가능성으로 알려져 있으며, 모든 개인과 집단에 대한 더욱 상세한 비교 타당성이다."(pp. 6-7)라고 결론 내렸다.

타당도는 성, 인종에 따라서 달라진다는 증거가 많이 있다. 시험 점수와 FGPA의 상관은 일반적으로 여성보다 남성에게서 더 낮다. 다른 연구(예, Linn, 1982a; Ramist, Lewis, & McCamley-Jenkins, 1993; Young, 2004)에서는 또한 타당도가 백인 학생보다 아프리카계 미국인과 히스패닉계 학생들에게서 조금 더 낮다는 것을 발견했다. 아프리카계 미국인과 히스패닉계 학생들에게서 타당도가 더 낮기 때문에, Young(출판 중)은 그들의 시험 점수에 대해서 백인이나 아시아계 학생보다 더 낮은 가중치를 주어야 한다고 말한다. 그러나 조금 낮은 타당도를 나타내는 이러한 결과가 보편적인 것은 아니다. 다른 메타분석에서는 아프리카계와 히스패닉계 학생들에게서 백인과 비슷하거나 더 높은 타당성이 발견되었다(예, Bridgeman et al., 2000). 나아가 시험 점수와 대학 1학년 성적의 상관이 낮을 때에도 아프리카계와 히스패닉계 학생의 경우 고교 성적과 시험 점수를 포함한 결합 예측 방정식에 대한 시험 점수의 증분타당도가 백인 학생의 경우와 동일하거나 그보다 더 컸다(Kobrin et al., 출판 중; Ramist, Lewis, & McCamley-Jenkins, 1993).

하위 집단에 대한 회귀방정식에서 체계적인 차이는 타당도 차이보다 공정한 선발에 대한 의문과 더 많은 관련이 있다. 이는 회귀선이 달라서 하위 집단 구성원의 실제 수행을 체계적으로 낮게 혹은 높게 예측하는 결과가 되기 때문이다. 하위 집단 회귀방정식을 비교했을 때, 실제 여성의 FGPA는 시험 점수만으로 또는 고교 성적과 결합한 시험 점수로 약간 낮게 예측된다는 것이 밝혀졌다. 한편으로 아프리카계 미국인과 히스패닉계 학생의 FGPA는 시험 점수만으로 또는 고교 성적과 결합한 시험 점수로 높게 예측되는 경향을 보였다(예, Burton & Ramist, 2001; Linn, 1982a; Noble, 2004; Ramist et al., 1993; Young, 2004). 여성과 남성의 타당도 차이와 여성에 대한 낮은 예측은 과목 수강 패턴의 차이에서 부분적인 원인을 찾을 수 있다(예, Pennock-Roman, 1994; Young, 2004). 인종 집단에 따른 타당도 차이에 대한 설명과 아프리카계, 히스패닉계 학생의 실제 수행이 약간 높게 예측되는 경향성에 대한 설명은 없다.

모든 개인과 집단에 대한 비교 타당성과 시험 공정성을 같은 것으로 보는 것은 평등 혹은 정의에 대한 어떤 관점과 양립할 수 없는 개념에 제약을 가하게 된다. 그러나 Willingham과 Cole(1997)이 제안한 이론은 다양한 범위의 공정성 문제를 분석하는 데 유용하다. 비교 타당성으로 정의되는 시험 공정성은 공정성 문제에 가져올 수 있는 증거 제시방식에 대해 시사점을 가지며, 공정성을 생각하는 오래된 방식에 도전하는 것이다.

비록 대중적인 논의에서는 타당성을 특정 시험의 양분적인 특징으로 이야기하고 있지만, 전문가들은 타당성이 그 도구의 속성은 아니며 양분적인 특징도 가지고 있지 않다고 말한다. 시험 자체가 아닌 시험 점수에 기초한 추론과 실행은 타당한 것이 된다. 타당성은 언제나 정도의 문제이며, 공정성 또한 그렇다. 하지만 공정성이 전부 혹은 전무의 특성이 아닌 정도의 문제라고 보면 타당성보다 접근하기 더 어렵다. 공정성을 시험 자체가 아닌 시험 점수에 기초한 추론이나 결정에 있다고 생각하는 것이 오히려 더 생소할 수 있다.

구인을 나타내지 못하는 것과 구인과 무관한 어려움에 관한 증거(Messick, 1989)는 특히 시험 공정성을 평가하는 데 중요하다. 이는 집단이 태도, 경험, 의도한 측정 초점의 일부가 아닌 능력에서 다르기 때문이다. 그래서 시험의 타당성은 줄어들며, 그러한 부수적인 기능과 특징이 시험 수행에 영향을 주는 정도는 공정하지 못한 것이다. 부수적인 기능, 구인과 무관한 어려움은 다른 의도로 사용되거나 해석될 때는 적절할 수도 있다.

SAT I 사고력 시험, SAT II 과목시험, ACT 일반 성취시험 혹은 버지니아 주의 학기말 시험 또는 뉴욕의 표준 기반 일반 성취도 시험 등은 공정성 측면에서 우수한 것인지 질문하는 것은 일리가 있다. 그러나 그 답은 복잡하다. 이는 학교 내 양질의 교육과 학교 밖 학습 경험에 대한 학생들의 접근이 다르다는 것을 고려하는 것에 달려 있다. 예를 들어, 학생들이 시험에 나오는 내용을 배울 수 있는 수업에 동등하게 접근할 수 있다면 교과 과정 시험은 공정하다고 볼 수 있다. ACT나 SAT I 사고력 시험과 같이 좀 더 일반적인 성취도 시험은 학생들이 이수한 교과목이나 내용에서 차이가 있어도 공정하다고 할 수 있다.

UC 계열 대학에 대한 Geiser과 Studley(2001)의 분석은 SAT I을 사용하는 것보다 SAT II의 두세 가지 과목시험을 사용할 때 약간 이점이 있다고 밝히고 있다. 이 분석은 캘리포니아 주 평가 프로그램에 기초한 성취도에 따라 분류된 하위 집단에 바탕을 두었다. 인종 집단과 모든 학생의 표준화된 평균 차이는 과소평가된 소수민족 집단의 경우 SAT I보다 SAT II에서 약간 더 작게 나타났다. 인종 집단 내에서 예측할 때에도 SAT I보다 SAT II가 약간 더 유리했다.

시험 활용 결과

Willingham 등(1990)이 제시한 네 번째 질문은 시험 활용 결과에 관한 것이다. 타당성의 일부로 시험 활용 결과를 포함하는 것이 바람직한지에 대해서는 의견이 분분하지만, 시험 활용 결과를 조사하는 것은 특정한 해석과 시험 활용 결과에 대한 전반적인 평가에서 중요한 부분이라는 것은 합의되고 있다.

대학입학 전형에서 활용할 시험 평가를 위해서 Willingham 등(1990)은 결과에 대해 다음과 같은 질문을 해야 한다고 말한다. "비용, 이익, 실용성, 그리고 부수적인 효과를 포함해서 시험 활용의 결과는 전체적으로 긍정적인가? 만약 시험이 없다면 혹은 다른 유형의 시험을 쳤다면 학생, 학교, 대학, 교육 체제에 미치는 영향은 더 좋을까 더 나쁠까?" (p. 7)

대학입학 전형에서 다른 종류의 시험 사용에 대한 결과 인식은 첨예한 논쟁을 유발하고 있다. 미국교육협의회 연례 회의에서 Atkinson(2001)은 고등학교와 대학 지망 학생에게서 예상되는 결과에 근거하여 UC 계열 대학이 SAT I을 SAT II 또는 고등학교의 바람직한 교수 및 학습과 좀 더 직접적으로 연관되는 다른 성취도 검사로 바꿔야 한다는 제안을 했다. 구체적으로 그는 다음과 같은 생각을 펼쳤다.

> 특정 과목의 학습을 평가하는 시험의 사용은 고등학교 교과과정과 교수법을 강화하고, 고등학교에서 학생이 성취해야 할 것과 UC 계열 대학에 입학할 가능성을 더욱 견고하게 연결시켜 주며, 학생의 관심을 시험 준비보다 학과학습에 초점을 맞추게 한다(p. 1).

대학위원회는 SAT I의 요구가 고등학교의 도전적인 교육을 막지 않는다고 주장한다. 이는 증거에서 알 수 있듯이, 지난 10년 동안 SAT I을 치는 학생이 해당 고등학교에서 더 수준 높은 과목을 이수하는 경우가 증가하고 있기 때문이다. 그러나 SAT I을 필수 조건으로 했기 때문에 수준 높은 다양한 교과목 수업이 강화되었다고 볼 수는 없다. SAT I을 선호하는 측의 주장은 고등학교에서 적절하게 도전받지 못한 장래성 있는 학생을 찾아낼 수 있다는 것이다.

20년 전에 나는 비슷한 주장을 했다. SAT와 같은 시험의 장점은 고교 시절 충분한 준비를 할 수 없었거나 고등학교를 진학하여 능력을 보여 줄 기회를 가지지 못한 학생에게 두 번째 기회를 제공하는 것임을 밝혔다(Linn, 1982b). Atkinson과 대학입학위원회의 주장과 마찬가지로, 이 주장은 거의 대부분 탁상공론에 의존하고 있다. 그것을 뒷받침해 줄 증거가 부족하다. 하지만 SAT I에 대한 지속적인 관심이 있고, SAT I이 타고난 능력을 측정한다는 견해는 널리 알려져 있다. 이러한 해석은 노력의 중요성을 손상시키는 면이 있다. 타고난 능력이라는 견해를 믿는 만큼, 그것은 부정적인 결과를 가져올 수 있다.

개인적 특성

대학입학 전형에서는 다양한 개인적 특성을 고려한다. 고등학교 운동 활동은 대학 운동선수를 선발하는 데 명백하게 중요한 역할을 하지만, 다른 많은 요인도 대학입학 가능성에 영향을 미친다. 고교 시절의 리더십 경험, 자원봉사 활동, 예술적 성취는 고교 성적과 대입 시험 점수를 넘어서 대학입학 가능성에 영향을 준다. 동문 자녀에 대한 선호도 많은 대학에서 볼 수 있다. 어떤 경우에는 지원자의 거주 형태도 중요한 고려사항이 된다.

가장 경쟁적인 대학 중 20%에서 지원자의 인종요인이 입학 가능성에 영향을 준다고 한다(Kane, 1998). 대법원이 대학입시에서 인종을 한 가지 요인으로 고려할 수 있다고 판결한 캘리포니아 대학 이사회 대 Bakke 소송건(1978)이 나온 지 20년이 지났다. 다양성의 이점과 다양한 학생 구성을 위해 대학입학 전형에서 인종을 고려하는 것이 중요하다는 주장에도 불구하고(예, Bowen & Bok, 1998), 공립대학의 차별철폐조항은 법적 대응, 국민투표 및 가장 인구가 많은 주(예, 캘리포니아, 텍사스, 플로리다, 미시간)의 재판 사례로 손상되고 있다. 그러나 2003년 6월 미국 대법원이 결정한 두 가지 사례에서는 미시간 대학의 학부(Gratz v. Bollinger)와 법학 전문대학원 입시(Grutter v. Bollinger)에서 입학 결정 시 인종을 고려할 수는 있지만 학부생 선발에서와 같이 공식적인 것은 안 된다고 하였다.

인종에 기초한 대학입학 전형 정책의 어려움으로 공립대학은 다른 방법으로 다양성을 추구하려고 하였다. 그러나 인종과 관련성이 높은 사회경제적 지위에 대한 고려는 인종에 대한 직접적 고려로 얻을 수 있는 것에 훨씬 미치지 못했다(Kane, 1998). 캘리포니아, 텍사스, 플로리다에서 실행된 정책과 같이, 고교 졸업반의 상위 x 퍼센트를 입학하게 하는 x 퍼센트 규칙으로 바꾸는 것은 인종 중립적인 입학전형 요구가 시행되기 전 수준에서의 다양성을 이루게 한다. 입학전형 요구사항을 충족시키는 아프리카계 미국인과 히스패닉계 고등학교 학생들의 비율이 더욱 낮기 때문에 x 퍼센트 규칙은 여전히 인종을 입학사정의 유일한 요인으로 고려할 때 UC 계열 대학이 갖는 다양성에 여전히 미치지 못한다(Koretz, Russell, Shin, Shasby, & Horn, 2001).

다양성이 대학기관, 사회 및 대학에 재학 중인 다수와 소수 학생 집단에게 미치는 이점을 보여 주는 사례는 매우 많다. 재학생과 졸업생을 통해 다양성의 이점은 증명된다. 소수 인종 출신이 경쟁적인 대학에서 교육을 받아서 그들이 소속된 분야와 사회에 많은 기여를 한다는 매우 강력한 사례가 있다(Bowen & Bok, 1998). 이때의 가치는 더 좋은 학업 수행에서 유래되는 것이 아니고, 모든 학생에게 더욱 풍부한 경험을 제공하는 데서 발생한다. 비록 입학전형에서 인종을 직접적으로 활용하는 것을 줄이려는 강한 압력이 있지만, 경쟁적인 대학은 다른 방식으로라도 다양한 학생 구성을 이루려고 하는 것이다. 그들은 x 퍼센트 규칙을 사용하거나 Atkinson (2001)이 주장하듯 "좁은 수량화 공식에서 벗어나서 지원자를 좀 더 종합적이고 총체적인 방식으로 보는 절차를 채택" (p. 1)할 것이다.

결 론

대학의 입학전형은 그 기관의 가치를 나타내며 학생 구성과 대학의 명성을 위해서도 중요한 시사점을 가진다. 고등학교에서 이수한 과목과 내신성적에서 반영되는 고교에서의 성취는 대학입학 전형에서 가장 널리 사용되고 가장 잘 수용되는 학업 척도다. 이 척도는 대학에서의 학업성취를 가장 잘 예측하는 단일 요인이다.

표준화된 시험은 성적보다 훨씬 더 많은 논쟁거리가 되기 쉽지만, 20세기에 걸쳐서 많은 대학이 대학입학 전형에서 이를 활용하고 있다. Willingham 등(1990)은 대학입학 전형에서 표준화된 시험 활용을 평가하기 위한 질문을 제시하였다. 이러한 질문은 네 가지 범주로 구분되는데, 내용 적합성, 예측력, 공정성, 시험 사용 결과가 그것들이다. 비록 예측력과 공정성 측면에서 주된 시험(ACT, SAT I, SAT II)을 구별할 수 있지만, 이런 시험들의 주요 차이는 시험 활용의 추정된 결과 면에서 시험 내용의 적합성을 인식한다는 것이다.

SAT I, ACT, SAT II는 고교 교과 과정에서 배우는 내용과의 연관성에서 차이가 있다. SAT I은 고교 과정의 세부 내용과 가장 동떨어져 있지만, 많은 주에서 강조되는 비판적 읽기와 문제 해결력 같은 폭넓은 과정 기능을 평가한다. ACT는 SAT I보다 고등학교에서 배운 과목 내용과 좀 더 관련되지만, SAT II처럼 물리학, 미국 역사, 스페인어와 같은 구체적인 과목과 일치하는 것은 아니다.

시험 활용 결과를 고려할 때, SAT I을 선호하는 주장은 고등학교에서 제 실력을 발휘하지 못한 학생에게 두 번째 기회를 주자는 생각에 바탕을 두고 있다. 반면에 ACT나 SAT II를 선호하는 주장은 이 시험이 고교 내용 표준과 교과 과정에 대한 기대를 강화하고 학생의 노력을 더욱 강조한다는 점에 주목한다. 불행하게도 시험 활용 결과에 대한 주장을 뒷받침하는 증거는 거의 없다.

비록 고교 성적과 표준화된 시험이 지원자를 선발하는 두 가지 지배적인 요인이지만 늘 결정적인 것은 아니다. 운동 기능, 부모의 동문 여부, 성적 이외의 개인적 업적과 같은 개인적 특성 또한 입학 가능성에 중요한 영향을 끼친다. 인종은 특히나 가장 경쟁적인 대학에서 입학 가능성을 바꿀 수 있다. 차별철폐조항과 입학의 한 요인으로 인종을 고려하는 것은 다양한 학생 구성의 이점과 소수 인종 출신이 그 사회와 분야에 기여하기 때문이다. 그럼에도 차별철폐조항은 행정 명령, 법적 실행, 국민 투표 및 법정 판결에 의해 도전받고 있다. 가장 경쟁적인 대학이 대학입학 전형에서 인종을 한 요인으로 명시적으로 고려하는 것을 거부할 때, 그들은 다른 방식으로 다양성이라는 목적을 충족시키려고 노력할 것이다.

참고문헌

ACT, Inc. (2002). *ACT assessment: Frequently asked questions*. Retrieved November 5, 2002, from www.act.org/aap/faq/general.html

American College Testing Program. (1988). *ACT assessment program technical manual*. Iowa City: Author.

Atkinson, R. C. (2001, February 18). *Standardized tests and access to American universities*. The 2001 Robert H. Atwell Distinguished Lecture, delivered at the 83rd Annual Meeting of the American Council on Education, Washington, DC.

Bowen, W. G., & Bok, D. (1998). *The shape of the river: Long-term consequences of considering race in college and university admissions*. Princeton, NJ: Princeton University Press.

Bridgeman, B., Burton, N., & Cline, F. (2001). *Substituting SAT II: Subject tests for SAT I: Reasoning test: Impact on admitted class composition and quality* (Research Rep. No. 2001-3). New York: The College Board.

Bridgeman, B., Burton, N., & Cline, F. (2004). Replacing reasoning tests with achievement tests in university admissions: Does it make a difference? In R. Zwick (Ed.), *Rethinking the SAT: The future of standardized admissions testing* (pp. 277-288). New York: Routledge Falmer.

Bridgeman, B., McCamley-Jenkins, L., & Ervin, N. (2000). *Predictions of freshman grade-point average from the revised and recentered SAT I: Reasoning Test* (Research Rep. No. 2000-1). New York: The College Board.

Burton, N., & Ramist, L. (2001). *Predicting Success in college: SAT studies of classes graduating since 1980* (Research Rep. No. 2001-2). New York: The College Board.

Camara, W. J., & Echternacht, G. (2000, July). *The SAT-I and high school grades: Utility in predicting success in college* (Research Notes No. RN-10). New York: The College Board.

College Board. (2002a). *Q & A: Nearly everything you want to know about the SAT.* Retrieved October 29, 2002, from http://www.collegeboard.com

College Board. (2002b). *SAT II learning center: Meet the SAT II: Subject tests.* Retrieved November 5, 2002 from http://www.collegeboard.com/sat/center2/meet.html

College Board. (2002c). *What does the SAT measure and why does it matter?* Retrieved November 5, 2002 from http://www.collegeboard.org/html/pdf/sat_measure.pdf

College Entrance Examination Board. (1925). *Twenty-fifth annual report of the Secretary.* New York: Author.

Donlon, T. (Ed.). (1984). *The College Board technical handbook for the Scholastic Aptitude Test and Achievement Tests.* New York: College

Entrance Examination Board.

Ellliott, R., & Strenta, A. C. (1988). Effects of improving the reliability of GPA on prediction generally and on comparative predictions for gender and race particularly. *Journal of Educational Measurement, 25,* 333-347.

Geiser, S., & Studley, R. (2001). *UC and the SAT: Predictive validity and differential impact of the SAT I vs. the SAT II achievement tests at the University of California.* Oakland: University of California, Office of the President.

Gladwell, M. (2001, December 17). Examined life: What Stanley Kaplan taught us about the SAT. *The New Yorker.*

Gratz v. Bollinger, 123 S. Ct. (2003).

Grutter v. Bollinger, 123 S. Ct. (2003).

Kane, T. J. (1998). Racial and ethnic preferences in college admissions. In C. Jencks & M. Phillips (Eds.), *The Black-White test score gap* (pp. 431-456). Washington, DC: The Brookings Institute.

Kobrin, J. L., Camara, W. J., & Milewski, G. G. (2004). The utility of the SAT I and SAT II for admissions decisions in California and the nations. In R. Zwick (Ed.), *Rethinking the SAT: The future of standardized admissions testing* (pp. 251-276). New York: Routledge Falmer.

Koretz, D., Russell, M., Shin, D., Shasby, K., & Horn, C. (2001). *Testing and diversity in postsecondary education: The case of California* (Tech. Rep.). Newton, MA: Boston College.

Linn, R. L. (1966). Grade adjustment for prediction of academic performance: A Review. *Journal of Educational Measurement, 3,* 313-329.

Linn, R. L. (1982a). Ability testing: Individual differences, prediction and differential prediction. In A. K. Wigdor & W. R. Garner (Eds.), *Ability testing: Uses, consequences and controversies* (pp. 335-388). Washington, DC: National Academy Press.

Linn, R. L. (1982b). Admissions testing on trial. *American Psychologist, 37,* 279-291.

Messick, S. (1989). Validity. In R. L. Linn (Ed.), *Educational measurement* (3rd ed., pp. 13-103). New York: Macmillan.

Messick, S., & Jungeblut, A. (1981). Time and method in coaching for the SAT. *Psychological Bulletin, 89,* 191-216.

Noble, J. (2004). The effects of using ACT composite scores and high school averages on college admissions decisions for ethnic groups. In R. Zwick (Ed.), *Rethinking the SAT: The future of standardized admissions testing* (pp. 303-319). New York: Routledge Falmer.

Pennock-Roman, M. (1994). *College major and gender differences in prediction of college grades* (College Board Rep. No. 94-2) New York: The College Board.

Ramist, L., Lewis, C., & McCamley-Jenkins, L. (1993). *Student group differences in predicting college grades: Sex, language, and ethnic groups* (College Board Rep. No. 93-1). New York: The College Board.

Regents of the University of Cal. v. Bakke, 438 U. S. 265 (1978).

Valentine, J. A. (1987). *The College Board and the school curriculum.* New York: College Entrance Examination Board.

Willingham, W. W., & Cole, N. S. (1997). *Gender and fair assessment.* Mahwah, NJ: Lawrence Erlbaum Associates.

Willingham, W. W., Lewis, C., Morgan, R., & Ramist, L. (1990). *Predicting college grades: An analysis of institutional trends over two decades.* New York: College Entrance Examination Board.

Young, J. W. (2004). Differential validity and prediction: Race and sex differences in college admissions testing. In R. Zwick (Ed.), Rethinking the SAT: The future of standardized admissions testing (pp. 289-301). New York: Routledge Falmer.

CHOOSING STUDENTS

03 PART

새로운 구인과 새로운 척도

CHAPTER 09 분석적, 실제적, 창의적 능력 평가를 통한 SAT 보강

Robert J. Sternberg(예일 대학교) and
The Rainbow Project Collaborators[1)]

표준화된 시험은 여러 나라에서 교육 기회, 배치, 진단에 관한 중대한 결정을 내리는 근거로 자주 사용된다. 이런 목적으로 가장 널리 사용되는 시험 중 하나가 SAT다. 미국의 많은 대학이 고등교육 성공의 예언요인으로 고등학교 때 시험 치는 SAT를 사용한다. 이 장의 주요 초점인 SAT I은 언어능력과 수학적 사고능력을 측정하는 3시간 분량의 시험이다. 쓰기 영역도 가까운 시일 내에 추가될 전망이다. 광범위한 연구에서 SAT는 대학 성공의 예언요인으로서 유용하다는 것이 밝혀졌다(Bridgeman, McCamley-Jenkins, & Ervin, 2000; Ramist, Lewis, & McCamley-Jenkins, 1993). SAT II는

1) 레인보우 프로젝트 공동 연구가(The Rainbow Project Collaborators)의 회원은 다음과 같다. Damian Birney, Brent Bridgeman, Wayne Camara, Anna Cianciolo, Michael Drebot, Sarah Duman, Richard Duran, Howard Everson, Ann Ewing, Edward Friedman, Elena L. Grigorenko, Diane Halpern, P. J. Henry, Charles Huffman, Linda Jarvin, Smaragda Kazi, Donna Macomber, Laura Maitland, Jack McArdle, Carol Rashotte, Jerry Rudmann, Amy Schmidt, Karen Schmidt, Brent Slife, Mary Spilis, Steven Stemler, Robert J. Sternberg, Carlos Torre, Richard Wagner. 이 논문에서 설명된 연구는 미국 대학입학위원회의 지원을 받았다.

세분화된 영역별 시험으로 수학, 몇 종류의 외국어, 여러 종류의 과학과목 등 지정 영역에서의 성취도를 측정한다. 응시자들은 보통 3과목의 시험을 본다.

100만 명 이상 학생들을 대상으로 한 약 3,000건의 연구를 총망라하여 내린 SAT의 예측타당도에 대한 최근 메타분석은 SAT가 대학 초기 대학입학 첫해의 평점을 측정하였을 때 학업 수행능력을 타당하게(타당도 계수 범위 .44~.62) 예언하는 요인임을 보여 주었다(Hezlett et al., 2001). 이후 대학 학업 수행에 대한 타당도 계수는 좀 더 낮았으나, 일반적으로 .30 중반에서 .40 중반 사이로 여전히 상당히 높은 편이다. 또 다른 연구(Ramist et al., 1993)에서 39개 대학은 조사한 SAT I이 개별 교과 성적 예측치로서 고교 평균성적(HSGPA)보다 타당도가 더 높은 것으로 밝혀졌다. 그러나 동시에 고교 GPA는 대학입학 첫해의 평점을 좀 더 정확하게 예측하는 것으로 나타났다. 대학 첫해의 평점과 상관계수는 SAT I의 경우 .60, SAT II의 경우 .62, 그리고 고교 GPA의 경우 .63이었다. SAT I 및 SAT II와 신입생 성적 평점(GPA) 간의 중다상관계수는 .63이었으며 고교 GPA 및 SAT I과 신입생 GPA의 중다상관계수는 .71이었다. 여학생의 경우 상관계수는 일반적으로 남학생의 경우보다 높았다. SAT II의 상관관계는 민족 집단에 따라 약간 다르게 나타났다.

Kobrin, Camara와 Milewski(2002)의 연구에서는 1995년도 학생 표본을 가지고 캘리포니아 주를 포함한 미국 여러 곳의 대학입학 결정에 대한 SAT의 타당도를 증명하였다. 그들 역시 SAT와 대학에서의 수행이 높은 상관이 있음을 발견했다. 신입생의 GPA와 SAT I 및 SAT II의 결합 점수 간 상관계수는 민족적 배경에 따라 .35~.48의 범위로 나타났다. 그런데 그들은 캘리포니아 주의 SAT I과 SAT II 점수 모두 가족의 수입과 상관관계가 있음을 발견했다(SAT I의 경우 .25~.55). 부모의 교육 수준과의 상관계수는 .28~.58로 나타났다. 이러한 결과는 SAT 점수가 어떤 면에서 사회계층에 따른 영향을 받고 있음을 나타낸다. SAT의 예측력은 여러 민족 집단에서도 비슷하다. 그러나 몇몇 민족 집단에서 대해서는 SAT 점수 평균이 큰 차이가 있었다(Bridgeman, Burton, & Cline, 2001 참조). 백인 학생들의 평균과 집단별 평균의 차이를 표준편차 단위로 표시했을 때, 평균적으로 아프리카계 미국인 학생은 백인 학생에 비해 언어와 수리 영역에서 모두 대략 1 표준편차 정도 낮은 수치를 보였다. 라틴계 학생은 백인 학생보다 3/4 표준편차 정도 낮았고, 아메리카 원주민 학생은 두 영역에서 모두 1/2 표준편차 정도 낮은 점수를 보였다. 아시아계 학생은 수리 영역의 경우 백인 학생보다 1/3 표준편차 정도 높은 점수를, 언어 영역의 경우 1/3 표준편차 정도 낮은 점수를 보였다.

종합적으로 이러한 결과는 SAT가 대학 수행 예측에 상당히 높은 예언 타당도를 가지고 있음을 나타낸다. 그러나 모든 시험에는 언제나 개선할 부분이 있기 마련이다. 성공지능(Sternberg, 1997, 1999)이론은 예측 정확도를 높이고 더 나은 형평성을 확립하기 위한 기반을 제공해 준다. 이 이론은 분석적 지능을 넘어 실제적, 창의적 능력까지 측정 범위를 넓힘으로써 현재 수준보다 더 나은 대학 수행 예측이 가능할 것이라고 제안한다. 따라서 이 이론은 대학입학 전형에서 SAT를 다른 것으로 대체하자는 것이 아니라 SAT를 확대시키자는 주장을 하고 있는 것이다. 연구자들은 이러한 확대가 얼마나 성공적일지 연구하였다.

성공지능이론

성공지능은 개인이 속한 사회문화적 맥락 안에서 개인적 기준으로 삶에서 성공을 이룰 수 있는 능력을 말한다. 성공을 이룰 수 있는 개인의 능력은 자신의 강점을 발휘하고 약점은 수정 · 보완해 나가는 것에 달려 있다. 성공은 분석적 지능, 실제적 지능, 그리고 창의적 지능으로 구분되는 지능의 세 측면이 균형적으로 활용될 때 얻어진다. 이러한 정의와 이론에 대한 더 자세한 내용은 Sternberg(1980, 1984, 1985, 1990, 1997, 1999)에서 찾을 수 있다.

분석적 지능은 분석, 평가, 판단 또는 비교·대조하는 능력이다. 이것은 추상적인 판단을 내려야 하는 친숙한 종류의 문제를 처리하는 것과 관련이 있다.

실제적 지능은 실제 생활의 맥락에서 사용되고 적용되는 능력을 말한다. 그것은 개인의 능력을 직업이나 가정 등 개인이 일상생활에서 부딪히는 문제에 적용하는 것과 관련이 있다. 실제적 지능은 주위 환경에 적응하고 그것을 선택하고 만들어 가기 위해 개인의 경험에 지능요소를 적용하는 것을 의미한다. 여기서 적응(adaptation)이란 환경에 맞게 자신을 변화시키는 것을 의미한다. 형성(shaping)이란 개인에 맞게 환경을 변화시키는 것을 의미한다. 그리고 선택(selection)이란 개인이 자신의 필요, 능력, 욕구에 더 잘 맞는 다른 환경을 찾기 위해 결정을 내리는 것을 의미한다. 이러한 적응, 형성, 그리고 선택의 균형과 활용 면에서 사람들의 능력은 차이가 있다.

창의적 지능은 창조, 발명, 발견, 상상, 추론, 가설 설정 등에 사용되는 능력과 관련된다. 창의적 지능검사는 비교적 새로운 상황을 처리해야 하는 과업 수행을 측정한다는 점에서 분석적 지능검사와 다르다. Sternberg와 그의 동료들은 비관행적인 지능검사를 사용했을 때 전통적 검사에서는 거의 혹은 전혀 측정되지 않았던 개인차가 나타난다는 것을 보여 주었다(Sternberg, 1985). 따라서 비교적 새로운 성격의 검사를 포함시키는 것이 중요하다. 이러한 검사에서 문제는 그것이 수렴적 또는 확산적 사고를 요구한다.

이 연구는 분석적, 실제적, 창의적 지능을 측정하는 검사 제작에 성공지능이론을 적용한 것이다. 레인보우 측정법(Rainbow Measures)이라 불리는 이 검사는 전국의 여러 학교에서 총 1,013명의 학생을 대상으로 실시했고, GPA로 측정되는 학업 성공을 예측하기 위해 사용되었다. 가설은 다음 두 가지였다. 첫째, 성공지능이론을 바탕으로 만든 검사는 SAT 점수가 GPA 점수를 예측하는 것보다 더 많은 부분을 예측할 것이다. 둘째, 이 검사는

SAT 같은 표준화된 대학 입학시험 점수에서 나타나는 민족적 차이를 감소시킬 것이다.

연구 내용

여기에서는 앞서 진술한 가설을 검증하기 위한 기본적인 연구방법을 정리한다. 첫째는 연구에 참가한 기관과 참여자에 대한 설명이다. 다음으로는 SAT를 보완하기 위한 검사로서 기준선 측정(baseline measures)과 레인보우 측정법(Rainbow Measures)을 포함하여 연구에서 사용된 측정방법을 자세히 설명한다. 이러한 측정에는 Sternberg의 삼원지능이론(STAT; Sternberg, 1993)을 바탕으로 개발된 3개의 선다형 검사와 3개의 실제적 수행 과제 그리고 3개의 창의적 수행 과제가 포함된다. 마지막으로는 연구 설계와 절차에 대한 논의를 한다.

연구 참여기관

미국 전역의 4년제 단과대학 8개, 커뮤니티칼리지 5개, 고등학교 2개 등 총 15개 학교에서 자료를 수집하였다.[2] 여름까지 자료 수집기간을 연기한 몇 군데를 제외하고는 대부분 2001년 4월 중순부터 6월까지 자료를 수집했다. 모든 기관들은 협조적이었으며 기술적 문제가 발생했을 때에도 온라인 시험 시행을 계속하고자 하였다. 예전에는 이와 같이 분석적, 실제적,

2) 참여기관들은 다음과 같다. Brigham Young University; Florida State University; James Madison University; California State University, San Bernardiono; University of California, Santa Barbara; Southern Connecticut State University; Stevens Institute of Technology; Yale University; Mesa Community College; Coastline Community College; Irvine Valley Community College; Orange Coast Community College; Saddleback Community College; Mepham High School; Northview High School.

창의적 능력에 대한 새로운 검사들을 이용하여 온라인으로 자료 수집을 한 적이 없었기 때문에 기술적 어려움은 예상된 것이었다.[3)]

실험 참가자는 대학에 배부된 안내서를 통해서, 그리고 대학과 고등학교의 심리학 강의시간을 통해서 모집한 지원자였다. 참가자는 학점을 인정받거나 20달러의 사례금을 받았다. 총 1,013명의 참가자 학생들은 대부분 대학 1학년생이거나 고등학교 졸업반이었다. 6명의 참가자는 과정적 오류로 인해 분석에서 제외되었으므로 실제 분석 대상은 1,007명이 되었다.

특별히 언급한 자료 외에 보고서에는 대학생에 관한 분석만을 포함시켰다. 고등학생에게서 얻은 자료도 나름대로 유용하지만, 우리가 관심을 가졌던 것은 새로운 측정법으로 고등학교가 아닌 대학에서의 성공을 어느 정도까지 예측할 수 있는지였으므로 대학생에게서 수집한 자료를 구체적으로 분석하였다. 최종적인 분석에 포함된 참가자는 777명이다.

표준화된 시험 점수와 고교 GPA의 기준선 측정은 대학입학 전형 준거로 사용되는 현재 평가도구의 예측타당도를 평가하고 현재 측정법과 비교하기 위한 것이었다. 학생들이 보고한 고교 GPA와 표준화된 입학시험 점수는 미국 대학입학위원회에서 얻을 수 있었다. 대부분 학생의 경우 수리 영역(SAT-M)과 언어 영역(SAT-V)을 나누어 SAT 점수를 수집하였다. SAT 점수가 없는 학생들의 경우 PSAT 또는 ACT 점수를 수집하였다. ACT 점수는 있으나 SAT 점수가 없는 소수의 학생들의 경우, ACT 점수는 SAT 점수와의 비교·환산표(Dorans, 1999)를 이용하였다.

표본으로 보면 같은 대학 학생의 경우 SAT 점수 범위가 제한적이라는 우려가 있을 수 있다. 그러나 이 연구의 표본은 커뮤니티칼리지에서부터 우수 4년제 대학까지 다양한 범위의 기관에서 수집된 것이다. 게다가 SAT

3) 몇 가지 처리기술은 이러한 기관의 자료 수집을 용이하게 해 주었다. 첫째, 한두 명의 감독관이 일반적으로 모든 자료 수집에 책임을 짐으로써 혼란과 행정적 문제를 줄여 주었다. 둘째, 예일대학과의 의사소통은 여러 명을 거친 것이 아니라 한 명의 대표자를 거쳐 이루어졌는데, 대표자가 그 기관의 기술지원 스태프와 긴밀한 접촉이 있을 때 자료 수집이 더욱 원활하게 진행되었다.

점수의 표준편차(대학 표본의 경우 $SD_{SAT\ Verbal} = 118.2$, $SD_{SAT\ Math} = 117.5$)는 더 넓은 범위의 사람들이 받은 SAT 점수 표준편차에 필적하는 수준이다. 다만 한 가지 주의할 점이 있다면 카이스퀘어 검정을 거치는 경우 표본의 분산이 전형적인 SAT 수험자 인구의 분산보다 통계적으로 크다는 점이다. 이 같은 이유로 SAT 점수 범위가 제한적이라는 점은 크게 우려할 필요가 없다.

레인보우 측정법

STAT[4] 스턴버그 삼원지능검사는 선다형 질문을 이용하여 분석적, 실제적, 창의적 지능을 측정하기 위해 개발되었다(Sternberg & Clinkenbeard, 1995; Sternberg, Ferrari, Clinkenbeard, & Grigorenko, 1996). 이 검사(Sternberg, 1993)의 H 수준은 중·고등학생과 대학생의 인지능력을 측정하기 위해 만들어진 것으로 이 연구에서 사용했다. STAT은 세 가지 지능을 언어, 수, 도형에 관한 세 종류의 문항을 가지고 간단히 측정한다. 따라서 STAT 척도는 다음의 9개 하위척도로 이루어진다. 분석-언어, 분석-수, 분석-도형, 실제-언어, 실제-수, 실제-도형, 창의-언어, 창의-수, 그리고 창의-도형이다. STAT의 에세이 문제는 사용하지 않았다. 각 하위척도에는 5개씩 선다형 문항이 있어서 총 45개 문항이 사용되었다. 이 중 9개 문항은 STAT에서도 처음 사용한 것이다. 이러한 척도를 포함해서 세부적인 문항 내용은 다른 문헌(예, Sternberg et al., 1996)에 설명되어 있다. STAT의 선다형 문항은 4개의 보기 중 정답을 선택하게 되어 있다. 채점은 지필고사 형식으로 시험을 치른 학생들이 동그라미 표시한 답을 전산으로 처리하였다. 컴퓨터 기반 시험을 친 학생들의 경우, 답은 컴퓨터 파일에 자동으로 저장된다. 그러고 나서 하위척도에 대한 답을 조합하고, 문항반응이론(item response theory: IRT) 방식을 나타내는 최종 척도를 만들기 위해서 문항반

4) 역주: Sternberg Triarchic Abilities Test의 약자다.

응이론을 활용하여 최종적으로 분석적($STAT_{분석적\ 능력}$), 실제적($STAT_{실제적\ 능력}$), 창의적($STAT_{창의적\ 능력}$) 지능 점수가 나온다.

창의적 지능: 수행 과제

STAT에서 측정되는 창의적 지능 외에도 다른 능력을 개방형 질문을 통해서 평가했다. 개방형 질문은 좀 더 자발적이고 자유로운 형식의 답을 요구하기 때문에 이러한 수행 과제를 가지고서 선다형 문항으로는 측정할 수 없는 창의성의 중요한 부분을 측정할 수 있었다.

각 과제에서 참여자에게 창의적인 이야기나 만화 대사를 만들어 낼 여러 주제나 자극이 주어졌다. 창의적인 이야기 또는 대사를 만드는 데 주제나 자극의 난이도가 다를 수 있지만 이러한 차이는 문항반응이론을 사용해서 설명이 가능하다. 이 부분에서 나온 자료들은 Facets 프로그램(Linacre, 1998)을 사용하여 분석하였다. 이 프로그램은 문항 난이도 수준, 과제 난이도(유머, 참신함 등), 채점자 엄격성 등에서의 차이를 고려하여 수정된 Rasch 능력 점수를 만들었다.

각각의 창의성 수행 과제들은 창의성의 지표로서 미리 만들어진 준거에 근거해서 채점되었다.

- 만화 대사 적기: 참여자에게는 뉴요커지에서 구입한 5개의 만화가 주어졌다. 단, 대사는 삭제되었다. 참여자의 과제는 3개의 만화를 골라서 각각에 맞는 대사를 써넣는 것이다. 2명의 훈련된 채점관이 모든 만화를 영리함, 유머, 참신함, 적절성에 따라 5점 척도로 채점했다. 결합된 창의성 점수는 채점자 엄격성, 문항 난이도, 과업 난이도를 고려하여 수정된 점수가 되었다.
- 이야기 글쓰기: 참여자는 다음의 주제 중에서 선택해서 2개의 이야기를 쓰게 되어 있었다. 즉, '다섯 번째 기회', '2,983', '가장자리 너머', '문

어의 운동화', '뒤로 움직이고 있어', '부족한 시간' (Lubart & Sternberg, 1995; Sternberg & Lubart, 1995)이 제시된 주제였고, 각 이야기당 15분의 시간이 주어졌다. 6명의 채점관이 한 팀을 이루어 채점자 훈련을 받았다. 각 채점관은 참신성, 복합성, 감정 환기, 묘사성에 대해 5점 척도로 채점했다. 효율성을 위해 이야기의 64.7%는 한 명의 채점관이 채점했다.

- 이야기 말하기: 참여자에게는 5장의 종이가 주어졌는데 각 장에는 공통 주제와 연관된 11~13개의 그림 세트가 있었다. 예를 들면, 열쇠, 원숭이, 여행, 음악을 연주하는 동물, 음악을 연주하는 사람들이다. 이야기에 통합될 그림의 개수는 제한이 없었다. 5장 중 1장의 종이를 선택한 후, 참여자는 15분 동안 짧은 이야기를 지어내서 말하고 그것을 녹음했다. 시간은 지필고사와 컴퓨터 기반 평가 때 들어오는 시험감독에 의해 정확하게 지켜졌다. 지필고사 방식으로 시험을 치른 참여자는 카세트 녹음기의 녹음 버튼을 눌러 이야기 말하기를 시작하고 끝나면 멈춤 버튼을 눌렀다. 컴퓨터 기반 시험을 치른 참여자가 컴퓨터 마이크에 녹음을 하면 자동으로 컴퓨터에 저장되었다. 두 경우 모두 각 이야기당 실제 말하기 녹음시간은 5분을 넘지 않았다. 같은 방식으로 다른 장의 그림을 보고 이야기를 지어내어 총 2개의 이야기를 녹음하도록 하였다. 6명의 채점관은 채점자 훈련을 거쳤으며 각 채점관은 참신성, 복합성, 감정 환기, 묘사성에 따라 5점 척도로 채점했다. 효율성을 위해 이야기의 48.4%는 6명 중 1명의 채점관이 채점했다.

실제적 지능: 수행 과제

Sternberg(1997; Sternberg et al., 2000)가 기술한 것처럼 '실제적 지능'은 경험에서 얻어지는 유용한 지식을 습득하는 능력을 가리킨다. 여기에는 '암묵적 지식'이 포함되는데, 이는 명시적으로 가르치거나 말로 표현하기가 어렵다. 일상의 문제를 해결할 때 이 지식을 적용하는 것은 쉽지 않다. 복잡한 일상의 문제들은 실제적이고 불완전한 정보를 가지고 풀어야 하는 데다가, 하나 이상의 답이 가능한 경우가 대부분이라는 점에서 학업적 문제와는 구분된다. STAT에서 측정하는 것 외에도 세 가지 상황판단검사를 통해 실제적 지능을 평가하였다. 그 세 가지는 일상의 상황판단검사(영화), 상식적 판단력검사 그리고 대학생활검사를 말하는데 각각 다른 유형의 암묵적 지식을 묻는 것이다. 암묵적 지식검사의 일반적 형식은 다른 문헌(Sternberg et al., 2000)에 자세히 기술되어 있으므로 이곳에서는 이 연구에서 사용된 검사 내용만 기술하기로 한다.

창의력 수행 과제와는 달리 이 과제에서는 참여자들이 선택할 시나리오가 주어지지 않는다. 각각의 과제에서 참여자들은 정답이 없고 또 각 시나리오에서 기술된 예시는 사람들이 여러 상황에 대해 어떻게 다르게 접근하였는지를 알려 주기 위한 것이라고 듣게 된다. 시나리오에서 하나의 정답만 있는 것은 아니라는 점이 실생활에서 개인이 실제적 지능으로 해결해야 하는 일상의 문제와 일치한다. 심지어 '전문가'도 복잡한 문제에 대한 다양한 해결책을 평가해야 할 때 문제해결 전략에서 큰 차이가 있다. 잘 정의되지 않은 문제 상황에 대한 해결책, 그리고 특정 반응과 결과 간의 관계가 불확실하다는 것이 전통적인 인지적 검사와 실제적 지능 검사의 질적인 차이를 나타낸다(Legree, 1995 참조).

- 일상의 상황판단검사(영화): 비디오 기반 검사로서 참여자에게 일반적으로 일상생활에서 부딪히는 문제(예, 잘 모르는 사람을 위한 추천서를 부탁받은 경우 등)를 표현한 7개의 간단한 장면을 보여 준다. 각각의 시나리오에 대해서 여섯 가지 해결방법이 보기로 제시된다. 각 보기에 대해 참여자는 그것이 얼마나 적절한 해결방법인지 1(매우 나쁜 방법)부터 7(매우 훌륭한 방법)까지 평가를 내리도록 되어 있다.
- 상식적 판단력검사: 지필 형식의 검사로서 일반적인 비즈니스 관련 상

황에서 만나는 문제 상황(예, 지루한 일을 맡은 경우, 경쟁 상황에 대처해야 하는 경우 등)을 표현한 15개의 글이 있다. 각 시나리오에는 여덟 가지 해결방법이 적혀 있다. 참여자에게 위의 영화 장면 문제와 같이 각 보기에 대해 얼마나 적절한 문제해결 방법인지 1(매우 나쁨)부터 7(매우 훌륭함)까지 점수를 매기도록 하였다.

- 대학생활검사: 지필 형식의 검사로서 일반적인 대학생활과 관련된 문제 상황(예, 서무과를 찾아가는 방법, 까다로운 룸메이트를 대하는 경우 등)을 표현한 15개의 글이 있다. 각각의 시나리오에는 상황에 따라 몇 가지 다른 해결방법이 적혀 있다. 참여자는 각 방법이 주인공의 특성에 얼마나 맞는지 또는 적절한 문제해결 방법인지에 1(전혀 주인공 특성에 맞지 않음, 매우 나쁜 선택)부터 7(주인공 특성에 딱 맞음, 매우 좋은 선택)까지 점수를 매기도록 되어 있다.

학업 수행

학업 수행은 학교 성적표에서 얻을 수 있는 GPA 점수를 가지고 측정한다. 고등학생의 경우 고교 GPA를 사용하였는데, 이는 졸업 학년에서 평가된 점수다. 대학생의 경우 1학년 말의 GPA를 사용하였다.

모든 자료는 지필 형식(41%) 또는 컴퓨터 온라인 형식(59%)으로 수집되었다.[5] 참여자는 개별적으로 혹은 소집단으로 평가되었다. 말하기검사를 하는 동안 집단으로 평가받는 사람들은 헤드폰을 끼고 하거나 다른 방에 가서 말을 하게 하여 다른 참여자에게 방해되지 않도록 하였다.

2개의 독립된 검사시간이 있었는데, 각 참여자는 하나를 끝내고 바로 나머지 하나를 끝내도록 하였다. 검사 실행 순서는 모든 참여자에게 동일했다. 엄격한 시간 제한은 없었으나, 감독관에게는 각 세션 진행을 약 70분

5) 시행 방법은 기관에 따라 지필 형식 혹은 컴퓨터 기반 형식으로 나뉘었다. 이 두 방법의 동시 사용은 지필 형식과 컴퓨터 기반 형식 사이에 중요한 차이가 있는지 판단하기 어렵게 했다.

간 하도록 지침을 내렸다. 전체 검사 종료까지는 약 2~4시간이 걸렸다.

검사시간이 꽤 길었기에 참여자는 시험의 어떤 부분에서는 McArdle과 Hamagami의 연구(1992; McArdle, 1994 참조)에서 기술된 바와 같이 의도적 불완전 중복설계(intentional incomplete overlapping design)를 이용하여 시행하도록 하였다. 참여자는 무작위로 그들이 끝내야 할 시험 세션을 배당받았다. 표본에서 빠진 모든 자료는 최대우도추정치(full information maximum likelihood: FIML) 평가기술을 이용하여 처리하였다.

연구 결과

삼원지능 척도의 요인 구성

배리맥스 회전(Varimax rotation)으로 탐색적 요인 분석을 했다. 삼원지능 척도의 기저 구성요인을 알아보기 위해 한 분석의 결과는 〈표 9-1〉에 제시되어 있다. 고유값 1 이상을 나타낸 요인을 추출했으며, 이것은 지능검사의 분산 62.4%를 설명해 준다.

결과를 보면 일차원적 창의성 요인에 대한 증거가 혼합되어 있음을 알 수 있다. 실제적 지능은 잠재요인을 명확하게 정의하고 있는데, 그것은 이 분석들이 나타내고 있는 것과 일치한다. STAT 변수가 잠재요인을 설명하고 있다는 사실은 방법론(선다형)과 평가 내용(도형, 숫자, 언어)이 분석적, 실제적, 창의적 지능 문항에 걸쳐 공통적이라는 것을 암시한다. 이 표본에서 공통적인 방법론 요인은 서로 다른 선다형 STAT 하위검사가 제공한 독특한 창의적, 실제적, 분석적 요인을 압도한 것으로 보인다.

표 9-1 삼원지능 척도의 탐색적 요인 분석

	측정된 상관관계[a]										
	1	2	3	4	5	6	7	8	F1	F2	F3
1. 이야기 말하기	1.00								**.31**	.03	.07
2. 이야기 글쓰기	.14	1.00							**.37**	.18	.18
3. 만화 대사 적기	.16	.21	1.00						**.49**	.04	.15
4. STAT-창의적 능력	.17	.30	.28	1.00					.37	.28	**.59**
5. STAT-분석적 능력	.11	.23	.21	.59	1.00				.16	.12	**.85**
6. STAT-실제적 능력	.17	.29	.29	.58	.65	1.00			.37	.19	**.67**
7. 일상상황 판단(영화)	.09	.21	.14	.31	.18	.25	1.00		.21	**.65**	.08
8. 대학생활	.06	.21	.08	.36	.25	.29	.58	1.00	.06	**.86**	.16
9. 상식적 판단력	.06	.21	.09	.38	.28	.31	.56	.77	.06	**.82**	.21

주: 분산의 62.4%를 설명. [a]FIML(최대우도추정치)을 사용하여 측정된 상관관계; N=776.

위계적 회귀분석

대학의 GPA를 예측하는 데 있어 SAT 외에 삼원지능 척도가 제공하는 증분타당도를 측정하기 위해, 고교 GPA뿐 아니라 분석적, 창의적, 실제적 지능을 포함한 위계적 회귀분석을 시행하였다. 이러한 분석이 근거하고 있는 상관계수 매트릭스는 〈표 9-2〉에 제시되어 있다. 일상의 상황 판단 검사, 대학 생활 검사 그리고 상식적 판단력 검사들을 합친 잠재변수를 입력하였다. 창의성 척도는 분리해서 입력했다. 창의성 척도가 잠재변수를 설명하기에는 공통변량을 충분히 포함하고 있지 않았기 때문이다. 삼원 지능의 세 가지 차원을 모두 포함한 위계적 회귀분석은 〈표 9-3〉에 제시되어 있다.

대학에서의 성공 〈표 9-3〉의 A에서 보여 주듯이, SAT-V(언어), SAT-M(수리), 그리고 고교 GPA를 1단계 분석에 포함시켰다. 이 척도들은 대학

표 9-2 레인보우 측정법, GPA 및 SAT 변인 간 상관관계

	평균	1	2	3	4	5	6	7	8	9	10	11	12
1. 대학 GPA[a]	0.1	1.00											
2. 일상의 상황 판단	.94	.15	1.00										
3. 대학 생활 감시	.97	.17	.59	1.00									
4. 상식적 판단력	.95	.26	.54	.32	1.00								
5. SAT-수리[a]	.10	.28	.26	.24	.28	1.00							
6. SAT-언어[a]	.11	.26	.29	.23	.26	.75	1.00						
7. 이야기 말하기	.20	.29	.15	.02	.17	.23	.23	1.00					
8. 이야기 글쓰기	.43	.12	.23	.14	.30	.29	.38	.11	1.00				
9. 만화 대사 적기	.02	.07	.13	.12	.04	.26	.37	.14	.23	1.00			
10. STAT-창의적 지능	1.04	.35	.29	.38	.38	.59	.53	.10	.26	.28	1.00		
11. STAT-실제적 지능	.47	.24	.26	.29	.30	.56	.53	.17	.30	.28	.60	1.00	
12. STAT-분석적 지능	1.48	.24	.17	.24	.25	.61	.52	.14	.23	.22	.58	.64	1.00
13. GPA[a]	.02	.37	.18	.22	.21	.55	.48	.08	.18	.20	.46	.40	.41

주: FIML을 사용한 상관관계 측정은 부분적으로 위 모형에 포함된 변수들에 따라 좌우됨. N=777; 통계 수치 계산을 위해 FIML이 사용됨. [a]z-score 변환이 적용됨.

수학능력을 예측하기 위해 오늘날 사용되는 표준 척도다. 고교 GPA만 중다 상관계수에 기여한다. 2단계에서 우리는 STAT의 분석적 지능 하위검사를 추가하였다. 이 검사가 SAT 시험에 개념적으로 가장 가깝기 때문이다. STAT의 분석적 지능 하위검사가 포함되었으나 R^2의 값은 증가시키지 못했다. 3단계에서는 실제적 지능 검사를 추가해서 R^2의 값이 조금 증가하였다. 주목할 점은 실제적 지능 수행의 공분산을 나타내는 잠재변수와 고교 GPA가 3단계에서 대학 GPA를 유의미하게 설명해 주는 유일한 변수라는 것이다. 이 분석의 마지막 단계에서 창의적 지능 척도를 포함시켰을 때는 SAT와 고교 GPA를 분석적, 실제적, 창의적 지능 척도를 가지고 보완함으로써 대학GPA의 전체 24.4% 변량을 설명할 수 있었다. 2, 3, 4단계에서 삼원지

표 9-3 삼원 지능을 활용한 대학 GPA의 증분 예측도, (A) SAT와 고교 GPA 외, (B) SAT 외

A	1단계	2단계	3단계	4단계
SAT/고교 GPA				
언어[a]	.080	.065	.047	.030
수리[a]	.080	.013	.002	−.081
고교 GPA[a]	.300*	.293*	.283*	.283*
분석적 지능				
STAT 분석적 지능		.103	.060	.016
실제적 지능				
잠재적 수행능력			.128*	.063
STAT 실제적 지능			.011	-0.47
창의적 지능				
이야기 글쓰기				.128
이야기 말하기				.174*
만화				−.089*
STAT 창의적 지능				.259*
R^2	.164	.158	.166	.244
B	**1 단계**	**2단계**	**3단계**	**4단계**
SAT				
언어[a]	.124	.105	.076	.056
수리[a]	.205*	.121	.096	.015
분석적 지능				
STAT 분석적 지능		.129*	.076	.021
실제적 지능				
잠재적 수행능력			.148*	.072
STAT 분석적 지능			.036	−.034
창의적 지능				
이야기 글쓰기				.117
이야기 말하기				.153*
만화				-.080
STAT 창의적 지능				.300*
R^2	.096	.095	.108	.188

주: 입력값들은 표준화된 베타 계수다. *P＜.05. N=777. [a]z-score 변환이 적용됨.

능 척도를 포함시켰을 때는 대학 GPA의 전형적인 예측요인에 더하여 설명 변량이 약 8.0% 정도 증가(.164에서 .244로)했다. 〈표 9-3〉의 B는 고교 GPA가 빠졌다는 점을 제외하고는 〈표 9-3〉의 A와 같은 분석을 보여 준다.

또 다른 위계적 회귀분석은 변수의 순서를 SAT와 고교 GPA가 마지막 단계에 입력되도록 하는 것이었다. 중요한 것은 고교 GPA가 마지막 단계에서 증분타당도를 증가시키는 것과는 달리 3단계에서 삼원지능 척도를 제외하고 SAT는 증분타당도를 크게 더해 주지 않는다는 것이다. 대략 18.8%의 대학 GPA 변량은 삼원지능 척도만을 가지고도 설명이 가능하다. 마지막 단계에서 고교 GPA와 SAT와 함께 4개의 창의적 지능 척도 중 3개는 대학 GPA의 증분 예측에 크게 기여한다. 이 세 가지 변수는 이야기 말하기($p < .05$), 이야기 글쓰기($p < .05$) 그리고 STAT의 창의적 지능($p < .01$)이었다. 또 세 가지 암묵적 지식검사의 수행 저변에 깔려 있는 잠재적인 실제적 지능변인은 그다지 중요하지 않았다($p < .10$).

다중회귀분석은 분석적, 창의적, 실제적 지능 각각을 나타내기 위해서 많은 수의 척도가 사용되었다는 문제가 있다. 이는 구인 중복의 위험성을 가지고 있다. 이 문제를 해결하기 위해 고교 GPA와 SAT 그리고 분석적(STAT 분석적 지능), 창의적(이야기 말하기), 실제적(잠재적 수행능력) 능력 중 한 가지씩만 포함시킨 최종적인 중다회귀분석을 했다. 창의적 지능 척도 중 두 가지는 통계적으로 중요한 베타 계수를 가지고 있었다.

집단 차이 집단 차이는 이 연구의 두 번째 초점이었다. 대학 성적을 예언하는 변인의 평균 수준에서 민족 집단 간 차이를 줄이는 척도를 개발하는 것이 중요한 목적이었다. 〈표 9-4〉는 이러한 목적 달성의 성공 정도를 나타낸다.

우리는 6개의 민족·인종 집단 간 평균 수행능력 차이에 대한 일원 변량분석(ANOVA)을 하였다. 6개 집단은 백인, 아시아계, 태평양섬 출신, 라틴계, 아프리카계, 그리고 아메리카 원주민 집단이었다. 측정을 통해 나타난 집단 간 차이가 분석되었다. 척도는 기준선 척도인 SAT-V(언어), SAT-M(수리), STAT 지능 , 창의적 수행 과제, 그리고 실제적 지능 수행 과제다. 여기서 ω^2의 크기는 각 변수에 미치는 인종의 영향력 크기 척도다. 그것은 참여자의 민족적 차이에 의한 것이라 여겨지는 변수의 변량을 가리킨다. 각 ANOVA의 F값, 유의도, 각 분석에서의 사례 수, 각 분석의 ω^2가 〈표 9-4〉에 제시되어 있다. 이러한 결과는 삼원지능이 분석에서 나타나는 것처럼 단지 학업수행을 예측할 뿐만 아니라 SAT와 같은 전통적 능력시험에 비하여 인종 · 민족적 차이를 감소시킨다는 것을 나타낸다. 이러한 결과는 대학 입학 전형에 대한 잘못된 영향을 줄인다는 중요한 시사점을 지니고 있다.

표 9-4 출신 민족에 따른 각 척도의 변량

측정법 종류	F	p	N	ω^2
SAT				
언어	35.8	<.001	341	.09
수리	15.2	<.001	341	.04
전체(혼합)	28.2	<.001	340	.07
STAT				
분석적 지능	.5	ns	370	.00
실제적 지능	12.8	<.001	374	.03
창의적 지능	6.7	<.01	369	.02
실제적 수행능력				
일상 상황 판단(영화)	5.9	<.05	493	.01
상식적 판단력	2.6	ns	273	.01
대학 생활	8.4	<.01	298	.02
창의적 수행능력				
만화 대사 쓰기	14.0	<.001	569	.02
이야기 말하기	6.0	<.05	152	.03
이야기 글쓰기	3.1	ns	329	.01

연구의 시사점

성공지능이론은 대학 학업에 필요한 능력 평가를 확장시키는 강한 이론적 배경을 제공한다. 확장된 평가가 훌륭한 증분 예측력을 가지고 있으며 형평성을 높여 주는 역할을 한다는 증거가 있다. 따라서 새로운 레인보우 측정은 수행을 좀 더 정확히 예측하고 형평성을 높인다는 우리의 목표를 충족시킨다. 교수법이 발전하고 대학과 실생활에 필요한 창의적 · 실제적 지능을 대학의 교육자들이 더욱 강조한다면 이 검사의 예측력은 더 증가될 수 있을 것이다. 지난 100년에 걸쳐 일어난 평가의 표면적 변화들은 평가 절차의 구인타당도에 거의 영향을 주지 못했다. 성공지능이론은 구인타당도를 높이는 새로운 기회를 제공할 수 있을 것이다.

현재 진행 중인 레인보우 프로젝트의 후속 단계는 이전 단계에서 평가에 참여했던 학생들을 가능한 한 많이 참여시켜 5～10회 정도 평가하였으며, 그 외에도 기존의 레인보우 평가를 엄격하게 수정하고 있다. 지금까지 세 대학에서 많은 수의 학생이 참여하기로 했다. 후속 연구에서 우리는 전 단계에서보다 더 광범위한 종속변수를 사용하여 학생들을 종단적으로 계속 추적하고 있다. 우리는 좀 더 확장된 척도를 보여 줌으로써 레인보우 평가가 신뢰성 있고 타당한 정보를 제공하며, 대학에서의 성공을 더 잘 예측하는 동시에 입학전형 과정에 형평성을 높여 줄 것이라고 생각한다.

참고문헌

Bridgeman, B., Burton, N., & Cline, F. (2001). *Substituting SAT II: Subject Tests for SAT I: Reasoning Test: Impact on admitted class composition and quality* (College Board Rep. No. 2001-3). New York: College Entrance Examination Board.

Bridgeman, B., McCamley-Jenkins, L., & Ervin, N. (2000). *Predictions of freshman gradepoint average from the revised and recentered SAT I: Reasoning test* (College Board Rep. No. 2000-1). New York: College Entrance Examination Board.

Dorans, N. J. (1999). *Correspondences between ACT and SAT I scores* (College Board Rep. No. 99-1; ETS Research Rep. RR., No. 99-2). New York: College Entrance Examination Board.

Hezlett, S., Kuncel, N., Vey, A., Ones, D., Campbell, J., & Camara, W. J. (2001, April). *The effectiveness of the SAT in predicting success early and late in college: A comprehensiveness meta-analysis.* Paper presented at the annual meeting of the National Council of Measurement in Education, Seattle, WA.

Kobrin, J. L., Camara, W. J., Milewski, G. B. (2002). *The utility of the SAT I and SAT II for admissions decisions in California and the nation* (College Board Rep. No. 2002-6). New York: College Entrance Examination Board.

Legree, P. J. (1995). Evidence for an oblique social intelligence factor established with a Likert-based testing procedure. *Intelligence, 21,* 247-266.

Linacre, J. M. (1998). *Facets user's guide.* Chicago: MESA Press.

Lubart, T. I., & Sterberg, R. J. (1995). An investment approach to creativity: Theory and data. In S. M. Smith, T. B. Ward, & R. A. Finke (Eds.), *The creative cognition approach* (pp. 269-302). Cambridge, MA: MIT Press.

McArdle, J. J. (1994). Structural factor analysis experiments with incomplete data. *Multivariate Behavioral Research, 29* (4), 409-454.

McArdle, J. J. & Hamagami, F. (1992). Modeling incomplete longitudinal and cross-sectional data using latent growth structural models. *Experimental Aging Research, 18*(3), 145-166.

Ramist, L., Lewis, C., & McCamley-Jenkins, L. (1993). *Student group differences in predicting college grades: Sex, language and ethnic groups* (College Board Rep. No. 2001-5). New York: College Entrance Examination Board.

Sternberg, R. J. (1980). Sketch of a componential subtheory of human intelligence. *Behavioral and Brain Sciences, 3,* 573-584.

Sternberg, R. J. (1984). Toward a triarchic theory of human intelligence. *Behavioral and Brain Sciences,* 7, 269-287.

Sternberg, R. J. (1985). Beyond IQ: *A triarchic theory of human intelligence.* New York: Cambridge University Press.

Sternberg, R. J. (1990). *Metaphors of mind: Conceptions of the nature of intellgence.* New York: Cambridge University Press.

Sternberg, R. J. (1993). *Sternberg Triarchic Abilities Test.* Unpublished test.

Sternberg, R. J. (1997). *Successful intelligence.* New York: Plume.

Sternberg, R. J. (1999). The theory of successful intelligence. *Review of General Psychology, 3,* 292-316.

Sternberg, R. J., & Clinkenbeard, P. R. (1995). A triarchic model applied to identifying, teaching, and assessing gifted children. *Roeper Review, 17* (4), 255-260.

Sternberg, R. J., & Ferrari, M., Clinkenbeard, P. R., & Grigorenko, E. L. (1996). Identification, instruction, and assessment of gifted children: A construct validation of a triarchic model. *Gifted Child Quarterly, 40*(3), 129-137.

Sternberg, R. J., Forsythe, G. B., Hedlund, J., Horvath, J., Snook, S., Williams, W. M., Wagner, R. K., & Grigorenko, E. L. (2000). *Practical intelligence in everyday life.* New York: Cambridge University Press.

Sternberg, R. J., & Lubart, T. I. (1995). *Defying the crowd: Cultivating creativity in a culture of conformity.* New York: Free Press.

CHAPTER 10 비인지적 능력 측정 사례

William E. Sedlacek(메릴랜드 대학교)

우리는 애초에 왜 시험을 만들었는지 잊고 있는 것처럼 보인다. 시험은 지원자를 평가하는 데 항상 유용하다고 생각되어 왔으며, 이전 학교의 성적보다 더 공정한 것으로 여겨졌다. 각 학교마다 질적 수준에서 차이가 있기 때문이다. 미국 대학입학위원회는 오래전부터 SAT가 그 평가 내용에 한계가 있으므로 대학 지원자를 판단하는 유일한 도구가 되어서는 안 된다고 하였다(Angoff, 1971). 미국 대학입학위원회는 1926년에 처음 SAT를 개발했을 때 다음과 같은 충고를 했다.

> 다른 사람의 가치를 평가·측정하거나 교육 결과를 평가하는 것, 혹은 잠재적 가능성을 측정하기 위한 노력은 어떤 방법이든 확실한 예측을 보장하기 어렵다. 현재 미국 대학입학시험위원회에서 치는 시험들은 해결할 수 있는 몇 가지 복잡한 문제를 가지고 있다. 그러나 그 해결은 단지 보충적인 것으로 보아야 한다. 시험 점수만 너무 강조하는 것은 보완해 주는 다른 척도와 추정

치를 결합해서 적절하게 점수를 매기거나 순위를 매기지 못하는 것만큼 위험하다(Brigham, 1926, pp. 44-45).

1993년에 SAT의 언어 및 수리 영역은 내용이 더 많아졌고 선다형 시험은 삭제되었다. 시험의 이니셜은 그대로 SAT였지만 시험명은 '학업 적성 시험(Scholastic Aptitude Test)'에서 '학업 평가 시험(Scholastic Assessment Tests)'으로 바뀌었다. 현재 이 시험은 그냥 SAT I으로 불린다. 2003년에 미국 대학입학위원회는 에세이 시험을 추가하고 유추 형식의 문제를 삭제하겠다고 발표하였다. 여러 해에 걸쳐 다양한 모습으로 변화했지만, SAT는 1926년에 언어와 수리 능력을 평가하기 위해 시행되었던 것처럼 기본적으로는 여전히 일반 지능 시험이다(Sedlacek, 2003, 2004).

그러나 이러한 '큰 시험'은 학교 내에서 주요 초점이 되어 버렸다(Lemann, 2000). 그것은 우리 자신과 다른 사람을 판단하는 기준이 되었다. 어떤 학생이 높은 SAT 점수를 획득하면 뭔가를 잘 학습했다는 것이고, 어느 학교의 SAT 점수 평균이 높으면 그 학교는 좋은 학교라고 생각하는 사람이 많다.

시험 결과는 학생들의 학습을 돕고 학생들의 요구를 분석하는 기초로서 교육자와 학생 서비스업자 그리고 행정가에게 도움이 되어야 한다. 그러나 현재 개발된 시험은 이러한 목표를 달성하지 못하고 있다. 많은 교사는 학생들이 시험에서 최고 점수를 얻을 수 있도록 가르치고, 학생 서비스업자들은 이러한 시험을 무시하며, 많은 행정가는 학교의 시험 점수 평균이 오르기만 하면 만족한다. 뛰어난 지원자를 선발하는 데 유용한 동시에 모든 학생에게 공정하고 학생들의 발달과 학습 요구를 평가하는 좋은 시험이 필요하다. 현재의 시험은 이러한 필요를 충족시키지 못하고 있다.

변화 따라잡기

이제 세상은 SAT 및 다른 시험이 개발된 지난 세기와는 너무나 달라졌다. 여성, 유색인종, 동성애자, 양성애자는 다른 이들과 마찬가지로 더욱 다양한 방법으로 고등교육에 참여하고 있다(Harvey, 2002: Knapp, Kelly, Whitmore, Wu, & Gallego, 2002; McTighe, Musil, et al., 1999; Mohr & Sedlacek, 2000). 그런데 보편적으로 활용되는 시험은 이러한 변화를 따라잡지 못하고 있다(Sedlacek, 2003, 2004).

이 외에도 시험에 관련된 문제로는 적법성(Harvey & Hurtado, 1994)과 점수의 타당도(Williams, 1997), 시험 개발방법(Sedlacek, 1986, 1994, 2003, 2004), 범위 제한 문제(Darlington, 1998) 등이 있다.

새로운 접근

우리는 새로운 접근이 필요하다. 시험을 바라보는 현재 시각에 한계를 느끼는 것만으로는 충분하지 않다. 'SAT 및 다른 시험을 어떻게 개선할 수 있을까?' 라는 질문 대신 '어떤 종류의 시험이 우리의 현재와 미래의 필요를 충족시킬까?' 라는 질문을 던져야 한다. 이 글의 목적은 그러한 시험을 제작하는 방법에 내재된 논리와 이를 입증하는 연구를 밝히는 것이다. 그렇다고 현재 시험을 무시할 필요는 없다. 평가에서 얻고자 하는 잠재력을 확장시켜 줄 수 있는 새로운 측정방법을 찾아야 한다.

다양성 문제

'모두는 한 사람을 위해, 한 사람은 모두를 위해' 는 공정하고 형평성 있는 척도를 개발하기 위해 종종 사용되는 구호다(Sedlacek, 1994). 시험에서 다양성을 다루는 방법은 시험을 세심하게 조정하여 모든 이에게 공정하게 만드는 것이다. 그러나 집단이 각각 경험과 속성과 능력을 표현하는 상이한 방법을 가지고 있다면 모든 사람에게 타당하고 공정한 점수를 산출해내는 단일한 척도와 시험 문항을 개발하는 것은 거의 불가능할 것이다. 만약 우리가 시험의 의도보다 결과에 초점을 맞춘다면, 모든 집단이 동일한 목적을 달성하도록 시험을 이용하기보다는 각 집단의 학생들을 잘 선발해내는 것이 더 중요하다는 결론을 내릴 수 있을 것이다. 이 경우 과정의 공정성보다는 결과의 공정성이 중요해진다.

따라서 우리는 평가 안에 존재하는 문화, 인종, 성에 따른 변량과 다양한 집단에서 존재할 수 있는 그 외의 비전통적 측면의 변량을 제거하기보다는 오히려 보존하려고 해야 한다(Sedlacek, 2003, 2004). Sedlacek(2004)은 '비전통적인 인간'을 유럽 출신의 백인 중산층 남성과는 다른 문화적 경험을 가진 사람으로 정의했다. 그들은 자신의 생활을 통제할 수 있는 능력이 더 부족하므로 차별을 받고 있다.

비인지적 능력

'비인지적'이라는 용어는 정확하고 과학적으로 들리지만 아주 광범위한 속성을 묘사하는 데 사용되고 있다. Willingham(1985)은 고등학교에서 이수한 우등과정, 고교 동아리 활동, 자기소개서, 추천서를 연구하였는데 이것들을 가지고서 대학생활의 성공을 예측할 수 있다고 결론 내렸다. 다른 연구자들은 학생들의 참여도(Astin, 1993), 학업적 · 사회적 행동(Milem & Berger, 1997), 학업능력(Nisbet, Ruble, & Schurr, 1982), 그리고 사회경제적 배경, 기관 및 환경적 변인(Ting & Robinson, 1998)을 학생의 성공과 관련된 비인지적 변인의 개념에 포함시켰다.

여기서 말하는 '비인지적 능력'이란 전형적으로 표준화된 시험으로 측

표 10-1 비인지적 변인에 대한 설명

번호	변인 명칭
1	긍정적 자아개념 • 자신감, 강한 인성, 결단력, 독립심을 보인다.
2	현실적 자아평가 • 특별히 하업적인 면에서 자신의 강점과 약점을 인식하고 인정하며 자기 발전을 위해 열심히 노력한다. 자신의 인격의 폭을 넓힐 필요성을 인식한다.
3	차별주의(제도)를 이해하고 대처하기 • 차별에 대한 개인적 경험을 바탕으로 제도에 대한 현실적 견해를 보인다. 현존하는 체계를 개선하려고 노력한다. 잘못된 것에 강하게 대처하되, 사회에 적대적이거나 도피하지는 않는다. 인종차별적 제도에 대처할 수 있다.
4	단기목표나 즉각적 필요보다는 장기목표 선호 • 만족 지연, 앞선 계획 및 목표 수립이 가능하다.
5	강력한 지원자의 존재 • 위기 상황에서 혹은 격려가 필요할 때 강한 지원체계 또는 지원자에게 도움을 얻을 수 있다.
6	성공적인 리더십 경험 • 어떠한 분야에서든 강한 리더십을 보인다. (예, 교회, 스포츠 팀, 교육과 관계없는 집단, 불량학생 우두머리 등)
7	공동체 참여 • 공동체에 속해 있으며 그에 참여한다.
8	어떤 분야에 대한 지식 • 어떤 분야에서든 지속적이고 문화적인 방법으로 지식을 습득한다.

정되는 언어적 · 수량적(종종 인지적 능력이라고 불리는) 부분이 아니라 적응력, 동기, 학생들의 직관과 관련이 있는 능력을 가리킨다. 비인지적 능력은 Sternberg(1996)가 말하는 경험적 · 맥락적 영역에 나타나는 반면, 표준화된 시험은 구성요인 영역을 반영하는 경향이 있다. 비인지적 능력은 모든 학생들에게 유용하지만, 특히 비전통적인 학생에게 더욱 중요하다. 표준화된 시험과 학교 성적은 학생의 잠재력에 대해서 제한적 관점만 제공할 수 있기 때문이다. 이어지는 내용은 입학 평가체계에 포함시키도록 권장되는

여덟 가지 변인에 대한 논의다(〈표 10-1〉 참조).

긍정적 자아개념

학생들이 자신에 관해 느끼는 방식은 대학에서의 적응 및 성공과 관련이 있다(Sedlacek, 2003, 2004). 강한 자아개념은 특히 유색인종 학생들(Neville, Heppner, & Wang, 1997), 장애를 가진 학생들(Patterson, Sedlacek, & Scales, 1988) 및 복학한 여학생(Adelstein, Sedlacek, & Martinez, 1983)에게 중요하다.

많은 연구에서 긍정적 자아개념이 대학 성적, 등록률, 졸업과 상관관계가 있음을 밝히고 있으며, 특히 대학생활의 유지와 졸업은 아프리카계 미국인 학생들에게 큰 상관이 있음이 드러났다(McNairy, 1996; Milem & Berger, 1997; Tracey & Sedlacek, 1984a, 1984b, 1985, 1987, 1988, 1989). O'Callaghan과 Bryant(1990)는 자아개념이 미국 공군사관학교에서 흑인 학생들의 성공을 위해 중요하다는 것을 밝혔다.

Fuertes, Sedlacek과 Liu(1994)는 강한 자아개념이 아시아계와 태평양섬 지역 출신 대학생에게 중요하다는 것을 밝히고 있다. Bennett와 Okinaka (1990)는 아시아계 미국인 학생이 캠퍼스에서 종종 사회적 고립과 불만을 느낀다는 것을 발견했다. Chung과 Sedlacek(1999)은 또한 아시아계 미국인 학생이 다른 인종의 학생보다 낮은 경력을 가지고 있음을 지적하였다.

Fuertes와 Sedlacek(1995)은 라틴계 학생들의 자아개념의 중요성을 지적했으며, Longerbeam, Sedlacek과 Alatorre(출판 중)는 라틴계 학생이 다른 인종 집단보다 스스로 학업능력이 부족하다고 느끼는 경향이 있음을 발견했다. 또한 라틴계 학생은 다른 집단보다 캠퍼스의 다양한 스트레스 상황을 더 불편하게 느끼는 경향이 있었다(Ancis, Sedlacek, & Mohr, 2000; Helm, Sedlacek, & Prieto, 1998).

Boyer와 Sedlacek(1988)은 자아개념이 외국인 학생들의 성적과 적응도를 예측한다는 것을 밝혔다. 한편 Sedlacek과 Adams-Gaston(1992)은 자아개념이 운동선수 학생들의 성적과 관련이 있음을 밝혔다. Ancis와 Sedlacek (1997)뿐 아니라 Betz와 Fitzgerald(1987)는 여학생의 경우 자아개념과 학업적 성공이 서로 관련 있다는 증거를 제시했다. White와 Sedlacek(1986)은 자아개념이 특별반 학생들의 성공에 영향을 준다는 것을 발견했다.

요약하자면, 긍정적 자아개념은 모든 학생들의 고등교육 성공에 영향을 준다. 좋은 자아개념을 가지는 것은 모든 학생에게 중요하지만, 특히 비진통적인 학생들에게는 더욱 중요하다.

현실적 자아평가

'현실적 자아평가(realistic self-appraisal)'란 자신의 강점과 약점을 평가하여 자아발전을 이루는 능력을 가리킨다. 비전통적인 학생들이 내리는 자아평가가 반드시 문화적, 인종적, 성적 결함이나 열등감을 담고 있는 것은 아니다.

백인 학생의 필요를 충족시키기에 유리한 사회구조에서 그들이 자신의 이익을 추구하기는 쉽다. 반면 유색인종 학생은 사회제도에서 드러나는 인종차별에 대처해야 하므로 외적인 통제에 주의해야 한다(Sedlacek, 1995, 1996, 2003, 2004; Sedlacek, & Brooks, 1976). Perrone, Sedlacek과 Alexander(2001)는 백인과 아시아계 미국인 학생이 자신들의 직업 목표 성취의 주요 걸림돌로 어떤 한 분야에 대한 내재적인 흥미를 든 반면, 라틴계와 미국 원주민 학생은 개인 경제력을 가장 큰 걸림돌로 인식한다는 것을 발견하였다.

Tracey와 Sedlacek(1984a, 1984b, 1985, 1987, 1988, 1989)은 현실적 자아평가가 모든 학생들의 대학 성적, 적응력, 졸업과 상관관계가 있으나, 특히 아프리카계 학생에게서 강한 관련이 있음을 밝혔다. 현실적 자아평가를 내릴 수 있는 여학생은 그렇지 못한 여학생에 비해 대학에서 더 높은 성적을 보였다(Ancis & Sedlacek, 1997).

요약하면, 자신의 능력에 대해 현실적 평가를 내릴 수 있는 유색인종 학생과 모든 인종의 여학생은, 자아평가를 힘들게 하는 여러 장애에도 불구하고 그러한 판단을 잘 하지 못하는 학생들보다 훌륭한 성적을 획득했다. 현실적 자아평가는 또한 전통적 학생의 성공에도 영향을 줄 수 있다.

차별주의를 이해하고 대처하기

성공하는 비전통적인 학생은 차별에 대한 개인적 경험을 바탕으로 한 현실주의자다. 또한 현존하는 제도를 개선하기 위해 맞서는 사람이며 인종차별적인 제도에 대처할 수 있는 사람이다. 제도상의 차별이란 개인의 특성과 상관없이 제도 및 하위 조직과 같은 사회 작용방식에서 사회 집단의 구성원들로 인해 생겨난 부정적 결과(예, 대학입학 전형)라고 정의할 수 있다(Sedlacek, 1995, 2003, 2004; Sedlacek & Brooks, 1976). 인종차별은 어떤 형태든 취할 수 있다. 여기서 인종차별이란 모든 이념을 포함해서 사용한 것을 말한다(예, 성차별, 연령차별, 체력차별). 인종차별이 제도적이기보다는 개인적인 것으로 볼 수 있다 해도, 의도적이든 아니든 인간 삶의 발전을 방해하는 정책과정과 어려움에 대처하는 것은 중요하다.

전통적인 학생의 경우 인종차별이 아닌 제도에 대응해야 한다(Sedlacek, 1996, 2003, 2004; Tracey & Sedlacek, 1984a, 1984b). 어떤 사람이 자신이 직면한 환경에 대처하는 법을 배우는 양상을 보면 개인의 능력과 잠재력에 대해 많은 것을 알 수 있다.

'고정관념 위협'에 대한 Steele(1997)의 연구는 시험에 대한 수험자의 심리적 태도가 중요하다는 것을 보여 준다. 아프리카계 미국인은 시험 점수가 대체로 낮다는 말을 듣게 된 경우 더 긍정적 태도를 심어 준 경우보다 시험 성적이 더 나빴다. 전문적인 논문과 대중적 문헌에서 아프리카계 미국인들은 백인에 비해 표준화된 시험 점수가 낮다고 기술되어 있다(Lemann, 2000; Sedlacek, 1998a, 1998b, 2003, 2004). 따라서 아프리카계 미국인의 경우 시험 치는 것은 애초에 고정관념 위협을 조성하는 데 기여해 왔을 수 있는 인종차별에 대처하는 것과 관련이 있을 것이다. 그러므로 아프리카계 미국인이 SAT 시험을 칠 때 측정되는 변량의 일부는 그들이 인종차별에 어떻게 대처하는가와 관련 있을 가능성이 높다. 만약 앞에서 정의한 비전통적인 학생들이 자신들이 권한을 가졌다고 생각하고 스스로의 성공을 기대하면서 평가에 접근할 수 있다면, 그들은 잠재력을 더욱 정확하게 발휘하게 하는 비인지적 능력을 활용하고 있는 것이다. 이런 능력은 다른 시험을 가지고 추론하기보다는 직접 측정해야 한다.

장기목표 선호

학생들이 장기목표를 갖고 있는지의 여부는 대학에서의 성공에 영향을 준다. 역할 모델을 찾기 힘들고 그들을 위한 강화체계가 비교적 정리되어 있지 않아서, 많은 비전통적 학생은 현재의 노력과 직업이라는 궁극적 실제 사이의 관계를 이해하는 데 어려움을 겪고 있기 때문이다(Sedlacek, 2003, 2004).

다시 말해, 유색인종 학생은 백인 위주의 캠퍼스 문화에 적응해야 해서 백인 학생들보다 더 큰 문화적 충격에 맞닥뜨리게 되는 경향이 있기 때문에 그들의 대학 첫해 학업 수행을 예측하기는 전통적 학생들보다 쉽지 않을 수도 있다(Farver, Sedlacek, & Brooks, 1975). 그러나 두 번째 해의 성적은 유색인종 학생도 다른 이들과 비슷한 정도로 예측이 가능하다.

Boyer와 Sedlacek(1988)은 외국 학생의 경우 장기목표 설정과 성적 그리고 학교생활 유지 사이에 중요한 관련이 있음을 발견했다. Moore(1995)는 국제 커뮤니티칼리지 학생의 경우 장기적인 목표를 가지는 것이 학교생활의 지속성과 상관관계가 있다고 주장했다. 즉, 장기목표를 가지고 있는 학생들이 그렇지 않은 학생보다 성공적인 대학생활을 영위했다는 것이다.

강력한 지원자의 존재

학교에서 성공하는 학생은 특히 위기 상황에서 강력한 영향력을 가지고 조언해 주는 사람이 주변에 있는 경우가 많았다(Sedlacek, 2003, 2004). 이러한 지원자는 학교체계 내 사람일 수도 있지만, 비전통적인 학생의 경우 친척이나 지역사회 근로자인 경우가 많았다.

아프리카계 미국인(Tracey & Sedlacek, 1984a, 1984b, 1985, 1987, 1988, 1989)과 여학생(Ancis & Sedlacek, 1997), 운동선수인 학생(Sedlacek & Adams-Gaston, 1992), 외국인 학생(Boyer & Sedlacek, 1988), 그리고 특별보조 프로그램에 있는 아시아계, 아프리카계 학생과 백인(Ting, 1997; White & Sedlacek, 1986)의 경우, 강력한 지원자의 존재 여부가 성적, 적응도, 졸업과 중요한 상관이 있다고 평가되고 있다.

유색인종 학생은 개인의 노력과 긍정적 결과의 관계에 대한 강화가 비지속적이어서 쉽게 자퇴하거나 낙제한다(Mallinckrodt, 1988). 만약 백인 학생이 낙제를 하게 되면 그를 교육체계로 복귀시키려는 사회적인 노력이 많이 있을 것이다. 그러나 유색인종 학생이라면 학교를 떠날 경우 다시 돌아오기가 힘들 것이다.

성공적 리더십 경험

고등교육기관에서 가장 성공적인 학생들은 다른 학생들을 조직적으로 통솔하고 그들에게 영향력을 끼친다. 여기서 중요한 것은 비전통적인 학생이 그들의 상대인 백인 학생과는 다른 방식의 리더십을 보일 수 있다는 것이다. 지원 서류의 형식과 면접방식은 보통 비전통적인 학생에게 불리하게 되어 있다.

모든 지원자를 동일한 환경에서 온 것처럼 대하기보다는 지원자의 문화를 고려해서 관련된 활동을 추적하는 것이 중요하다. 예를 들어, Liu와

Sedlacek(1999)은 아시아계 미국인 학생이 리더십을 표현할 때 문화적으로 독특한 방법을 사용하고 있음을 발견했다. 만약 어떤 지원자가 자신의 문화권에서 성공하였고 현재 미국 대학에 들어갈 준비가 되어 있다면, 그 학생은 성공할 잠재력을 지니고 있다고 볼 수 있다.

강한 자신감은 성공을 예측하는 요인으로서 리더십의 중요한 요소다 (Sedlacek, 2003, 2004). 유색인종 학생의 수동적인 태도는 원래부터 그들을 위해 만들어진 것이 아닌 교육체계 안에서 주어지는 많은 기회를 놓치게 할 것이다. 인적 · 환경적 자원을 추구하는 능력은 유색인종 학생의 성공과 상관관계가 있다.

Tracey와 Sedlacek(1984a, 1984b, 1985, 1987, 1988, 1989), White와 Shelley(1996)는 라틴계와 아메리카 원주민 학생의 학교생활 적응에 필요한 리더십의 가치를 보여 주었다. 그들은 또한 리더십이 아프리카계 대학생의 학교생활 성공을 예측한다는 것을 발견했다. Webb 등(1997)은 의과대학을 다니는 아프리카계 여학생에게서 이와 유사한 관계를 발견하였다. White와 Shelley(1996)는 또한 라틴계와 아메리카 원주민 학생의 적응에서 리더십이 중요하다는 증거를 발견하였다. Ancis와 Sedlacek(1997), Betz와 Fitzgerald(1987)는 리더십이 여대생의 성공과 상관이 있음을 찾아냈다. Boyer와 Sedlacek(1986)은 외국인 남녀 학생에게서도 이와 유사한 관련성을 발견하였다. 그리고 Ting(1997), White와 Sedlacek(1986)은 리더십이 특별 보조를 받는 학생들의 학업 성공과 관계 있음을 발견하였다.

요약하면, 대학입학 전에 같은 인종 및 성별 집단에서 리더십을 보이는 유색인종 학생과 여학생은 리더십 경험이 없는 학생보다 대학생활에서 성공할 확률이 높다고 볼 수 있다.

공동체

학생들이 정체성을 발견하고 지원을 얻을 수 있는 공동체는 학업 성공에 매우 중요한 영향을 미친다. 백인 학생의 경우, 학교 안팎에서 이러한 공동체를 찾을 기회는 많이 있다. 비전통적인 학생을 위한 공동체는 인종, 문화, 성별에 따른 요인에 기반을 두고 있다. 공동체 안에서 활동적인 유색인종 학생과 여학생, 그리고 다른 비전통적인 경험을 가진 학생은 그 공동체의 체계에 대처하고, 리더십을 발휘하며, 그들의 자아개념을 발전시키는 방법을 배운다. 예를 들어, Mallinckrodt와 Sedlacek(1987)은 학교 운동시설과 특정 학생 조합 프로그램을 이용한 아프리카계 학생들이 그렇지 않은 학생보다 학교에 더 잘 적응했음을 발견했다.

Fuertes 등(1994)은 아시아계 학생의 경우 공동체 내에서의 정체성이 학교에서의 성공적 생활에 중요하다는 것을 밝혔다. 모든 인종의 남학생과 여학생 운동선수에게 공동체 내 정체성이 중요하다는 것을 밝힌 연구도 있었다(Sedlacek & Adams-Gaston, 1992). White와 Shelley(1996)는 라틴계와 아메리카 원주민 학생이 학교생활에 적응하는 데 공동체가 중요하다고 지적했다. Bennett(2002)는 인종에 따른 공동체에 속하는 것이 '소수자(underrepresented minorities)' 학생들의 대학졸업과 상관관계가 있다고 주장하였다. Ancis와 Sedlacek(1997)은 공동체가 여대생의 성공과 상관이 있으며, Ting(1997)은 특별 프로그램에 있는 백인 학생에게도 공동체가 중요하다고 하였다. Boyer와 Sedlacek(1988), Moore(1995)는 공동체 참여도가 외국인 학생들의 학업 성적에 중요하다는 것을 발견하였다. 따라서 대개는 인종과 성별에 기반한 경우가 많으나, 이러한 공동체에 참여하는 학생은 그렇지 않은 학생보다 더 성공적인 대학생활을 한다고 볼 수 있다.

비전통적인 지식 습득

어떤 학생이 교실 밖의 경험을 통해 배우는 능력은 학업 성공과 상관이 있다. 유색인종은 교육제도 밖에서 전통이지 않은 방법을 사용하여 학습하고 발전하기 쉽다. 이러한 방법은 문화 또는 성별에 기반한 것일 수 있으며 분야 자체가 비전통적인 것도 있다. 광범위한 연구들(여학생: Ancis & Sedlacek, 1997; 외국인 학생: Boyer & Sedlacek, 1988; 라틴계 학생: Fuertes & Sedlacek, 1995; 특별반 학생들: Ting, 1997; 아프리카계 학생: Tracey & Sedlacek, 1984a, 1984b, 1985, 1987, 1988, 1989)이 여러 집단의 학생들에게 있어 비전통적 학습이 학업 성공을 예측한다는 것을 보여 주고 있다.

비인지적 능력 측정

앞의 〈표 10-1〉에 나타난 비인지적 변인은 설문지, 단답형 질문, 에세이, 인터뷰, 포트폴리오, 지원서 검토 등 많은 방법으로 평가될 수 있다(Sedlacek, 2003, 2004).

비인지적 설문지

비인지적 설문지(The Noncognitive Questionnaire: NCQ)는 〈표 10-1〉에서 나온 8개의 비인지적 변인을 평가하기 위해 제작되었다. 많은 학자들(Tracey & Sedlacek, 1984a, 1984b; Woods & Sedlacek, 1988; Ting & Sedlacek, 2000)이 아프리카계 학생과 백인 학생에 대해서 NCQ를 통해 얻은 8개 분야 점수의 구인타당도 증거를 제공했다. Warmsley(1998)는 뉴욕시립대학에 다니는 아프리카계 학생의 첫해 성적이 SAT보다 NCQ에 의해 더 정확하게 예측되었다는 증거를 보여 주었다. Faubert(1992)는 NCQ가 지방에 사는 아프리카계 학생의 9, 10학년의 학업 성공과 관련이 있음을 밝혔다.

NCQ는 여러 형식으로 개발되어 왔으며 다양한 선발과정에서 활용되었다(Sedlacek, 2003, 2004). 이 설문지는 온라인으로 시행될 수도 있다. Tracey와 Sedlacek(1984a)은 2주 동안 여러 번의 평가-재평가를 통해 NCQ 점수의 신뢰도 범위가 .74~.94였고 그 중앙치가 .85였음을 보고하였다. 3개의 주관식 NCQ 문제에 대한 채점자간 신뢰도는 .73~1.00이었다.

대안적 형태의 NCQ들은 평가-재평가 신뢰도가 .80대에 있으며, 대안적 형태의 NCQ 점수(중앙치 $r = .79$)는 기본 형태의 NCQ 점수와 상관이 있었다(Sedlacek, 1989). Tracey와 Sedlacek(1989)은 여러 개의 다른 표본 집단에서 NCQ의 수정판이 점수 면에서 신뢰도와 타당도를 보유하고 있다는 증거를 제공하였다. 수정된 NCQ는 시험 문항 수는 더 많으나 주관식 문항은 없앴고 구조를 수정하였다. Lockett(1980)는 중서부의 큰 대학에 다니는 흑인 학생에게 치르게 했던 수정판의 NCQ 점수에서 타당도와 신뢰도를 보고하였다. Ting과 Sedlacek(2000)은 남동부의 큰 대학에 다니는 백인 학생에게 치르게 했던 수정판의 NCQ 점수에서 타당도와 신뢰도에 대한 정보를 제공하였다.

서부의 주립 단과대학에서는 또 다른 수정판 NCQ에서 획득한 점수가 이 학교의 건강 프로그램에 다니는 전통적 학생과 비전통적 학생의 성공을 예측하는 것으로 확인되었다(Noonan, Sedlacek, & Suthakaran, 2001). 또한 Webb 등(1997)은 NCQ가 의과대학 두 곳에서 유색인종 학생들의 의학시험 성공을 예측한다는 것을 발견하였다.

결론 및 제언

고등교육기관의 입학전형에 비인지적 변인을 적용할 수 있다는 충분한 증거가 나타나고 있다. 비인지적 척도는 신뢰할 수 있고 타당한 점수를 산출해 왔으며 쉽게 이용할 수 있다(Sedlacek, 2004). 그렇다고 기존의 척도를 모두 대체해야 한다는 것이 아니라 SAT, ACT, GPA와 같은 현재의 척도에 비인지적 척도를 부가적으로 사용할 것을 제안한다. 이로써 시험과 관련해 앞에서 논의한 여러 가지 문제를 피할 수 있을 것이다. 이런 문제가 해결된다면 특정 집단의 학생만 선발하지 않고 다양한 입학생을 선발할 수 있을 것이다. 비전통적 학생이 높은 점수를 얻을 수 있는 좀 더 다양한 특성을 측정하는 것이 가능하게 되기 때문이다.

혹자는 단순히 인지적 척도를 제거하는 것이 입학전형 방식을 개선하는 것이라고 생각하기도 한다. 그러나 다양한 근원을 가진 변인에 초점이 맞춰져 있지 않다면 현재의 검사보다 그 방법은 덜 효율적이다.

아직까지 비인지적 요소가 입학전형에서 광범위하게 적용될 부분이 많기 때문에, 범위의 제한이라는 문제는 인지적 척도를 사용할 때처럼 많지 않을 수도 있다. 예를 들어, 〈표 10-1〉에 나오는 비인지적 요소를 장학생 선발시험에 적용했던 게이츠 밀레니엄 장학생 프로그램(Gates Millennium Scholars Program)에 지원한 1만 6,000명이 넘는 지원자의 점수는 거의 완벽한 정규분포를 보였다(Sedlacek, 2004). 또한 매우 다양한 측정방법이 비인지적 점수 획득에 활용될 수 있기 때문에 인지적 측정보다 시험 표본의 편향 가능성은 덜할 것이다.

비인지적 요소는 학생의 적응도와 졸업 준거와 정적인 상관관계를 보인다. 비인지적 요소의 특징은 그것들이 선발 후 상황에서도 활용될 수 있다는 것이다. 이러한 요소는 학생상담, 조언, 수업, 학생 서비스 프로그램 등에서 전통적 시험 점수로는 도움을 받지 못했을 방식으로 사용될 수 있다(Sedlacek, 2003, 2004). 우리는 학생들의 SAT 점수를 높이려 하기보다는 대학입학 후 그들의 비인지적 특성을 개발하려고 노력할 것이다.

입학전형에서 비인지적 요소의 활용은 법원에서도 지지하고 있다. 메릴랜드 의과대학에서는 〈표 10-1〉에서 볼 수 있는 비인지적 요소를 활용하여 지원자 면접을 시행하였다. 이 대학은 공정성에 대한 소송에서 이러한 척도를 변호하였으며(Farmer v. Ramsay et al., 1998), 법정에서는 입학 선발을 위한 비인지적 요소 활용의 정당성을 인정하여 이의 제기를 기각하였다. 또 다른 소송사건(Castañeda et al. v. The University of California, 1999)에서는 많은 시민단체들이 UC 버클리 대학에 소송을 걸었다. 원고들은 현재의 입학전형 방식이 유색인종 지원자에게 불공정하다고 주장하며, 〈표 10-1〉의 비인지적 요소를 선발 기준에 포함시킬 것을 청원하였다. 이 사건은 UC 버클리 대학이 학교 성적과 시험 점수뿐 아니라 자기소개서와 과외 활동을 포함하여 지원자 파일 전체를 평가하기 시작하는 것으로 끝이 났다.

다음 두 가지 사건에 대한 미국 대법원의 판결은 이 글에서 다루고 있는 논점과 관련이 있다. 두 사건은 미시간 대학의 학부 및 로스쿨 선발과정에서 인종을 고려한 입학정책과 관련이 있다. Gratz와 Hamacher 대Bollinger 소송(2002)에서 법원은 지원자가 특정 인종이라고 해서 가산점을 부여하는 것은 허락할 수 없다고 결정하였다. 예를 들어, 미시간 대학은 지원자에게 20점의 가산점을 부여하였는데, 이는 합격 점수의 1/5에 해당하는 것이었다.

그러나 Grutter 대 Bollinger 소송(2002)에서는 법원이 로스쿨 선발요소 중 하나로 인종을 고려할 것을 허락하였다. 이러한 논리는 Bakke 소송건에서 파월 판사가 소수 의견에 사용한 논리와 유사하다(Regents of the University of California v. Bakke, 1978).

나는 입학정책에서 직접적으로 인종을 고려하겠다는 미시간 대학의 이러한 노력을 지지하면서도 더 나은 방법이 있다고 믿는다. 만약 대학이 이 장에서 제안된 비인지적 요소를 입학전형에 사용한다면, 앞서 논의한 인종, 문화, 성별 그리고 다른 측면의 다양성을 반영하여 입학생의 다양성을 성취할 수 있을 것이다. 즉, 대학은 직접적으로 다양한 지원자를 선발하지 않더라도 연구 결과에 기초하여 좀 더 정교한 방법으로 다양성을 증가시킬 수 있을 것이다. 비인지적 요소의 사용은 학생의 성공과 상관관계가 있으며 공정하고 합법적으로 여겨지는 중요한 특성을 산출해 낼 수 있다.

또한 입학전형 척도에 대한 연구는 단순히 더 나은 언어와 수리 능력 도구의 개발 시도보다 한발 더 나아가야 한다. 기존의 언어와 수리 능력 평가 도구의 개발에 대한 연구는 그다지 이익을 가져다주지 못했다. 문화, 인종, 성별, 그 외의 비전통적 측면을 반영하는 변량은 어디서나 존재한다.

참고문헌

Adelstein, S. M., Sedlacek, W. E., & Martinez, A. C. (1983). Dimensions underlying the characteristics and needs of returning women students. *Journal of the National Association for Women Deans, Administrators, and Counselors, 46*(4), 32-37.

Ancis, J. R., & Sedlacek, W. E. (1997). Predicting the academic achievement of female students using the SAT and noncognitive variables. *College and University, 72*(3), 1-8.

Ancis, J. R., Sedlacek, W. E., & Mohr, J. J. (2000). Student perceptions of the campus cultural climate by race. *Journal of Counseling and Development, 78*(2), 180-185.

Angoff, W. H. (1971). *The College Board admissions testing program*. New York: College Entrance Examination Board.

Astin, A. W. (1993). *What matters in college?: Four critical years revisited.* San Francisco: Jossey-Bass.

Bennett, C. I. (2002). Enhancing ethnic diversity at a Big Ten university through project TEAM: A case study in teacher education. *Educational Researcher, 31,* 21-29.

Bennett, C., & Okinaka, A. M. (1990). Factors related to persistence among Asian, Black, Hispanic, and White undergraduates at a predominantly White university: Comparison between first fourth year cohorts. *Urban Review, 22,* 33-60.

Betz, N. E., & Fitzgerald, L. F. (1987). *The career psychology of women.* San Diego: Academic.

Boyer, S. P., & Sedlacek, W. E. (1988). Noncognitive predictors of academic success for international students: A longitudinal study. *Journal of College Student Development, 29,* 218-222.

Brigham, C. C. (1926). The Scholastic Aptitude Test of the College Entrance Examination Board. In T. S. Fiske (Ed.), *The work of the College*

Entrance Examination Board, 1901-1925 (pp. 45-46). New York: Ginn.

Castañeda et al. v. The Regents of the University of California. (1999). U. S. District Court for the Northern District of California, Civil Action No. C. 99-0525.

Chung, B. Y., & Sedlacek, W. E. (1999). Ethnic differences in career, academic, and social self-appraisals among college freshmen. *Journal of College Counseling, 2*(1), 14-24.

Darlington, R. B. (1998). Range restriction and the Graduate Record Examination. *American Psychologist, 53,* 572-573.

Farmer v. Ramsay et al. (1998). U. S. District Court for the District of Maryland, Case No. L-98-1585.

Farver, A. S., Sedlacek, W. E., & Brooks, G. C., Jr. (1975). Longitudinal predictions of university grades for Blacks and Whites. *Measurement and Evaluation in Guidance, 7,* 243-250.

Faubert, M. (1992). *Cognitive and ego development of successful African American rural youth: Deliberate psychological education.* Unpublished doctoral dissertation, North Carolina State University.

Fuertes, J. N., & Sedlacek, W. E. (1995). Using noncognitive variables to predict the grades and retention of Hispanic students. *College Student Affairs Journal, 14,* 30-36.

Fuertes, J. N., & Sedlacek, W. E. & Liu, W. (1994). Using the SAT and noncognitive variables to predictive the grades and retention of Asian American university students. *Measurement and Evaluation in Counseling and Development, 27,* 74-84.

Gratz & Hamacher v. Bollinger et al. (2002). U. S. Court of Appeals for the Sixth Circuit. No. 02-516.

Grutter v. Bollinger et al. (2002). U. S. Court of Appeals for the Sixth Circuit. No. 02 241.

Harvey, C., & Hurtado, A. (1994). The jurisprudence of race and meritocracy: Standardized testing and "race neutral" racism, in the workplace. *Law and Human Behavior, 18,* 223-248.

Harvey, W. B. (2002). *Minorities in higher education 2001-2002: Nineteenth annual status report.* Washington, DC: American Council on Education.

Helm, E. G., Sedlacek, W. E., & Prieto, D. O. (1998). The relationship between attitudes toward diversity and overall satisfaction of university students by race. *Journal of College Counseling, 1,* 111-120.

Knapp, L. G., Kelly, J. E., Whitmore, R. W., Wu, S., & Gallego, L. M. (2002). Enrollment in postsecondary institutions, fall 2000 and financial statistics, fiscal year 2000(NCES 2002-212). Washington, DC: National Center for Education Statistics.

Lemann, N. (2000). *The big test: The secret history of the American meritocracy.* New York: Farrar, Straus & Giroux.

Liu, W. M., & Sedlacek, W. E. (1999). Differences in leadership and co-curricular perception among male and female Asian Pacific American college students. *Journal of the Freshmen Year Experience, 11,* 93-114.

Lockett, G. C. (1980). *A study of traditional measures and nontraditional measures used to predict the success of Black college students.* Unpublished doctoral dissertation, University of Missouri-Columbia.

Longerbeam, S. L., Sedlacek, W. E., & Alatorre, H. A. (in press). In their own voices: Latino student retention. *National Association of Student Personnel Administrators Journal.*

Mallinckrodt, B. (1988). Student retention, social support, and dropout retention: Comparison of Black and White students. *Journal of College Student Development, 29,* 60-64.

Mallinckrodt, B., & Sedlacek, W. E. (1987). Student retention and the use of campus facilities by race. *National Association of Student Personnel Administrators Journal, 24*(3), 28-32.

McNairy, F. G. (1996). The challenge for higher education: Retaining students of color. In I. H. Johnson & A. J. Ottens (Eds.), *Leveling the playing field: Promoting academic success for students of color* (pp. 3-14). San Fancisco: Jossey-Bass.

McTighe Musil, C., Garcia, M., Hudgins, C. A., Nettles, M. T., Sedlacek, W. E., & Smith, D. G. (1999). *To form a more perfect union: Campus diversity initiatives*. Washington, DC: Association of American Colleges and Universities.

Milem, J. F., & Berger, J. B. (1997). A modified model of college student persistence: Exploring the relationship between Astin's theory of involvement and Tinto's theory of student departure. *Journal of College Student Development, 38,* 387–400.

Mohr, J. J., & Sedlacek, W. E. (2000). Perceived barriers to friendship with lesbians and gay men among university students. *Journal of College Student Development, 41,* 70–79.

Moore, S. K. (1995). *Indicators of academic success and the student characterstics of international students at Santa Monica College.* Unpublished doctoral dissertation, Pepperdine University, Los Angeles, CA.

Neville, H. A., Heppner, P., & Wang, L. (1997). Relations among racial identity attitudes, perceived stressors, and coping styles in African American college students. *Journal of Counseling and Development, 75,* 303–311.

Nisbet, J., Ruble, V. E., & Schurr, K. T. (1982). Predictors of academic success with high risk college students. *Journal of College Student Personnel, 23,* 227–235.

Noonan, B., Sedlacek, W. E., & Suthakaran, V. (2001). *Predicting the success of community college students using noncognitive variables* (Counseling Center Research Report No. 5-01). College Park: University of Maryland.

O'Callaghan, K. W., & Bryant, C. (1990). Noncognitive variables: A key to Black American academic success at a military academy. *Journal of College Student Development, 31*, 121–126.

Patterson, A., Sedlacek, W. E., & Scales, W. R. (1988). The other minority: Disabled student backgrounds and attitudes toward their university and its services. *Journal of Postsecondary Education and Disability, 6,* 86–94.

Perrone, K. M, Sedlacek, W. E., & Alexander, C. M. (2001). Gender and ethnic differences in career goal attainment. *Career Development Quarterly, 50,* 168-178.

Regents of the University of California v. Bakke, 438 U. S. 265 (1978).

Sedlacek, W. E. (1986). Sources of method bias in test bias research. In *Measures in the college admissions process* (pp. 86-92). New York: College Entrance Examination Board.

Sedlacek, W. E. (1994). Issues in advancing diversity through assessment. *Journal of Counseling and Development*, *72,* 549-553.

Sedlacek, W. E. (1995). Using research to reduce racism at a university. *Journal of Humanistic Education and Development, 33,* 131-140.

Sedlacek, W. E. (1996). An empirical method of determining nontraditional group status. *Measurement and Evaluation in Counseling and Development, 28,* 200-210.

Sedlacek, W. E. (1998a). Admissions in higher education. Measuring cognitive and noncognitive variables. In D. J. Wilds & R. Wilson (Eds.), *Minorities in higher education 1997-98: Sixteenth annual status report* (pp. 47-71). Washington, DC: American Council on Education.

Sedlacek, W. E. (1998b, Winter). Multiple choices for standardized tests. *Priorities, 10,* 1-16.

Sedlacek, W. E. (2003). Alternative measures in admissions and scholarship selection. *Measurement and Evaluation in Counseling and Development, 35,* 263-272.

Sedlacek, W. E. (2004). *Beyond the big test: Noncognitive assessment in higher education*. San Francisco: Jossey-Bass.

Sedlacek, W. E., & Adams-Gaston, J. (1992). Predicting the academic success of student-athletes using SAT and noncognitive variables. *Journal of Counseling and Development, 70* (6), 724-727.

Sedlacek, W. E., & Brooks, G. C., Jr. (1976). *Racism in American education: A model for change.* Chicago: Nelson-Hall.

Steele, C. M. (1997). A threat in the air: How stereotypes shape intellectual identity and performance. *American Psychologist, 52*, 613-629.

Sternberg, R. J. (1996). *Successful intelligence.* New York: Plume.

Ting, S. R. (1997). Estimating academic success in the first year of college for specially admitted White students: A model combining cognitive and psychosocial predictors. *Journal of College Student Development, 39,* 599-610.

Ting, S. R., & Robinson, T. L. (1998). First-year academic success: A prediction combining cognitive and psychosocial variables for White and African American students. *Journal of College Student Development, 39,* 599-610.

Ting, S. R., & Sedlacek, W. E. (2000). *Validity of the Noncognitive Questionnaire-Revised 2 in predicting the academic success of university freshmen* (Counseling Center Research Report No. 1-00). College Park: University of Maryland.

Tracey, T. J., & Sedlacek, W. E. (1984a). Noncognitive variables in predicting academic success by race. *Measurement and Evaluation in Guidance, 16,* 172-178.

Tracey, T. J., & Sedlacek, W. E. (1984b). Using ridge regression with noncognitive variables by race in admissions. *College and University, 50,* 345-350.

Tracey, T. J., Sedlacek, W. E. (1985). The relationship of noncognitive variables to academic success: A longitudinal comparison by race. *Journal of College Student Personnel, 26,* 405-410.

Tracey, T. J., & Sedlacek, W. E. (1987). Prediction of college graduation using noncognitive variables by race. *Measurement and Evaluation in Counseling and Development, 19,* 177-184.

Tracey, T. J. & Sedlacek, W. E. (1988). A comparison of White and Black student academic success using noncognitive variables: A LISREL analysis. *Research in Higher Education, 27,* 333-348.

Tracey, T. J., & Sedlacek, W. E. (1989). Factor structure of the Noncognitive Questionnaire-Revised across samples of Black and White college students. *Educational and Psychological Measurement, 49,* 637-648.

Warmsley, D. (1998, October). *Incorporating noncognitive variables in the scholarship selection process of African American students.* Paper presented at the meeting of the National Association of College Admission Counseling, Indianapolis, IN.

Webb, C. T., Sedlacek, W. E., Cohen, D., Shields, P., Gracely, E., Hawkins, M., & Nieman, L. (1997). The impact of nonacademic variables on performance at two medical schools. *Journal of the National Medical Association, 89*(3), 173-180.

White, C. J., & Shelley, C. (1996). Telling stories: Students and administrators talk about retention. In I. H. Johnson & A. J. Ottens (Eds.), *Leveling the playing field: Promoting academic success for students of color* (pp. 15-34). San Francisco: Jossey-Bass.

White, T. J., & Sedlacek, W. E. (1986). Noncognitive predictors of grades and retention for specially admitted students. *Journal of College Admissions, 3,* 20-23.

Williams, W. M. (1997, October 10). Reliance on test scores is a conspiracy of lethargy. *Chronicle of Higher Education*, p. A60.

Willingham, W. W. (1985). *Success in college: The role of personal qualities and academic ability.* New York: College Entrance Examination Board.

Woods, P. A., & Sedlacek, W. E. (1988). *Construct and congruent validity of the Noncognitive Questionnaire (NCQ)* (Counseling Center Reserach Report No. 6-88). College Park: University of Maryland.

CHAPTER 11 학업 성공 예측에서 수행 영역의 확대

Neal Schmitt, Frederick L. Oswald, and Michael A. Gillespie(미시간 주립대학교)

학교들은 학교 설립목적 진술서에서 학생들이 다양한 면에서 대학교육의 혜택을 누려 왔다고 주장해 왔다. 한 사람의 학문적 지식과 미래의 취업능력에 대한 지식은 분명 중요하다. 그러나 대학 경험의 옹호자들은 리더십, 시민정신, 지역사회 참여, 개인적 가치관, 그리고 인성 또한 학생들이 발전시켜야 할 중요한 부분이라고 주장한다(Taber & Hackman, 1976; Willingham, 1985). 여러 가지 목표를 명확하게 진술하고 있음에도 불구하고, 오늘날의 학교기관들은 대학생활의 성과를 여전히 성적이나 졸업 여부와 같이 상대적으로 제한된 척도에 근거해서 평가하거나 설명하려 한다. 게다가 입학전형 과정의 정당성을 입증하기 위해 입학생들의 대학 성적, 특히 입학 첫해의 평균 성적을 그 잣대로 삼는 경우가 많다.

이 장에서는 대학생활의 성공에 대한 기준을 성적이나 졸업률로만 판단하는 것은 기업의 인력채용에서 산업심리학자가 '준거 부족'이라 칭하는 결과를 가져오게 됨을 주장한다. 즉, 대학에서 진지한 자세로 학생들에 대한 다양한 비학문적 차원의 평가를 생각하고 발전시키려 한다면 그 결과로서 대학 GPA(평균성적)와 졸업률뿐만 아니라 학생들의 발전과 대학의 효과를 적절하게 측정할 수 있다는 것이다. 이것은 [그림 11-1]의 윗부분에 묘사되어 있다. 대학교육의 목표를 성취하였느냐에 대한 근본적인 판단 준거로 학업성취도 포함되지만, 시민정신이나 리더십, 건강, 정직성, 그 외의 차원도 고려되어야 한다. 전형적으로 성공에 대한 실제적 준거는 언제나 성적 혹은 성공적인 졸업이었다. 그림에서 실제 준거와 본질적인 준거가 겹쳐지는 부분이 학업 성공에 대한 기존 연구 결과의 적합성을 나타내는 부분이다. 본질적인 준거와 겹치지 않는 실제적 준거의 영역은 선택된 몇 명만 누릴 수 있는 특별 학습 기회와 같은 가능성들을 포함하여 '준거 오염(criterion contamination)' 을 나타낸다. 이 영역에는 본질적인 성취와는 관련이 없는 성별, 인종, 그리고 다른 성적 관련 변수들이 계속적인 우려 속에서도 고려 대상이 되었다. 본질적인 준거 영역 중 실제적 준거 영역과 겹치지 않는 부분은 앞서 언급하였듯이 '준거 부족(criterion deficiency)' 이라고 하는데, 성공의 실제적 준거에는 드러나지 않는 기관 또는 개인의 성과를 나타낸다. 논란의 여지가 있기는 하지만, 준거 부족은 우리가 학생의 성공 여부를 평가할 때 성적만 고려하는 경우 존재한다고 볼 수 있다. 이 장에서는 주로 준거 부족과 그에 따른 문제를 최소화하기 위한 연구들에 대해 다룰 것이다.

[그림 11-1]의 아랫부분은 입학전형 과정의 정당성에 대한 연구 결과로 대학 성적만 사용하는 것이 얼마나 부적합한 관점을 제공하는지 보여 주고 있다. 그림의 윗부분은 이와 유사한 방법으로 실제적 준거와 본질적 준거의 관계를 묘사하고 있다. 그림의 아랫부분에서 우리는 추가적으로 다른 성공 예언요인들을 도입하였다. 보편적으로 입학전형 요소로 쓰이는 SAT, ACT, HSGPA(고교평균성적)가 그림의 왼쪽 아래에 있는 원에 묘사되어 있다. 이 원은 보편적으로 사용되고 있는 대학생활 성공의 실제적 준거(예, 대학 GPA 또는 졸업률)와 상당 부분 겹친다. 또한 이 부분은 대학교육의 중요한 목표 중 하나가 학업 성공임을 반영하는 본질적 준거와도 겹친다. 그러

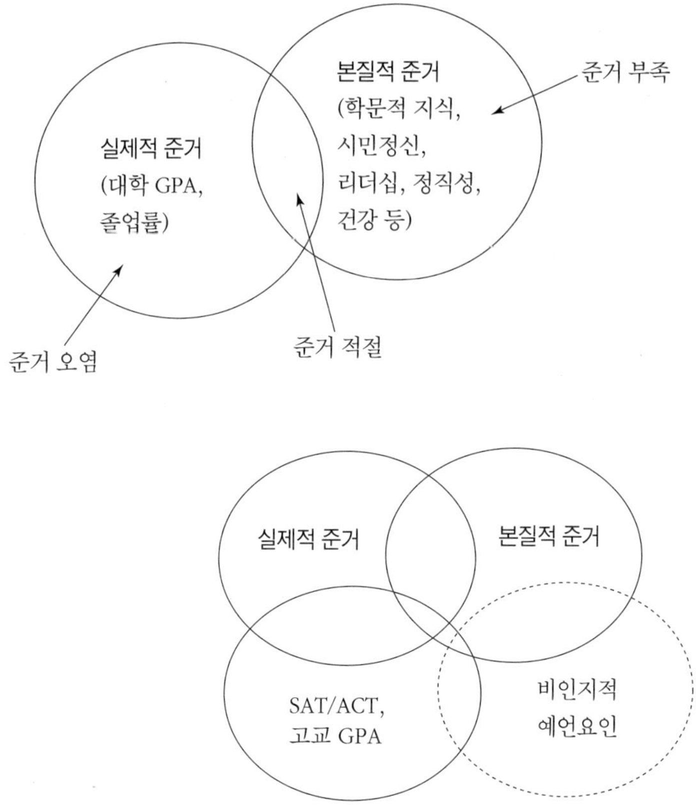

[그림 11-1] 실제적 준거, 본질적 준거 및 다양한 예언요인 간의 관계

나 SAT, ACT, 고교 GPA가 고등교육기관의 설립목적에서 진술하고 있는 목표 중 일부인 여러 비학업적 목표를 포함하고 있는 본질적 준거의 나머지 부분과 전부 연관되는 것은 아니다. 만약 우리가 다른 비인지적 예언요인이나 동기 예언요인을 이 체계에 도입한다면 이러한 예언요인은 대부분의 실험연구에서 등한시하는 본질적 준거와 연관될 수 있다는 것이 우리의 가설이다. 따라서 학업 예측에 대한 전형적 연구는 다음의 두 가지 면에서 부적절하다. 첫째, 그러한 연구의 성과로는 부족하다. 둘째, 실제적 준거는 대개 모든 부분을 포함하지 못하기 때문에 대학에서의 성공을 완전하게 설명해야 할 예언요인으로서 타당도가 낮다.

또한 비인지적 예언요인에 대한 진지한 고려는 여학생을 비롯해서 소수 집단 구성원의 학업 예측에 끼치는 영향 연구에 적절하고 도움이 될 것이다. 백인 집단이 아프리카계, 히스패닉계 학생보다 우위를 차지하고 있으며 남학생 집단이 여학생 집단보다 우월하게 나타나는 SAT나 ACT와는 달리(Bowen & Bok, 1998; Jencks & Phillips, 1998; Ramist, Lewis, & McCamley-Jenkins, 1994; Willingham & Cole, 1997), 비인지적 예언요인에서 집단 간 차이는 대개 작거나 존재하지 않거나 혹은 부분적으로 여성과 소수집단이 우월한 것으로 나타난다(Hough, Oswald, & Ployhart, 2001).

이 장에서 우리의 입장은 SAT/ACT 점수와 고교 GPA의 결합에 대해 알려진 높은 준거관련 타당도를 보면 전통적으로 생각해 온 학업 수행의 예측을 개선하지 못할 것이라는 것이다(Hetzlett et al., 2001; Willingham, 1985). 타당도를 높이는 동시에 여학생과 소수 집단에 관한 전통적인 학업 예언요인의 문제를 줄이기 위해서는 대학생활에서의 성공에 대한 우리의 생각을 넓혀야 한다. 이러한 변화와 함께 우리는 확장된 차원과 관련된 예언요인을 개발하고 증명해야 한다.

준거범위 확장

미국 대학의 마케팅 자료를 인정하고 다양한 이해관계자(예, 총장, 주 행정부, 학부모, 학생)가 진술하는 대학생에게 기대하는 광범위한 발전 모습을 확실히 반영하고자 한다면 전통적인 학업 성공 준거로서 반영되는 영역을 넘어서 광범위한 영역을 인정해야 한다. 대학생 성공의 전형적인 준거들은 '과업 수행(task performance)'이라는 큰 범주에 속하는 것으로 인식되는 경향이 있다. 여기서 과업 수행이란 예를 들어 특정 과제에 대한 학점이나 GPA 또는 학위 취득 등을 말한다. 이 장에서 논의하고 있는 준거는 또한

'맥락적 수행(contextual performance)'이란 큰 범주에 속하는 영역을 포함하는 것으로서 사회적 책임감(Borman & Motowidlo, 1993 참조), 적응력과 생활능력(Pulakos, Arad, Donovan, & Plamondon, 2000 참조)과 같은 차원을 말한다. 이 같은 과업 수행과 맥락적 수행의 구분은 직무 수행을 이해하고 그것을 모델로 해서 유용하게 적용한 것이다(Borman & Motowidlo, 1997; Campbell, Gasser, & Oswald, 1996).

대학생의 성취를 정의하고 평가하는 것은 학생들과 학교 행정가가 추구하는 여러 가지 결과에 따라 달라진다(Willingham, 1985). 대학 수행의 차원을 구별하는 시도로서 17개의 학업적 · 비학업적 영역이 성공한 대학생과 그렇지 못한 학생을 분류할 때 중요하다는 연구가 있다(Taber & Hackman, 1976). 나아가 다양한 영역에서 능동적으로 참여한 대학생은 참여도, 누적 성취 기록, 졸업 등에 반영된 전반적인 대학생활 경험에서 더 크게 성공하는 경향이 있었다(Astin, 1984; Willingham, 1985). 고교 석차와 SAT 점수 외에도 고교 수상 기록, 학교 추천서, 생활기록부, 그리고 자기소개서는 장학생, 리더십, 비학업적 성취, 전체적인 성공도 등을 예측해 왔다(Willingham 1985). 이와 관련된 연구로 Ra(1989)는 고교 리더십, 운동능력, 과외활동의 지속성, 수상 기록, 생활기록부, 추천서 등이 대학 GPA를 예측하였으나 성공이나 리더십 경험에 대해서는 예측하지 못했다고 보고하였다. 최근에 Cress, Astin, Zimmer-Oster와 Burkardt(2001)는 리더십 교육 및 훈련에 참여한 학생들이 개인적 · 사회적 가치, 시민으로서의 책임감, 다문화 이해, 리더십 능력, 그리고 리더십 이론 이해에서 발전을 보였다고 밝혔다.

대학생의 성공을 설명하는 차원의 성격과 숫자를 결정하기 위하여 우리는 다음 두 가지를 고려하였다. 첫째, 차원의 개수는 다루기에 너무 많지 않아야 하지만 너무 적어서 성공에 대한 영역을 잘 나타내지 못해서는 안 된다. 둘째, 대학교육과 관련된 다양한 이해관계자가 대학생의 성공을 어떻게 이해하고 있는지 알고자 하였다. 한 가지 요소에만 의존하게 되면 대학생의 성공을 부적절하게 정의하게 된다. 이러한 경우 현재 대학의 목표로서 기술되는 학생들의 성공 차원이 어떤 요소로 분류되거나 종합되는지, 그리고 그 차원들이 얼마나 중요한지 밝힐 수 없게 된다.

준거 차원을 찾으면서 우리는 먼저 공립 및 사립 대학들의 웹사이트를 검색해 보았다. 우리는 35개 단과대학 및 종합대학의 설립목적과 교육목표들을 조사하였다. 이 학교들은 공/사립, 학교 크기 등에서 다양한 특징을 띠고 있었다. 이 조사에서 우리는 174개의 학교 설립목적 진술서들을 따로 분류하였다. 공저자들은 각각 이 진술서들을 자신들의 생각에 따라 몇 가지로 분류하였다. 그리고 논의를 해서 각 대학의 진술서를 바탕으로 대학생들의 수행을 12개 차원으로 나누는 것에 동의하였다. 우리는 또한 미시간 주립대학의 대학생활 자료를 분석하였으며, 그 학교 기숙생활의 특징과 요구되는 능력을 더 잘 이해하기 위해 기숙사 행정 책임자와 인터뷰를 가졌다. 그에 해당하는 영역들은 학업, 사회적 발달(예, 룸메이트와 이성교제), 윤리적 발달 및 인성 발달(예, 약물 남용, 여가시간, 시간 관리), 다문화 능력(예, 다른 문화 및 생활방식에 대해 알아보기) 등이 있다. 잠재적으로 눈에 띄는 다른 대학 수행 차원을 찾기 위해 우리는 교육 연구 출판물과 국가교육 보고서 등에서 정보를 수집하였다. 후자의 정보는 차후에 대학 성공을 나타내는 12개 차원에 대한 정의를 다듬기 위하여 사용했다. 마지막 자료는 〈표 11-1〉에 나와 있는 목록으로 그 항목은 (1) 지식, 학습, 일반적 원리 습득, (2) 지속적인 학습, 지적 흥미 및 호기심, (3) 예술 문화적 감상 및 호기심, (4) 다문화 포용 및 이해, (5) 리더십, (6) 대인관계 능력, (7) 사회적 책임감, 시민정신, 참여도, (8) 신체적 · 심리적 건강, (9) 진로 성향, (10) 적응력 및 생활능력, (11) 인내력, (12) 윤리의식과 정직성이다.

이러한 12개 차원을 측정하기 위해서 그 모두를 반영하는 행동검사 평정(behaviorally anchored rating scales: BARS)을 실시하였다. BARS로 각 차원을 명확히 기술하였으며, 차원마다 성공적 행태의 수준 예시를 제공하였다. 예시와 기준의 적절성을 확실히 하기 위해 예시는 학생들이 제공한 실제 대학 관련 주요 사건에서 발췌하였다. BARS의 예는 [그림 11-2]와 같다.

표 11-1 대학에서의 수행 영역

- 지식, 학습, 일반적 원리 습득
  지식 습득하기와 사실, 아이디어, 이론 및 이것들이 어떻게 관련되어 있는지 알기. 지식이 발전하고 적용되는 관련 맥락 이해하기. 학점이나 GPA는 이 차원의 성공을 나타낼 수는 있지만 보장해 주지는 못한다.
- 지속적인 학습, 지적 흥미 및 호기심
  계속되는 학습에 지적으로 호기심과 흥미를 느끼기. 새로운 아이디어와 능력을 적극적으로 찾기. 핵심적 영역과 지엽적 영역 또는 새로운 영역 추구에 적극성을 띠기
- 예술 문화적 감상 및 호기심
  전문가 수준 혹은 단순한 호기심 수준에서 미술과 문화를 감상하기
- 다문화 포용 및 이해
  문화, 민족성, 성별에 따른 개인의 다양성에 대해 개방성, 포용력, 관심 나타내기. 다문화 환경에 능동적으로 참여하고 기여하며 영향력 행사하기
- 리더십
  다른 사람에게 동기부여하고 집단과 과업을 조정하기 위해 집단에서 능력 나타내기. 집단의 대표자로 일하기. 집단에서 관리 역할 수행하기
- 대인관계 능력
  비공식적인 사회적 상황에서나 공식적인 학교 관련 상황에서 타인과 의사소통하고 대처하기. 상황에 대한 사회적 능동성을 인지하고 적절하게 반응하기
- 사회적 책임감, 시민정신, 참여도
  사회와 공동체에 책임감 있게 임하기. 훌륭한 시민정신 나타내기. 이웃, 도시, 주, 국가, 학교 등 주변의 지역사회에서 일어나는 일에 능동적으로 참여하기. 이에 해당하는 것으로는 지역사회에서 자원봉사하기, 시위원회 공청회 참석하기, 투표하기 등이 있다.
- 신체적 · 심리적 건강
  학업적 환경에 능동적으로 참여하기 위해 요구되는 신체적 · 심리적 건강을 보유하기. 이에 해당하는 것으로는 적절한 식사, 규칙적인 운동, 타인과 건강한 학업 및 친분관계 유지하기 등의 건강한 태도를 갖는 것이 있다. 또한 알코올/마약 중독, 무분별한 성관계, 비효과적이고 비생산적인 대처 태도 등의 건강하지 못한 태도를 피하는 것이 포함된다.

• 진로 성향
대학입학 전 혹은 재학 중에 선택하려는 진로에 대해 명확하게 이해하기. 일반적 혹은 특정한 직업 관련 목표 확립, 우선순위 결정, 실천하기

• 적응력 및 생활능력
학교나 가정에서 변화하는 환경에 적응하기. 점차적이거나 갑작스러운 혹은 예상되거나 예상 밖의 변화에 대처하기. 하루 일과 계획 효과적으로 세우기. 삶 속에서 만나는 새로운 문제와 도전에 대처하기

• 인내력
과정에서의 어려움에 굴하지 않고 목표와 우선순위 지키기. 여기서의 목표는 장기목표(예, 대학졸업)에서부터 단기목표(예, 흥미 없는 수업 매일 출석하기)를 모두 포함한다.

• 윤리의식과 정직성
잘 정립된 가치관을 가지고 그에 합당한 태도 보이기. 일상생활에서는 시험에서 부정행위를 하지 않고 정직하게 행동하며 남을 존중하는 행동 등을 의미한다.

예술 문화적 감상 및 호기심

불만족스러움			기대를 충족함			매우 뛰어남
1	2	3	4	5	6	7

순위를 매기기 전에 아래의 두 예시를 읽어 주세요.

[예시 1]
당신의 룸메이트 수업은 미술관으로 견학을 가는 것입니다. 당신은 이 과목을 수강하지 않았지만 견학이 흥미로울 것이라 생각합니다.
당신은 어떻게 하겠습니까?

불만족스러움	기대를 충족함	매우 뛰어남
최대한 정중하게 거절하여 가지 않는다.	몇 곡만 즐기기로 하고 함께 간다.	특별히 추천하여 가는 것이므로 열린 마음으로 함께 콘서트를 가서 새로운 것을 시도해 본다.

[예시 2]

당신은 귀를 즐겁게 하는 음악에 대해 자신만의 생각이 있습니다. 그런데 친구들은 당신을 생각해서 당신이 즐길 만한 음악을 연주하는 콘서트에 가기를 요청합니다. 그러나 그 콘서트에서 연주하는 밴드는 당신이 피하고 싶어 하는 음악을 연주합니다.

당신은 어떻게 하시겠습니까?

불만족스러움	기대를 충족함	매우 뛰어남
견학에 참여하지 않는다.	룸메이트가 갔다 온 이후 견학에 대해 이야기를 나누고, 따로 시간을 내어 미술관에 다녀온다.	룸메이트의 반과 함께 가기 위해 미리 특별 신청을 한다. 미술관에 가서 견학에 전부 참여하고 즐거운 시간을 보낸다.

[그림 11-2] BARS 문제의 예시

12개 차원에 대해서 학생들의 활동을 반영한다고 여겨지는 대학 경험에 대한 진술을 체크리스트 형식으로 제작했다. 3개 차원에 대한 체크리스트 문항의 예시는 〈표 11-2〉에 제시되어 있다.

표 11-2 대학 경험에 대한 체크리스트

참여자는 목록에 나와 있는 사건이 대학생활 동안 한 번이라도 그들에게 일어난 적이 있었는지, 또는 그들이 이러한 활동 목록에 참여한 적이 있는지에 대해 표시하였다.

참여자 표시 항목

a = 예

b = 아니요

• 예술 문화적 감상 및 호기심

-악기를 배운 경험이 있다.

- 연극이나 뮤지컬에 참여한 적이 있다. (배우, 무대장치, 오케스트라 등)
- 새로운 종류의 춤을 배운 적이 있다. (예, 무도회 춤, 브레이크 댄스)
- 공공 박물관 혹은 학교 박물관을 간 적이 있다.
- 지난 6개월 간 문화 행사에 참여한 적이 있다. (예, 미술 전시회, 연극, 뮤지컬, 댄스 공연)
- 오케스트라/밴드/합창단 단원이다.
- 예술 동아리의 회원이다. (예, 그림, 사진, 음악)
- 개인 밴드, 뮤지컬, 성악 그룹의 회원이다.
- 학교 혹은 개인 밴드나 성악 그룹의 회원이다.

• 다문화 포용 및 이해
- 외국어 실력이 늘었거나 배운 적이 있다.
- 적어도 한 주 이상 외국을 방문한 적이 있다.
- 다문화 단체의 일원이다.

• 리더십
- 내가 속해 있는 단체의 대표다.
- 공식적인 학교 위원회의 회장 혹은 스포츠 팀의 주장이다.
- 새로운 동아리, 조직, 공식 단체 등을 시작한 적이 있다.

학생 성공에 대한 좀 더 확장된 개념과 BARS 및 체크리스트 형식을 이용한 이러한 차원의 조작적 정의를 통해 우리는 12개 차원을 반영하는 예언요인을 개발하였다.

예언요인 개발

앞서 언급한 비인지적 속성을 예측하기 위하여 우리는 두 가지 다른 유형의 측정도구를 사용하였다. 상황판단검사(SJI)와 전기적 자료 측정이 그것들이다.

상황판단검사는 회사나 대학의 지원자들이 여러 가지 관련된 맥락에서 어떻게 반응할 것인지에 대한 좀 더 현실적인 평가를 유발하는 선다형 검사다(Motowidlo & Tippins, 1993). 이 검사의 전형적인 방법은 다음과 같다. 지원자는 가상의 문제 상황에 대한 반응으로 가능한 행동을 선택하거나 우위를 매긴다. 주로 지필 형식으로 치러진다. 고용 상황에서 상황판단검사의 사용은 일반적인 인지 검사를 이용했을 때 상대적으로 소수 집단에게 불리하게 작용할 수 있는 영향력을 감소시켜 준다(Pulakos & Schmitt, 1996; Sackett, Schmitt, Ellingson, & Kabin, 2001). 또한 상황판단검사는 높은 안면타당도를 가지고 있는 것으로 알려져 있으며(Clevenger, Pereira, Wiechmann, Schmitt, & Harvey-Schmidt, 2001: McDaniel, Bruhn-Finnegan, Morgeson, Campion, & Braverman, 2001), 검사에 참여하는 사람들의 우호적인 반응을 유발한다(Hedlund et al., 2001). 고용 상황에서 상황판단검사에 대한 이러한 지지는 그것이 대학입학 전형에서 사용되어 왔던 전통적인 인지능력 검사에 대한 실용적인 보조 수단이나 대안이 될 수 있다는 것을 시사한다. 그러나 아직까지 이 방법은 학업 예측을 위해서 단 한 번 적용되었을 뿐이다.

Hedlund 등(2001)은 MBA 학생들의 경우, 상황판단검사가 경영대학원 입학시험(Graduate Management Admission Test: GMAT)에 비해 증분타당도가 높다는 것을 발견하였다($\Delta R^2 = .03$).

더욱 중요한 점은 구조화된 전기자료 수집방법과 상황판단검사 모두 다양한 환경에서 폭넓게 사용할 수 있다는 것이다. 이런 검사는 문제 내용을 대학입학 목적에 맞추어서 바꿀 수 있고 대학 성공의 특정 차원에 맞출 수 있기 때문에 전통적인 평가방법에 비해서 준거타당도를 높일 수 있는 잠재력을 가지고 있다. 또한 전기자료와 상황판단 검사는 에세이나 추천서와 같은 전형적인 주관적 평가에 비해 실용적이다. 채점에 드는 비용, 시간, 노력이 더 적게 들 뿐 아니라 지원자의 이전 교육 경험 및 사회적 경험에 대한 폭넓은 정보를 수집할 수 있는 공정하면서도 표준화된 방식을 제공하기 때문이다.

기존의 상황판단검사에 대한 조사를 통해 앞서 제시한 12개 차원 중 많은 부분에 합당한 문제를 제작할 수 있었다. 우리는 참가비를 지불하는 조건으로 본교 학생들을 모집하여 각 영역의 상황판단검사 개발에 참여시켰다. 개발과정은 3개의 자료 수집 단계로 구성되었는데, 이는 동시에 BARS 개발에도 도움이 되었다. 1단계에서 학생들은 기존의 상황판단검사 문제에서는 불충분한 차원에 추가 질문 문항으로 사용할 주요 사건들을 만들었다. 2단계에서는 학생들을 나누어서 각 질문에 대한 여러 개의 반응 보기를 제작했다. 3단계에서는 고급심리학 과정을 듣는 학생들에게 각 보기에 대한 선호도와 순위를 매기게 하였다. 참가 학생들은 전부 3, 4학년이었으며 위 작업은 심리학 측정 수업에서 내준 프로젝트의 일환으로 이루어졌다. 상황판단검사의 채점 기준(모범 답안) 개발을 위한 유용한 자료로서 42명의 설문지를 사용했다. 여러 연구(Motowidlo, Dunnette, & Carter, 1990; Motowidlo, Russell, Carter, & Dunnette, 1988)에서 개발과 보고의 과정을 거친 결과, 문제에 대한 채점 점수는 -2점부터 +2점까지의 범위로 나왔다. 12개 차원에 대해 각각 3~6개의 문항을 재검토 과정과 개발과정을 거쳐 최종 선택했다. 상황판단검사의 예시 문항 2개를 〈표 11-3〉에 제시한다.

구조화된 전기자료 평가는 개인의 배경과 인생사에 대한 정보를 수집하고 점수화하기 위한 체계적인 방법을 제공한다. 대학 지원과정에서 이미 과외활동 목록 및 이력서와 같은 유사한 정보를 비공식적으로 활용하고 있었지만, 우리는 입사시험에서 사용하는 시험과 유사한 것으로서 개인의 이런 경험에 관한 질문에 대해 표준 선다형 보기가 있는 전기자료 검사 개발에 착수했다.

12개 수행 차원 중 최대한 많은 차원과 일치하는 기존의 전기자료를 수집하기 위해 여러 출처를 조사했다(〈표 11-1〉 참조). 필요한 경우에는 대학에서 일어나는 상황에 맞게 수정하였으며 문제의 개수가 충분치 않은 차원은 추가로 질문을 만들어 포함시켰다. 6명의 대학생의 도움을 받아서 대학

표 11-3 상황판단검상의 2개 문항 예시
윤리의식/정직성, 리더십 영역에 대한 평가

• 윤리의식/정직성

당신은 반에서 시험을 치는 중에 휴대폰이나 계산기에 공식을 미리 입력해 놓는 부정행위를 하는 학생들을 알고 있습니다. 교수님은 그러한 행위에 대해 분명히 경고하였으나, 당신은 그 행위가 적발되었을 경우 교수님이 어떻게 하실지에 대해서는 모릅니다.

당신은 어떤 행동을 취하겠습니까?

a. 학생들이 걸리기 시작할 때까지 똑같이 부정행위를 한다.
b. 부정행위를 하지 않고 공부한 만큼 최선을 다하여 임한다. 그러나 다른 학생들의 부정행위에 대해서는 말하지 않는다.
c. 아무 행동도 하지 않는다. 내가 상관할 바가 아니다.
d. 교수님에게 말씀드려 수업 중에 이 일을 처리하시게 한다.
e. 교수님에게 말씀드리지는 않지만 다른 학생들이 걸렸을 경우 당신은 이 일과 관련이 없음을 확실히 해 둔다.
f. 교수님에게 익명의 메시지를 보내어 반의 상황을 알린다.

• 리더십

당신은 특별 프로젝트에 그룹으로 함께 참여하게 되었습니다. 그룹별로 다 함께 앉았으나 아무도 말을 하고 있지 않습니다.

당신이라면 어떻게 하겠습니까?

a. 누군가가 결국 입을 열 때까지 지켜본다.
b. 당신 자신을 소개하면서 먼저 대화를 시작한다.
c. 먼저 서로에 대해 소개하고 프로젝트의 목표가 모두에게 명확한지를 확실히 하기 위해 사람들이 어떤 생각을 하고 있는지 알아본다.
d. 프로젝트의 특성에 대한 모든 사람의 의견을 물어봄으로써 프로젝트를 시작한다.
e. 일을 시작하기 위해 사람들에게 과제를 정해 주거나 질문을 함으로써 리더의 역할을 맡는다.

생 집단에게 적합한 반응 보기들을 만들었다. 이러한 반응을 사용하여 적합한 범위 내에 있는 것들을 선택하고, 다양한 선택이 이루어지지 않은 문항 반응은 삭제하였다. 다른 문항과 유사한 몇 개의 문항도 제거했다. 최종적으로 전기자료 평가는 12개 영역에 대한 총 115개의 문항으로 이루어졌으며, 점수는 1～4점 혹은 1～5점으로 채점되었다. 상황판단검사와 전기자료 평가의 개발, 차원성, 심리측정 적합성 등에 대한 더 자세한 내용은 다른 두 개의 보고서(Gillespie, Kim, Oswald, Ramsay, & Schmitt, 2002; Oswald, Schmitt, Ramsay, Kim, & Gillespie, 2003)에서 찾을 수 있다. 전기자료 검사 문항의 예시는 〈표 11-4〉에 제시되어 있다.

표 11-4 리더십을 평가하기 위한 전기자료 검사의 2개 문항 예시

내가 고교 시절 리더 역할을 맡았던 클럽 활동 혹은 단체활동의 개수는 ____개다.

a. 4개 이상
b. 3개
c. 2개
d. 1개
e. 리더 역할을 맡지 않았음

방과 후 무엇을 하고 싶은지에 대해 친구에게 얼마나 자주 이야기하는가?

a. 거의 항상
b. 가끔(반반 정도)
c. 이따금씩(다른 학생들이 말하는 정도만큼)
d. 거의 하지 않음
e. 절대 하지 않음

다음 절에서는 자료 수집과정에 대해 설명할 것이다. 자료 수집은 학생의 수행능력에 대한 좀 더 광범위한 개념화로 얼마나 독특한 정보가 제공될 수 있는지 알아보기 위해 이루어졌다. 또한 우리는 더욱 포괄적인 차원을 반영하기 위한 비인지적 평가가 실제로 학생들의 성적과 출석, 그리고 앞서 말한 차원에서의 수행능력과 얼마나 깊은 관련이 있는지 알아보고자 하였다.

표집과 자료 수집

중서부 지역의 대학에 재학 중인 654명의 1학년 학생들이 이 연구에 지원하였으며 참가비로 40달러씩 받았다. 자료에 대한 검토 작업을 거친 후, 그들 중 644명의 자료가 사용 가능한 것으로 판명되었다. 참여자의 평균 연령은 18.5세였으며(표준편차=.69), 72%는 여학생이었다. 그리고 백인 77.3%, 아프리카계 9.8%, 아시아계 5.4%, 히스패닉계 1.9%, 기타 4.9%의 학생으로 구성되었다. BARS의 자기평가와 체크리스트, 전기자료 평가, 상황판단검사 외에 추가적으로 지난 6개월간의 결석에 대해 '5번 이하'부터 '30번 이상'까지 참여자 스스로 1~5점의 점수를 매기도록 하였다. 학생의 동의하에 대학 행정실에서 대학 GPA를 얻었고, 입학처에서는 SAT/ACT 점수를 얻었다. 마지막으로 이메일을 통해 12개 차원에 대해 동료 평가를 실시하였다. 154명의 학생이 응답하였으며 그들에게 5달러씩 참가비를 지급하였다.

연구 결과

동료 평가와 자기 평가에 대한 확인적 · 탐색적 요인 분석을 한 결과, 12개 차원을 모두 합산한 점수가 수행에 대한 동료 평가 및 자기평가 결과를 가장 잘 대표하는 것으로 나타났다. 합산 점수는 12개 차원에서 얻은 점수를 전부 더하여 각각 동료 혹은 자기 평가의 결과로 사용했다. 동료 평가에 대한 합산점의 신뢰도 계수는 .83이었고, 자기 평가 합산점의 신뢰도 계수는 .80이었다. 그리고 체크리스트 문항의 합산점에 대한 신뢰도 계수는 .76이었다.

그다음 우리는 〈표 11-5〉에 나와 있듯이 대학 GPA, 결석 여부, BARS 자기평가, BARS 동료 평가, 그리고 행동 체크리스트 간의 상관계수를 전산처리해서 학생 수행에 대한 좀 더 광범위한 개념하에 그것들의 관련성을

표 11-5 학생 결과 변인들의 평균, 표준편차 및 변인 간 상관

변 인	평균	표준편차	1	2	3	4	5
신입생 GPA (1)	3.02	.69	1.00				
결석 횟수 (2)	1.98	1.08	-.42	1.00			
자기 평가 (3)	4.88	.71	.12	-.19	1.00		
체크리스트 합산점 (4)	.38	.10	.06	-.13	.23	1.00	
동료 평가 (5)	4.96	.80	.80	-.15	.08	.08	1.00

주: $N=619\sim640$. 예외적으로 동료 평가에서는 표본 크기가 147임. GPA는 0~4.0 척도를 기반으로 하였으며, 결석 횟수 평균은 5~10개 반의 반응과 같았다. 자기평가 및 동료 평가는 7점 척도에 대한 12개 영역의 평균이며, 체크리스트 합산점은 65개 질문에 대한 '예'의 개수에서 '아니요'를 뺀 수다.

조사하였다.

5개의 평가 결과와 상황판단검사, 전기자료 평가 및 SAT/ACT 합산점 결과 간의 상관계수는 〈표 11-6〉에 제시되어 있다. 이는 우리의 예언요인과 전형적인 표준화된 입학시험의 타당도에 대한 증거 자료라 할 수 있다.

〈표 11-5〉에서 볼 수 있듯이, 5개 변인 간의 상관계수는 그리 크지 않다. 가장 큰 것이 결석 횟수와 신입생 GPA 사이의 상관계수로 -.42다. 이것은 결석 횟수가 높은 학생일수록 성적이 낮은 경향이 있다는 것을 의미한다. 동료 평가와 GPA는 .31의 상관관계를 보였다. 동료 평가와 자기 평가 간의 상관계수는 .08밖에 되지 않았으므로 동료들이 자신을 평가하는 것과 스스로 자신을 평가하는 것에는 큰 차이가 있음을 알 수 있었다. 여기서의 요점은 상관계수의 패턴으로 보아 학생의 수행은 다차원적이라는 것이다.

자료 수집 과정에서 다룬 두 번째 질문은 전통적인 입학시험뿐 아니라 실험적인 전기자료 평가와 상황판단검사가 이러한 결과와 어느 정도 상관관계가 있는가 하는 것이었다. 〈표 11-6〉의 자료들은 예상한 바와 같이 GPA의 가장 뛰어난 예언요인이 SAT/ACT 합산점($\gamma=.33$)이라는 것을 보여 준다. 그러나 GPA는 또한 몇 가지 전기자료 평가와 상황판단검사 문항과도 어느 정도 상관관계가 있음을 보여 준다. 특히 전기자료 중에서 건강,

표 11-6 예언요인-결과 상관계수

예언요인	결과				
	GPA	결석 횟수	BARS 자기평가	체크리스트	BARS 동료 평가
전기자료 평가(Biodata)					
지식	.22	−.18	.46	.24	.21
지속적 학습	.05	.00	.40	.36	.06
예술적 감상	.01	.07	.37	.29	.09
다문화 이해	.07	.02	.37	.31	.10
리더십	.14	−.03	.41	.36	.20
대인관계 기술	.04	−.09	.25	.13	.21
지역사회 참여도	.08	−.09	.38	.42	.22
건강	.23	−.23	.21	.20	.11
진로 성향	−.02	−.06	.18	.14	−.01
적응도	.21	−.15	.23	.10	−.13
인내력	.15	−.20	.46	.31	.21
윤리의식/정직성	.14	−.31	.35	.10	.02
상황판단검사(SJI)					
지식	.15	−.38	.31	.10	.08
지속적 학습	.16	−.12	.27	.03	.23
예술적 감상	.00	−.08	.38	.12	.12
다문화 이해	.06	−.07	.39	.14	.08
리더십	.02	−.10	.37	.19	.11
대인관계 기술	.10	−.08	.27	.08	.15
지역사회 참여도	.00	−.12	.28	.17	.03
건강	.13	−.22	.29	.11	.11
진로 성향	.11	−.16	.19	.06	.11
적응도	.08	−.14	.32	.13	.07
인내력	.08	−.22	.31	.12	.08
윤리의식/정직성	.23	−.18	.30	.06	−.02
SAT/ACT 합산점	.33	.11	.00	-.11	.09

주: 동료 평가의 상관계수가 .16 이상인 경우 통계적으로 유의미했다($p < .05$). 다른 네 가지 결과에 대한 상관계수는 .07 이상인 경우 유의미했다($p < .05$).

적응도, 지식에 관한 항목과 상황판단검사에서 윤리의식/정직성, 지식, 지속적 학습 항목이 해당한다. 결석 횟수는 SAT/ACT 합산점과는 상대적으로 상관관계가 낮았으며, 전기자료 중에는 건강, 인내력, 윤리의식/정직성의 항목, 상황판단검사 중에서도 건강, 인내력, 윤리의식/정직성, 지식 항목과 상대적으로 높은 상관관계를 보였다. 12개 차원에 걸쳐 자신에 대해 직접 평가를 내리게 되어 있는 자기 평가와 체크리스트 부문에서는 전체적으로 전기자료 평가와 높은 상관관계를 보였다. 그러나 둘 다 자신을 스스로 평가하는 방식이라 하더라도, 자기 평가 BARS의 경우에는 상황판단검사와 상대적으로 높은 상관관계를 보였으나, 체크리스트의 경우는 상황판단검사와 낮은 상관관계를 보였다. 이에 비해 동료 평가는 전기자료 평가 및 상황판단검사와의 상관관계가 큰 차이가 없었으므로 자기 평가 때만큼 선입견에 영향을 받지 않았다. 또한 동료 평가의 경우 자기 평가와 체크리스트에 비해 더 낮은 상관계수를 나타냈으나, 전기자료 평가 항목 중 지식, 리더십, 대인관계 기술, 지역사회 참여도, 인내력의 항목에서는 .20 이상의 상관계수를 보였다. 상황판단검사 항목 중에는 '지속적 학습' 항목만 유일하게 동료 평가 결과와 유의미한 상관관계($\gamma = .23$)를 보였다. SAT/ACT 합산점은 자기 평가, 체크리스트, 동료 평가 합산점에 대해 각각 .00, −.11, .09의 상관계수를 보였다.

Oswald 등(출판 중)에서도 찾아볼 수 있는 위계적 회귀분석의 결과는 대학 첫해의 GPA를 예측하는 데 있어 전기자료 평가와 상황판단검사가 SAT/ACT와 인성요인(외향성, 양심, 쾌활함, 감정의 안정성, 경험에 대한 개방성)이 제공하는 것 이상으로 증분타당도를 더해 준다는 것을 보여 주었다. 위의 연구에서는 SAT/ACT 시험 점수가 학업 예측에서 현재 기준이기 때문에 후자의 두 가지 척도 세트가 기준으로 사용되었다. 때때로 전기자료 평가와 상황판단검사는 인성 척도와 수행에서 밀접한 관련성을 보이는 것으로 나타났다. 다른 모든 결과에 대해서 전기자료 평가와 상황판단검사의 예측력은 가장 높았다. 전체 예언요인의 수정 결정계수(Adjusted Multiple

R)는 GPA, 결석 횟수, 자기 평가, 체크리스트, 동료 평가 합산점에 대해서 각각 .50, .47, .67, .48, .49였다.

논 의

이 장에서는 기존의 GPA 척도 외에 결과를 포함하는 대학생 수행모형에 대해 논의하였다. 그에 따라 우리는 다양한 대학들이 학생들의 성과를 무엇이라고 생각하고 있는지를 검토했고, 이러한 결과를 측정하는 도구를 만들었다. 12개 차원의 수행에 대한 동료 평가, 학생활동에 대한 체크리스트 그리고 GPA 간의 상관관계는 낮았다. 이는 학생 수행에 대해 다차원적 접근이 필요하다는 우리의 주장을 뒷받침해 준다. 대학에서의 결석 횟수와 대학 GPA 사이에는 높은 상관이 있었다.

우리는 또한 학생들의 성취에 대한 예언요인으로서 상황판단검사와 전기자료 평가를 실험적으로 제작하였다. 이 실험적 예언요인은 SAT/ACT 이상으로 GPA의 예측력을 더했으며, 결석 횟수와 학생들의 주요 수행 영역을 직접적으로 예측하는 주요 변인이었다.

이 연구의 결과는 매우 고무적이지만, 전기자료 평가와 상황판단검사의 사용 이전에 이 분야에 대한 추가적인 연구가 필요하다. 한 가지 주요 쟁점은 이러한 검사가 어디까지 훈련 가능하며 조작 가능성이 있는가 하는 것이다. 이와 유사한 검사방법에 관한 이전 연구들은 이것이 매우 중요한 문제임을 암시한다(Hough, Eaton, Dunnette, Kamp, & McCloy, 1990; Lautenschlager, 1994; Paulhus, 1991). 이러한 문제를 해결하기 위하여 허위성의 정도와 피실험자의 점수 및 검사 타당도에 미치는 영향을 알아내기 위한 다양한 방법이 실험되고 있다(Schmitt et al., 2003). 이러한 연구를 위해 실제 지원자로 참여했던 학생들을 대상으로 연구가 진행될 것이다. 그리고 이에 대한 연구 계획은 이 장의 연구와 마찬가지로 하나의 형태로 결론을 내리는 형태가 아닌 또 다른 연구의 전초가 될 것이다.

이 연구를 위한 표집은 1개 대학교 학생만을 대상으로 이루어졌다. 또한 이 학생들의 고교 GPA를 얻지 못했는데, 고교 GPA는 이전 연구들에서 대학 성적의 중요한 예언요인으로 알려져 있다(예, Hezlett et al., 2001; Willingham, 1985). SAT/ACT 점수와는 달리 고교 GPA는 학생의 능력뿐 아니라 동기에 영향을 받는 경향이 있다. 상황판단검사와 전기자료 평가의 문항 및 척도는 동기와 관련되기 때문에 이 평가방법들이 고교 GPA에 비해 증분타당도를 제공해 주지 못하는 경향이 있지만, 그렇다고 이것이 이 연구에서 큰 문제는 되지 않았다. 인지적 능력의 척도로서 SAT/ACT 점수를 포함하는 것에 추가해서 고교 GPA의 동기요소와 유사한 방식으로 대학 성적과 관련이 있을 법한 인성요인(예, 양심)을 포함시켰기 때문이다.

또한 하위 집단의 차이에 대한 연구가 이루어져야 한다. Gillespie 등(2002)은 몇몇 소수 집단과 남녀 집단 간에 평균에서 차이가 있다는 경향을 보고하였으나 집단의 표본 크기가 비교적 작았다. 표본 크기가 작은 관계로 세부 전공에 따른 차이점들을 살펴볼 수는 없었지만 실험 대상자를 '하드사이언스'와 '소프트사이언스'[1]로 나눌 수 있었다. 그런 다음 두 개의 전공 집단 내에서 다시 남녀 집단에 따라 예언요인과 결과 사이의 상관계수를 계산했다.

모든 준거(동료 평가 합산점은 제외)에 대해서 하위 집단 간에 나타난 상관계수의 차이가 유의미한 것인지 검증했을 때는 의미 있는 차이가 나타나지 않았다($p<.05$). 동료 평가 준거에 대해서는 전기자료 평가와 상황판단검사에서 주목할 만한 차이가 관찰되었다. 특히 전기자료의 하위 항목 중에서는 지식, 지속적 학습, 예술적 감상, 다문화 이해, 리더십이 해당되며, 상황판단검사에서는 지속적 학습, 다문화 이해, 윤리의식/정직성이 해당된다. 일반적으로 동료 평가에 대해 하드사이언스 남학생 집단($N=18$)

1) 역주: 하드사이언스는 자연과학이나 공학 등을 말하고, 소프트사이언스는 인문과학 등을 말한다.

과 소프트사이언스 여학생 집단($N=43$)의 타당도 점수는 양수(.2~.5)인 반면, 하드사이언스 여학생 집단($N=12$)과 소프트사이언스 남학생 집단($N=43$)의 타당도 점수는 음수(.0~-.4)인 경향이 있었다. 이 집단의 크기는 매우 작지만, 결과는 성별과 전공에 따른 동료 평가 준거의 예측에 대해 후속 연구가 필요함을 시사한다. 만약 학생들의 관심이나 전공이 비전통적이었을 경우 예언요인으로 학생 수행에 대한 동료의 인식은 다르게 적용될 수 있을 것이다.

그 외에도 전기자료 평가와 상황판단검사 척도의 심리 측정적 개발을 위해 추가적인 관심이 필요하다. 진로 지도에서 전기자료와 상황판단 검사를 활용할 수도 있을 것이다. 그러나 이러한 하위척도 점수에 따라 차별적인 결정이 있게 된다면 그 하위척도는 반드시 높은 신뢰도와 변별타당도를 갖추어야 한다. 전기자료 하위척도에서는 이러한 목표가 가능하다는 증거들이 있으나 상황판단검사에서 가정된 차원의 경우에는 실망스러운 증거가 발견되었다.

참고문헌

Astin, A. W. (1984). Student involvement: A developmental theory for higher education. *Journal of College Student Personnel, 25,* 297-308.

Borman, W. C., & Motowidlo, S. J. (1993). Expanding the criterion domain to include the elements of contextual performance. In N. Schmitt & W. C. Borman (Eds.), *Personnel selection in organizations* (pp. 71-98). San Francisco: Jossey-Bass.

Borman, W. C., & Motowidlo, S. J. (1997). Task performance and contextual performanmce: The meaning for personnel selection research. *Human*

Performance, 10, 99-109.

Bowen, W. G., & Bok, D. (1998). *The shape of the river: Long-term consequences of considering race in college and university admissions.* Princeton, NJ: Princeton University Press.

Campbell, J. P., Gasser, M. B., & Oswald, F. L. (1996). The substantive nature of job performance variability. In K. R. Murphy (Ed.), *Individual differences and behavior in organizations* (pp. 258-299). San Francisco: Jossey-Bass.

Clevenger, J., Pereira, G. M., Wiechmann, D., Schmitt, N., & Harvey-Schmidt, V. (2001). Incremental validity of situational judgment tests. *Journal of Appolied Psychology, 86,* 410-417.

Cress, C. M., Astin, H. S., Zimmer-Oster, K., & Burkardt, J. (2001). Developmental outcomes of college students' involvement in leadership activities. *Journal of College Student Development, 42,* 15-27.

Gillespie, M. A., Kim, B. H., Oswald, F. L., Ramsay, L. J., & Schmitt, N. (2002). *Biodata and situational judgment inventories as measures of college success: Development and pilot testing phases.* Report submitted to the College Board.

Hedlund, J., Plamondon, K., Wilt, J., Nebel, K., Ashford, S., & Sternberg, R. J. (2001, April). Practical intelligence for business: Going beyond the GMAT. Paper presented in J. Cortina (Chair), *Out with the old, in with the new: Looking above and beyond what we know about cognitive predictors.* Symposium Presented at the 16th Annual convention of the Society for Industrial and Organizational Psychology, San Diego, CA.

Hetzlett, S. S., Kuncel, N. R., Vey, M. A., Ahart, A. M., Ones, D. S., Campbell, J. P., & Camara, W. (2001, April). The predictive validity of SAT: A meta-analysis. Paper Presented in D. Ones & S. Hetzlett (Chairs), *Predicting performance: The interface of I-O psychology and educational research.* Symposium Presented at the 16th Annual Conference of the Society for Industrial and Organizational Psychology, San Diego, CA.

Hough, L. M., Eaton, N. K., Dunnette, M. D., Kamp, J. D., & McCloy, R. A.

(1990). Criterion-related validities of personality constructs and the effect of response distortion on those validities. *Journal of Applied Psychology, 75,* 581-595.

Hough, L. M., Oswald, F. L., & Ployhart, R. E. (2001). Determinants, detection, and amelioration of adverse impact in personnel selection procedures: Issues, evidence, and lessons learned. *International Journal of Selection and Assessment, 9,* 152-194.

Jencks, C., & Phillips, M. (Eds.). (1998). *The black-white test score gap.* Washington, DC: The Brookings Institute Press.

Lautenschlager, G. J. (1994). Accuracy and faking of background data. In G. S. Stokes, M. D. Mumford, & W. A. Owens (Eds.), *Biodata handbook: Theory, research, and use of biographical information in selection and performance prediction* (pp. 391-420). Palo Alto, CA: Consulting Psychologists Press.

McDaniel, M. A., Bruhn-Finnegan, E. B., Morgeson, F.P., Campion, M. A,. & Braverman, E. P. (2001). Predicting job Performance using situational judgement tests. *Journal of Applied Psychology, 86*(4), 730-740.

Motowidlo, S. J., Dunnette, M. D., & Carter, G. W. (1990). An alternative selection procedure: The low-fidelity simulation. *Journal of Applied Psychology, 75*, 640-647.

Motowidlo, S. J., Russell, T. L., Carter, G. W., & Dunnette, M. D. (1998). *Revision of the Management Selection Interview: Final report.* MinneaPolis, MN: Personnel Decisions Research Institute.

Motowidlo, S. J., & Tippins, N. (1993). Further studies of the low-fidelity simulation in the form of a situational inventory. *Journal of Occupational and Organizational Psychology, 66*, 337-344.

Oswald, F. L., Schmitt, N., Ramsay, L. J., Kim, B. H., & Gillespie, M. A. (in press). Noncognitive predictors of college student success. *Journal of Applied Psychology.*

Paulhus, D. L. (1991). Measurement and control of response bias. In J. P. Robinson, P. R. Shaver, & L. S. Wrightsman (Eds.), *Measures of personality and social psychological attitudes* (pp. 17-59)

Pulakos, E. D., Arad, S, Donovan, M. A., & Plamondon, K. E. (2000). Adaptability in the workplace: Development of a taxonomy of adaptive performance. *Journal of Applied Psychology, 84*, 612-624.

Pulakos, E. D., & Schmitt, N. (1996). An evaluation of two strategies for reducing adverse impact and their effects on criterion-related validity. *Human Performance, 9*, 241-258.

Ra, J. B. (1989). Validity of a new evaluative scale to aid admissions decisions. *Evaluation and Program Planning, 12*, 195-204.

Ramist, L., Lewis, C., & McCamley-Jenkins, L. (1994). *Students groups differences in predicting college grades: Sex, language, and ethnic groups* (College Board Rep. No. 93-1, ETS Research Rep. no. RR-94-27). New York: College Entrance Examination Board.

Sackett, P. R., Schmitt, N., Ellingson, J. E., & Kabin, M. B. (2001). High-stakes testing in employment, credentialing, and higher and higher education: Prospects in a post-affirmative action world. *American Psychologist, 56*, 302-318.

Schmitt, N., Oswald, F. L., Kim, B. H., Gillespie, M. A., Ramsay, L. J., & Yoo, T. (2003). Impact of elaboration on socially desirable responding and the validity of biodata. *Journal of Applied Psychology, 88*, 979-988.

Taber, T. D., & Hackman, J. D. (1976). Dimensions of undergraduate college performance. *Journal of Applied Psychology, 61*, 546-558.

Willingham, W. W. (1985). *Success in college: The role of Personal Qualities and academic ability*. New York: College Entrance Examination Board.

Willingham, W. W., & Cole, N. (1997). *Gender and fair assessment*. Mahwah, NJ: Lawrence Erlbaum Associates.

CHAPTER 12

의예과 지원자의 개인 특성 평가

Patricia M. Etienne and Ellen R. Julian(미국의과대학협회)

미국의과대학협회(Association of American Medical Colleges: AAMC)는 의학대학원입학시험(MCAT®)[1]의 추가 요소로서 개인 특성 검사를 개발하기 시작했다. 현재 MCAT는 4개 영역, 즉 생물학, 물리학, 언어추리, 작문 영역으로 구성되어 있으며, 7시간 동안 치러진다. 각 영역의 점수는 학부 GPA 등과 같은 다른 지원자 정보들과 함께 의대생 선발과정에서 유용한 도구로 활용되고 있다. 간단히 말하자면, MCAT 시험 자체가 이미 충분한 정보를 담고 있고, 그렇기에 입학전형 도구로서의 역할을 해 온 것이다. 그렇다면 MCAT에 새로운 영역을, 그것도 개인 특성에 대한 정보를 추가하려는 이유는 무엇일까? 이 장에서는 미국의과대학협회가 이러한 새로운 척도에 관심을 갖게 된 배경을 알아보고, 개인 인성이라는 변인과 성공적인 의대생활 간의 관계에 대한 연구들을 간단히 살펴보기로 한다. 그리고 현재 평가도구 개발을 위해 어떤 노력이 행해지고 있고, 왜 개인 특성이라는

1) MCAT®는 AAMC의 등록 상표다.

새로운 척도를 개발하는지에 대해 알아보고자 한다.

왜 새로운 요소가 필요한가

MCAT 점수는 여러 다른 입학전형 지표와 함께 사용됨으로써 미국과 캐나다의 의과대학 입학전형 위원회의 중요한 입학전형 도구가 되어 왔다. MCAT 점수는 입학사정관이 의대생활의 성공을 예측하기 위하여 참고하는 GPA 점수를 보완하는 역할을 하고 있다(Julian, 2000a: Wiley & Koenig, 1996). 의대생활의 성공을 예측하기 위해 사용되는 GPA 점수만으로도 의대생의 첫 2년 성적 변량 중 약 29%가 설명된다. 또한 GPA 점수는 의대 실습 성적 변량의 13%를 설명해 준다. MCAT 점수와 GPA 점수를 합치면 추가로 의대 첫 2년 성적 변량의 21%가 설명되며, 기존의 정보로 예측할 수 있는 의대 실습 성적 변량의 2배 이상이 설명된다. MCAT 점수만으로도 거의 MCAT 점수와 GPA 점수를 합친 것만큼 미국 의사자격시험의 결과를 효과적으로 예측하는 것이 가능한 것이다.

그런데 이렇게 MCAT가 의대에서의 수행을 잘 예측한다면 새로운 척도를 개발하려는 이유가 무엇일까? MCAT에 추가되는 개인 특성 검사의 개발목표는 의과대학 입학사정관에게 적합한 지원자를 선발하는 데 도움이 될 만한 추가적인 비학업적 정보를 제공하는 것이다. 개인 특성 검사를 개발하려 했던 초기부터 미국의과대학협회는 새로운 측정법의 잠재력을 지적했다. "이것은 입학사정관이 적절치 못한 방법으로 검토해 온 자질에 대해 새로운 관심이 필요하다는 것을 반영하는 것이며, 미래의 의사를 뽑는 데 있어 좀 더 적절한 방법이 필요하다는 것을 보여 준다."(AAMC, 1976, p. 10)

이 새로운 척도는 의대 수행에 관한 예측도구로서 MCAT의 타당도를 높일 것이며, MCAT의 예언타당도 연구에서 아직까지 밝히지 못한 의대 수행의 예측 분야에 기여할 수 있을 것이다. 이 새로운 척도는 MCAT 점수와 GPA 점수만으로 평가함으로써 입학사정관이 과소평가했던 지원자에게 도움이 될 것이다. 새로운 척도는 MCAT를 준비하는 학생에게도 성공적인 의사가 되기 위해서는 훌륭한 성품이 필요하다는 인식을 심어 줄 수 있을 것이다. 그 외에도 새로운 척도는 사회와 의사 사이의 사회적 계약 상태라고 일컫는 중요한 관계에 대해서도 진지한 검토를 하게 할 것이나(Sabalis, 2002).

MCAT 시험의 길이

이미 오랜 시간이 걸리는 시험이라는 점에서 MCAT에 추가될 새로운 측정법의 이점은 무엇일까? MCAT 연구자는 시험 영역 및 길이, 영역별 문제를 어느 정도로 조정해야 MCAT가 의대에서의 수행을 효과적으로 예측할 수 있을지에 대하여 다섯 가지 대안적인 MCAT 형태를 개발 · 연구하였다(Searcy, Oppler, & Chen, 2001).

MCAT의 예언타당도는 서로 다른 5개의 대안적 형태마다 각각 기준과 내용 면에서 큰 차이가 없었다. 현재의 MCAT 점수만으로도 학부 성적변인과 합쳤을 때와 마찬가지로 높은 예언타당도를 보였다. 현재의 MCAT가 높은 타당도 계수를 보여 주기는 하지만, 심지어 전체 시험의 길이가 15% 정도 줄어든 것이라 해도 대안적 형태의 시험 중 어느 것도 타당도가 크게 떨어지지는 않았다. 이러한 결과는 미국의과대학협회가 MCAT의 다양한 변화를 계획함에 따라 시험 개발자가 새로운 시험을 제공하기 위해 시험 길이를 조절하는 데에도 상당한 융통성을 가질 수 있다는 것을 의미한다.

배 경

현재 미국의과대학협회가 개인 특성에 대한 평가를 도입함으로써

MCAT를 변경하려는 주요 목적이 무엇인지 어느 정도 배경 지식이 필요하다. 미국의과대학협회의 개인 특성 평가에 대한 관심은 1960년대의 의대 지원자의 비지적 특성(nonintellectual characteristics)을 측정하는 도구 개발을 공약으로 선언한 때로 거슬러 올라간다. 이를 위해 자문 위원회가 구성되었으며, 위원회는 다음과 같은 목표를 밝혀 두었다.

> 이것은 의대교육에서 인성 측정법의 사용 가능성에 대한 연구를 시행하고 추천하기 위한 것이다. 특히 학생들의 입학전형, 의학 관련 전공 선택, 전문적 적응, 개별 교수전략 개발, 개인상담 등에 활용할 수 있는지 알아보기 위한 것이다(Haley, D'Costa, & Schafer, 1971, p. 3).

자문 위원회는 '의과대학에서 사용되는 비인지적 검사에 대한 조사'의 결과를 보고하였다(D'Costa & Schafer, 1972). 조사의 목적은 각 의과대학에서 어떤 비인지적 도구가 사용되고 있는지 알아보고, 비인지적 검사에 대한 전국 단위 연구의 협력적 노력을 장려하기 위한 것이었다. 이 조사에서는 의대에서 특정한 필요에 따라 개발하였을 수 있는 비표준화 검사와 표준화 검사에 대한 정보를 찾으려 하였다. 자문 위원회는 특히 이러한 검사가 어떻게 학생들의 입학전형에 활용되었는지 관심을 갖고 있었다. 조사 결과, 이들 검사의 시행 및 사용에 대한 표준화가 필요한 것으로 나타났다. 위원회는 "미국의과대학협회가 의과대학의 비인지적 검사의 문제은행 및 정보센터 역할을 감당하며 국가적 협력을 촉진할 것"(D' Costa & Schafer, 1972, p. 3)을 제안하였다.

Morris(1973)는 의대 입학 지원자의 비인지적 요소를 측정하기 위해 사용된 접근법과 인지적 요소를 측정하기 위해 사용된 접근법 간의 불일치성을 지적하였다. 그는 여러 종류의 위원회와 이해관계자의 노력이 MCAT의 전체적 개선과 강화를 가져오기는 하였으나, 비인지적 요소의 측정법은 상이한 방법으로 기획되었고 상이한 결과를 낳았다고 주장하였다.

> 수년 동안 그들은, 기존의 인성 검사와 평가 방법을 그것들이 결코 의도하지 않았던 목적을 위해 사용해 왔다. (주: 당시에 이런 식으로 사용되었을 수 있는 인지적 검사들이 많이 있었지만 인지적 변인 평가에서는 그렇게 하지 않았다.) 아마도 가장 충격적인 비인지적 검사의 예 중 하나인 '미네소타 다면적 인성검사(Minnesota Multiphasic Personality Inventory: MMPI)'는 원래 정신질환 환자의 진단을 위한 보조 수단으로 제작된 것이다(Morris, 1973, p. 28).

그래서 Morris(1973)는 "기존의 평가법 중 가장 좋은 부분을 사용하여 가능한 한 정확하게 우리의 목적을 성취시켜 줄 평가도구를 개발하고, 이를 의대 지원자 집단에서 표준화해야 한다."(p. 29)라고 제안하였다.

1970년대 중반에 자문 위원회의 하위 위원회는 미국의과대학협회의 주요 연구 쟁점이 되어야 할 8개의 비인지적 특성을 밝혔다. 인간 및 사회적 요구, 윤리적 행동, 대인관계, 대처능력, 대인관계에서의 민감성, 의사결정 능력, 신체적·동기적 인내력, 평생학습 태도가 그것이다.

하위 위원회는 우리가 개발해야 할 비인지적 평가도구에 대해 다음과 같이 말했다.

> 어떤 비인지적 평가도구라 하더라도 의대에서 원하는 특성을 아는 지원자에 의해 그 결과가 조작될 가능성이 있다. 비인지적 특성에 대한 정보는 특정 인성에 대해 알려 줄 수 있어야 하지만, 이러한 결과는 또한 개인면접과 추천서 등을 통한 관찰과 함께 평가되어야 한다. 따라서 MCAT가 지원자의 인지적 특성을 평가하기 위한 보조 수단으로 여겨지는 것과 같이 비인지적 평가도구도 비인지적 특성에 대한 전체적 평가의 보조 수단으로 여겨야 한다.[2)]

이 8개 항목은 이후 '윤리적 행동' 영역을 제외한 7개로 조정되었으며

2) '비인지적 도구의 개발에 대한 의과대학 입학 평가에 대한 위원회 보고'. 입학 평가를 위한 미국의과대학협회 회의 자료(1975년 3월 4일)에서 발췌하였다.

하위 위원회는 평가도구 개발의 초점이 지원자의 전기자료와 상황판단 검사에 맞춰져야 한다고 결정하였다. 그러나 1980년대 초반에 비인지적 특성을 평가하기 위한 미국의과대학협회의 계획은 개발 자금 확보에 난항을 겪으면서 중단되었다.

현재 관심사

이전의 좌절에도 불구하고 미국의과대학협회는 MCAT가 현재 측정하는 인지적 능력 외에도 의대 지원자의 특성을 측정하기 위한 평가도구 개발에 지속적인 관심을 보이고 있다. 이러한 관심은 부분적으로나마 아직도 "의료인으로서의 전문성이란 학업 지식과 능력에 국한된 것이 아니라 환자를 돌보는 태도 및 행동, 의사소통 능력 등을 포함하는 것으로 이해해야 한다."(Contemporary Issues in Medicine: Communication in Medicine, 1999, p. 4)라는 의료계의 계속된 우려 속에 남아 있다. 더 최근에는 미국의과대학협회가 의대 입학생의 비인지적 특성 측정에 대해 새로운 관심을 표현하였으며, 의료직 전문성과 관련하여 큰 관심을 받고 있는 특성으로 이타성, 의사소통 능력, 동정심, 감정이입, 정직성을 찾아냈다(Julian, 2000b). 고려가 필요한 특성으로 의사소통 능력을 포함시킨 것은 '비인지적'이라는 용어가 이러한 특성을 나타내는 최선의 방법은 아님을 뜻하는 것일지도 모른다. 따라서 '개인 특성'이라는 용어는 새로운 평가를 위한 특성을 묘사하기 위하여 최근에 채택한 것이다. 새로운 평가방법 개발을 위한 노력의 첫 단계 중 하나로 전통적인 인성 측정법에 대한 조사가 이루어졌다. 이 조사를 통하여 학업 및 직업적 성공에 대한 예측도구로서 인성 측정 점수의 사용에 대한 최근의 연구에도 불구하고, 전통적인 인성 측정법의 부적절성에 대한 이전 위원회의 관찰이 여전히 유효하다는 것은 분명해졌다.

기존의 인성 측정법을 사용하지 않는 이유

기존의 표준화 인성검사에 대한 연구들은 인성 검사 점수가 의대생활의 수행을 예측한다는 것을 밝혀냈다(Hojat, Erdmann, Robeson, Damjanov, & Glaser, 1994). 이러한 기존의 측정법은 일반적으로 인성 질문지, 투영검사법, 객관식 검사로 분류할 수 있다. 이 중 많은 측정법이 높은 신뢰도를 지니고 있지만, 의대생 선발을 위한 타당도 증거는 종종 빈약하거나 아예 없을 정도다. 다시 말해, 대부분의 측정법이 개인 특성 측정에 일관성을 띠고 있지만, 어떤 특성이 측정되고 있는지 혹은 그 특성이 의대생이나 의사의 성공과 어떤 관련성이 있는지에 대해서는 항상 명확한 것은 아니라는 것이다.

MCAT와는 달리, 이러한 검사는 일반적으로 단일 형태의 검사다. 그것들은 한 명의 피험자 혹은 소집단의 피험자를 대상으로 인사 관련 평가나 의료심리 혹은 상담심리 환경과 같은 위험 부담이 적은 상황에서 사용하기 위한 것이다. 뒤의 두 환경의 경우 시험 결과 위조와 시험 유형 학습에 대한 것은 대개 문제가 되지 않는다. 시험 대상자가 자신의 내면에 대해 알기를 원하고, 따라서 자신들에 대해 진실한 정보를 제공하려는 경향이 있기 때문이다. 이러한 치료적 환경에 있는 피험자는 검사가 선발이 아닌 진단을 위한 것임을 알고 있기에 일반적으로 시험제도와 '대립' 하지 않는다. 인사 선발과 관련해서는 피험자가 대개 사용될 측정도구에 대한 선험 지식이 없다. 인사 선발시험은 일반적으로 적은 수의 피험자를 대상으로 한다. 그래서 높은 점수를 올리기 위한 시험 준비반 프로그램은 별로 없다. 결국 시험 결과 위조는 크게 우려할 사항이 아니라고 볼 수 있다.

Viswesvaran과 Ones(1999)는 "만약 피험자가 허위의 답을 제공하라는 지시를 받는다면 그렇게 할 것인가? 이러한 왜곡된 답이 중요한 이유는 무엇인가?" 라고 인성 측정 위조에 관한 연구의 메타분석에서 질문을 제기했다. 그들은 또한 특정한 인성 특성이 다른 것보다 조작될 가능성이 더 높은 지에 대해 관심을 가졌다. 허위 조작에 대한 많은 연구가 사회적 옳음에 대한 척도를 포함하고 있기 때문에 그들은 이를 5요인 인성[3] (우호성, 성실성, 외향성, 경험에 대한 개방성, 정서적 불안정성)과 함께 분석변인에 포함시켰다. Viswesvaran과 Ones(1999)는 연구에 참여한 실험 대상자들에게 '좋게 위조' 할 것을 지시하였으며, 또 다른 연구에서는 '나쁘게 위조' 할 것을 지시하였다. 51개의 연구를 통해 그들은 위조성이 인성 특성에 따라 큰 차이가 없었으며 5대 인성 특성 모두 동일하게 위조 가능하다는 결론을 내렸다. 그러나 사회적 옳음에 대한 척도는 5요인 인성 특성 척도보다 2배나 더 민감한 반응을 보였다. '좋게 위조' 한 피험자의 점수는 위조하지 않은 점수보다 1/2 표준편차 이상 높게 나타났다. 그들은 나쁘게 위조한 경우가 좋게 위조한 경우보다 더 큰 영향을 미친다는 것을 발견했다. 즉, 피험자는 인성 측정 시 좋게 위조하는 것보다 나쁘게 위조를 더 잘하는 것으로 보였다. 결론적으로 사람들은 위조하라는 지시를 받은 경우에 실제로 위조가 가능하다는 것이다.

규모와 위험 부담이 큰 인성 검사는 서로 다른 검사기관에서 제작된 대안적인 형태가 있어야 한다. 대안적 형태의 검사는 유리한 답을 쓰도록 훈련받은 피험자의 문항 반응 위조를 최소화할 수 있을 것이다. 따라서 MCAT 프로젝트는 기존의 표준화된 인성 측정법의 개발과정에서 한발 물러설 것을 제안한다. 미국의과대학협회는 기존의 형식이 아닌 대안적 형식의 검사 개발을 지원하는 계획을 세워야 할 것이다. 인성 특성과 의료 관련 학업 및 직업적 성공 간의 관계에 대한 연구 문헌은 미국의과대학협회가 타당도와 신뢰도를 갖춘 개인 특성 측정법이 필요하다는 주장을 뒷받침해 준다.

3) 성격심리학에서 5요인 인성 특성은 성격 차이를 설명하기 위해 사용되는 특성 분류법이다. I은 외향성 대 내향성, II는 상냥함 대 적대성, III은 선악의 판단력 대 불분명한 태도, IV는 신경질적 성격 대 감정적 안정, V는 경험에 대한 개방성 대 폐쇄성(Romney & Bynner, 1992, pp. 52-55)이다.

인성변인과 의과대학 및 직업에서의 성공

개인 특성과 관련된 논문 중에는 인성변인과 학업 또는 직업적 성공 간의 관계에 대한 연구가 있다. 1968년의 연구에서 Solkoff는 법대생과 의대생 중에서 상위권과 하위권 1, 2학년생의 학업 수행과 인성/태도/석성 검사 점수 간의 관계를 조사하였다. Solkoff의 검사는 미네소타 다면적 인성검사(MMPI), 3개의 태도 척도, 그리고 오티스 자가 지능검사(Otis Self-Administering Test of Intelligence)로 구성되어 있다. 그는 상위권 학생과 하위권 학생의 점수 간에 몇 가지 유의한 차이를 발견하였으나, 입학전형 과정의 일부분으로 이들 검사를 관계적으로 운영하기에는 신뢰도가 부족하다고 결론지었다(Solkoff, 1968).

Haley, Juan과 Paiva(1971)는 상 · 중 · 하위권 MCAT 득점자의 인성 측정에 따른 실제 수행을 비교하였다. 여기서 사용된 인성 측정법은 대인관계 가치관 검사(Survey of Interpersonal Values), 올포트-버논-린제이 가치관 검사(Allport-Vernon-Lindzey Study of Values), 그리고 Rokeach의 가치척도 가치관 검사(Form E Dogmatism Scale)였다. 그들은 MCAT 고득점자가 저득점자보다 규칙 준수성에서 높은 점수를 획득했음을 발견하였다.

상 · 중 · 하위권 MCAT 득점자 모두 지지, 박애, 리더십 척도에서는 비슷한 결과를 보였다. Haley 등(1971)은 관련성의 특징에 대한 명확한 언급은 하지 않았으나 MCAT 점수가 인성변인과 어떻게든 관련이 있다는 결론을 내렸다. 이후 연구에서 연구자들은 인성 검사가 과연 의대생의 수행능력 평가의 기준 척도와 예측 간의 관련성을 강화하는지 밝히기 위해 노력해 왔다(Hojat et al., 1993). 이들 연구자는 인성 검사 점수가 예측력을 높이는 데 중요하게 기여해 왔으며, 따라서 입학전형 과정에서 사용되어야 한다고 결론을 내렸다.

Newton 등(2000)의 연구에서는 인성 특성과 의료직업 선택의 관계에 대해 조사하였다. 그들의 연구 결과는 의대생이 동정심을 느끼는 정도와 전공 선택 간에 관련성이 있음을 시사한다. 그들은 각각 다른 학년의 의대생에게 균형적 감정이입 척도(Balanced Emotional Empathy Scale)를 적용하였다. 그 결과, 가정의학과와 소아과와 같은 핵심 전공을 선택한 학생들이 방사선학과와 병리학과와 같은 비핵심 전공을 선택한 학생보다 감정이입 척도에서 높은 점수를 얻는 경향이 있음이 나타났다.

또한 어떤 연구는 의료 전문직을 준비하는 학생들의 성품에 대한 예측도구를 밝히고자 하였다. 의대생에 대한 종단연구에서 Rogers와 Coutts (2000)는 예과 시절 학생들의 태도가 실습생으로서의 인간성을 예측하는지를 조사하였다. 그들은 학생들에게 예과 시절과 실습학년 기간 동안의 태도에 대한 설문지를 작성하도록 하였다. 또한 3학년 때는 학생들의 인간성에 대해 평가받는 임상 수행평가를 치르도록 하였다. 그들은 태도 척도와 인간성 척도에서 일관성을 발견하였다. 비록 이 연구의 몇 가지 중요한 한계점에 대해 지적하고 이후 연구에 대한 제언을 하였으나, 그들은 예과생들의 태도 척도 점수가 이후 임상 실습기간의 인간성을 예측하는 좋은 예측도구 역할을 할 수 있다고 결론지었다. 이와 관련된 이전의 Hojat 등 (1999)의 연구에서는 성공적인 의사의 자질에 대한 이해가 의대생과 젊은 의사의 직업상담에 유용할 수 있음을 밝히고 있다.

미국의과대학협회의 연구

미국의과대학협회의 개인 특성 측정에 대한 최근의 한 연구에서는 의과대학 및 수련의의 성공적/비성공적 수행과 관련 있는 행동의 범주를 밝히는 데 초점을 맞춰 왔다(Etienne & Julian, 2001). 이 연구는 중요한 사례에 대한 분석 연구로 행해졌으며, 성공적/비성공적 학생 및 레지던트의 문서화된 행동사례가 포함되었다. 미국의과대학협회 기준의 4개 지역에 있는 7개 도시의 21개 의대에서 약 170명의 교수진, 레지던트, 학생들이 연구에 참여하였다. 연구자들은 의대생과 레지던트의 주요 수행 양상이 다음의 10개 행동 범주에 따라 가장 잘 설명될 수 있을 것이라고 결정했다.[4)]

1 학습 경험의 구체화(학생만 해당): 이 차원은 학생들이 자신의 학습 및 지식 습득에서 능동적/수동적 역할을 하는지에 대한 것이다. 능동적 역할을 하는 학생들은 학습 주도권을 쥐고 있었으며, 그들의 교육적 경험을 강화하려는 노력을 기울이거나 교육의 진보를 방해하는 상황들을 바로잡으려는 경향이 있었다. 적극적이고 능동적인 행동은 자신의 지식 기반을 넓히기 위한 목적(예, 온라인 논문 검색)으로 연구를 수행하거나, 새로운 기술을 학습하기 위한 추가적인 책임을 요구하는 것으로 입증되어 왔다. 또한 능동적인 학생들은 부정적 평가를 받았을 경우 피드백을 요구했으며 적절히 자기주장을 하는 경향이 있었다(예, 학점을 바꿔 줄 것을 요구). 반면 자기 학습에 대해 수동적인 학생들은 부정적 피드백을 잘못을 고치는 데 쓰는 진단도구로 사용하지 않았으며 기술적 능력을 개발하기 위한 기회로 보지 않으려는 경향이 있었다. 이 차원에서 높은 점수를 보인 학생들은 성공적으로 환경을 헤쳐 나가는 법을 알고 있었다(예, 올바른 상황에서는 참여하고 잘못된 상황에서는 빠져나가기).

2 추가 노력 및 동기부여(학생과 레지던트 해당): 이 차원의 긍정적 기준은 동기부여를 하고 성실하려는 행동에 대한 것이다. 그런 행동은 의사의 진료를 도울 때 자발적으로 먼저 행동하고, 환자들을 완전히 돌보기 위해 늦게까지 성실하게 남으며, 의사를 위해 인터넷 검색을 하고, 추가 임무를 맡는 것을 포함한다. 반대로 이 차원의 부정적 기준

4) 행동 범주들에 대한 목록과 설명은 워싱턴 DC의 미국연구기관(American Institutes for Research) 스태프들이 편집했다(Adams, Goodwin, Searcy, Norris, & Oppler, 2001, 부록 B, C).

은 동기가 결여되어 있고, 사회적으로 배회하며, 과제를 게을리하고, 허락 없이 빠지며, 근무 교대시간에 늦고, 회진을 빠지며, 필수 문서를 제대로 작성하지 않는 행동을 포함한다.

3 기술적 지식 및 능력(학생과 레지던트 해당): 이 차원은 의대생과 레지던트에게 적합한 의학적 지식 및 능력의 이행과 관련이 있다. 적절한 기술적 지식을 이행하는 긍정적 행동은 의사들의 질문에 대답하기, 동료에게 기술적 지식을 알려 주기, 환자 진료 및 치료 계획을 할 때 지식을 사용하여 의사들을 보조하기, 낯선 과정을 대할 때 언제 도움을 요청할지 알기(예, 자신의 한계 알기) 등과 관련이 있다. 이와 유사하게 의학적 기술을 적절하게 이해하는 학생들은 의사의 감독 아래 환자에 대하여 특정한 기술(예, 삽관, 링거 꽂기, 심폐기능 소생술, 주사 놓기, 피 뽑기, 상처 봉합)을 수행한다. 학생들은 세부적인 병력과 신체적 특징, 유용한 정보의 선택적 수집과 관련된 행동을 수행할 수 있어야 하며, 언제 환자들이 즉각적인 도움을 필요로 하는지 인식할 수 있어야 한다. 이 차원의 부정적인 행동은 환자치료에서 적절한 지식이 부족하거나 잘못된 지식을 가지고 있음을 나타낸다.

4 자기 관리 및 대처 능력(학생만 해당): 이 차원의 긍정적 기준은 배워야 할 내용을 미리 숙지하여 가장 중요한 정보에 집중하며, 자신의 강점과 약점을 알고, 복습시간을 활용하고, 통솔에 따르고, 학교와 개인 생활의 균형을 유지하며, 효율적으로 시간 관리를 하며, 상황에 맞는 최선의 학습 전략 및 기술을 사용하고(예, 언제 그룹이나 개인 스터디를 해야 하는지 알기), 효율적이면서 효과적인 학습 기술 및 전략을 배우는 행동을 포함한다. 대량의 정보학습 체계를 세우고, 스터디 그룹을 구성하며, 학급 동료 간 학업 분량을 나누는 행동 또한 효과적인 학습 전략이다. 이 차원은 직업과 학업 과제의 우선순위를 매기고, 한계를 정하며, 언제 교수나 다른 학생들의 도움을 받을지 아는 능력을 포함한다. 반대로 이 차원의 부정적 기준에는 자신의 학업 전략이 좋지 않

으며 바꿔야 할 필요가 있음을 깨닫지 못하고, 언제 도움을 청해야 할지 알지 못하며, 조직적이지 못한 행동 등이 포함된다.

5 대인관계 기술 및 직업정신(학생과 레지던트 해당): 이 차원의 긍정적 기준은 동료와 위계질서를 존중하고, 부적절한 말대답을 하지 않으며, 문화적 · 성적 민감성을 가지며, 지식을 적절히 공유하며, 전문적 용모를 갖추고, 불편하거나 긴장되는 상황을 적절히 다루는 행동을 포함한다. 이 외에도 전문적 의견을 재치 있게 그리고 존중성을 가지고 나누기, 공격적인 비판에 대해 전문적으로 대처하기, 공격적 비판 피하기, 학급에서 존중하는 태도 보이기, 성숙하게 행동하기 등이 해당될 것이다. 반면 부정적 기준으로는 거친 태도로 남의 의견에 대립하기, 부적절한 농담하기, 평정심 잃기, 의사와 논쟁하기, 반항적으로 행동하기, 불편한 상황에서 부적절한 유머 사용하기, 방어적이거나 논쟁적인 어조로 말하기, 학급에서 수업 방해하기 등이 있다.

6 윤리적 행동(학생과 레지던트 해당): 이 차원의 긍정적 행동은 정직하게 행동하기, 투명성 보여 주기, 환자의 비밀 유지하기, 환자와 적절한 대인관계 유지하기, 직업윤리 기준 준수하기(예, 약물 남용하지 않기), 다른 사람의 비윤리적 행동 보고하기 등이 해당된다. 부정적 기준은 수행 임무에 대해 거짓말하기, 다른 사람의 개인적 실수에 대해 비난하기, 명백히 해서는 안 될 행동 저지르기, 환자에 대한 정확한 정보를 수집하기보다는 '만들어 내기', 저지른 실수에 대해 책임 회피하기 등이 포함된다.

7 환자와 가족과의 상호작용(학생과 레지던트 해당): 이 차원은 감정이입과 의사소통 중심의 행동에 대한 것이다. 긍정적 행동은 훌륭한 의사소통 능력, 환자와 그 가족에 대한 측은지심과 배려심 보이기, 환자와 가족에게 필요한 정보를 알려 주기, 검사 결과 알려 주기, 진단 결과 및 치료방법에 대해 설명하기, 환자의 감정적 상태에 대해 민감하기 등이 해당된다. 이 외에도 환자와 가족과의 유대관계 형성하기, 까다

로운 환자를 재치와 측은지심으로 다루기, 병의 진행에 대해 설명하기, 환자가 처방된 치료법을 준수하도록 설득하기, 문화적 · 성적 민감성 가지기, 의사소통 장벽 극복하기, 환자의 가족과 함께 환자의 사망에 대처하기 등이 해당된다. 부정적 기준에는 환자와 가족의 걱정에 둔감하게 대처하거나, 진단 결과 또는 치료방법에 대해 적절히 의사소통하지 못하는 행동 등이 포함된다.

⑧ 팀 환경 조성(학생들만 해당): 이 차원의 긍정적 기준에는 협동적 작업 환경을 조성하여 팀으로 일하기, 경쟁적이며 자기중심적인 행동을 보이기보다는 남을 돕기, 다른 학생과 팀원을 돕기 위한 추가적인 노력하기, 팀원에게 계속 정보 제공하기, 스포츠맨십 보이기, 노트와 시험 공유하기, 팀원과 의사소통하기 등이 포함된다. 이 외에도 다른 팀원과 노력을 기울이는 수준 맞추기, 수업 자료 공유하기, 필요한 경우 의사와 학생 간 통역해 주기(예, 언어적 장벽이 있을 경우), 다른 학생과 근무시간 바꿔 주기, 새로운 학생 안내하기, 수업 자료 및 필기 내용 인터넷에 올리기, 어려움을 겪는 다른 학생들 도와주기, 다른 학생들이 따라오지 못할 경우 복습 멈추기, 다른 학생 가르쳐 주기 등이 있다. 반대로 다른 학생과 경쟁하여 자신을 돋보이게 하기(예, 정보를 공유하지 않아 다른 학생이 좋지 않게 보이도록 하기), 다른 학생에게 부과된 과제를 침범하거나 과제를 과하게 수행하기, 다른 학생들의 환자에 대해 정보를 수집하고 그들과는 정보 공유하지 않기 등은 이 차원의 부정적 기준이다.

⑨ 멘터링 및 의대생 교육(레지던트만 해당): 이 차원은 다른 학생을 훈련하고 가르치며 학생들의 일을 정해 주는 것과 관련이 있다. 때때로 의대생을 교육하는 것은 레지던트에게 추가적인 노력을 요구한다. 이 차원의 긍정적 기준의 예는 교수 기회의 이점을 인식하고 사용하여 학생들에게 체계적 학습 경험 제공하기, 학생들의 발전을 돕기 위해 읽기 자료를 추천해 주기, 학생들에게 치료 기술 및 과정에 대한 시범

을 보이기 위해 별도의 시간을 들이고 노력하기, 인내심을 갖고 학생들을 지원하고 걱정해 주기, 건설적인 태도로 질문에 답해 주기, 교육과정을 고려하여 학생들에게 안내자 역할해 주기, 학생들의 수행에 대한 피드백 제공하기 등이다. 부정적 기준의 예는 학생들의 잘못된 수행에 대해 건설적 피드백과 훈련을 제공하기보다는 소리 지르기 등이다.

⑩ 압박 속에서의 평정심 유지(레지던트만 해당): 이 차원은 특히 수련과정에서 일어나는 스트레스 상황에서 평정심을 유지하는 것에 초점을 둔다. 감정적 분출, 환자와 요구되는 과정에 집중할 수 없는 것 등은 부정적인 기준에 해당한다.

학생들과 레지던트를 위한 행동 범주는 모두 의대 교육과정에 대한 전체적 모형을 제시한다. 두 그룹에 중복되는 행동 범주는 적합한 의대생과 레지던트 과정을 위해 계속 유지되어야 하는 중요한 핵심적 행동양식이 있음을 시사한다. 2개의 독립적 연구자들이 개발한 범주에서의 일관성은 그 범주들이 미국 전역의 의과대학에 걸쳐 동일하게 중요한 수행 양상을 밝혀주며 일반적으로 보편성을 띤다는 결론을 뒷받침한다. 이러한 행동 범주에 기반한 측정도구들은 의과대학 입학사정관이 적절한 입학생을 선발하는 데 유용하게 사용될 것이다.

개인 특성 측정도구 개발의 현재

미국의과대학협회는 최근에 개인 특성 측정도구 개발의 평가목표를 정의하기 위한 근거로 이 연구 결과들을 사용하고 있다. 현재 밝혀진 5개의 개인 특성(이타성, 의사소통 능력, 동정심, 감정이입, 정직성) 중에서 미국의과대학협회는 우선 개발되어야 할 것으로 의사소통 능력을 선택하였으며 듣기능력에 대한 측정도구를 개발 중에 있다. 이 검사는 의사소통 능력 요소들 중 하나가 될 것이며, 현재 MCAT의 작문 영역과 언어추리 영역, 그리고 별도의 말하기 영역을 포함하게 될 것이다.

MCAT 검사개발 자문위원회(TDAC)는 듣기능력 검사 개발을 위한 자문을 해 왔다. 이 위원회는 8명으로 MCAT에서 도움을 주고 있는 입학사정관, 의대 교수진, 의대생과 레지던트, 개업의, 간호사, 정신의학자, 예과 자문위원 등 다양한 조직의 대표로 구성되어 있다. TDAC의 역할은 다음과 같다.

- 적합한 관찰 행동양식을 밝히도록 돕는다.
- 세부적인 검사목표를 밝히도록 돕는다.
- 의사소통의 상황 검사를 위한 시나리오 개발에 참여한다.
- 문제 출제자를 제공한다.
- 문제의 재검토 · 수정 작업에 참여한다.

TDAC는 듣기능력 검사의 평가목표를 정하기 위해 앞서 설명한 주요 사례 연구 결과에서 몇 가지 시사점을 얻었다.

ETS의 자문을 받아 TDAC, 미국의과대학협회에서 정의한 평가목표에 근거하여 계획된 듣기능력 검사를 위해서는 시나리오 및 검사 문항 개발에 비디오 포맷이 활용되고 있다.

평가목표는 듣기 검사가 전반적인 대인관계 의사소통의 맥락에서 듣기 능력을 측정하고 정보 처리 및 추출, 정보에 반응하는 능력 등에 초점을 맞출 것을 제안하고 있다. 평가목표는 Cassell(1985)이 강조하였듯이, “화자가 무엇을 의미했는지 해석하는 것과 무엇을 어떻게 말했는지 관찰하는 것을 구분하는”(p. 10) 능력을 의미한다. 따라서 MCAT 듣기능력 검사는 수험자들로 하여금 잠깐 멈춤, 성조, 속도, 목소리 크기, 억양 등의 준언어학적인 특성뿐 아니라 얼굴 표정, 몸동작과 같은 비언어적 의사소통 요소에도 주의를 기울일 것을 요구한다. 이러한 듣기기술은 다음과 같은 능력을 포함할 것이다.

- 다른 사람의 감정을 인식하기
- 다른 사람의 감정에 반응하기
- 얼굴 표정, 억양, 목소리 크기 등과 같은 비언어적 신호를 인식하기
- 여러 메시지가 오가는 상황에서 가장 적절한 정보 추출해 내기
- 불명확한 의사소통 명확하게 하기
- 평가를 내리는 피드백을 비방어적으로 받아들이기
- 언어적 공격에 비방어적으로 대응하기
- 지시사항 따르기

4개의 다른 문항 유형이 개발되었는데, 이들 모두는 다른 의료 관련 상황에 관한 시나리오를 기초로 하고 있다. 그러나 그것들은 수험자에게 의학적 지식을 요구하지는 않는다. 시나리오는 미국의과대학협회의 주요 사례 연구에서 보고된 사건 중 몇 개에 기반을 두고 있다. 네 가지 문항 유형은 듣기를 포함한 다른 행동을 나타내는 시나리오에 기반을 두고 있으며 수험자로 하여금 다음 사항을 요구한다.

- 리커트 척도(Likert-type scale)를 사용하여 여러 행동의 질에 대해 적합성 점수를 부여한다(상황 판단 문제).
- 서로 다른 행동에 대해 각각 적절성의 순위를 매긴다(순위 매기기).
- 상황에 따른 가능한 반응 목록 중에서 가장 적합한 행동을 선택한다(분류하기).
- 상황에 따른 가능한 반응 목록 중에서 가장 적합한 행동 한 가지를 선택한다(선다형 문제).

이러한 시나리오 중 하나로, 입원환자의 아내가 남편의 사망 선택 유언

에 대해 병원 관계자들이 반대한 것 때문에 속상해하고 있는 상황이 있다. 이 시나리오에서 이 상황은 부분적으로는 신참내기 의사와 고참 의사, 그리고 환자의 아내 간 의사소통 문제 때문에 일어난 것이다. 이러한 시나리오에 바탕을 둔 문제들은 듣기 상황에서 말을 이해하는 것뿐만 아니라 감정을 이해하는 것이 중요함을 강조한다(Halley, 1997).

각 문항의 정답은 채점관 패널의 오랜 토의와 합의에 기초하여 결정된다. 패널은 다양한 민족적·문화적 배경을 가진 의사, 간호사, 의대 교수진, 연구자, 의사소통 전문가 등의 대표들로 구성된다. 이러한 문항 유형은 MCAT 듣기능력 검사의 시범 운영을 위한 추가 자료 개발에 쓰일 것이다.

MCAT를 위해 제안된 듣기능력 검사 문항에 대한 정답의 주관성 정도는 심리측정학적 도전을 상당히 받을 수 있다. 이에 문화적 차이가 답에 영향을 미칠 가능성에 대해서도 반드시 인식하여야 할 것이다. 그러나 미국의과대학협회는 이러한 난관을 극복하기로 결정하였다. 새로운 검사와 구성에 대해 심리측정학 분야에서 보이는 현재의 관심에 대해 미국의과대학협회는 비디오 포맷을 사용함으로써 더 높은 안면타당도를 얻을 수 있을 것이라고 확신한다. 비디오 포맷의 사용은 기존의 듣기 검사에서 전통적으로 초점을 맞춰 왔던 독해적 혹은 비판적 듣기능력에 비해 감정이입에 입각한 혹은 반응적 듣기로 묘사되는 검사 유형에 가깝기 때문이다(Arnett & Nakagawa, 1983). 이렇게 성공적으로 개발된 듣기 검사는 의대 입학사정관에게 지원자가 예비 의사로서의 자격과 관련된 개인적 자질을 지니고 있는지를 평가할 수 있는 추가적인 평가도구를 제공할 것이다.

참고문헌

Association of American Medical Colleges(AAMC). (1976). *Development of a non-cognitve assessment system for evaluation of application to medical school.* Unpublished report. Washington, DC: Author.

Adams, K., Goodwin, G., Searcy, C., Norris, D., & Oppler, S., (2001). *Development of a performance model of the medical education process.* Washington, DC: The American Institutes for Research.

Arnett, R., & Nakagawa, G. (1983). The assumptive roots of empathic listening: A critique. *Communication Education, 32,* 368-378.

Cassell, E. (1985). *Talking with patients: Vol. 1. The theory of doctor-patient communication.* Cambridge, MA: MIT Press.

Contemporary Issues in Medicine: Communication in Medicine. (1999). Washington, DC: Association of American Medical Colleges.

D'Costa, A., & Schafer, A. (1972). *Results of a survey of non-cognitive tests used in medical school.* Washington, DC: Association of American Medical Colleges.

Etienne, P., & Julian, E. (2001). Identifying behaviors of successful medical students and residents. *Analysis in Brief, 1,* 4.

Haley, H., D'Costa, A., & Schafer, A. (Eds.). (1971). *Proceedings of a Conference on Personality Measurement in Medical Education.* Washington, DC: Association of American Medical Colleges.

Haley, H., Juan, I., & Paiva, R. (1971). MCAT scores in relation to personality measures and biographical variables. *Journal of Medical Education, 46,* 947-958.

Halley, R. (1997). *And then I was surprised by what you said. The impact of love and listening on community.* Columbia, MO: Kaia Publishing.

Hojat, M., Erdmann, J., Robeson, M., Damjanov, I., & Glaser, K. (1994). A study of psychometric characteristics of abridged versions of selected psychological measures given to medical school students for the purpose of predicting their clinical competence. *Interdisciplinaria, 11,* 129-148.

Hojat, M., Nasca, T., Magee, M., Freeney, K., Pascaul, R., Urbano, F., & Gonnella, J. (1999). A comparison of the personality profiles of internal medicine residents, physician role models, and the general population. *Academic Medicine, 74,* 1327-1333.

Hojat, M., Robeson, M., Damjanov, I., Veloski, J., Glaser, K., & Gonnella, J. (1993). Students' psychological characteristics as predictors of academic performance in medical school. *Academic Medicine, 68,* 635-637.

Julian, E. (2000a). The predictive validity of the Medical College Admission Test. *Contemporary Issues in Medical Education, 3,* 2.

Julian, E. (2000b). *A request for the Committee on Admissions input on a proposal for Regional Initial Interview and Personality Characteristic Assessment Centers.* Unpublished manuscript.

Morris, W. (1973). On the assessment of non-cognitive aspects of medical school applicants. *Position papers for the AAMC Regional Conferences, as part of the Medical College Admission Assessment Study.* Washington, DC: Association of American Medical Colleges.

Newton, B., Savidge, M., Barber, L., Cleveland, E., Clardy, J., Beeman, G., & Hart, T. (2000). Differences in medical students' Empathy. *Academic Medicine, 75,* 1215.

Roger, J., & Coutts, L. (2000). Do students' attitudes during pre-clinical years predict their humanism as clerkship students. *Academic Medicine, 75,* S74-S77.

Romney, D., & Bynner, J. (1992). *The structure of personal characteristics.* Westport: Praeger.

Sabalis, R. (2002, June). *Allopathic medicine report to the National Association of Advisors for the Health Professions 15th National Meeting Las Vegas, Nevada.* Washington, DC: Association of American Medical Colleges.

Searcy, C., Oppler, S., & Chen, W. (2001). *Evaluating five alternative configurations of the multiple-choice test components of the current*

MCAT. Washington, DC: The American Institutes for Research.

Solkoff, N. (1968). The use of personality and attitude tests in predicting the academic suddess of medical and law students. *Journal of Medical Education, 43,* 1250-1253.

Viswesvaran, C., & Ones, D. (1999). Meta-analysis of fakability estimates: Implications for personality measurement. *Educational and Psychological Measurement, 59,* 197-210.

Wiley, A., & Koenig, J. A. (1996). The validity of the Medical College Admission Test for predicting performance in the first two years of medical school. *Academic Medicine 1996, 71,* 83S-85S.

CHAPTER 13

법학대학원 입학전형 접근과 다양성

Peter J. Pashley, Andrea E. Thornton, and Jennifer R. Duffy
(로스쿨 입학위원회)

로스쿨 입학위원회(Law School Admission Council: LSAC®)는 적절한 검사 사용 및 접근성과 다양성을 장려하는 입학전형을 연구하고 지지하는 상당한 양의 연구 자원을 확보해 왔다. 이러한 노력이 주로 LSAC의 로스쿨 입학시험(Law School Admission Test: LSAT®)과 로스쿨 입학전형에 초점을 맞춘 것이기는 하지만, 많은 노력의 결과와 아이디어는 더욱 폭넓은 고등교육 환경에서 적용할 수 있다.

이 장에서는 먼저 LSAC의 다양성에 대한 헌신을 살펴보고자 한다. 그다음에는 LSAT가 입학전형에 미친 영향과 더 좋은 입학전형 실제를 장려하기 위한 노력에 대해 살펴보고자 한다. LSAC의 나아가야 할 방향을 언급하기에 앞서 입학전형 과정에 대한 새로운 접근 연구를 설명할 것이다.

LSAC와 관련을 맺고 있는 많은 사람들은 그들이 만들어 낸 결과물 뒤에 자랑스럽게 서 있거나 그것을 부적절하게 사용하는 몇몇 사용자에게 주의를 주는 위치 사이에서 계속적으로 줄타기를 해 오고 있다. 예를 들어, 1997년의 「LSAT: 좋다. 그러나 그렇게 좋지만은 않다」라는 제목의 논문에서 LSAC의 위원장이자 집행부 이사였던 Philip Shelton은 로스쿨 입학 사정도구로서 LSAT의 잠재적 유용성과 한계에 대해 설명하였다. 이 장에서는 LSAC의 서비스, 산출물, 그리고 입학전형을 개선시키기 위해 행해진 연구를 중점적으로 다루기로 한다.

LSAC와 다양성에 대한 그들의 헌신

LSAC는 펜실베이니아 주 뉴타운에 본부를 두고 있는 비영리 사단법인 단체다. 1947년에 설립되었으며, 위원회에서 투표권을 행사하는 회원들은 미국법학대학원협회(American Bar Association)가 인정한 모든 법학대학원과 캐나다의 법조계연맹(Federation of Law Societies)이 승인한 기준하에 학위를 수여하는 캐나다 법학대학원으로 구성되어 있다. 현재 회원은 총 202개의 로스쿨로 구성되어 있다. 로스쿨 입학 담당교수, 법학 교육자, 학장으로 구성된 회원 대표는 그들의 활동을 주관하는 위원회로부터 신임을 받고 있다.

LSAC는 LSAT의 운영으로 가장 잘 알려져 있는데, 로스쿨과 로스쿨 지원자에게 제공하는 서비스에는 다음 내용이 포함된다.

- 로스쿨 정보통합 서비스(LSDAS): 로스쿨에 전기적 · 학업적 정보에 대한 표준화된 요약을 담고 있는 개별 지원자 보고서를 제공한다.
- 지원자 의뢰 서비스(CRS): 각 학교에 관심 가질 만한 잠재적 로스쿨 지원자를 데리고 온다.
- 입학 관련 커뮤니케이션 및 교환 시스템(ACES): 이 소프트웨어의 이용은 열람 가능한 정보 수집, 검색, 교환 서비스에 시기적절하게 접근할 수 있도록 함으로써 로스쿨 입학사정관과 LSAC 간에 가장 중요한 접촉방식이 되어 왔다.

• 상관 연구: 매년 회원 로스쿨에 LSAT 점수, GPA, 로스쿨 입학 지원자의 첫해 성적 간의 관계에 대한 자세한 정보를 담은 보고서를 제공한다.

일반적으로 로스쿨 입학을 돕는 것 이상으로, 위원회는 오랜 기간 모든 형태의 다양성을 장려해 왔다. 이 위원회의 최근 중요한 역할은 2000년 12월에 LSAC 이사회가 다음의 결의를 도입했을 때 이루어졌다(LSAC, 2001b 참조).

> 미국은 21세기 중반이 되면 다수를 차지하는 인종/민족 집단이 사라질 것이다. 만일 법조계가 사회 구성원의 더 많은 부분을 반영할 수 없다면 법조계와 정의제도는 위험에 처할 것이다. 따라서 법조계와 법학교육의 가장 큰 도전 과제는 과소 집계된 소수 집단의 변호사 수를 늘리는 것이다.
>
> 법학교육에의 접근은 이러한 도전에서 중요한 요소다. LSAC는 LSAT가 로스쿨들에 의해 중요하고 가치 있는 입학전형 준거로서 평가되고 있음을 인식하고 있다. 동시에 위원회는 법학교육이 LSAT에 너무 많은 비중을 두고 있으며, 이로 인해 법학교육의 다양성이라는 목표를 성취하기 위한 중요한 추가 입학전형 준거들을 간과할 수 있다는 우려를 하고 있다.
>
> 이렇듯 LSAT에 대한 과도한 강조를 우려해서 LSAC는 향후 5년간 다음 사항을 위해 1,000만 달러 이상의 지출을 약속한다.
>
> • 법학교육자, 변호사, 판사, 법학생, 예비 법학생, 예비 법조인, 저널리스트, 그리고 LSAT의 사용에 대한 대중의 문화와 태도에 대해 연구하고 필요한 경우 변화를 장려하기
> • 시험 점수 사용자와 수험자에게 적합한 LSAT 사용 장려하기
> • 법학교육의 다양성 목표를 촉진시키는 로스쿨 입학정책에서의 새로운 접근법을 개발 · 적용하기
>
> 이 지원금은 위의 목적을 달성하기 위한 다양한 활동, 프로젝트, 연구 그리고 출판을 지원할 것이다. 계속 지원금을 받을 기존 활동으로는 대안모형 실행 프로젝트와 교수진 아웃리치 프로그램이 있다(p. 20).

2003년 2월, 14개 프로젝트가 지원 승인을 받아 총 200만 달러 이상이 지출되었다.

LSAC 이사회 외에도 특별히 3개의 LSAC 상임위원회는 적극적으로 다양성과 훌륭한 입학전형 실제를 장려하였다.

- 소수집단 업무위원회(MAC): 법조계 소수 집단의 대표성을 높이기 위한 프로그램을 개발 · 지원 및 장려하기 위해 설립되었다. MAC의 프로젝트에는 학업지원 훈련 워크숍, 지역 소수집단 고용 워크숍, 소수민족 고문 데이터베이스 구축, 소수집단 입학 장려 비디오 자료 개발, 소수민족 법학대학원협회의 아웃리치 정책 등이 포함되어 있다.
- 서비스와 프로그램(S&P) 위원회: LSAC는 교육 프로그램, 교육도구, 로스쿨 지원자 및 예비 법조인, 입학 관계자, 그 외 법학교육과 관련된 사람뿐만 아니라 로스쿨에 제공하는 다양한 서비스의 감독에 대한 책임을 지고 있다.
- 시험 개발 및 연구(TD&R) 위원회: LSAT의 타당도 및 신뢰도, LSAT 사용의 공정성 및 형평성, LSAC 지원하에 이루어지는 연구 개발 및 실행을 모니터하는 책임을 지고 있다. '미국의 소수집단과 변호사가 되기까지의 과정: 전국단위의 졸업 및 취업률 종단연구를 통한 학위 수료, 졸업 및 취업률, 전반적 성공 등의 주요 요인 연구' 라는 제목의 프로젝트는 최근 LSAC 자금지원에 의해 승인된 외부 연구의 한 예다.

LSAC 직원(즉, LSAC의 피고용인)은 LSAC 위원회 지원을 받는 동시에 독립적으로 다양성 장려를 위하여 연구와 법적 전문성을 적용해 왔다. 이에 대한 결과로 출판된 것이 『로스쿨 입학에서의 접근성과 다양성 유지-개정판(*Preserving Access and Diversity in Law School Admissions-An Update*)』(LSAC, 1998)과 『로스쿨과 그 이후를 향한 길: 법조계에서의 인종적 · 민족적 다양성에 대한 도전 과제 조사(*The Road to Law School and*

Beyond: Examining Challenges to Racial and Ethnic Diversity in the Legal Profession)』(Wilder, 2003)다. 후자의 연구는 고교 졸업생, 대학 졸업생, 로스쿨 입학생, 로스쿨 졸업생, 법학 전문인, 그리고 여러 위치에서 증가하고 있는 소수 집단을 대표하는 사람들의 다양한 인종 · 민족적 집단을 추적 조사하였다.

LSAT와 그것이 입학전형에 미치는 영향

LSAT는 1년에 4회 시행되는 반나절 동안 치러지는 표준화 선다형 평가로서 언어능력과 연역추론 능력의 두 영역으로 구성되어 있다. LSAT에는 독해, 분석적 추론, 논리적 추론이라는 3개의 다른 문제 유형이 사용된다. 이러한 문제 유형은 35분짜리 4개의 영역으로 시행된다. 첫 번째와 두 번째 영역은 독해 영역과 분석적 추론 영역이며 나머지 2개 영역은 논리적 추론 영역이다. 또한 수험자는 점수에 포함되지 않는 영역을 풀어야 하는데, 그 영역은 LSAT의 어떤 문제 유형이라도 될 수 있으며 예비 검사와 동등화 목적으로 사용된다.

독해 영역은 4개의 문제 세트를 포함하고 있는데, 각각은 약 450개 단어로 된 독해 지문과 그에 따른 5～8개의 질문으로 구성되어 있다. 이 문제 유형의 목적은 법학 대학생들이 일상적으로 마주하게 될 자료와 유사한 복잡성을 가진 자료를 수험생이 읽고 이해하고 통찰하는 능력을 포함한 읽기 능력을 평가하는 것이다. 예를 들어, 질문은 글이 쓰인 목적과 지문에서 추리해 낼 수 있는 생각, 글의 구성 등에 관한 것일 수 있다.

또한 분석적 추론 영역은 4개의 문제 세트를 포함하고 있는데, 각각의 세트에는 관계 구조를 설명하는 지문이 포함되어 있다. 각 지문에는 구성에 대한 결론을 추론해 내도록 요구하는 5～7개의 문제가 출제된다. 이 문제 유형의 목적은 법학 대학생이 법적 문제를 해결하는 과정에서 보편적으로 겪게 되는 관계성을 세밀하게 분석하는 것을 미리 수행하도록 하는 것이다. 분석적 추론 영역 문제의 모든 요소는 수험자가 복잡한 글을 읽는 능력을 평가하기보다는 연역적 추론 능력을 평가하기 위해 비교적 간단한 용어로 기술되어 있다.

마지막으로 2개의 논리적 추론 영역은 각각 24~26개의 독립된 문제들로 이루어져 있다. 이 문제들은 수험자의 이해력, 분석력, 비판력, 그리고 법대생이 일반적으로 대면하게 되는 유형의 논쟁을 완성하는 능력을 평가하기 위한 것이다. 이러한 문제가 형식논리학 혹은 기호논리학에 대한 지식을 전제하고 있지는 않지만, 수험자들은 논거, 전제, 가정, 결론 등 평이한 논리 개념에 대해 대학 수준의 이해력을 구사할 수 있어야 한다.

각각의 LSAT 영역에서 수험자는 실제 상황의 주제에 대해 어떤 편에서 접근해야 할지 알 수 있도록 예상 독자가 누구인지 알려 주는 보기 글에 대해 30분 동안 글쓰기를 해야 한다. 옳은 편과 그른 편이라는 것은 없지만, 수험자들은 어느 편 입장에서 논쟁할 것인지를 명확하고 간결하게 밝혀야 한다. 글쓰기는 점수에 포함되지 않지만, 그 사본은 수험자가 지원한 학교에 보내지게 된다. 한 연구 프로젝트는 현재 LSAT에 작문 점수를 추가하는 것의 실행 가능성을 조사하고 있다.

1947년에 처음 시행된 이래, LSAT는 타당도를 개선하기 위해 많은 변화를 겪었다. 인공언어와 데이터 분석을 포함한 매우 다양한 문제 유형이 실험적으로 시행되었다(Reese & Cotter, 1994; LSAT가 법학 지식을 요구한 적은 단 한 번도 없다는 것에 주목해야 한다.). 최근에 완수된 구인타당도에 대한 연구(Luebke, Swygert, McLeod, Dalessandro, & Roussos, 2003)는 1991년부터 사용되어 온 현재의 LSAT 포맷이 로스쿨에서의 성공에 필수적인 능력 중 많은 부분을 측정하고 있음을 보여 주었다. 예언타당도에 대한 연구들 또한 현재의 LSAT가 GPA보다 로스쿨 첫해 성적을 더 정확히 예측한다는 것을 보여 주었다. 가장 최근에 국가에서 요약한 상관관계 연구를 살펴보면, 164개의 참여 로스쿨에서 로스쿨 첫해 성적과 LSAT 점수 간의 상관계수는

.4였던 데 비해 로스쿨 첫해 성적과 학부 성적의 상관은 .27이었다(Thornton, Suto, Anthony, & Liu, 2001). LSAT와 GPA를 선형적으로 합산했을 때, 로스쿨 첫해 성적과의 상관계수는 .5로 가장 높았다(이 상관계수는 범위와 기준의 비신뢰성 같은 요인을 고려해서 오류 수정을 하지 않았음을 유의한다).

LSAT가 높은 수준의 구인/내용/예언 타당도를 얻었다는 점에서 많은 로스쿨이 입학 결정에서 이 시험에 크게 의존하고 있으며, 로스쿨 지원자 또한 학교 선택을 위한 평가 준거로 LSAT 점수를 사용한다는 사실은 그리 놀라운 것이 아니다. 다양한 로스쿨 순위에 대한 자료와 LSAT 평균 점수가 로스쿨의 순위에 큰 영향을 미친다는 생각에서 많은 로스쿨은 입학생의 LSAT 점수를 높이려고 노력해 왔다.

LSAC는 주의 깊은 정책과 아웃리치 정책을 통해 시험 사용자가 LSAT 점수를 올바르게 사용하도록 지속적으로 장려했다. 이러한 노력은 차별철폐조항에 대한 논란이 많은 법적 소송으로까지 번졌음에도 불구하고 로스쿨이 인종적 · 민족적 다양성을 유지하려고 노력하면서 최근에 더욱 강화되고 있다. 불행하게도 대부분의 표준화된 시험과 마찬가지로 LSAT 또한 인종적 · 민족적 하위 집단에 따라 평균 점수에서 차이가 있다. 예를 들어, 아프리카계와 백인 수험자 간 평균 점수 차이는 약 1 표준편차의 크기를 보였다(Dalessandro & Stilwell, 2002).

LSAC 지원 연구(예, Wightman, 1997, 1998)는 로스쿨 입학정책이 다양성을 위한 요인으로서 고려했던 인종과 민족성 차이를 아예 무시하자는 극단적 노력을 지속적으로 강조해 왔다. 차별철폐조항 강요에 따른 실질적 영향은 1996년에 있었던 이의 제기 209호건의 인정 이래로 특히 캘리포니아주에서 현재 목격되고 있다. 이것은 시험 사용자들에게 LSAT의 한계에 대해 알리려는 LSAC의 노력에 대한 추가 촉진제 역할을 해 왔다. 입학전형 실시는 각 로스쿨의 영역 내에서 이루어지는 것이기는 하지만, LSAC의 자원들은 차별철폐조항으로 인해 생겨날 수 있는 제약에도 불구하고 학업 자격과 다양성을 동시에 유지하고자 하는 로스쿨을 지원하는 쪽으로 향했다.

훌륭한 입학전형 실제와 연구

여러 해 동안 LSAC는 로스쿨 입학 관계자들이 다른 사람들의 경험에서 배우고 아이디어를 교환하면서 이익을 얻을 수 있는 기회를 제공해 왔다. 이러한 LSAC 후원 프로그램으로는 다음과 같은 것이 있다.

- LSAC 신임위원 워크숍: 25년 이상 해마다 열렸던 이 행사는 입학 분야의 신임 위원(입학 전문가, 법학 교육자, 학장)에게 포괄적인 훈련과 지원을 제공함으로써 로스쿨에 도움을 주었다.
- LSAC 연간 회의와 교육 컨퍼런스: 1980년부터 매해 봄마다 위원회에서는 회원들을 위한 컨퍼런스를 개최하여 다양한 입학 관련 주제에 대해 지속적인 교육과 전문성 개발의 기회를 폭넓게 제공해 오고 있다.
- 교수진 아웃리치 정책: 더욱 최근에 확립된 시도로서, 전 · 현직 LSAC 위원회 회원들이 50개 이상의 로스쿨을 방문하여 적절한 시험 활용과 훌륭한 입학전형 실시에 대해 논의하고 있다.

입학전형의 새로운 접근을 연구하려는 노력은 1997년 LSAC 대안모형 작업 팀의 창단과 함께 시작되었다. 이 작업 팀은 이전의 입학전형 과정에 대해 기록하고, 다양성을 장려하는 새로운 입학전형 방법을 개발하려는 목적으로 로스쿨 입학 정책자의 경험과 지식을 이끌어 내기 위해 만들어졌다. 이 작업 팀의 결과는 『로스쿨 입학결정에 관한 예술 및 과학적 접근』이라는 제목의 보고서에 수록되어 있다(LSAC, 2001a). 다음 내용은 이 보고서에 포함된 제안과 지침 가운데 '최고의 사례'에 해당하는 예다.

- 시험 점수를 적절히 사용하기: 하나의 기준으로만 사용하거나 과하게 의존하지 않기

- 입학 준거를 학생들의 교육과 법조계 인사의 훈련과 관련해서 로스쿨 설립목적과 연관 짓기
- 모든 지원자들에게 학교가 적용하는 입학 준거에 대한 정보를 제공하기
- 모든 지원자를 평가하기; 각 지원자를 개인별로 평가하고 학교의 준거를 일관성 있게 적용하기

이러한 제안과 지침이 간단하고 수월한 것처럼 보여도 모든 로스쿨이 일관성 있게 적용하지 않을 것이라는 의심이 팽배해 왔다.

대안적 입학전형 실행 프로젝트라 불리며 현재 진행 중인 연구는 입학생을 다양하게 모집하기 위해 로스쿨이 사용하는 LSAT 점수와 GPA 외의 입학전형 요소에 대해 조사하고 있다. 로스쿨 자문위원회 입학 전문가들, 법학 교육자들 그리고 학장들은 LSAC 직원들과 협력하여 처음으로 광범위한 다양성 정의에 포함될 수 있는 요인을 밝혔다. 이 요인들은 (1) 리더십, 봉사정신, 그 외 개인 특성을 보여 주는 경험, (2) 교육받기 위해 극복한 장애, (3) 특별한 능력과 성취, (4) 두 개의 독립적인 다양성 범주인 배경과 경험 등이다.

그런 다음 이러한 요인이 현재 어느 정도 있는지 평가하기 위해 로스쿨 지원자 파일을 검토했다. 이 초기의 조사에서 어떤 정보는 현재 지원자 파일에서도 찾을 수 있으나, 로스쿨들이 이러한 요인들의 증거를 찾아내지 못하고 있다는 것을 알 수 있었다. 또한 각 로스쿨의 지원자는 일관된 방식으로 관련 증거를 제공하지 못하고 있는 것으로 보였다.

이러한 자료상의 문제를 처리하기 위해 현재 지원자 파일에서 사용 가능한 정보를 보완해 주는 설문지를 개발했다. 설문지에 포함된 개방형 질문의 예 두 가지는 다음과 같다.

1 LSAT 점수와 GPA가 당신이 가지고 있는 성공적인 법대생 혹은 변호사로서의 능력을 과소평가하고 있다고 생각한다면 점수에 영향을 미

췄다고 생각하는 요인에 대해 적으시오.

2 당신에게 가장 중요했던 현장 경험(급료 수여 여부, 시기에 관계없이)에 대해 간략하게 설명하고 그 경험이 당신에게 중요한 이유를 설명하시오.

이 설문지를 3개 로스쿨 지원자에게 온라인으로 배부하였다. 설문지는 지원자 파일 원본과 함께 수합되었으며, 수합된 파일은 훈련된 두 명의 채점자가 평가하였다. 이 연구의 다음 단계는 합격/불합격 여부를 결정하는 것이며, 이어 이 실험적 입학전형 결과와 연구에 참여한 3개의 로스쿨에서 실제로 결정된 결과를 비교하는 것이었다.

입학 결정을 위한 지원자 정보 수합에서 최적의 과정은 아직 정해지지 않았다. 이제 설명하게 될 이 문제에 대한 새로운 접근법은 학생 개인보다는 집단을 선택하는 것에 초점을 두고 있다.

개별 학생보다 집단 선택

UCLA 법과대학 프로젝트 팀은 UCLA 교수진과 커뮤니티에 제출한 보고서에서 다음과 같이 진술하였다(Admission Task Force, 1997).

> 우리는 지원자의 우수성을 나타내는 차원이 하나만 존재한다고 생각하지 않는다. 교수들을 대상으로 한 비공식적 조사에서 얻은 다양한 대답으로 볼 때, 여러 종류의 우수한 변호사가 상당수 존재하는 것처럼 이 법학대학에는 잠재적인 우수성을 보이는 많은 특색 있는 지원자가 존재한다. 우리는 다음과 같은 머리말로 시작한 설문조사에 응답한 교수진에게 동의한다. "이상적인 지원자란 없다. 그러나 한 집단에서 이상적인 학생들의 조합은 있을 수 있다. 다시 말해, 우리는 훌륭한 로스쿨을 복수형 개념이라고 믿고 있다."(p. 2)

이러한 소감은 많은 로스쿨이 공감하고 있는 것으로 보이며, 아마도 다른 많은 고등교육기관에서도 마찬가지일 것이다.

이상적인 학생들의 조합을 허용한다는 목적을 언급하면서, Pashley와 Thornton(1999)은 지원자 개인의 순위 매기기와 입학 허가보다는 입학생 집단 선발에 대한 체계적인 접근을 발전시켰다. 이 부분에서는 입학생 집단 최적화 접근법을 이른바 추정에 의한 합격/불합격, 요인 가중치 산정이라 불리는 두 개의 다른 입학전형 방법과 비교해서 간략하게 설명할 것이다.

논의를 더욱 구체화하기 위해 전체 입학생 집단 선택방식에 대한 제약과 요구사항 등을 야기하는 다음의 간단한 입학전형 문제를 생각해 보자. X라는 로스쿨에 500명이 지원하였는데 100명을 선발한다. (이 간단한 예에서는 모든 합격자들이 등록을 할 것이라고 전제한다.) 로스쿨 X는 두 가지 학생 선발 목적을 가지고 있다. 첫째, 입학생 집단이 적어도 평균 24세 이상은 되어야 한다. 둘째, 첫 번째 목적이 충족된다는 가정하에 가장 높은 LSAT 평균 점수를 보유한 입학생 집단이 선발되어야 한다. 다시 말해, 로스쿨 X는 적어도 24세의 평균 연령이 되는 가능한 모든 선택사항 중에서 LSAT 평균 점수가 가장 높은 집단을 선호한다는 것이다.

첫 번째 목적에 대한 근거는 아마도 이 학교가 그간의 경험으로 보아 적어도 24세의 집단이 더 어린 학생 집단보다 성숙해서 더욱 흥미를 가지고 있고 생산적이었기 때문일 것이다. 두 번째 목적은(다른 목적이 충족되었다는 전제하에) 이 학교가 LSAT로 측정된 최고 수준의 능력을 지닌 입학생 집단을 선호한다는 것에서 반영된다. (그렇다고 이 집단이 완전히 성적이 낮은 집단은 아니라는 점을 확실히 하기 위해 가장 높은 LSAT 점수를 얻은 100명의 평균 연령을 23세라 가정하자. 다시 말해, 단순히 LSAT 점수를 가지고 지원자의 순위를 정해서 상위 100명을 합격시키는 것은 로스쿨 X의 목적 두 가지를 다 충족하지 못하는 것이 된다.) 이러한 문제는 너무 간단한 것이어서 비현실적으로 보일지 모르지만, 이것은 로스쿨이 지원자에 대해 평가를 내리기 전에 입학생 집단에 대해 정해야 할 목적의 유형을 예시로 보여 주고 있으며 이와 관련된 시사점을 주고 있다.

추정에 의한 합격/불합격

로스쿨 X의 입학전형 문제에 대한 첫 번째 방법론은 흔히 추정에 의한 합격/불합격(presumptive admit/deny) 접근법으로 알려져 있다. 많은 로스쿨은 이 접근법을 다양하게 변형해서 사용하고 있다. 일반적으로 이 접근법의 첫 단계는 지원자 집단을 지원자들의 학업 성적 순위에 기초하여 세 집단으로 나누는 것이다. 최상위 집단에 속하는 지원자들은 높은 학업 성적으로 합격될 것으로 추정된다(즉, 무작위 재검토 과정을 통해 허위 정보 등과 같이 거부해야 할 이유가 적발되지 않는 한 합격이다.). 최하위권 집단의 지원자들은 낮은 학업 성적으로 불합격될 것으로 추정된다(즉, 무작위 재검토 과정을 통해 독특한 능력이나 경험과 같은 합격의 이유를 보이지 않는 한 불합격이다.). 중위권 집단의 지원자들은 학업자격 순위 외에도 다양한 입학전형 목표를 만족시키는 조건들에 근거해서 합격하거나 불합격할 수 있다.

추정에 의한 합격/불합격 접근법의 적용을 약술하면, 로스쿨 X는 추정해서 50명의 가장 높은 LSAT 득점자를 합격시켰을 것이다. 그리고 추정해서 250명의 가장 낮은 LSAT 득점자들을 불합격시켰을 것이다. 이러한 합격자와 불합격자에 대한 검토를 시행했다고 가정할 때, 200명의 지원자들은 평균 연령 24세라는 목적을 충족시키기 위한 노력으로 50명을 합격시키기 위해 남게 된다.

그러나 이러한 임시변통 접근법이 최적의 결과(즉, 평균 연령 24세의 최고득점자 100명)를 보장하지 않는다는 것을 명심해야 한다. 사실상 이 문제에 대한 최적의 해결책은 추정적 불합격자 집단에서 한 명의 지원자를 합격시키는 것이 될지도 모른다. 더 큰 잠재적 문제는 LSAT 점수 대 연령에 따른 영향력의 크기다. 예를 들어, 이 단순한 예시에서 로스쿨 X의 지원자들은 처음부터 LSAT에만 의존하여 추정에 의한 합격과 불합격을 결정하기 위해

3개의 집단으로 나누어졌다. 한편으로는 지원자 중 누구도 먼저 연령에 의해 추정적으로 합격하거나 탈락하지 않았다는 것이다. 비록 이 문제에서는 연령과 LSAT 점수 간의 상대적 중요성이 정당화된다 해도 좀 더 현실적인 입학전형에서는 어떤 비학업적 요인이 학업 성적 순위만큼 중요하게 적용될 수도 있다.

요인 가중치

두 번째 방법론은 각 지원자들의 합산점을 도출하기 위해 관심의 대상이 되는 입학전형 요인에 명시적으로 가중치를 부여하는 것이다. 그런 후에 모든 지원자는 합산 점수에 따라 순위가 매겨지고 합격자 공석은 순위대로 차례로 채워질 것이다. 추정된 합격/불합격 접근법이 지원자를 나누기 위한 첫 번째 요인으로 학업요인을 사용하여 암시적으로 추가적 중요성을 나타내고 있다면, 이 요인 가중치(factor weighting) 접근법은 모든 고려 대상이 되는 요인의 상대적 중요성을 밝힌다. 보통 서로 다른 요인에 적용되는 상대적 가중치는 입학처에서 먼저 결정될 것이다. 그러나 모든 지원자 집단 특성과 관련된 문제들은 요인 가중치가 다음에 설명할 지원자의 특성에 상당 부분 의존하고 있다는 점이다.

로스쿨 X의 입학전형 문제에 요인 가중치 문제를 적용시켜 다음을 가정해 보자. 즉, LSAT 점수는 63%의 가중치를, 연령은 37%의 가중치를 부여받는다고 가정해 보자. 각 500명의 지원자에 대한 합산점은 가중치가 부과된 LSAT 점수와 연령에 따라 합계가 계산될 것이다. 지원자를 합산 점수에 따라 순위를 매긴 후 100명의 지원자를 선발하게 될 것이다. 최적의 가중치는 최소 평균 연령 24세의 입학생 집단 중에서 또 다른 가중치 조합으로 얻어질 수 있는 가장 높은 LSAT 평균 점수를 산출해야 한다.

최적의 요인 가중치를 얻기 위해 적용될 수 있는 수많은 통계적 접근법이 존재한다. 그러나 모두가 부분적으로는 입학전형 목적에 의존하며, 부분적으로는 지원자들의 특성에 의존한다. 예를 들어, 로스쿨 X의 문제에서 최적의 가중치는 부분적으로는 입학생 집단의 평균 연령이 24세 이상이어야 한다는 조건에 의존하며, 부분적으로는 그러한 지원자 사이에서 또다시 연령의 분포에 따라 달라질 것이다. 만일 로스쿨 X에 지원한 500명의 평균 연령이 22세였다면, 연령에 대한 가중치는 지원자 평균 연령이 26세였을 때 부과되는 정도보다 훨씬 클 것이다. 다시 말해, 나이가 더 많은 지원자의 수가 더 적다면, 평균 연령 제한 조건을 충족시키는 충분히 많은 수의 나이 많은 지원자를 합격시키기 위해 연령에 대한 가중치는 커질 것이다.

이것은 이러한 입학생 집단 전체에 대한 요구 조건이 수립되는 상황에서는 요인 가중치 접근의 가중치 부여가 학생 개인에게 초점을 맞출 때에 비해 더 정확한 해석을 해 주지 못한다는 것을 의미한다. 후자의 경우 지원자를 검토하기 전에 입학처에서는 가령 연령으로 측정될 수 있는 성숙도가 20%의 가중치를 받아야 하고, LSAT의 추론능력에 대해서는 80%의 가중치를 받아야 한다고 결정할 수 있을 것이다. 이러한 두 번째 가중치 결정은 정책 토론에서 결정될 수 있으며 명확한 해석이 가능해야 할 것이다. 이처럼 요인에 가중치를 부과하는 것은 전체로서 어떤 특성을 가지고 있는 지원자들을 합격시키는 것보다는 개인 특성에 기초한 개인에 대한 순위 매기기와 관련된 상황에서 그 활용이 더 용이할 것이다.

입학생 집단 최적화

추정된 합격/불합격 및 요인 가중치 접근법에서의 문제점과 적어도 미리 정해진 특성을 지닌 입학생 집단을 선발하기 위한 노력을 통하여, Pashley와 Thornton(1999)은 지원자 개인 특성보다는 집단을 설명하는 방법론을 개발하였다. 이 접근법은 많은 로스쿨에서 입학전형 자료로서 성공적으로 활용되어 왔다. 또한 이 접근법은 입학생 집단의 다양성을 보장하기 위해 사용되는 입학전형 방법이기도 하다.

로스쿨 X의 선발정책에 대한 예시적 상황은 실험연구 분야에서 꾸준히 제기되었던 문제 유형과 대응된다. 이러한 문제는 다중적인 목표와 많은 제약사항 혹은 요구사항을 포함할 수 있으며 다수의 지원자에 대해 최적의 결과를 도출해 낼 수 있다. 이러한 문제는 모든 가능한 해결책(입학전형 문제의 요구사항을 충족시키는 해결책이지만 최적의 해결책은 아닐 수 있다.)을 열거한 후에 그중 최선의 방법을 밝힘으로써 해결할 수 있을 것이다. 그러나 더 효율적인 접근법은 보통 컴퓨터 프로그램을 사용해서 이루어진다.

로스쿨 X의 문제와 같은 경우, 가능한 해결책은 평균 연령이 최소 24세인 100명의 지원자 집단이면 될 것이다. 만일 가능한 모든 해결책이 열거된다면 가장 높은 LSAT 점수 평균을 가진 집단이 최적의 해결책이 될 것이다. 500명의 지원자와 100명의 합격 정원이 있다면 모든 가능한 해결책을 열거하는 것은 비실용적일 것이다. 다행스럽게도 이미 사용 가능한 컴퓨터 알고리즘이나 프로그램 패키지가 있어 로스쿨 X의 문제에 대해 백만 분의 일 초 단위로 최적의 해결책을 찾아낼 수 있다.

입학생 집단 최적화(entering-class optimization) 접근법에서는 지원자들 중 누구도 서로 비교해서 개인적으로 순위가 매겨지지 않는다는 점을 주목하자. 오히려 개인은 학생들의 '이상적 혼합' 집단에 속하면 합격된다. 다시 말해, 이 접근법은 각 지원자의 개인별 특성을 고려하지 않으며, 대신 개인들의 조합이 전체로서의 입학생 집단에 대해 설정된 목적을 얼마나 충족시킬 수 있을지에 관심을 가진다.

앞에서도 언급하였듯이 로스쿨 X의 경우 너무나 단순한 가정이라 비현실적인 감이 있다. 더 현실적인 입학전형 상황을 다루기 위해 다음 문제를 처리하는 입학생 집단 최적화 과정이 개발되었다.

- 변수 산출 비율(합격된 지원자가 등록할 가능성은 개인마다 다르다.)
- 입학 지원자 표적(학교는 대부분 단순히 합격한 학생보다 실제로 입학하는 지원자의 특성에 관심을 가지고 있다.)

- 변화하는 입학전형(입학전형 요강은 전체 지원자 집단이 활용되기 전에 정해진다.)

앞서 말한 것처럼, 이러한 유형의 문제들을 효율적으로 풀기 위해 설계된 컴퓨터 프로그램들은 많은 수의 지원자 집단뿐 아니라 입학생 집단에 부과되는 여러 가지 목적과 한계점을 극복할 수 있다.

새로운 방법론과 함께 입학생 집단 최적화 접근법에 대한 잘못된 인식도 상당수 있다. 가장 보편적인 오해 중 하나는 이 접근법이 컴퓨터 알고리즘을 사용하기 때문에 입학전형 결과를 컴퓨터가 결정하며, 입학전형의 '예술' 적 요소가 퇴색할 것이라는 두려움이다. 사실은 그 반대의 경우가 옳다. 입학생 집단 최적화 방법은 입학전형 전문가들의 객관적 판단과 주관적 판단 모두에 의존하며, 다른 접근법보다 오히려 더 노동 집약적일 수 있다. 입학생 집단의 특성과 관련된 명확한 목표는 입학 사정을 시작하기 전에 조작적으로 정의되어야 한다. 모든 지원자 파일을 꼼꼼히 읽어야 하며, 결정하기 어려운 주관적 판단을 요구하는 다중적 요인은 수량화되어야 한다. 입학전형 문제의 해결책을 도출해 내기 위해 컴퓨터 프로그램이 사용되지만, 실제적으로 이러한 해결책은 시작점으로만 보아야 할 것이다. 입학전형 전문가(또는 입학사정관)는 여전히 모든 결정사항을 재검토하고 필요한 경우 수정하며, 발생할 수밖에 없는 여러 가지 특이 사례를 처리해야 한다.

두 번째 오해는 바람직한 입학생 집단을 정의하기 위해 사용되는 제약사항이 할당된다는 것이다. 이 개념은 최근 확실히 관심에서 멀어진 것 같다. 대조적으로 입학생 집단 최적화 접근법에 적용된 제약이나 요구 사항들은 전형적으로 LSAT 점수와 같은 특정 요인의 평균적 수준을 나타낸다. 만일 로스쿨 X의 문제가 '25세 이상의 지원자가 20명 합격되어야 한다.' 는 것이라면 할당량 제약의 예가 된다. 대신 평균 24세의 지원자를 요구한다면 모든 지원자가 그 제약에 대해 잠재적 입력 데이터를 가지게 된다. 그렇다고 해서 매우 논리적인 할당량 제약이 입학전형 해결책에 해당된다는 뜻은 아니다. 예를 들어, 많은 주립기관이 거주 요구 조건을 가지고 있으므로 합격된 입학생 집단 60%는 그 주에 거주하는 사람이어야 한다는 제약 조건은 합리적이라고 볼 수 있다.

입학생 집단 최적화 접근법 시행에 대한 연구는 계속되고 있다. 그중에서도 특별한 관심은 이러한 방법론을 적용하면서 명시적인 인종적·민족적 지표에 의존하지 않고 다양성을 획득할 수 있는 능력에 관한 것이다. 말하자면 지원자의 학부기관에서 소수 집단의 등록 평균 수준 등과 같은 여러 가지 입학생 집단 제약이나 요구 사항을 적용함으로써 의미 있는 수준에서 다양성이 달성된다. 모형으로 만들어진 산출물(입학생 집단 최적화 접근법의 적용에 의해 성취된 결과)은 법적으로 인종적·민족적 지표를 명시적으로 사용할 수 있는 로스쿨을 위한 실제 산출물과 비교되었다. 이러한 비교는 보통 비슷한 수준의 다양성을 보여 준다. 그러나 모형으로 만들어진 합격생과 실제 소수 집단 합격생이 반드시 많이 겹치는 것은 아니었다(예를 들어, 동일한 아프리카계 지원자는 아니었지만 비슷한 수의 아프리카계 지원자가 합격되었다.).

앞으로의 방향

LSAC는 입학전형에 사용되는 표준화 검사들의 적절한 역할과 차별철폐 조항을 무시한 결과에 대해 주목한 Grutter 대 Bollinger 소송건에 간략하게 설명된 법정 조언문처럼 다양한 국민 발의권을 통해 로스쿨의 접근성과 다양성을 계속 장려할 계획이다(LSAC, 2003). LSAC 대안모형 작업 팀이 행한 조사는 위원회의 새로운 입학전형 방법 연구를 설명해 준다. 이 작업 팀은 주로 세 가지 주요 관심 분야에 집중해 왔다. 그것은 하위 점수, 점수 보고 개선, 학교특성 점수다. 다음에서는 이러한 연구 분야들과 각각의 연구가 적절한 시험 활용을 장려할 수 있는지 그 잠재력을 논의하고자 한다.

하위 점수

많은 대규모의 검사 프로그램은 대개 총점과 함께 항목별 하위 점수를 보고한다. 입학사정과 관련하여 LSAC는 오랫동안 지원자 파일에서 발견할 수 있는 많은 차원을 고려해 왔다. LSAC는 지원자 파일 검토자가 점수 하나하나에 대해 과잉 의존하는 것을 막고 더 많은 능력 분석표를 제공하기 위해 LSAT 하위 점수의 이용 가능성을 조사해 왔다. 이러한 하위 점수는 지원자의 강점과 약점에 대해 더 완전한 그림을 보여 주는 데 기여한다고 볼 수 있다. 또한 하위 점수는 지원자의 학부 기록과 리더십이나 인내력과 같은 개인적 요인에 대한 증거를 잘 보완해 줄 것이다.

연구자들은 현재의 LSAT가 두 가지 주요한 능력 차원을 나타낸다고 말한다(예, Camilli, Wang, & Fesq, 1992; Douglas, Kim, Roussos, Stout, & Zhang, 1999). 그것은 연역적 추론 영역과 언어추론 영역이다. 분석적 추론 문항은 연역적 추론에 해당하는 반면, 독해와 논리적 추론은 언어추론에 속한다. 서로 구별되지만, 이 두 차원은 여전히 높은 상관관계를 보인다. 이렇듯 상관관계는 높지만 분석적 문항의 수가 적기 때문에 신뢰성 있고 독특한 하위 점수 보고는 지금 당장 가능할 것으로 보이지 않는다(Chiu, Swygert, Pashley, & Brennan, 출판 중). 그러나 청해 문항과 앞서 언급한 (채점되는) 작문 문항과 같은 새로운 문항 유형은 앞으로 활용하기 위해 현장 검증이 실시되고 있는 중이다. 이러한 문항은 신뢰성 있고 독특한 하위 점수를 제공해 줄 수 있을 것으로 기대된다. LSAC는 또한 컴퓨터 기반 검사로서의 LSAT 운영에 대해 적극적인 연구를 진행하고 있는데, 이러한 움직임은 하위 점수 보고를 지원해 줄 수 있을 것이다.

LSAC가 로스쿨같이 중요성이 높은 표준화된 검사에서 좀 더 중요하고 다양한 능력을 측정하도록 LSAT를 확장할 수는 있지만, 다른 능력이나 성취 그리고 개인적 자질이 문서화된 증거로 더 잘 평가될 수 있을지에 대해서는 논쟁의 여지가 남아 있다. 이러한 다른 입학전형 요소(LSAT 점수와 GPA를 초월한)의 예로는 작업 경험, 리더십 기술, 개인적 자질(예, 끈기, 성숙도, 정직성) 등이 있다. 이러한 추가 특성의 증거는 추천서와 자기소개서 등 지원자 파일에서 이미 찾을 수 있는 것들이다. 이러한 자료를 수집하는 방법 중 몇몇은 다른 것보다 더욱 검증이 용이한데, 그것들 또한 LSAC에서 고려하고 있다.

점수 보고 개선

이 연구의 목표는 적절한 점수 사용을 촉진하고 새로운 점수 제시방식을 개발하는 것이다. 많은 다른 검사 프로그램이 그렇듯, LSAC 또한 지원자 점수 보고의 한 부분으로 신뢰구간을 포함하고 있는데, 이것은 시험 사용자들로 하여금 표준화 점수에도 어느 정도의 오류가 있을 가능성을 상기시켜 주기 위한 것이다. 입학전형 자료를 보여 주는 그 외의 방법은 시험 점수의 한계를 강조하기 위해 도표 형식으로 나타낼 수 있는데 현재 연구 대상이 되고 있다.

이에 대한 하나의 예가 [그림 13-1]에 제시되어 있다. 이 그림에서는 지원자의 LSAT 점수에 따라 로스쿨 첫해 백분위 3% 혹은 그 이하로 떨어질 확률이 제시되어 있다. LSAT 점수 척도는 120~180의 범위에 있다. 이 그림은 점수 사용자로 하여금 비교적 넓은 범위(보통 해당 로스쿨의 지원자 대다수에 해당하는 범위)의 LSAT 점수에 비해 추정된 성적 차이가 그다지 크지 않음을 나타낸다. 즉, 그림에서 보여 주는 결과의 경우, LSAT 점수가 155점에 가까운 지원자는 어떤 4분위수 집단에서건 비슷하게 점수가 하락할 가능성을 보인다. 이것은 LSAT 점수의 작은 차이가 입학 사정에서 과하게 중시되어서는 안 되며 다른 요인을 고려해야 함을 나타낸다.

불행하게도 이러한 도표의 내용이 갖는 잠재적인 약점도 있으며, 이에 후속 연구가 필요하다. 예를 들어, 사용자는 [그림 13-1]을 보고 142점 아래의 지원자는 고려해 볼 가치도 없다고 해석할지도 모른다. 142점 이하의 지원자는 학급의 하위 4분위수 그룹에서도 점수의 하락 가능성이 50% 이상이 되기 때문이다. 이런 해석은 비록 동일한 영역에서 지원자가 거의 50%의 상승 가능성을 갖고 있다는 것을 의미하더라도 50%의 하락 가능성으로만 해석될 것이다. 이러한 유형의 그래프는 LSAT와 첫해의 수행을 필요 이상으로 연관 짓는다. 예를 들어, 이 그림은 로스쿨 생활의 성공을 위한 다른 중요한 기술 척도보다 단지 LSAT 점수가 로스쿨 입학 후 첫해의 수행에 대한 예측요인으로서 사용되고 있으며, 따라서 여러 중요한 요인을 조화롭게 고려해야 한다는 것을 시사한다. 마지막으로 기술적인 부분에서 이 자료가 대학입학 지원자 정보에 기반을 둔 것이므로 그래프의 어떤 부분은 실제 데이터보다는 예측에 크게 의존하고 있다. 예를 들어,

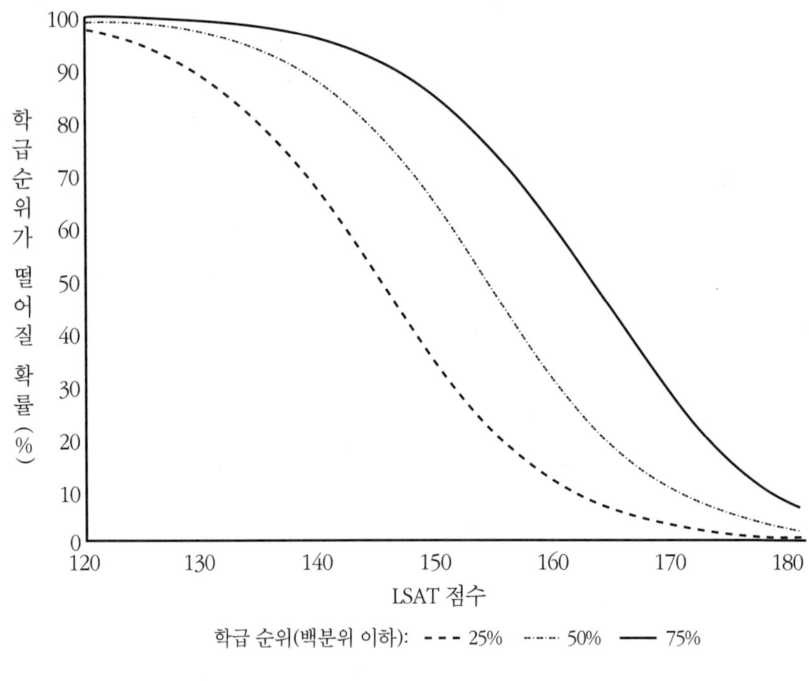

[그림 13-1] 로스쿨 학급에서 LSAT 점수로 추정된 세 가지 학급 순위 확률

그림에 나온 로스쿨이 LSAT에서 140점 이하를 받은 합격생이 거의 없을 것인데도 위와 같은 자료를 만들어 내기 위해 미지의 사항을 추정하는 것이다.

학교특성 점수

로스쿨이 LSAT 점수를 많은 입학전형 요소 중 하나로 보게 하고, 그것의 선발 예측 지표로서의 역할을 감소시키기 위한 노력의 일환으로 LSAC는 학교특성 점수의 가능성을 조사하고 있다. 학교에 개인 수험자가 보고하는 형태 그대로 지원자의 LSAT 점수(현재는 120~180점 척도)를 제공하는 대신, 각 학교는 그 학교 특성화 척도에 적합한 점수를 받을 수 있을 것이다. 각 로스쿨에서 조정한 척도의 세부 내용은 다른 학교와 공유되지 않을 것이다.

예를 들어, 로스쿨은 각 학교 지원자 점수의 대략적인 평균을 반영하기 위해 200~800점으로 환산된 LSAT 점수를 받을 수 있을 것이다. 예를 들어, LSAT의 158점이 어느 로스쿨에서는 510점으로 변환될 수 있을 것이고, 다른 로스쿨에서는 460점으로 보고될 수 있을 것이다. 각 로스쿨의 LSAT 점수를 그동안의 지원자 집단의 백분위 점수로 환산하는 것도 학교특성 점수의 예다. 어떤 경우에는 각 로스쿨이 받은 점수가 120~180점 기준의 LSAT 점수만큼 유의미할 수 있다. 그러나 점수 변환 규칙이 비밀로 남아 있는 한, 로스쿨 간의 점수 비교는 무의미한 것이 될 수 있다.

학교특성 점수의 보고는 현재 규준과는 다르게 구성되어야 하며, 이러한 방법론을 실행했을 때 긍정적 · 부정적인 모든 잠재적 결과를 예측할 수 있는 방대한 양의 연구가 필요하다. 그럼에도 이 연구는 LSAC가 로스쿨의 접근성과 다양성을 촉진하기 위해 쏟고 있는 창의성, 노력, 자원 등을 강조하고 있다. 과거와 미래에 쏟은 LSAC의 노력 결과가 다른 고등교육기관의 입학전형 과정에도 유익한 도움이 되기를 바란다.

참고문헌

Admissions Task Force. (1997). *Report to the faculty and UCLA community: The admissions policies of the UCLA School of Law. Los Angeles:* University of California-Los Angeles.

Camilli, G., Wang, M., & Fesq, J. (1992). *The effects of dimensionality on true score conversion tables for the Law School Admission Test* (LSAC Statistical Rep. No. 92-01). Newtown, PA: Law School Admission Council.

Chiu, C. W. T., Swygert, K. A., Pashley, P. J., & Brennan, R. L. (in press). *On when to use composite scores versus subscores* (LSAC Research Rep. No. 03-01). Newtown, PA: Law School Admission Council.

Clydesdale, T. T. (2000). *U. S. minorities and the process of becoming a lawyer: Investigating factors underlying degree completion, bar passage, and overall success, using the National Longitudinal Bar Passage Study.* (LSAC Research Proposal No. 00-10, unpublished).

Dalessandro, S. P., & Stilwell, L. A. (2002). *LSAT performance with regional, gender, and racial/ethnic breakdowns: 1995-1996 through 2001-2002 testing years* (LSAC Tech. Rep. No. 02-01). Newtown, PA: Law School Admission Council.

Douglas, J., Kim, H. R., Roussos, L., Stout, W., & Zhang, J. (1999). *LSAT dimensionality analysis for the December 1991, June 1992, and October 1992 administrations* (LSAC Statistical Rep. No. 95-05). Newtown, PA: Law School Admission Council.

Law School Admission Council. (1998). *Preserving access and diversity in law school admissions —An update.* Newtown, PA: Author.

Law School Admission Council. (2001a). *The art and science of law school admission decision making.* Newtown, PA: Author.

Law School Admission Council. (2001b). Initiative to advance education on the LSAT. *1999-2000/2000-2001 Law School Admission Council biennial report* (p. 20). Newtown, PA: Author.

Law School Admission Council. (2003, February). *Brief as amicus curiae in* Grutter v. Bollinger et al., United States Supreme Court, No. 02-241.

Luebke, S. W., Swygert, K. A., McLeod, L. D., Dalessandro, S. P., & Roussos, L. A. (2003). *Final report: LSAC skills analysis law school task survey* (LSAC computerized Testing Rep. No. 02-02). Newtown, PA: Law School Admission Council.

Pashley, P. J., & Thornton, A. E. (1999). *Crafting an incoming law school class: Preliminary results* (LSAC Reserach Rep. No. 99-01). Newtown, PA: Law School Admission Council.

Reese, L. M., & Cotter, R. A. (1994). *A compendium of LSAT and LSAC-sponsored item types: 1948-1994* (LSAC Reserach Rep. No. 94-01). Newtown, PA: Law School Admission Council.

Shelton, P. D. (1997). The LSAT: Good—but not *that* good. *Law Services Report, 97*(5), 2-3.

Thornton, A. E., Suto, D., Anthony, L. C., & Liu, M. (2001). *Predictive validity of the LSAT: A national summary of the 1999-2000 correlation studies* (LSAC Tech. Rep. No. 01-02). Newtown, PA: Law School Admission Council.

Wightman, L. F. (1997). The threat to diversity in legal education: An empirical analysis of the consequences of abandoning race as a factor in law school admission decision. *New York University Law Review, 72*(1), 1-53.

Wightman, L. F. (1998). Are other things essentially equal? An empirical investigation of the consequences of including race as a factor in law school admission. *Southwestern University Law Review, 28*(1), 1-43.

Wilder, G. Z. (2003). *The road to law school and beyond: Examining challenges to racial and ethnic diversity in the legal profession* (LSAC Research Rep. No. 02-01). Newtown, PA: Law School Admission Council.

CHAPTER

14 평가의 과학을 위하여

Isaac I. Bejar(ETS)

이 장에서는 평가의 과학을 위한 최근의 노력을 알리고자 한다. 평가의 과학을 말하는 것은 오늘날의 평가가 과학적인 기반이 없다는 것을 의미하는 것은 아니다. 이는 평가의 설계와 실행에 분명한 체계와 일반적인 접근이 부족하다는 것을 의미한다. 평가의 과학은 어떤 구체적인 평가를 통해 평가를 구성하는 한 예로 볼 수 있게 할 것이다. 평가 설계에 대한 이런 접근은 평가도구의 과학적 입지에 시사하는 바가 적지 않다. 하지만 이런 방식으로 설계된 도구도 타당성 원리를 적용해야 한다. 평가의 과학화를 향한 전환점은 구인타당도에 대한 Cronbach와 Meehl(1955)의 논문이 출판되면서부터 시작됐다. 그들은 "구인타당도는 어떤 새로운 과학적 접근도 요구하지 않는다. 인성 검사에 대한 대부분의 최근 연구들은 구인타당도에 관한 것이지만 '**이러한 타당화 과정을 명시하고 있지는 않고 있다.**'"(p. 282)라고 하였다(p. 282 강조 첨가).

구인타당도 검토를 명료하게 체계적인 과정의 실행으로 볼 수 있다면 어떤 평가를 할 때 당연히 평가 설계과정이라는 명백히 체계화된 과정을 따를 것이다.

대체로 평가 설계과정에 대한 구체적인 설명은 부족했다. 구체적 설명이 없었던 주된 이유는 문항을 만들고 검사를 개발하는 과정 자체를 설계과정으로 보지 않았기 때문이다. 이런 과정은 과학으로 인식되기보다는 오히려 예술로 여겨졌다(Bejar, 1991). 이론적으로 진행된 연구에서도 예비 시험을 통해 어떤 문항들이 제대로 '작동' 되는지 알아본 후에 문항을 통계적으로 분석하기도 하는 검사 개발 과정은 아주 오랜 전통이 있다. 20세기에 가장 성공적인 두 검사도구가 그런 관행을 보여 주는 예다. 하나는 스트롱 직업흥미검사(Strong Vocational Inventory Blank: SVIB; Campbell, 1974)라는 매우 성공적인 흥미 검사다. 이 검사도구 설계의 기본 원리는 어떤 사람이 좋아하는 활동이 현직에서 만족하면서 일하는 사람의 패턴과 비슷하면 그 일에 만족할 가능성이 많다는 것이다. 적어도 처음에는 어떤 것이 포함되어야 하고 어떤 것이 빠져야 하는지에 대한 이론적 기초가 없었다. 하지만 이 검사가 성공한 것은 각 직업에 개별적으로 맞추어서 문항을 개발했기에 가능했다.[1] 비록 검사 내용이 이론에 바탕을 둔 것은 아니지만 SVIB의 선험적 맞춤방법은 의도된 목적을 수행하는 평가 설계를 보여 준다. 내가 아는 한 각 직업 집단의 사람들이 좋아하는 것과 싫어하는 것에 대한 설명은 오늘날까지 존재하지 않는다. 만약 직업 선호도와 행동을 연결시킬 수 있는 이론이 있다면 검사 개발 과정을 이끌 수 있을 것이다. 더 나아가 이론에 기반을 둔 평가를 실행하는 것은 이론의 타당도를 높이는 데 기여할 것이고, 이는 평가를 개선할 수 있을 것이다.

검사 개발 과정의 독립성에 대한 또 다른 예는 SAT의 역사에서 찾아볼 수 있다. SAT를 다양한 형태로 만들어야 할 필요성이 생긴 이후부터 심리측정상 그것들은 동등한 것이어야 했다. 하지만 다음 인용문에서 보듯이

1) 또 다른 예로 온라인 쇼핑에서 "당신과 같은 고객들이 이와 같은 상품들을 좋아합니다."라고 하는 것은 이 원리가 적용된 것이다. 이것은 당신의 구매 패턴이 다른 사람과 일치한다면 그들이 샀던 물건에 당신도 관심이 있을 것임을 가정하는 것이다.

사실은 그렇지 못했다(College Board Entrance Examination, 1942).

> 언제 시험을 보았더라도 SAT 언어능력 점수는 같은 능력을 나타내는 것이 바람직하다. 즉, 대학에서 4, 6, 9월에 SAT를 본 학생을 뽑아야 할 경우 입학사정관은 4월에 550점을 받은 학생이 6월에 그와 동일한 점수를 받은 학생과 같은 능력을 가졌을 것이라고 생각한다. (…) 하지만 4월 검사의 활용이 늘어나고 어떤 세션에서든 시험 치는 구성원들이 계속 바뀌면서, 점수 해석의 안정성 확보를 위해 몇몇 수단이 새로 고안되었다. 1940년에 제공된 두 가지 형태의 언어능력 검사는 공통되는 내용을 담고 있었고, 그 부분에 근거해서 두 가지 다른 형태의 검사 점수들을 동등한 것으로 만들 수 있었다(p. 34).

동등화 방법(equating methodology)은 심리 측정 이론의 발전을 보여 주는 중요한 결과다. Kolen과 Brennan(1955)은 방법론 영역을 개괄적으로 검토했다. 위의 인용문에서 나온 동등화 방법은 효과가 있었다. 하지만 이는 소급해서 점수를 조정하는 방법과 달리 설계를 해서 형태를 유사하게 만들게 하는 설계 원리 연구에 기여하지는 못했다. 검사 개발자들은 유사한 유형의 검사를 만들기 위해 최선을 다하지만, 기본적으로 동등화를 통해 검사 유형들을 비슷하게 만들 수 있다고 생각한다. 오늘날 우리는 다양한 유형으로 실시되는 검사들은 당연히 동등하게 만들어져야 한다고 생각한다. 하지만 예상하지 못한 차이를 단순히 동등하게 만든 것이 아니라 왜 검사 유형들이 다른 결과를 내게 되는지 생각해 봄으로써 배울 수 있을 것이다. 이는 다른 무엇보다 문항 난이도에 대한 이해를 요구한다(Mislevy, Sheehan, & Wingersky, 1993). 시간이 지나면 동등화의 필요성은 품질 관리 검사로 축소될 수 있을 것이다. 이 접근에서의 가치는 검사 개발자들이 결과적으로 배우는 것은 측정되고 있는 구인에서 우연히 발생하는 것이 아니라는 점이다. 그리고 이제는 난이도 면에서 거의 같은 형태의 SAT를 만드는 것이 가능해졌다(I. Lawrence, 개인적 의사소통, 2003. 3). 이는 놀라운 것이 아니다. 검사의 시행 빈도가 늘어나면서 문항 난이도에 대한 이해를 하게 되었고 문항 명세서를 엄격하게 만드는 것을 학습하는 기회를 더 많이 가졌기 때문이다.

하지만 이 분야에 초석을 마련한 Cronbach과 Meehl(1955)의 연구는 문항 제작 이론이 점수 간의 관계를 다루었다고 하여 이런 문제에 대해서는 아무 언급을 하지 않았다. Messick(1989)이 검사 점수 해석을 위한 전반적인 도식으로서 구인타당도를 확장한 것도 마찬가지였다. 1970년에야 비로소 인지심리학이 부각되면서 우리는 문항 제작 과정에 과학적으로 접근 할 수 있었다. Sternberg(1977)의 문항성분 분석은 Carroll(1976)의 '신 인지 구조' 와 함께 영향력을 발휘하였다. Embretson(1983)은 후속 연구에서 구인타당도 개념을 문항의 차이를 설명하는 구인 표상(construct representation)이라는 개념으로 확장시키면서 문항이 모형화의 대상이 될 수 있음을 시사했다. 이에 버금가는 Fischer(1973)의 심리 측정 연구는 심리 측정과 내용 특성의 공동 모형이 가능하도록 만들었다. 자동 채점에 대한 연구는 평가 구성요소 간 의존성을 지적함으로써 설계 관점이 필요함을 시사했다(Bennett & Bejar, 1998). 또 문항 생성에 대한 연구(Bejar, 1993)는 비교적 잘 예측된 문항 통계치를 가진 문항을 만드는 계획과 문항 생성 도식을 구성하는 것을 가능하게 했다. 이에 따라 1990년에 이르러서는 채점, 문항과 과제 개발, 심리 측정모형을 포함하는 하나의 과학으로서 평가 설계를 생각하는 것이 가능했다. 하지만 흩어져 있는 퍼즐 조각과 같은 위의 과정들을 하나의 개념으로 통합하는 일은 아직 남아 있다.

이 장의 나머지 부분에서는 그런 통합된 생각을 제공하기 위한 ETS의 노력과 평가의 과학으로 갈 수 있게 하는 몇 가지 기술을 소개한다.

증거중심 설계

ETS의 Robert Mislery[2)]가 이끄는 팀에서는 구체적인 평가를 분명한 설계 과정의 실현으로 보고, 앞에서 언급된 준거를 충족시키는 설계과정 개념을 개발하고 있다(Almond, Steinberg, & Mislevy, 2002; Mislevy, Steinberg, & Almond, 2002). 이 접근은 증거중심 설계(evidence-centered design: ECD)라고 불리고 있는데 일각에서는 비용 효율적으로 혁신적인 평가 설계를 하고 설계 단계에서 타당도를 높이는 방법이라고 한다. 다시 말하면, ECD는 개념적 틀을 제공하는 것 외에도 평가뿐만 아니라 미래의 평가를 위한 명확한 '설계 객체' 를 만드는 수단이다. 무엇보다도 이런 설계 객체를 재사용할 수 있다는 것은 비용 효율성에 기여한다.

개념적으로 ECD는 서로 연관이 있는 세 가지 모형, 즉 학생모형, 과제모형, 증거모형을 포함해서 평가 설계의 결과를 만들어 낸다. 이 세 구성요소는 현재 평가 개발에서 각각 대응물이 되지만, 개념적이고 실제적인 중요한 발전을 구성하는 것은 이들 간의 상관성과 의존성이다. 하지만 증거를 강조하는 것은 평가 개발 과정에 미묘한 영향을 미친다. 특히 새로운 평가가 문항 제작에서부터 시작한다면 ECD 관점에서는 문항 제작을 마지막에 한다. 즉, 평가목적은 필요한 증거를 충분히 모을 수 있을 정도로 자세하게 설정된다. 이것이 끝난 후에야 비로소 문항 개발과정에 착수할 수 있다.

이런 구성요소가 소프트웨어로서 실행되기 때문에 모형 간에 정보를 교환하는 것이 가능하다. 이 접근의 모듈성과 모형 간 연관성으로 인해서 후속 평가를 더 효율적으로 실행할 수 있다. ECD의 각 모형은 변인들의 집합인데, 이 변인 중 몇 개는 모형 사이에 공통되는 것이며 몇 개는 모형 간의 의사소통을 가능하게 한다.

평가 설계 과정은 평가의 목적과 적절한 구인타당도 계획에 기반을 둔 학생모형 구축에서 시작된다(예, Williamson, Bauer, Steinberg, Mislevy, & Behrens, 출판 중 참조). 구인 표상은 반응의 기저에 있는 정신적 과정을 다루고 있기 때문에 각별한 주의가 필요하다. 학생모형은 수험자가 나타내려

2) 현재 메릴랜드 대학에 있다.

고 선택하는 변인과 변인들 간의 관계를 보여 준다. 학생모형은 수험자의 특성을 점수 수준보다 세밀하게 보여 준다. 예를 들어, 학생모형은 검사 수행 중의 인지과정과 숙달 수준을 알려 준다. 그러므로 '시험 점수'만 단순히 알려 주는 것이 아니라 더 풍부한 특징과 실행 가능한 양질의 평가를 할 수 있도록 한다. 이상적으로 평가는 수업과 연결될 수도 있고 학습 과정의 한 부분으로 볼 수도 있다. 하위 점수와는 달리 활용되기 위한 목적으로 설계되었고, 실력을 제대로 평가하는 점수는 학습 과정에 좀 더 효율적으로 정보를 준다.

방법론에서 핵심 요소는 관심 분야에 대한 결과를 계획적으로 도출하고 열거하는 것이다. (여기서 매우 중요한 것은 이 단계가 먼저 일어나고 그 후에 평가목표를 지지하는 증거를 확인하는 것이다. 이 정보를 갖고 있어야 필요한 증거를 도출할 수 있는 과업과 문항 설계과정으로 넘어갈 수 있다.) 예를 들어, 인지이론에 영향을 받은 평가는 특정 정신 과정을 언급할 것이고, 내용 기준에 기반을 둔 평가는 그러한 기준에 비추어서 결과를 언급할 것이다. 학생모형에서 중요한 점은 주어진 과제 수행이 다수의 결과에 대한 정보를 알려 줄 가능성과 여러 가지 결과를 허용할 가능성이다. 학생모형에서의 융통성 때문에 진단평가는 처음부터 철저하게 설계될 수 있다. 예를 들어, 진단평가는 우리가 찾고자 하는 진단적 정보를 명확히 나열하고 문항과 과제를 명백하게 설계하여 진단적 정보를 도출하도록 하는 것을 말한다. 문항은 차후에 합리화하기보다는 평가의 근본 원리를 포함하도록 설계된다.

두 번째 ECD 모형은 과제모형이다. 이에 대응하는 모형은 현재 확립된 것이 없다. 왜냐하면 문항 개발은 '문항 중심적'이기 때문이다. 즉, 과정의 결과는 문항이고, 그 문항은 그 자체로 충족적인 단위로 여겨진다. 학생모형을 알려 주는 데 있어서 주어진 문항은 기껏해야 빈약한 역할을 한다. 예비 시험 과정은 문항이 의도한 바대로 잘 기능하는지 보기 위한 것이다. 문항이 일단 만들어지면 자원 집약적인 과정이 적용된다. 이 과정은 문항이 제대로 기능하는지 알기 전에 일어난다. 기본적으로 많은 경우에 같은 문항이 한 번 이상 만들어진다. 무심코 같은 문항을 한 번 이상 만들게 될 가능성은 과제모형 관점에서 얻을 수 있는 장점이다.

현재 실행 중인 과제모형에 대응하는 것은 없지만 과제모형은 문항 생성과 겹치는 부분이 많다. Bejar(1993)는 광범위한 영역에서 문항 생성에 관한 연구를 하였다. 최근의 저서(Irvine & Kyllonen, 2002)에서는 새로운 프로젝트에 대해 보고하고 있다(Bejar, 1996). 문항을 생성하기 위해서는 문항모형(Bejar, 1996)이나 문항모형의 사례를 만들 수 있는 유사한 구조가 필요하다(Embretson, 1999). 이러한 목적으로 문항모형은 문항을 열거하는 논리를 포함한다. 심리 측정 특성이 나타나도록 문항을 생성하는 것이 그 목적이다. 현재 문항 생성을 지지하는 심리 측정이론이 등장하고 있다(예, Johnson & Sinharay, 2003; Sinharay, Johnson, & Williamson, 2003; Wright, 2002).

ECD의 과제모형은 문항모형보다 더 일반적이다. 과제모형은 문항모형의 모든 변인과 과제모형을 특징짓는 다른 변인을 광범위하게 포괄하면서 그것을 학생모형과 연결시킬 수 있다. 반대로 문항모형은 광범위한 특성화를 함의하고 있다. 즉, 문항모형과 명시적으로 연결된 '메타데이터' 는 없다. 개념적으로 과제모형은 메타데이터, 예증, 그리고 다른 평가요소와 정보를 교환할 수 있는 수단을 모두 합한 문항모형이다.

세 번째 모형은 증거모형이다. 엄격히 말하면, 증거모형은 과제모형 이전에 개발된다. 증거모형은 학생모형을 갱신하기 위해서 유발할 필요가 있는 정보를 담고 있기 때문이다. 수험자에게 제시된 과제를 통해 필요한 정보를 도출하고, 이러한 방법으로 우리가 찾는 증거는 과제모형을 구체적으로 설계하게 된다. 그러므로 증거모형에서 정보는 과제모형의 설계에 직접적인 영향을 준다. 세 가지 모형 중 증거모형이 기존의 실제와 직접적으로 대응되는 것이 가장 많다. 하지만 그 대응물을 찾기 위해서는 대부분의 기존 검사들을 특징짓는 선다형 유형의 틀에서 벗어날 필요가 있다.

증거모형에는 검사 수행을 채점하는 '증거 규칙' 이 있다. 선다형 유형에서의 채점은 선택한 답과 실제 답을 비교하는 것이기에 규칙이 단순하게 보인다. 하지만 실제로는 정답 이외의 선택지를 만드는 데 많은 시간이 할애된다. 쓰기나 말하기와 같은 더 복잡한 반응에 대하여 점수를 어떻게 부여할지에 대한 많은 계획이 필요하다. 정해진 답이 없는 질문에 대한 전형적인 채점 기준과 증거 규칙에 해당된다. 채점자가 사용한 채점지는 증거 규칙을 적용한 결과다. 채점이 자동화되면 일련의 변인을 계산하는 특성 발췌과정이 일어난다. 이러한 변인은 다양한 절차를 거쳐 하나의 점수로 변환된다(자동화 채점에 관해서는 Williamson, Mislevy, & Bejar, 2004와 Yang, Buckendahl, Juszkiewicz, & Bhola, 2002를 참조). 자동화 절차와 채점자 채점방식의 가장 큰 차이는 자동화 절차에서는 수행 중에 드러나는 특징을 뽑아내는 규칙이 매우 명료할 뿐만 아니라 특징 점수를 결합하여 어떤 과제에 대해 단일 점수로 채점 결과를 나타낼 수 있다는 것이다. 다시 말해, 채점자가 채점을 하였건 채점을 자동화했건 간에 채점은 증거 규칙으로 알려진 증거모형의 하위 요소에 해당된다.

증거모형의 두 번째 하위 요소인 측정모형도 기존 실제와 직접 대응되는 것이 있다. 이는 여러 과제의 수행 정보를 모두 모아서 학생모형에 의해 예상되는 점수로 만드는 방법이다. 만약 학생모형이 단일 점수를 요구하고 과제들이 맞고 틀린 형식으로 채점된다면 문항반응이론(IRT)을 적용하는 것이 적절하다. 하지만 최근에는 베이스 망(Bayes nets)이 문항반응이론 대신 사용되고 있다. 예를 들어, 베이스 망은 다양한 변인을 가진 하나의 학생 표상으로 통합될 필요가 있는 다양한 반응을 다루기 위해 사용될 수 있다(Mislevy, Almond, Yang, & Steinberg, 1999).

자동화된 채점이든 채첨자의 직접 채점이든, 모형에 기반을 둔 접근은 피할 수 없는 문제였다. 자동화된 채점 연구는 자동화된 채점이 제대로 돌아가기 위해 평가의 서로 다른 부분들 사이에 연관성이 있어야 한다(Bennett & Bejar, 1998). 즉, 채점은 평가의 목적과 무관하게 별도로 설계될 수 없다는 것이다. 채점 자동화 설계 중에 특히 증거 확인 측면은 과업 설계와 함께 이루어져야 한다. 예를 들어, 복잡한 과제로 이루어지는 평가라면 많은 요소가 우리가 찾고 있는 증거를 유발하는 데 방해가 될 것이다. 과제가 너무 쉽거나 너무 어려운 경우 증거를 효과적으로 보여 주는 데 어려움이 있을 수 있다. 컴퓨터를 활용한 평가는 학생들이 자신의 능력을 모두 보여 주는 데 걸림돌로 작용하여 평가의 목적과는 무관한 결과를 초래할 수도 있다. 자동화 채점에 대한 연구에서 학생모형과의 연계가 중요하다는 것을 인식하면서도 둘 간의 연계를 필요로 하는 심리 측정의 하부 구조는 없었다.

예를 들어, 복잡한 과제 수행은 한 가지 학생변인 정보보다 더 많은 정보를 뽑아낼 수 있게 한다. 과제 수행 중에 발생하는 다양한 변인이 있는 학생모형을 완벽하게 갱신하는 것은 증거중심 설계를 실행하는 가장 중요한 요소 중 하나다.

요약하면, 평가 설계에서 증거중심 접근은 학생, 과제, 변인에 의한 증거라는 서로 다른 평가 측면에서 특징을 가지고 있다. 〈표 14-1〉은 각 모형과

표 14-1 ECD 구성요소와 현재 실행 비교

ECD 모형	현재 실행
학생모형: 학생들을 나타내는 변수. 평가목적의 분석 결과이며 연관된 이론에 의해 알려지고 있다.	학생모형에 상응하는 것은 평가의 결과를 나타내는 점수다. 점수의 의미는 관련된 규칙에 의거하여 귀납적으로 제시된다.
과업모형: 문항이나 과제를 만들 수 있는 추상적 특성화 혹은 명세화. 학생모형과 증거모형이 과제모형의 설계를 사용한다.	'검사 개발' 이라고 알려진 과정이 이에 상응한다. 하지만 이 과정은 '문항 중심적' 이고 검사 내용을 거의 재사용하지 않는다.
증거모형: 위의 두 모형 모두를 포함한다. 예를 들어, 문항반응이론이나 베이스 망을 사용하고 이 방식대로 채점하여 학생들의 복잡한 특성화를 가능하게 한다.	반응모형과 점수 모두 현재 실행되고 있지만 반응모형이 더 제한적이고 학생들의 복잡한 특성을 쉽게 알아낼 수 없다.

현재 실행되고 있는 것 간의 관계를 요약하고 있다. 이러한 변인의 하위 요인은 평가의 다른 요소에서 공유되며 이들 간의 의사소통 수단으로 작용한다. 이 접근은 또한 기존 평가방법을 개선하기 위한 도구로 사용된다. 특히 문항 설계 원리를 포함시킴으로써 현존하는 평가를 개선할 수 있을 것이다. 이 장의 나머지 부분에서는 문항 제작의 과학에 대한 최근 연구를 다루겠다.

문항 제작에 대한 모형 기반 접근

ECD 모형의 완벽함은 새로운 평가를 할 때 큰 매력을 발휘한다(Williamson, Bauer, Mislevy, & Behrens, 2003). 기존 평가는 다른 과정을 통해 설계되었다. 그러나 그것 또한 평가의 과학화라는 관점에서 볼 수 있다. 특히 문항 제작에서는 각 문항이 창의적이고 독창적으로 만들어진다고 생각되지만 작성자의 전문성은 주어진 문항의 범위를 넘어서지 않는다. 과제나 문항 모형을 통해서 그 전문성이 발휘되며, 그와 같은 전문성을 가진 다른 문항을 만들 수 있게 한다. 여기에서는 ETS의 과제와 문항 모형에서 인지과학의 역할과 컴퓨터 활용 및 자연언어 처리(NLP)에 대해 설명하고자 한다.

인지적 설계

입학시험은 추리능력 평가에 의존하고 있다. 인지과학은 그러한 평가에 대한 반응모형을 만드는 데 영감을 주는 주요 원천이다. 구체적으로 인지과학은 난이도 모형 또는 더 일반적으로 구인 표상을 만드는 데 중요한 역할을 한다. 문항 수준에서의 수행이 타당한 인지변인에 의한 것임을 보장함으로써 모든 문항에서의 수행을 합한 시험 점수가 같은 용어로 이해되도록 만든다. 그와 같은 목적에 부합하도록 설계된 컴퓨터 도구는 문항을 조직적으로 만드는 데 인지적 원리가 적용될 수 있도록 도와준다. 이러한 컴퓨터 도구를 ETS에서 현재 개발하고 있다. 그것은 검사제작 보조도구(Test Creation Assistant: TCA)라고 부른다. 이는 예전 방식으로 문항을 만들 수 있게 하지만 무엇보다 문항과 과제 모형을 만들 수 있게 한다. 앞에서도 언급하였듯이, 문항모형은 난이도 모형과 예를 드는 기법을 모두 담고 있다. 이 두 요소는 다른 유형의 문항에 대해서 서로 다른 형태로 나타난다.

최초로 실행된 TCA는 수학에 활용하기 위해 개발되었다(Singley & Bennett, 2002). 수학 TCA 형태로 가장 많이 사용되는 것은 대학원 입학시험(Graduate Record Examination: GRE®)의 양적 추리 부분에 나오는 문항모형을 만들기 위한 것이다. 이 도구는 실제 문항을 개발하거나 부호화된 문항모형을 밖으로 내보내서 별도의 과정을 수행할 수 있게 한다. 이 경우에 명확한 목적을 가지고 모형을 만들기 때문에 생성된 문항을 서로 교체할 수 있다. 즉, 각 경우의 난이도와 심리 측정요소가 최대한 일정하게 유지되도록 한다. 현재 GRE에 나오는 모든 문항 유형에 대한 확고하고 타당한 난이도 모형이 없기 때문에 이는 부분적인 것이다. Susan Embretson과 그녀의 동료들이 그런 난이도 모형을 개발하고 있지만, 중요도가 큰 평가를 할 때에는 문항모형을 계속 사용하는 것이 가능하다. Bejar 등(2003)은 문항모형을 가지고 급히 생성된 문항이 있는 적응적 시험에 대한 접근을 보여 주었다. 실험적인 GRE 적응시험에서의 점수는 전형적인 재시험 상관계수와 같은 수준에서 현재 실행되고 있는 GRE 점수와 높은 상관이 있었다. 문항모형이 조정되었지만 생성된 예들은 그렇지 않았기에 이것이 시사하는 바는 크다. 즉, 모든 문항모형의 예에 같은 추정치가 부여되었다. 이는 곧 모든 문항모형의 예에 모형 조정을 적용할 수 있을 정도로 추정치가 가까운 것이었음을 의미한다.

GRE 분석 부분의 추리 문항을 만드는 데 사용되는 인지적 설계에서 큰 진전이 있었다. 이것은 분석 추리(AR)와 논리 추리(LR)라는 두 문항 유형으로 구성된다. 영국 플리머스 지역 플리머스 대학의 심리학자 팀은 분석적 추리 문항에 대한 인지적 접근을 개발 중에 있다(Dennis, Handley, Bradon, Evans, & Newstead, 2002; Newstead, Bradon, Handley, Evans, & Dennis, 2002b). 인지심리학은 처음부터 중요한 역할을 수행했다. 그들의 접근법은 분석 추리 문항의 기본 하위 유형을 찾아내는 것이지만, 그들은 '모형 의미론' 이라는 일반적인 틀을 통해 접근한다. 이것은 Johnson-Laird(1983)의 정신 유형적 접근과 유사한 점이 많다. 예를 들어, 한 문항 유형에서의 과제는 6과 7 사이의 요소들의 집합 n을 배열하는 과제가 주어졌을 때 $n!$ 수열을 찾아내는 것이다. 이 문항 유형에서 탁자의 자리 배치와 같은 시나리오가 몇 개의 질문들과 관련되어 있다. 시나리오는 전형적으로 누가 누구 옆에 앉을 수 없다고 제약을 줘서 몇 가지 가능성을 배제시킨다. 이 문항은 이런 하위 유형에 대한 제약을 더 제시하고 그 제약 속에서 문제를 낸다. 제약의 복잡성이 이런 문항을 어렵게 만드는 명백한 요인이다. 부정 문항을 사용하면 문항은 더욱 복잡하고 어렵게 된다.

플리머스 팀에서 사용한 생성 접근법은 '생성과 검사' 라고 일컫는다. 즉, 생성 연산법이 제약 규칙을 무작위로 시도하고 잘 형성된 문항에 그런 규칙을 적용해서 확인하고자 한다. 이 팀에서는 난이도 예측요인의 선형적 결합과 난이도 측정치 사이에 놀라운 상관관계가 있다고 보고하였다(Newstead et al., 2002a).

두 번째로 연구되고 있는 추리 문항 유형은 논리적 추리다(Yang & Johnson-Laird, 2001). 이 문항 유형은 과학적 사실을 설명하는데, 가령 유아의 미소가 발달하는 현상에 대해 설명하면서 그 가설들을 제시한다. 이 하위 유형은 추론 문제로 분류된다. 다른 논리 추리 문항 유형은 제시된 주장에서 빠진 전제나 허점을 찾는 것이다. 이러한 문항 유형을 분석하는 데 사용된 이론적 틀은 정신모형이론이다(Johnson-Laird, 1983). 이 경우에 이 이론은 기본적인 하위 유형의 난이도를 배열하는 데 시사점을 가진다. Yang과 Johnson-Laird(2001)는 이에 대한 증거도 제시하였다. 또한 그들은 정답

이외의 선택지가 갖는 속성도 난이도에 영향을 준다고 하면서 관련 증거를 제시하였다. 예를 들어, 잘못된 결론을 제시하더라도 정답 이외의 선택지가 본문의 내용과 일관성 있는 것이라면 수험자에게 영향을 주어 문항의 난이도를 높이게 된다는 것이다. 논리 추리 문항의 유형은 비교적 최근에 연구되고 있고 난이도의 원천을 밝히는 데 중점을 두고 있다. 이 연구를 문항 제작 접근으로 통합시키는 것은 향후 과제로 남아 있다.

언어 추리에 대한 연구도 추진 중에 있다(예, Sheehan & Mislevy, 2001). 예를 들어, 언어 유추에 대한 주요 연구(Bejar, Chaffin & Embretson, 1991)는 인지적 관점에서 문항 난이도를 설명하기에 이르렀다. 하지만 이러한 원리에 입각하여 만든 문항은 자연언어 처리기술이 부족하였기에 당시에 제대로 발전하지 못했다.

최근에는 제시문과 관련된 질문으로 독해력을 평가하는 것에 관심을 가지고 있다. 진정성에 대한 관심으로 입학시험에 나오는 읽기 지문은 실제 출처가 있는 것에서 발췌한다. 문항을 만들기 위해서 적절한 제시문을 찾아 본문을 특징적으로 만들게 한다. 본문 찾기는 본문 검색 작업에 해당하는데 이에 대한 논의는 추후에 하겠다. ETS에서는 독해력 문항모형을 만들고 있다. 이것은 Kintsch(1998)의 이해력에 관한 이론의 영향을 받았으며, 활성화되고 있는 정답 이외의 선택지와 요소를 계산하여 난이도를 측정하는 것을 말한다.

다음은 모형에 기반을 둔 문항 개발을 위한 최근의 노력에 관한 설명이다. 앞으로 가야 할 길은 멀지만, 어떤 문항 개발은 향후 매우 다른 형태를 띠게 될 것으로 예상된다. 문항 제작자의 창의성은 도구의 도움으로 검사 내용을 더 계획적이면서 질과 효율성을 유지하고 개선할 수 있게 할 것이다.

도움을 주는 과학기술: 컴퓨터 활용

인지과학은 많은 평가에 대하여 과제모형을 만드는 개념적 기반을 제공하고 있다. 하지만 과제모형의 장점을 최대한 활용하기 위해서는 컴퓨터를 매개체로 활용하는 것이 필수적이다. 나는 최근에 완성된 프로젝트에서 과제 모델링의 개념적 측면과 컴퓨터 활용 측면의 통합을 설명하였다(Bejar et al., 2003). 이 프로젝트의 목적은 ETS에서 현재 사용하고 있는 적응적 시험의 실행을 확장하여 실제 문항을 즉석에서 생성하자는 것이다. 과제나 문항 모형을 즉석에서 만드는 것은 검사 내용의 보안성을 책임진다는 장점 이외에도 많은 장점을 갖고 있다. 즉석 적응 검사의 실행은 문항이 아닌 문항모형 중에서 적응 엔진을 고르게 하였기에 가능했다. 생성과정은 기본적으로 주어진 문항모형 중에서 생성할 수 있는 가능한 경우 중에서 무작위로 선정하지만 적응과정 자체는 변하지 않았다.

이 프로젝트는 문항 유형을 나타내는 접근을 선정한다는 주된 어려움을 해결함으로써 개별과정이 과제모형을 실행하여 실제로 문항을 즉석에서 생성할 수 있게 했다. 해결책은 표상 도식으로 확장성 생성언어(Extensible Markup Language: XML)를 도입하는 것이었다. XML 기준은 모든 종류의 내용을 표현하는 방법으로 큰 인기를 얻고 있다. XML의 도입은 비용 측면에서 효과적이다. 그것은 문항을 즉석에서 생성하는 것 이외에도 다른 미디어에 맞는 문항을 자동 개발할 수 있게 한다. 즉, XML은 내용에 대한 설명을 포함하지만 내용을 보여 주는 것은 또 다른 구성 작업이다. 내용과 구성을 분리하는 것은 기본적으로 비용 절감에 큰 효과가 있다. 왜냐하면 구성 작업은 현재로서는 노동 집약적이고 수동적인 과정이기 때문이다.

도움을 주는 과학기술: 자연언어 처리

과제 모델링에 큰 도움을 주는 또 다른 과학기술은 자연언어 처리(natural language processing: NLP)다. NLP는 증거모형과 증거중심 설계의 과제모형 모두에 함의하는 바가 있다. 그리고 증거모형은 구성된 반응 채점과 관련이 있다. 교육자들은 구성된 반응 형식이 학습에 더 도움이 된다고 생각하지만 실제로 구성된 반응 문항을 실행하는 것은 어렵고 비용이 많이 든다. 그 과정에서 채점자가 개입되어 복잡해지기 때문이다. 또한 NLP는 과제모형을 설명하고 검사 개발자들이 적절한 자극 자료를 찾을 수 있도록 도와준다. 다음은 실제 적용에 관한 것이다.

증거 확인(채점)에서 NLP ETS나 다른 곳에서 오랜 기간 에세이를 채점하는 데 NLP를 적용해 왔다. 몇몇 제품은 시중에 판매 중이고 상업적으로 성공하였다(세 가지 시스템에 대한 개관은 Rudner & Gagne, 2001 참조, 자동화 채점에의 접근에 대한 개관은 Williamson, Mislevy, & Bejar, 2004 참조). 앞으로는 평가 준거가 쓰인 내용을 강조하는 짧은 반응을 채점하는 것이 개척되어야 할 영역이다. ETS에서 개발 중인 프로그램인 c-평가자(c-rater)는 NLP를 평가에 적용한 유일한 예라고 할 수 있겠다(Leacock & Chodorow, 2003). 흥미롭게도 내용 반응 채점은 에세이를 채점하는 것과는 형태가 매우 다르다. 기본적으로 이 접근은 모범 답안을 설명하는 '특징적인 답안'을 한 가지 이상 제시한다. 채점 엔진의 난관은 실제 답안이 특징적 답안과 유사한지를 결정하는 데 있다. 이 과정은 수리 답안의 채점 과정과 유사하다(예, Bennett, Morley, & Quardt, 2000). 특히 답안이 모범 답안과 유사한지 평가하기 위한 분명한 문법적 설명이 필요하다. 본문에 대한 반응을 알아보는 경우에는 나올 만한 모든 올바른 답안을 정답으로 인정해 줄 수 있도록 문맥상 동의어 목록을 만드는 것이 필요할 것이다. 그리하여 수리, 본문, 수식을 포함하는 복잡한 반응에 적용할 수 있을 것이다.

독해력 설계에서 NLP 앞에서 밝혔듯이, 현재는 매우 노동 집약적인 독해력 문항을 위한 본문 찾기에서 NLP를 적용할 수 있다. ETS에서는 언어시험 내용 모델링을 뒷받침하기 위해 언어시험 개발 보조수단(Verbal Test Creation Assistant: VTCA)이라는 시스템을 개발하고 있다. 이 프로젝트는 두 가지 하위 시스템으로 구성된다. 하나는 적절한 본문을 찾기 위해 설계되는 자원탐지기(SourceFinder)다. 다른 하나는 문항평가(Item Rater)라는 협력적 저작도구다. 문항평가라는 하위 시스템은 검사 개발자가 문항을 만들고 그 난이도에 따른 피드백을 받을 수 있도록 도와준다.

잠재적 자원이 데이터베이스에 기록되고 적합성에 따라 일반적 특성이 부여된다. 검사 개발자는 제작 과정에서 이 데이터베이스를 이용하고, 문항평가를 통해서 제시문과 관련된 문항을 만든다. 부차적으로 생성되는 긍정적 결과로서 이 접근방법은 무엇이 본문 자료로 적당한지 분석할 수 있게 한다. 이는 여러 분야 중 담화 형식의 정보가 더해진 본문의 언어적 특성을 조사함으로써 가능하다. 이 과정은 비용 효율적으로 본문을 찾는 실용성에서 동기가 유발되었지만 이 과정에서 기존의 어떤 방법보다 더 분명한 검사 명세서를 얻을 수 있다.

문항 생성에서 NLP 채점과 본문 검색뿐만 아니라 NLP를 적용한 주요 평가 설계로는 수리에서 문항을 생성하는 것이 있다. 위험 부담이 큰 시험에서 검사 보안성은 주요 고려 대상이다. 보안성을 높이기 위한 방안으로 문항의 노출을 최소화하려고 한다. 앞에서 언급했듯이, 과업모형은 심리측정이 되고 교환 가능한 문항을 대표하는 것이라고 볼 수 있다. 문항 산출물을 심리 측정적으로 교환 가능하게 만들어서 문항의 표면적 특성에 의해 취소될 가능성을 미연에 방지할 수 있을 것이다. 이 목표를 효율적으로 달성하기 위해서는 문항 생성방법을 자동화하고 언어와 다른 특성을 통제할 필요가 있다. ETS에서 개발하는 시스템(Deane & Sheehan, 2003)이 바로 그런 작업을 하고 있다.

[그림 14-1]은 거리-시간-비율(distance-time-rate: DRT)이라는 일반적 문제 유형의 인터페이스 양상을 보여 준다. 그 예로 서로 마주 보며 달리고 있는 두 자동차가 만나는 지점을 알아내는 문제가 있다. 저자는 대화(Dialog)라고 표시된 스크린에서 거리, 비율, 시간과 같은 고도의 특징을 구체적으로 정한다. 언어 세부 요소(Language Details)와 수리 세부 요소

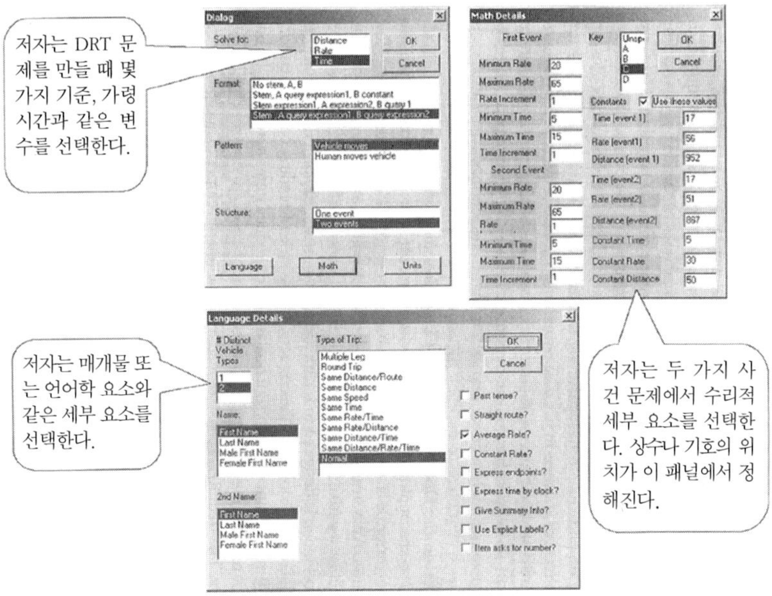

[그림 14-1] 수리 항목을 생성하기 위한 NLP 기반 원형 시스템의 인터페이스

(Math Details) 스크린에서는 이름에서 알 수 있듯이 저자가 언어와 수리 세부 요소와 관련된 결정을 할 수 있게 한다. 인터페이스의 이면에는 강력한 언어학적 인터페이스가 있어서 각 자동차에 적용할 수 있는 합리적 속도가 무엇인지와 같은 정보를 알려 준다. 시스템의 생성능력은 탁월하지만 문항 유형을 분석하는 데는 많은 시간이 필요하다. 이런 분석은 그 자체로 중요한 이유를 위해 필요하다. 다른 노력도 필요하겠지만 언어학적 데이터베이스는 더 나아가 영어 이외의 언어에서도 문항을 만드는 데 도움을 줄 수 있다. 언어를 변인으로 할 수 있다는 것은 국내외 모두에 도움이 된다. 미국의 몇몇 주에서는 영어 이외의 언어로 평가할 것을 요구하고 있다. 또 여러 조사에 따르면 해외에서도 다수 언어를 사용하는 것이 환영받는다고 한다. 예를 들어, 국제 학생평가 프로그램(Program for International Student Assessment: PISA)은 3년마다 산업화된 국가에서 15세 이상의 학생을 조사

하고 있다. 평가는 많은 국가가 참여하는 만큼 다양한 언어로 진행된다. 앞에서 언급한 과업 유형화와 도움을 주는 과학기술이 이와 같은 국제적 평가를 개발하는 데 큰 도움이 될 것이다(Bejar, Fairon, & Williamson, 2002).

요 약

우리는 평가의 과학을 향해 나아가고 있다. 평가의 과학을 향한 핵심 원동력은 비용 효율성이지만 구인타당도 관점, 증거중심 설계 수단을 통한 평가 공식, 인지과학의 적용 등을 통해 산출물이 비용 효율성의 제고에만 그치지 않게 한다. 전통적으로 타당도는 후속 과정으로 여겨졌지만, 평가의 과학이라는 목표는 최대한 의도된 결과가 나올 수 있도록 평가를 만드는 것이다. 이는 일단 평가가 완성된 후에는 경험적으로 타당도 검사가 필요 없다는 말이 아니다. 오히려 타당도 과정은 품질을 관리하는 형식으로 진행되어야 함을 말한다.

평가의 과학이 지닌 이점은 명백하다. 과학은 평가를 잘 설명되고 연결된 과정으로 봄으로써 평가 간의 공통점을 찾을 수 있게 한다. 평가요소를 미래의 평가에 재사용할 수 있게 하기도 한다. 이와 같이 더 비용 효율적으로 개발된 새로운 평가들도 또 다른 새로운 평가를 개발하는 데 따르는 위험 부담을 덜 수 있게 해 준다. 예를 들어, 새로운 집단에 적용하는 것이 더 용이해지는 것이다(Hansen, Mislevy, & Steinberg, 2003). 즉, 비용 효율성 면에서 지출을 줄이는 것에 그치는 것이 아니라 불가능할 수 있는 평가를 가능하게 하는 것이다.

참고문헌

Almond, R. G., Steinberg, L. S., & Mislevy, R. J. (2002). Enhancing the design and delivery of assessment systems: A four-process architecture. *Journal of Technology, Learning, and Assessment, 1*(5). Available from JTLA.org

Bejar, I. I. (1991). Item Writing-art or science? [A review of constructing test items by S. J. Osterlind]. *Contemporary Psychology, 36,* 310-311.

Bejar, I. I. (1993). A generative approach to Psychological and educational measurement. In N. Fredriksen, R. J. Mislevy, & I. I. *Beyar* (Eds.), *Test theory for a new measurement of tests* (pp. 325-359). Hillsdale, NJ: Lawrence Erlbaum Associates.

Bejar, I. I. (1996). *Generated response modeling: Leveraging the computer as a test delivery medium* (RR-96-13). Princeton, NJ: Educational Testing Service.

Bejar, I. I., Chaffin, R. B., & Embretson, S. E. (1991). *Cognitive and psychometric analysis of analogical problem solving*. New York: springer-Verlag.

Bejar, I. I., Fairon, C., & Williamson, D. M. (2002, June). *Multilingual item modeling as a mechanism for test adaption: Applications to open-ended and discrete items.* Paper presented at the International Test Commission (ITC) Conference, Winchester, UK.

Bejar, I. I., Lawless, R., Morley, M., Wagner, M., Bennett, R. & Revuelta, J. (2003). A feasibility study of on-the-fly item generation in adaptive testing. *Journal of Technology Learning and Assessment, 2*(3). Available from JTLA.org

Bennett, R. E., & Bejar, I. I. (1998). Validity and automated scoring: It's not only the scoring. *Educational Measurement: Issues and practice, 17,* 9-16.

Campbell, D. P. (1974). *Manual for Strong-Campbell Interest Inventory T325 (merged form).* Stanford, CA: Stanford University Press.

Carroll, J. B. (1976). Psychometric tests as cognitive tasks: A new structure of intellect. In L. B. Renick (Ed.), *The nature of intelligence* (pp. 27-56). Hillsdale, NJ: Lawrence Erlbaum Associates.

College Board Entrance Examination. (1942). *Forty-second Annual Report of the Executive Secretary*. New York: Author.

Cronbach, L. J., & Meehl, P (1995). Construct validity in psychological tests. *Psychological Bulletin, 52,* 281-302. Retrieved February 15, 2003, from http://psychoclassics.yorku.ca.Cronbach/construct.htm

Deane, P., & Sheehan, K. (2003, April). *Automatic item generation via frame semantics: Natural language generation of math word problems*. Paper presented at the Annual Meeting of the National Council of Measurement in Education, Chicago.

Dennis, I., Handly, S., Brandon, P., Evans, J., J., & Newstead, S. (2002). Approaches to modeling item-generative tests. In S. Irvine & P. C. Kyllonen (Eds.), *Generating items from cognitive tests: Theory and practice* (pp. 53-71). Mahwah, NJ.: Lawrence Erlbaum Associates.

Embreson, S. E. (1983). Construct validity: Construct representation versus nomo-thetic span. *Psychologist Bulletin, 93,* 179-197.

Embreson, S. E. (1999). Generating items during testing: Psychometric issues and models. *Psychometrika, 64,* 407-433.

Fischer, G. H. (1973). The linear logistic model as an instrument of educational research. *Acta psychologica, 37*, 359-374.

Hansen, E. G., Mislevy, R. J., & Steinberg, L. S. (2003, April). *Evidence-centered assessment design and individuals with disabilities*. Paper presented at a symposium at the annual meeting of the National Council on Measurement in Education, Chicago. Available from www.ets.org/reserch/dload/ncme03-hansen.pdf

Irevine, S., & Kyllonen, P. C. (2002). *Generating items form cognitive tests: Theory and Practice*. Mahwah, NJ: Lawrence Erlbaum Associates.

Johnson, M., & Sinharay, S.(2003). *Calibration of polytomous item families using Bayesian hierarchical modeling* (ETS RR-03-23). Princeton, NJ:

Educational Testing Service.

Johnson-Laird, P. N. (1983) *Mental model: Towards a cognitive science of language, inference, and consciousness.* Cambridge, MA: Harvard University Press.

Kintsch, W. (1998). Comprehension: *A paradigm for cognition.* New York: Cambridge University Press.

Kolen, M. J., & Vrennan, T. L. (1995) *Test equating: Methods and practices.* New York: Springer-Verlag.

Leacock, C., & Chodorow, M. (2003). C-rater: Automated scoring of short answer questions. *Computers and the Humanities, 37*, 379-405.

Messick, S. (1989). Validity. In R. L. Linn (Ed.), *Educational measurement* (pp. 13-103). New York: Macmillan.

Mislevy, R. J., Almond, R. G., Yan, D., & Steinberg, L. S. (1999). Bayes nets in educational assessment: Where do the numbers come from? In K. B. Laskey & H. Prade (Eds.), *Proceedings of the Fifteenth Conference on Uncertainty on Artificial Intelligence* (pp.437-446). San Francisco: Morgan Kaufmann.

Newstead, S., Brandon, P., Handley, S., Evans, J., & Dennis, I. (2002a). *A cognitively based analysis of analytical reasoning item sets with implications for item generation and difficulty prediction.* Unpublished report, Plymouth University, United Kingdom.

Newstead, S., Brandon, P., Handley, S., Evans, J., & Dennis, I. (2002b). Using the psychology of reasoning to predict the difficulty of analytical reasoning problems. In S. Irvine & P. C. Kyllonen (Eds.), *Generating items form cognitive tests: Theory and practice* (pp. 35-51). Mahwah, NJ: Lawrence Erlbaum Associates.

Rudner, L., & Gagne, P. (2001). An overview of three approaches to scoring wrtten essays by computer. *Practical Assessment, Research & Evaluation,* 7(26). Retrieved October 15, 2003, from http://edsearch.org/pare/getvn.asp?v=7&n=26

Sheenan, K. M., Kostin, I., Dean, P., Futagi, Y., Hemat, R., & Zuckman, D. (in press). *Inside SourceFinder: Predicting the acceptability status of candidate reading comprehension source documents.* Princeton, NJ: Educational Testing Service.

Sheenan, K. M., & Mislevy, R. J. (2001). *An inquiry into the nature of sentence completion tasks: Implications for item generation* (ETS RR-01-13). Princeton, NJ: Educational Testing Service.

Singly, M. K., & Bennett, R. E. (2002). Item generation and beyond: Applications of schema theory to mathematics assessment. In S. Irvine & P. C. Kyllonen (Eds.), *Generating items from cognitive tests: Theory and practice* (pp. 361-384). Mahwah, NJ: Lawrence Erlbaum Associates.

Sinharay, S., Johnson, M. S., & Williamson, D. M. (2003). *An application of Bayesian hierarchical model for item family calibration.* (RR-03-04). Princeton, NJ: Educational Testing Service.

Sternberg, R. J. (1997). Component processes in analogical reasoning. *Psychological Review, 31*, 356-378.

Williamson, D. M., Bauer, M., Mislevy, R. J., & Behrens, J. T. (2003, April). *An ECD approach to designing for reusability in innovative assessment.* Paper presented at the annual meeting of the American Educational Research Association, Chicago.

Williamson, D. M., Bauer, M., Steinberg, L. S., Mislevy, R. J., Behrens, J. T. (in press). Design rationale for a complex performance assessment. *International Journal of Testing.*

Williamson, D. M., Mislevy, R. J., Bejar, I. I. (2004). *Automatic scoring of complex tasks in computer based testing.* Manuscript in preparation.

Yang, Y. W., Buckendahl, C. W., Juszkiewicz, P. J., & Bhola, D. S. (2002). A review of strategies for validating computer-automated scoring. *Applied Measurement in Education, 15*(4), 391-412.

Yang, Y. W., & Johnson-Laird, P. N. (2001). Mental models and logical reasoning problems in the GRE. *Journal of Experimental Psychology: Applied,* 7(4), 308-316.

CHOOSING STUDENTS

04 PART

K-16 교육개혁 노력에서 입학사정

CHAPTER 15 중등교육과 고등교육의 평가체계 통합

Stanley Rabinowitz(WestEd)

미국의 K-16 교육제도[1]에서 평가의 종류와 목적의 범위는 지난 10년 이상 크게 성장했다. 표준에 기반을 둔 성적책임제도로의 변화가 교육개혁을 움직이면서, 학업성취를 돕는 데 있어 교사와 학교의 효율성뿐만 아니라 학생 개개인이 중요한 학교교육 내용을 잘 숙지하고 있는지 측정하기 위해 매우 많은 평가가 도입되었다(Olson, 2002). 낙제아동방지법(2001)은 다양한 평가로 이미 열심히 일하고 있는 평가 기계를 더욱 바쁘게 만들고 있다.

이러한 평가가 강세를 보이는 가운데 중등학교 수준에서 과도한 평가의

1) 역주: 미국 연방 교육부는 초 · 중등 및 고등교육 개혁 추진에서 양자를 별개가 아닌 밀접한 연계성을 바탕으로 하는 단계적인 개혁을 추진하고 있다. 즉, 유치원, 초 · 중등 단계부터 대학 4년까지의 교육을 유기적으로 연계시키는 것이 K-16 학제다. 이 학제하에 초 · 중등 단계에서 학생들의 충분한 학습을 장려하는 정책이 궁극적으로 고등교육에서 높은 대학 진학률 및 학업 성취도에까지 긍정적인 영향을 미칠 수 있도록 하는 것을 주요 목표로 삼고 있다. 이러한 연계 전략은 직업교육 단계에서도 중등 직업교육 과정과 대학 간의 교육과정 연계를 추진하고 있다. 이처럼 체계적인 교육개혁을 통해 국가 발전을 선도할 수 있는 인적자원 양성을 궁극적인 목표로 하고 있으며, 특히 이를 위하여 개별 초 · 중등 및 고등교육 기관의 책무성을 특히 강조하고 있다.

가능성이 제기되고 있다(Ananda & Rabinowitz, 2000). 보통의 고등학교 3학년생이 지고 있는 부담을 생각해 보자. 많은 주에서 교사가 개발한 시험뿐만 아니라 고등학교 졸업시험과 국가가 개발한 규준지향평가(a nationally developed norm reference test: NRT), 주 차원에서 개발된 여러 준거지향평가(multiple state-developed criterion referenced test), 그리고 하나 이상의 대학 입학시험(예, SAT, ACT)을 치러야 한다.

이러한 전례 없는 시험 확산이 긍정적인 것인지에 대해 연구와 여론은 의문을 품고 있다. Amrein과 Berliner(2002)는 중대한 이해관계가 걸린 평가 프로그램의 결과(SAT나 NAEP의 수행과 같은)를 다른 핵심 능력 측정치로 일반화하지 못한다는 강력하지만 확정적이지 않은 증거를 인용했다. Jacob(2001), Rabinowitz, Zimmerman과 Sherman(2001)은 정책입안자들에게 소위 엄격한 '세계 일류' 기준에 입각한 평가가 학생의 낙제 비율을 높이고 다른 의도치 않은 결과를 가져올 것이라고 경고하였다. 검사와 관련해서 학생과 제도의 이해관계가 증가하면서 기술적이고 행정적인 한계를 이유로 주의 평가 프로그램은 혁신적인 평가 수단을 사용하게 되었다(Rabinowitz & Ananda, 2002). 또한 1990년대에 평가에서의 성장은 부분적으로 국가 전체에서 발견된 전례 없는 경제 성장으로 활성화되었다. 그러나 많은 주가 엄청난 예산 부족에 직면하게 됨에 따라 좋았던 시절에 실행된 평가 프로그램은 이제 제한된 자금을 놓고 교육 부문과 그 이상의 다른 중요한 업무(예, 복지, 보건의료 서비스)와 경쟁하고 있다.

이런 상황에서 정책입안자는 평가의 효율성을 따지기 시작하고 있다. 몇몇 정책입안자는 많은 가치 있는 평가목적 중에서 우선순위를 정하는 어려운 과정에 몰두하기보다는 전통적으로 독립적인 시험과 평가 기능을 통합할 수 있지 않을까 생각하고 있다. 많은 주에서 자연스러운 출발점은 고등학교 졸업시험이 대학의 입학시험으로 쓰일 수 있는지 검토하는 것이다(Kirst, 이 책의 16장).

우리는 방금 설명한 상황에서 중등과 고등 교육 평가 프로그램의 선택이 왜 그렇게 강제적으로 보이는지에 대해 논의할 것이다. 다음으로 그러한 시도의 성공에 영향을 미칠 몇 가지 맥락적인 요소를 설명할 것이다. 그리고 평가목적의 통합에 영향을 미칠 이해관계가 큰 평가제도의 바람직한 특징을 열거할 것이다. 마지막으로 시간과 비용 면에서 더 큰 효율성을 달성하기 위해 중등과 고등 교육 평가제도를 통합할 가능성을 탐색하면서 가까운 미래에는 극복되지 않을 것 같은 일련의 중요한 과제를 찾아보려고 한다.

중등과 고등 교육 평가 프로그램을 통합해야 하는 이유

많은 주가 중등교육 평가 프로그램의 유형과 횟수를 늘리자 교육자와 부모 그리고 학생들은 각각의 목적에 대해 의문을 품기 시작했다. 학생의 성취와 효율적 시스템을 모두 포괄하는 비전을 보여 주기 위해 다양한 요소를 어떻게 함께 조합해 낼지 정책입안자는 그다지 효율적으로 설명하지 못하였다. 많은 사람이 전체에 미치는 영향을 검토하지 않고 단순히 평가를 추가했다. 이제 예산이 줄어들면서 효용성이 요구되고 있다. 현재는 다음과 같은 이유 때문에 고등학교 시험을 대학입시와 통합하는 일이 자연스럽게 여겨진다.

고등학교 졸업시험 횟수 증가 이 글이 쓰일 당시에 27개 주가 고등학교 졸업시험 프로그램을 개발하여 수행하고 있었다. 이는 지난 10년에 걸친 관련 프로그램 수의 거의 2배에 달한다. 고등학교 졸업시험은 (절차상으로나 기술적으로나 모두) 개발과 지원에서 중요성이 떨어지는 다른 시험(전형적으로 규격화되고 표준화된 평가)보다 더 많은 비용이 든다. 이는 공적·법적 정밀성이 수반되고 그러한 평가 수단이 학생들의 졸업 유보와 관련될 수 있으므로 그에 적합한 기술적 우수성을 갖고 있어야 한다는 도덕적 요구 때문이다. 따라서 예산 부족에 처한 정책입안자와 교육자는 이를 여러 목적으로 활용함으로써 이 비싼 수단들을 계속 사용하는 것을 정당화하려는 것으로 보인다. 이 활용 목록에 대학입학 전형과 배정이 포함된다. 이는 고등학교 졸업생 다수가 고등교육으로 움직일 것이기 때문에 특히 호소력 있게 여겨진다. 비용 절감뿐만 아니라 고등교육의 장에서 이러한 도구의 사용은 이미 설명한 중등교육 수준에서의 과도한 평가를 어느 정도 감소시킬 수 있다고 생각한다.

내용 중복 고등학교 졸업 요건으로 사용되는 시험을 포함해서 최근에 개발된 중등학교 시험이 기초하고 있는 내용 표준은 최소한의 기본 능력이라는 졸업시험의 본질을 넘어서 점점 더 엄격해졌다. 그런 수준 높은 내용이라면 대학입학에 대한 기대와 부합해야 한다고 여기는 것이 온당할 것이다. 오리건 같은 주들은 내용 표준을 전체 K-16의 범위에 맞추려고 시도하였다(Oregon University System, 2003). 이러한 노력으로 인해서 중등과 고등 교육에서 기대되는 지식에서 중복되는 내용 범위를 확인할 수 있었다.

시기 중복 어떤 주에서도 12학년에 처음으로 중요성이 큰 고등학교 시험을 시행하려고 하지 않았다. 표면적으로는 학생들이 중등교육의 내용을 습득했는지 측정하기 가장 좋은 때가 고등학교 후반기이지만, 현실적으로 고려해서 10학년 1학기나 11학년 2학기에 대부분 졸업시험 시기를 옮겼다. 그리하여 파악된 문제 영역에서 목표로 삼은 교정 수업을 제공하고, 학생들이 아직 통과하지 못한 영역을 다시 이수하는 기회를 제공하고 있다. 대부분의 학생들은 같은 시기에 대학 입학시험을 치르기 때문에 이 프로그램들을 통합하는 것은 학생과 납세자 모두에게 이득이 될 것이다.

K-12와 대학 간 의사소통 대부분의 주에서 K-12 학생들에게 영향을 미치는 정책과 주립대학과 종합대학에 영향을 미치는 정책 사이에는 단절이 있다. 때로는 서로 다른 감독기관과 공무원이 이 제도를 감독한다. 그리하

여 서로 필요한 것을 도와주지 않는다는 불만과 비효율성이 지적되어 왔다. 예를 들면, 대학은 학생들이 기본적인 능력이 부족한 상태에서 고등학교를 졸업한다고 불평한다. 학교의 교육 책임자는 대학에서 학습부진 학생을 지도할 수 있는 교사가 제대로 준비되지 않았다고 말한다. 공통의 기준과 평가는 K-16 제도를 만들면서 통합과정을 촉진하는 방법으로 보인다.

맥락적인 요소

앞에서 논의된 요소가 더 큰 효율성을 위해서 특별히 중등과 고등 교육 평가제도를 통합하려는 바람을 다루고 있지만, 다른 더 일반적인 평가 또한 그러한 노력의 성공 가능성에 영향을 미친다.

중요도가 높은 평가에서의 내용 영역 증가 전통적으로 비중이 높은 주 차원 시험 프로그램은 영어/언어 과목과 수학 내용에 초점을 맞추고 있었다. 과학, 사회 같은 전통적인 기타 과목과 예술, 실업 같은 전통적이지 않은 과목이 프로그램의 평가목적으로 주로 사용되었다. 이제 더 많은 주가 학생의 책무성(예, 네바다 과학고등학교의 능력시험)이나 학교의 책무성(예, 읽기, 수학, 과학, 사회, 쓰기뿐만 아니라 실용적인 생활/직무교육, 예술과 인문학 내용의 평가를 포함하는 켄터키 핵심 내용 시험)을 위해 또 다른 영역을 포함시키고 있다. 고등교육기관 선택과 배정 목적으로 중등교육 평가를 사용하기 원하는 주는 고등학교 표준과 평가에서 어떤 내용을 포함시켜야 할지 결정해야 한다.

문항 형태 이미 지적했듯이, Rabinowitz와 Ananda(2002)는 주 단위의 평가 프로그램은 그러한 프로그램의 중요성이 증가함에 따라 혁신적인 형식의 시험(예, 프로젝트, 포트폴리오)을 상당히 줄여 왔다. 전통적이지 않은 평가 형식의 기술적인 제한, 혁신적 프로그램을 알리고 지원하는 데에서의 업무상 문제, 예기치 못한 전문성 개발 요구, 늘어난 비용 등을 포함한 여러 가지 요소가 이 현상에 기여했다. 여러 주들은 주관식과 객관식 문항과 같은 다양한 형태를 포함하는 새로운 평가 수행 계획을 포기하고 있다. 다른 주는 이러한 형식의 시험 총점에 대한 상대적인 비중을 상당히 줄이고 있다. 다음 학년 개시 이전에 평가 결과를 보고할 것을 요구하는 낙제아동방지(NCLB) 정책에 따라 객관식 문항에 대한 의존도는 더욱 높아질 것이다. 대학의 입학 프로그램은 선택과 배정 과정에서 중등교육 평가의 결과를 사용하기 위해 혁신에서 후퇴할 것인지를 결정해야 한다.

NCLB의 불확실성 앞에서 설명한 바와 같이 낙제아동방지법은 이미 주의 평가 프로그램 형식에 영향을 미쳤다. 여러 부가적인 규정 또한 고등교육 과정에 지원한 사람들에게서 K-12 평가 결과의 일반화 가능성에 영향을 미칠 것이다. 많은 논평가는 NCLB가 고등학교 프로그램에 대해서 별로 관심을 보이지 않으며 3~8학년까지 프로그램에 초점을 주로 맞추고 있다고 했다(Rabinowitz, 2003). 몇몇 사람은 이러한 사실이 중등교육 평가 프로그램을 약화시킬 것이라고 우려한다. 예를 들어, 몇몇 주(예, 웨스트버지니아 주)는 NCLB의 중등교육 시험 요건을 충족시키기 위해 중급 대수학 같은 전통적인 대학 지망용 과목에 대한 교과목 최종 시험 개발 계획을 재고하고 있다. 개선할 필요가 있다고 확인된 학교들의 수를 제한하기 위해 가해지는 압력은 긴장을 유발해 왔고, 몇몇 주는 표준을 더 낮추기도 했다(Paige, 2002). 몇몇 주는 그 법이 요구하지 않는 평가는 빼 버릴 것을 고려하기도 한다. 왜냐하면 그런 평가 결과는 학교에 대한 제재거리만 더해 주기 때문이다. 마지막으로 NCLB가 주들에게 새로운 평가 개발을 위한 자금을 제공하지만 주들은 현재 지출을 대체하기 위해 이 자금을 사용하지 않을 수 있다. 주들이 이미 지역의 세입으로 대학입학 평가 프로그램을 지원하고 있는 경우, NCLB가 지원하는 중등교육 평가로 바꾸면 이러한 프로그램에 대한 비용은 주 재정에서 빠져 버릴 수 있다.

컴퓨터를 이용한 평가 이상에서 설명된 요소가 중등과 고등 교육 평가 프로그램의 통합을 방해하는 데 도움이 되겠지만, 컴퓨터와 기술을 이용한 평가방법은 통합이 성공할 가능성을 높여 줄 것이다. 그러한 도구는 수험생의 성취 수준과 평가의 목적에 맞추어서 검사 내용을 더 분명하게 맞출 수 있게 한다(Rabinowitz & Brandt, 2001). 이론적으로 이런 유형의 시험은 학생들이 학습한 것이 어떤 내용인지 정확하게 나타낼 수 있고, 고등교육기관에서 요구하는 입학 요건에 이 수준을 맞출 수 있다. 적응적 방법론(adaptive methodology)을 이용하는 평가는 고등교육 프로그램에서는 비교적 흔하지만 중요성이 높은 K-12 교과 영역에서는 사용되지 않고 있다. 이러한 방법론이 널리 퍼지려면 (1) 지필검사와의 비교 가능성, (2) 도시 지역사회와 기본 기술 장비와 기술 정보가 부족한 지역사회를 포함한 모든 교육 공동체에서의 접근 가능성이 동등해야 한다. 게다가 이러한 새로운 기술들이 모든 학교, 모든 성취 단계의 학생들이 같은 신뢰도를 가진 시험 평가 기준으로 점수를 얻을 수 있다는 것을 보여 주어야 한다. 다시 말하면, 지역의 대학에서부터 가장 우수한 주립대학에 이르기까지 입학자격을 갖춘 어느 지원자에게나 기술의 혜택이 주어져야 한다.

주 차원의 평가체계에서 필수적인 특징

주 차원의 평가체계에서 일부 중요한 특징 또한 중등과 고등 교육 평가가 완전히 통합될 수 있는 정도에 영향을 미칠 것이다. 이 절에서는 기술적인 측면에 우선적으로 초점을 둘 것이다. '기업의 기대치'를 만족시키거나 초과하는 평가능력은 법적 · 대중적 감시를 이겨 내기 위해서 중요하기 때문이다(American Educational Research Association/National Council on Measuerment in Education/American Psychological Association, 1999).

신뢰도 신뢰도는 반복할 수 있고 믿을 수 있는 점수를 제공하는 정도를 말한다(Feldt & Brennan, 1989). 검사 개발자는 두 가지 기본적인 방법을 이용하여 충분한 신뢰도를 보증하는데, 두 방법 모두 여러 가지 목적을 위한 평가 사용과 어긋나는 것이다. 첫째, 내용요소마다 문항 수를 늘리는 것이다. 그러나 고등학교 졸업과 대학입학을 위한 내용 표준이 어떤 주에서든 완전히 겹치는 것은 아니기 때문에, 두 가지 목적 모두를 위해서 보이는 내용을 다 포함시키는 것은 곧 반대에 직면하게 될 것이다. 더구나 고등교육 수준에서 기대되는 내용 범위는 지역 대학이나 다양한 4년제 교육기관에서 다양하게 나타나기 때문에 이러한 모든 목적을 적절하게 망라할 어느 한 가지 시험으로 측정되는 능력은 문제가 있다. 평가의 길이를 제한하는 실용성은 평가 척도의 여러 지점에서 분명히 신뢰도를 제한하게 될 것이다.

둘째, 시험 개발자는 가장 중요한 곳에서 신뢰도를 높이기 위해서 중요한 결정점(예, 통과 점수)에 해당되는 평가 지점에서 부가적인 시험 문항에 초점을 둔다. 그러나 '통합'으로 접근하면 검사 척도는 신뢰도를 크게 해야 한다. 높은 신뢰도는 고등학교 졸업에서 기대되는 성취도뿐만 아니라 주의 다양한 고등교육기관에 입학하기 위해 기대되는 수준을 입증하기 위해 필요하다. 주들은 충분한 신뢰도를 얻기 위해서 비용과 시간을 들여야 할 것이다. 컴퓨터를 이용한 방법론은 장기적인 관점에서 볼 때 이러한 문제에 대처하는 데 도움이 될 수 있다. 그렇다고 하더라도 K-12 제도에서 이 같은 접근이 부족했다는 것과 지필 검사와의 양립 가능성 및 접근성의 문제는 여전히 중요한 방해물이다.

타당도 시험이 측정한다고 지정했던 내용을 평가하고 의도했던 정보를 제공하는 정도를 타당도라고 한다(Linn, 2001). 심리측정학자는 어떤 시험도 그 자체로는 타당하거나 타당하지 않다고 말할 수 없다고 지적한다. 측정도구는 특정하게 의도된 목적과 관련해서 판단되어야 한다. 시험을 더 많이 활용할수록 각각의 의도된 목적에 대한 타당성을 나타내기는 더 어렵고 비용이 많이 들게 된다. 중등과 고등 교육이 요구하는 사항과 목적이 완전히 일치되지 않는 만큼, 어떤 하나의 검사도구가 내용, 예측, 결과 면에서 타당성을 만족시키기는 어려울 것이다(Messick, 1989).

기타 바람직한 특징 신뢰성과 타당성 외에도 주 평가 프로그램들은 다양한 다른 특징을 가지고 있다. 그중 많은 특징이 중등과 고등 교육과정 평가 제도를 통합한다는 점과 상충될 수도 있다. 예를 들어, K-12 시험 프로그램은 준거지향평가와 규준지향평가 요소를 모두 포함한다. 준거지향평가 요소는 학생들이 내용 표준과 관련해서 얼마나 잘 해낼 수 있는가 하는 정보를 제공하는 것이고, 규준지향평가 요소는 그러한 수행능력이 국가 전체에서 표본으로 뽑힌 대표 학생들과 비교해서 어떠한지를 알려 주는 것이다. 정책입안자와 부모는 보통 바람직하고 차별적으로 유익한 정보 유형 두 가지를 모두 찾는다. 대학입학 전형 업무는 규준 기반과 준거 기반 정보를 통합하기도 한다. 입학전형은 지원자가 고등학교에서 얼마나 열심히 했으며 얼마나 많은 지원자가 지원했는지에 기반을 두고 있다. 정책입안자는 중등교육의 준거지향평가와 규준지향평가에서 얻은 정보를 고등교육의 입학정책에 어떻게 맞춰야 할지 결정해야 한다. 주들은 검사 프로그램의 활용이나 대학입학 정책 면에서 서로 다르다. 그러므로 이러한 정보를 통합하기 위한 여러 가지 기준이 만들어져야 하고, 그것을 법안으로 통과시켜 효력을 발휘하도록 해야 한다.

고등학교 평가 프로그램의 다른 특징들 또한 고려되어야 한다. 고등학교에서 보는 시험에서 낙제한 학생들만 재시험을 치르게 해야 한다. 만약에 그러한 시험을 고등교육기관으로의 입학과 배정을 위해 사용하기 시작한다면 재시험 과정을 관리하기 위한 절차를 만들어야 하고, 더 많은 학생의 다양한 시도를 기록하기 위해 좀 더 복잡한 정보 관리 시스템을 개발해야 한다. 부정행위는 시험 프로그램에서 걱정거리이기는 하지만, 대학입학 전형에 포함된다면 관심의 증가로 감독 업무에서 예측하기 어려운 긴장을 유발할 수 있다. 대부분의 고등학교 시험은 평범한 것부터 난해한 것까지 다양한 내용을 포함한다. 이 시험을 다른 분야에서 사용하기로 계획한다면 어떤 내용을 포함시키고 어떤 내용을 생략해야 할지 결정해야 한다. 마지막으로 이미 논의되었듯이 중등 수준의 학생들은 여러 지점에서 무수히 많은 평가를 받게 된다. 정부에서는 어떤 것을 고려 대상으로 삼을지, 언제 그 대상들을 고려할지, 그리고 다른 것에 비해 각각 얼마나 많은 비중을 둘지를 결정해야 한다.

기타 주의할 점

앞에서 논의된 바와 같이, 중등과 고등 교육 평가제도를 통합하려는 주들과 프로그램들은 이러한 접근이 성공하려면 여러 가지 중요한 문제를 검토해야 한다. 이 절에서는 가장 낙관적인 옹호자가 그 일에 착수하기 전에 검토해야 할 기본적인 생각을 여러 가지 부가적인 경고와 함께 제시할 것이다.

철학 가장 기본적인 수준에서 고등학교 졸업이 곧 대학입학에 상응하는 것인지 결정해야 한다. 고등학교 졸업자 다수가 실제로 고등교육을 받기 위해 진학한다 해도, 그렇지 않은 또 다른 많은 학생이 있다. 그리고 수많은 연구가 보여 주듯 이후의 인생에서 성공이란 평생학습으로 강화되는 것이지만, 실제 성공한 많은 사람은 대학에 다녔다는 혜택 없이도 직업에서 성공하고 가족생활에서 얻는 만족이 높을 수 있다. 시험제도를 통해 고등학교 졸업을 대학입학으로 연결시키기 전에 그렇게 연결 짓는 것이 타당한지를 충분히 설명해야 한다. 이것이 불합리한 요구가 아니며 상당한 근거가 있다 할지라도, 정책입안자는 고등학교 졸업 이후 성공적인 시민은 항상 더 높은 수준의 교육기관을 통해 이르는 것은 아님을 발견하고 놀랄 것이다.

어떤 고등교육기관인가 고등교육기관에 따라서 학생의 성취는 다양하다. 동부 해안에서(뉴욕의 지역 대학교 시스템 → 주립단과대학 시스템[SUCO] → 주립대학교시스템[SUNY]) 서부 해안까지(캘리포니아 지역 대학교 시스템 → 캘리포니아 주립대학교 시스템[CSU] → 캘리포니아 대학교 시스템[UC]), 배경과 흥미, 자질 그리고 학문적 성취도에 따라 여러 가지 기회가 학생들에게 제공된다. 이러한 기회의 다양성은 미국 고등교육 제도의 특징이다. 이렇게 넓은 선택 폭은 학생들과 사회에 굉장한 이익이 되지만, 광범위한 차이를 보이는 의뢰인의 필요와 기대를 받아들여야 하는 시험 개발자들은 크게 혼란스럽다. 시간과 재정은 제한되어 있고 컴퓨터를 이용한 평가를 사용하기도 하는 현재 상황에서 모든 교육기관들의 입학전형 필요를 만족시키는 하나의 평가도구를 개발하기란 거의 불가능하다.

학생의 다양성 모든 고등교육기관에서는 다양한 학생을 유치하고 지원하기 위해 고군분투하고 있다. 정책입안자, 교육자 그리고 일반 대중 사이에서도 성별, 인종, 민족, 장애 유무에 따라 K-12 평가 결과는 큰 차이가 있다. 고등교육기관 입학전형에서 그러한 도구가 쓰일 때는 학생의 다양성이라는 목표를 달성하기 어렵다. 그러므로 대학들은 다른 곳에서 나온 제한된 수단에 완전히 의존하지 말고 입학전형 과정을 확장시켜야 할 것이다.

학생의 이동성과 선택 상당한 수의 학생들이 고등학교에서 대학으로 이동하면서 주의 경계선을 넘고 있다(Morgan, 2002). 그러한 학생 중 대다수는 주의 지원을 받는 단과대학이나 종합대학에 다닌다. 고등학교 졸업시험이 고등교육기관 입학전형에서 더 중요하게 여겨지면 다른 주의 학생들에게 공정성을 보장하는 부가적인 절차가 만들어지고 발효되어야 한다. 모든 주가 졸업시험을 운영하는 것은 아니며 주에 따라 시험 내용과 난이도가 상당히 다르기 때문이다. 많은 학생은 공립과 사립의 중간쯤 되는 고등교육기관을 선택한다. 비공립 고등교육기관에서 공립 중등학교 교육 평가 결과를 사용하는 것과 관련된 입학 정책과 업무를 다루지 못한다면 학생들은 고등학교에서의 평가 부담이 줄어든다고 느끼지 못할 것이다.

기술적 문제 이 절은 철학적인 것에서 시작하였으나 중등과 고등 교육 평가제도를 통합하기 위한 시도가 직면하는 기술적 한계를 상기시키면서 마칠 것이다. 이러한 접근은 어떤 신뢰할 만하고 타당한 평가제도를 개발하는 과정과 비슷하다. K-16 교육제도 전체에 걸쳐서 효용성이 있을지라도, 책임 있는 정책이라면 달성할 수 있는 것과 바람직한 것을 구분해야 한다. 현재의 시험 개발 방법론은 중등과 고등 교육 평가제도를 통합하기 위해 모일 많은 전문가를 만족시켜야 한다는 압력을 받고 있다. 미래에 대단한 가능성 있다고 해도 현실은 고려되어야 한다.

K-16 교육 평가 프로그램 전체 수준에서 효용성을 창출하는 데 관심을 가지는 정책입안자들은 두 가지 중요한 활동에 초점을 두어야 한다. 첫째, 현재 평가 업무와 똑같이 유효하고 필요하다고 보증할 수 있는 요건을 조심스럽게 재검토해야 한다. 바람직하지만 필요하지 않은 것은 해당 지역의 책임으로 완전히 넘기는 것이 좋다(Rabinowitz & Ananda, 2001). 신뢰성과 타당성에 대한 연구는 시험목적의 통합이 실현 가능한지, 언제 가능한지를 결정하는 데 도움이 된다. 아마도 다양한 입학전형 중에서 많이 활용되는 고등학교 졸업시험은 전반적인 입학 결정을 위한 준거로서 타당성이 높아질 것이다. 이러한 잠재적인 이득이 위에서 말한 다양한 부정적인 결과를 감수할 가치가 있는지 결정해야 한다.

다음으로 정책입안자는 미래의 평가 방법론에 관한 연구에 투자해야 한다. 그러한 평가 방법론은 시험 형식의 유형이나 정보 전달체계, 특히 컴퓨터를 활용한 접근법이 될 것이다. 앞으로 평가의 힘과 효용성 면에서 대단히 발전할 가능성이 있다. 그러나 이는 양립 가능성, 접근성, 공정성이라는 중요한 문제가 평가 관점에서 그리고 더 중요하게는 교실 수업 수준에서 다루어지는 경우에 한해서다.

참고문헌

AERA/NCME/APA. (1999). *Standards for educational and psychological testing*. Washington, DC: American Psychological Association.

Amrein, A. L., & Berliner, D. C. (2002). *The impact of high-stakes tests on student academic performance: An analysis of NAEP results in states with high-stakes tests and ACT, SAT, and AP test results in states with high school graduation exams*. Tempe: Arizona State University, Educational Policy Studies Laboratory. Retrieved April 4, 2003, from http://edpolicylab.org

Ananda, S., & Rabinowitz, S. (2000, June). *A model statewide student assessment system to support school accountability*. Paper presented at the Council of Chief State School Officers Annual Large-Scale Assessment Conference, Snowbird, UT.

Feldt, L. S., & Brennan, R. L. (1989). Reliability. In R. L. Linn (Ed.), *Educational measurement* (3rd ed., pp.105-146). New York: Macmillan.

Jacob, B. A. (2001). Getting tough? The impact of high school graduation exams. *Educational Evaluation and Policy Analysis, 23,* 99-121.

Linn, R. (2001). *The design and evaluation of educational assessment and accountability systems* (CSE Tech. Rep. No. 539). Los Angeles: Center for the Study of Evaluation, National Center for Research on Evaluation, Standards, and Student Testing, University of California, Los Angeles.

Messick, S. (1989). Validity. In R. L. Linn (Ed.), *Educational measurement* (3rd ed., pp. 13-103). New York: Macmillan.

Morgan, F.B. (2002, Spring). Fall enrollment in Tiltle IV degree-granting postsecondary institutions: 1998. *Education Statistics Quarterly, 4,* 2002-2162.

No Child Left Behind Act of 2001, P.L. No. 107-110, 115 Stat. 1425 (2001).

Olson, L. (2002, January 9). Testing systems in most states not ESEA-ready. *Education Week.*

Oregon University System. (2003). *Annotated introduction to PASS.* Retrieved April 2, 2003, from http://www.ous.edu/pass/about/1.2-1_powerpoint.html

Paige, R. (2002). *Dear colleague letter, July 24, 2002.* Washington, DC: U. S. Department of Education, Retrieved April 4, 2003, from http://www.ed.gov/News/Letters/020724.html

Rabinowitz, S. (2003). *NCLB assessment/accountability for secondary schools.* San Francisco: WsetEd Knowledge Brief.

Rabinowitz, S., & Ananda, A. (2001). *Balancing local assessment with state testing: Building a program that meets student needs.* San Francisco: WestEd Knowledge Brief.

Rabinowitz, S., & Ananda, A. (2002, April). *The negative correlation of high-stakes assessment and innovation.* Paper presented at the meeting of the National Council on Measurement in Education, New Orleans.

Rabinowitz, S., & Brandt, T. (2001). *Computer-based assessment: Can it deliver on its promise?* San Francisco: WestEd Knowledge Brief.

Rabinowitz, S., Zimmerman, J., & Sherman, S. (2001). *Do high stakes tests drive up student dropout rates: Myths versus reality.* San Francisco: WestEd Knowledge Brief.

CHAPTER 16

새로운 K-12 표준 시대의 입학전형 재고

Michael W. Kirst(스탠퍼드 대학교)

문제 개관

교육 표준이 미국 전역을 휩쓸고 있다. 46개 주에서 대부분의 교과목에 대해 K-12 교육 내용 표준을 만들었고, 아이오와 주를 제외한 모든 주가 K-12 학생 전체에 대하여 성취도 검사를 요구했다. K-12 학년에 따라 학생들이 알 수 있고 할 수 있어야 하는 것, 표준, 평가, 교과서 선정, 그리고 책무성 척도를 맞추는 방법을 분명히 하는 데에 진전이 있다. 그러나 개혁 전략에서 큰 허점은 고등교육과 K-12 간에 내용과 평가 기준의 응집성이 부족하다는 것이다. 어떤 주도 K-12 표준 심의에서 필수적인 고등교육기관을 포함시키지 않았다. 대학 교수는 개인으로서는 참가했지만 대학교육 제도나 공공기관의 대표로서 참여하지 않았다. 이러한 표준의 격차를 줄이고 K-16 정책을 더 잘 통합하지 않는다면 학생과 중등학교는 혼란스러운 신호를 받을 것이고 고등교육을 적절하게 준비할 수 없을 것이다. 고등학교 졸업자의 약 80%는 등록이 자유롭고 자격을 갖춘 모든 지원자를 받아들이는 기관으로 가서 교육을 받는다(McCormick, 2001). K-16의 분리로 인해 이런 학생은 대부분 고등교육 프로그램을 이수하지 못할 위험에 처해 있다(Adelman, 1999). 현재 상황은 교육 수준 전체의 응집력 있는 전략이라기보다는 표준으로 된 바벨탑 같은 것이다. K-12 평가와 대학교육 배정시험 사이의 합치성 부족과 같은 불분명한 신호는 고등교육에서 높은 수준의 보충교육을 필요하게 만들고, 고등교육에서 학위 수료를 하는 것을 힘들게 만든다.

이러한 문제의 근원은 미국 교육 표준정책의 역사에서 찾을 수 있다. 미국은 일관성 있는 표준을 수립하기 위해 거의 협력한 적이 없는 2개의 분리된 대중교육 제도(K-12와 대학)를 만들었다(Stocking, 1985). 경제적으로 불리한 위치에 있는 학생 중 매우 많은 수의 학생들이 우등과정이 아닌 과정을 들으며 학교든 학교가 아닌 곳이든 대학입학과 관련된 적절한 정보를 얻지 못하고 있다. 고등교육에서 학위를 받을 생각을 하는 60% 정도의 고등학교 상급생은 이후 10년 내에 어떤 학위도 받지 못하고 있다(Rosenbaum, 2001). 정책을 알리는 과정을 개선하고 K-16 정책을 맞추는 것은 모든 학생에게 득이 되겠지만, 특히 학생 선발권이 적거나 없는 4년제나 2년제 단과대학에 다니는 학생들에게 득이 된다. 대부분의 학생에게 배정 표준은 입학전형 표준보다 더 중요하다. 미국 교육부는 대학에서 50% 정도의 1학년 학생들이 보충수업을 듣고 있다는 사실을 확인했다(United States Department of Education, 2001). 이런 학생은 고등교육에서 성공을 거두기 위해 알아야 하고 할 수 있어야 하는 것에 관해서 거의 정보를 가지고 있지 않았다(Lavin, 2000; Rosenbaum, 2001) 1학년 수업을 모두 채워 들어야 하는 의무와 필요로 인해 경쟁률이 높은 많은 대학은 입학표준을 학위 수료 가능성에 두지 않고 있다.

교육제도 사이에 이렇게 광범위한 단절의 역사를 갖고 있는 나라는 아주 드물다(Clark, 1985). 예를 들면, 영국에서는 상급 중등교육 시험과 표준은 대학입학을 하려는 학생을 준비시키고 분류하기 위한 것이다. 영국이 미국과 비슷한 비율로 대학에 학생을 보내기 때문에 영국의 제도에서는 K-12 수업 표준에 맞춰진 두 가지 시험을 사용한다. 미국은 통일성을 위해 SAT와 ACT-Assessment®[1)]에 의존한다. 그러나 이 입학 평가는 새로운 주의 K-12 내용이나 평가 표준과 연결되도록 맞춰지지 않았다. 상황은 대학교육 배정시험 부문에서 훨씬 더 심하다. 예를 들어, 미국 남동부의 남부지역교육위원회(Southern Regional Education Board: SREB)는 1998년에 중등학교 표준과는 별 관계가 없는 대학들이 고안해 낸 75개의 다른 배정시험에서 거의 125개나 되는 조합이 존재한다는 것을 확인했다(Abraham, 1992). 유일하게 국가적으로 맞춰져 있는 K-16 표준을 위해 노력하는 것이 바로 대학과목 선이수제(Advanced Placement Program)다. 이는 양쪽 수준 모두에 의해 고안된 공통된 내용의 강의 계획과 시험을 이용하는, 대학에서 나온 '종유석' 이다(Lichten, 2000).

이러한 혼란은 K-12 시험과 대학 입학 및 배정 평가가 대체로 다른 형식을 사용하고, 다른 내용을 강조하며, 시험을 치르는 데 걸리는 시간이 다르다는 것에서 비롯된다. 예를 들어, 켄터키 주의 K-12 평가는 쓰기시험에 많이 의존하고 있다. 그렇지만 ACT 평가는 객관식 문항들을 통해 쓰기능력을 평가한다. 매사추세츠 주 전체 K-12 평가는 SAT와 ACT의 폐쇄형 객관식 형식과는 다른 수행 문제들을 포함한다. 캘리포니아의 표준시험(CST)은 SAT I과 ACT에 포함되어 있는 수학보다 훨씬 높은 단계의 어려운 수학을 포함하고 있다. 그러나 텍사스의 K-12 평가(TAAS)는 SAT I 만큼 어려운 대수학이나 기하학을 포함하고 있지 않다.

몇몇 K-12 주 평가는 학생들에게 계산기 사용을 허용하지만 주립대학의 배정시험에서는 허용하지 않는다. 텍사스 주에는 주 차원의 중등 후 과정에 대한 배정시험(TASP)이 있지만, 텍사스의 많은 대학은 결정을 위해서

---

1) ACT-Assessment®은 ACT 법인의 등록 상표다.

그 대학 고유의 배정시험도 활용하고 있다. 학생들과의 인터뷰를 통해서는 학생들이 배정 기준의 내용에 대해 전혀 모르고 있음을 알 수 있다. 고등학교 수준의 많은 주 평가는 10학년 수준을 넘지 않는다. 그래서 중등 후 과정에 대한 배정시험은 별로 정확할 것 같지 않다. 그러나 일리노이 주는 모든 학생을 대상으로 11학년에서 보는 주 차원의 시험이 있다. 그 시험은 일리노이 주의 내용 표준에 맞는 다른 문제들과 함께 ACT 문제들을 포함하고 있다. 캘리포니아, 뉴욕, 펜실베이니아는 모두 엄격한 11학년 시험을 활용하고 있고, 많은 주가 입학과 배정을 위한 유용한 자료를 제공하는 생물학, 화학, 세계사 같은 과목들에 대해 교과목 최종 시험을 시행한다.

종합대학과 단과대학은 K-12 표준이나 평가에 별로 신경 쓰지 않아도 될 만한 몇 가지 이유를 든다. 대학들은 대학교육이 K-12 표준을 만들거나 재정비하는 과정에 개입하지 않았다고 강조한다. 게다가 주의 K-12 표준은 정치적 혹은 기술적 문제 때문에 변화를 거듭하고 있다. K-12 평가는 (그것이 어려운 일이 아닐지라도) 신입생의 성적을 얼마나 잘 예상하는지 보려고 하는 것이 아니다. 대학들은 SAT와 ACT가 이러한 새로운 K-12 표준을 받아들이기 위해 조절 수단을 만들 것이고, 대학들이 알고 있고 영향을 미칠 수 있을 만한 두 평가에 만족할 것이다.

이러한 분리 상태는 K-16 개혁을 위한 제도적인 장치가 없다면 바로잡기 어려울 것이다. K-16의 통합된 표준을 다룰 수 있는 어떤 정책 구조라도 갖고 있는 주는 매우 드물다. 수년간 캘리포니아 교육위원회 위원장이었던 나는 대학의 정책 구조에 만족한 적이 없었다. 고등교육 협력단체는 그들이 가진 권한 내에서 K-16 표준과 정책을 포함시키지 않는다. 간단히 말해서, K-12 교육자에게는 대학 교수진이나 정책입안자와 함께 교육적 표준과 입학시험에 대한 문제점을 논의할 기회가 거의 없었다. 말하자면 K-12 제도의 전문 인력과 고등교육 전문가, 지도자가 제각기 별개의 궤도로 계속 나아가고 있는 것이다.

평가의 바벨탑에 직면한 고교생

고등학생은 대학에서 성공하는 데 필요한 학업적 지식과 기능에 대해 혼돈된 메시지를 받고 있다. 한 예로 수학 실력을 생각해 보자(Education Trust, 2002). 고등학생은 몇 년 동안이나 수학과목을 들어야 하는지 결정할 때 고등학교 졸업 요건과 대학입학 요건을 본다. 고등학교 졸업 요건은 어떤 주에서든 10~12학년의 수학 평가 내용을 반영하고, 대학입학 요건은 SAT I

표 16-1 표준화된 수학시험에서 주제 분표

아래 항목에 할당되는 문제의 비율						
	대수학 I	기하학	데이터, 확률, 통계학	정수론과 산술학, 조합론, 논리학	대수학 II	삼각법/미적분 준비 코스
사립 고등학교 평가시험						
TerraNova 시험	14	29	23	21	0	0
Stanford 9 m/c	29	25	25	21	0	0
주립 고등학교 평가시험						
켄터키 주(CATS)	9	33	17	18	20	0
매사추세츠 주 (MCAS 10)	23	28	13	18	13	5
뉴욕 주	29	26	9	26	9	3
텍사스 주(TAAS)	12	23	3	53	0	0
대학 입학시험						
SAT I	47	23	3	23	3	0
ACT	25	27	5	18	12	8
사립대학 배정시험						
Compass	14	23	0	19	25	15
Accuplacer al	25	0	0	0	75	0
Accuplacer cl	16	0	0	0	63	21

주: Education Trust, 1999, p. 27.
al = 대수학, cl = 미적분.

이나 ACT의 수학 영역 내용을 익혔는지 본다. 최근의 분석(〈표 16-1〉 참조)이 보여 주듯이, 모든 주에서 고등학교 수학 평가시험의 내용과 SAT I과 ACT의 수학 영역의 내용은 꽤 비슷하다. 그 시험들은 기본 대수학, 기하학, 확률과 통계, 수(정수론, 산술학, 조합론, 논리학)를 강조하며, 중급 대수학, 삼각법과 미적분 준비 코스 같은 대학 1학년 배정시험을 위해 사용되는 내용은 무시하는 경향이 있다(Education Trust, 1999).

그러나 이 모든 시험과 대학 배정시험 간 차이점은 상당하다. 워싱턴 주에서 10학년 시험은 지역 대학의 객관식 시험보다 더 어려운 2개의 창의적 에세이를 포함하고 있다(Shaw, 2002). 지역 대학에서 사용되는 Compass와 Acculacer®[2] 같은 대학 배정시험은 중급 대수학과 삼각법에 상당한 비중을 두고 있다. 따라서 학생들은 한 가지로 묶인 능력을 기반으로 대학입학을 준비해 합격하지만 내용이 다르고 더 복잡한 배정시험을 치러야 하는 것이다(Education Trust, 1999).

그러나 몇몇 주에서 K-12 평가는 엄격해서 SAT I의 내용보다 대학 배정시험의 내용과 더 많이 비슷하다. 매사추세츠와 켄터키 주의 K-12 평가는 중급 대수학과 삼각법을 포함하고 있다. 캘리포니아 주의 Stanford 9®[3]과 텍사스 주의 TAAS를 포함하는 많은 주의 K-12 시험은 대학 입학시험과 대학 배정시험이 대개 무시하는 주제인 데이터, 확률, 통계와 같은 것을 강조하기도 한다.

고등학교 상급반 학생의 혼란은 조금도 놀랄 일이 아니다. 그들은 대학 배정시험, 학부 개론 수업 또는 학문계열 배분 요건(distribution requirements)이 아닌 고등학교 졸업(주 평가시험)과 대학입학(SAT I이나 ACT)에 초점이 맞춰져 있으며, 대입 준비의 일환으로 마지막 학년에 듣는 수학 수업의 중요성을 깨닫지 못하고 있다. 6개 주(캘리포니아, 일리노이, 텍사스, 메릴랜드,

2) COMPASS/ESL®은 ACT 법인의 등록 상표다. Accuplacer®은 대학위원회의 등록 상표다.

3) Stanford9®은 하코트(Harcourt) 법인의 등록 상표다.

조지아, 오리건)에서 스탠퍼드 브리지 프로젝트(Stanford Bridge Project) 연구자들이 인터뷰한 고등학생들은 K-12 평가 내용, 표준, 점수가 대학 입학이나 배정 표준과 어떻게 관련되는지 모르고 있었다(Kirst & Venezia, 2003 참조).

또한 이 브리지 프로젝트는 쓰기능력 평가를 검토하였으며 대학에 가려는 고등학생에게 시행된 각종 시험이 형식과 내용에서 상당한 차이가 있음을 확인시켜 주었다. 많은 주의 9~12학년 평가는 글쓰기에 기초하고 있다. 예를 들어, 오리건 주와 일리노이 주는 학생들에게 설명하거나 분석적인 글, 서사 형식이나 자신에 대한 에세이를 쓰도록 요구한다. 뉴욕 주, 매사추세츠 주, 켄터키 주는 학생들에게 지문 관련 질문에 답을 쓰게 함으로써 독해와 글쓰기 영역을 통합하였다. 반면 ACT 평가는 학생들에게 문장이나 단락에서 잘못된 것을 찾게 함으로써 객관식으로 쓰기능력을 평가하는 방식을 사용한다. SAT II는 실제로 학생들에게 글을 쓰게 하고 있지만 그 주제는 개인적이고 반성적인 것이다. 설명하거나 분석적인 글쓰기를 요구하는 것은 아니다. 그리고 시험시간 중 작문에 주어지는 시간은 20분 정도밖에 안 된다. 학생들이 대학에서 쓰는 대부분의 글쓰기가 분석, 보고, 논증, 설득을 포함하고 있음에도 불구하고 대학입학 과정은 학생들의 설명적인 쓰기능력에 대한 평가를 거의 포함하지 않고 있는 것이다. 대학 배정 시험은 보통 글쓰기를 요구한다. 그렇지만 Accuplacer와 Compass는 설명적이거나 분석적인 에세이를 포함하지 않는다.

수학과 글쓰기를 넘어서 브리지 프로젝트는 각 주에서 사용된 다양한 평가 목록을 종합하였다. 예를 들어, 캘리포니아에서는 다음과 같은 시험이 시행된다.

주에서 시행하는 K-12 평가

STAR 제도

- 캘리포니아 성취도 평가(California Achievement Test): 2~11학년까지 모든 학생에 대한 규준 지향적 시험
- 캘리포니아 표준시험(CST): 2~11학년까지 모든 학생이 시험을 본다. 또한 교과목 최종 시험, 대수학 I과 II, 기하학 등을 포함한다.
- 총 시험시간: 2001년 STAR를 기준으로 580분

그 밖의 시험

- 주 졸업시험: 개발 중(고등학교 졸업 능력시험)
- 골든 스테이트 시험(Golden State Exam): 학위를 인증하는 상위 1/3 안에 드는 고등학생을 대상으로 한다.
- GED
- 캘리포니아 고등학교 능력시험: 고등학교 조기 졸업
- 캘리포니아 영어능력 평가시험(CELDT)

공립 단과대와 종합대학 평가

- 지역 단과대학 배정시험: 단과대나 지구마다 다양하다.
- SAT I: 객관식
- SAT II: 교과목 내용을 포함하나 대부분은 선다형이다.
- 캘리포니아 주립대학교 배정시험: 절반 이상이 언어나 수학 과목에서 낙제한다.
- 캘리포니아 대학교 배정시험: 영어/언어 과목에서 1/3이 낙제한다.
- 대학과목 선이수(Advanced Placement): 교과목 내용을 기반으로 하며 약간의 선다형을 포함한다.

이 모든 시험은 10학년과 11학년 학생에게는 엄청난 부담이 될 수 있고 고등학교의 소중한 교육시간을 줄이게 된다. 랜드사(Rand Corporation)에서 행한 캘리포니아 평가에 대한 내용과 형식 면에서의 분석(Le & Hamilton, 2002)은 K-12 시험과 대학 입학과 배정 시험 사이에서 맞지 않는 부분을 추적하고 있다. 탐구중심 수업과 열린 문제해결 방식을 강조하는 주의 표준과 구조를 반영하기 위해 새로운 시험들을 개발해 온 교육제도의 한 수준에서 정착되어 온 개혁에 이르기까지 추적하는 것이다(Burr, Kirst, & Fuller, 2000, p. 180에서 재인용). 다양한 지식과 능력을 측정하는 시험에 직면하여 고등학교 상급반 학생들은 대학에 대해 어떻게 준비해야 할지 혼란스러워할 뿐만 아니라 고등학교에서 치르는 주 K-12 시험과 자신의 학문적 미래 사이의 가능한 관계에 대해 확신하지 못하고 있다. 이 장의 부록에서는 오리건 주와 텍사스 주의 주요 K-16 시험 내용을 비교하고 있다.

또한 졸업 증명이나 학위 프로그램의 수료로 측정되는 고등교육에서의 학업적 성취를 예측하는 요인으로서 표준화된 시험이 갖는 가치가 불확실하다는 사실은 언급할 필요도 없다. 예를 들어, Lavin(2000)은 1988년 뉴욕의 시립대학교에 들어간 신입생의 배정시험 성적을 그들의 졸업률과 비교하였다. 예상한 대로 세 가지 시험을 모두 통과한 학생들(1996년까지)은 그 시험들을 모두 통과하지 못한 학생보다는 더 많이 졸업한 것으로 나타났다. 그러나 놀라운 사실 하나가 발견되었는데, 모든 시험을 통과하지 못한 학생이어도 졸업률은 상당히 높은 편이었다는 것이다. 정말로 1개 시험에서 낙제한 아시아 학생은 모든 시험을 통과한 학생들만큼 졸업하였고, 심지어 2개나 낙제한 학생 중에서도 졸업률은 모든 시험을 통과한 학생과 상당히 비슷했다. 3개 시험에서 모두 낙제한 학생 중에서도 1/4 정도는 8년 후 뉴욕 시립대학교를 졸업하였다.

소수민족 우대정책과 대학입학 전형

몇몇 법정과 주에서 아주 경쟁률이 높은 공립대학교 입학전형에서 소수민족 우대정책을 금지한 이후, 주의 K-12 표준과 평가의 성장은 입학 기준의 재고와 부합하고 있다. 이러한 재고는 더 종합적인 입학 서류의 한 요소로 10학년과 11학년 대상의 주 평가를 사용할 가능성의 문을 열었다. 소수민족 우대정책을 금지하기 전에 텍사스 대학교와 캘리포니아 대학교는 다른 많은 주립대학교와 마찬가지로 고등학교 활동사항과 SAT/ACT 점수의 지표를 계산해서 학생을 받아들였다. 고등학교 GPA나 석차가 더 높으면 입학을 위한 SAT/ACT 점수는 덜 필요하였다. 똑같은 기본 계산 법칙이 소수민족 학생에 대해서도 만들어졌는데, 소수민족이 아닌 학생보다 낮은 GPA나 SAT 점수를 가지고 합격한 소수민족 학생 수는 아주 적었다. 입학 관계자들은 경계선에 있는 학생들에 대한 결정에서 인종과 민족을 고려하였다. 캘리포니아 법령 209와 텍사스 소송건(Hopwood v. State of Texas, 1996)에서 연방 항소심 판결은 그러한 소수민족 우대정책 시행을 즉각 중단시켰다. 몇몇 대학은 별 도리가 없다고 하면서도 인종에 대한 고려를 금지하는 법을 고수하는 한편, 새롭게 개발된 기준이 소수민족의 입학 허가를 어느 정도 계속 촉진시킬 것을 바라면서 입학 기준을 근본적으로 자세히 검토했다. 대학입학에서 원대한 실험이 시작된 것이다.

소수민족 우대정책의 몇 가지 형태를 지지하는 2003년 대법원의 결정은 일부 대학이 캘리포니아 대학교의 '종합적인' 혹은 '총체적인' 입학 준거를 본뜨게 했다. 대법원 판결을 만족시키는 듯한 새로운 입학 준거의 예로 우리는 캘리포니아 대학교(UC)를 들 수 있다. 2001년 가을까지 UC는 신입생 중 50~75%를 GPA와 SAT/ACT만 가지고 선발하였다. UC는 그 정책을 바꾸었고, 이제는 교외활동, 리더십, 교육적 불리함, 가족 수입, 난관 극복과 같은 요소를 포함하는 더 광범위한 심사(2장 참조)를 하고 있다. 예를 들어, UC 계열 대학들은 (1) 1세대 대학생, (2) 사회경제적 배경이 낮은 고등학교 출신, (3) 11학년 때에 주목할 만한 향상을 보인 경우, (4) 특정한 인내심을 보인 학생들을 고려한다. 또한 많은 UC 계열 대학에서 고려되는 요소는 지원자가 직접 통제하지 못했지만 그것을 극복할 수 있었던 점이다. 예를 들어, 지원자는 흔치 않은 가족의 붕괴 상황, 의학적이거나 감정적인 특정한 문제, 불법이민 경험, 마약이나 알코올 중독 환경, 학문적 역할 모델 결여, 영어를 배울 필요성 등과 직면해 왔을 수 있다. UCLA는 4만 3,000명의 지원자를 받기 때문에 UCLA의 입학 업무를 처리할 직원을 엄청나게 늘려야 했다. UC는 지역봉사 활동같이 학생이 제공하는 정보도 검토하기 시작하였다(Portner, 2002). 입학 결정의 일환으로 나열된 이 모든 요소와 함께 교과목 최종 시험을 포함하는 10학년과 11학년 대상 평가는 UC의 광범위한 입학 심사에 논리적으로 첨가되는 것이라고 할 수 있다.

UC는 8개의 일반 캠퍼스 중 하나에 상위 4%에 속하는 학생들을 받아들이지만, 더불어 반드시 수강해야 하는 고등학교 수업을 조건으로 하고 있다. 2002년 플로리다 대학들은 반에서 상위 20%에 드는 학생들을 모두 받아들였다. 텍사스 대학교는 SAT/ACT 점수와는 상관없이 고등학교 각 반에서 상위 10%에 속하는 학생들을 모두 받아들였다. 상위 10%의 학생들을 받아들인 다음 텍사스 대학교는 18개 준거에 근거해서 다른 지원자를 고려하였다. 좀 더 관습적인 준거에는 에세이, 수강한 대학학점, 리더십, 직장 경험, 사회 봉사 등이 포함된다. 대학은 또한 캘리포니아에서 사용되는 준거와 비슷한 다른 것도 활용한다. 소득 수준이 낮거나 한부모가정에서 자란 학생, 2개 이상의 언어를 할 줄 아는 학생, 인종차별 폐지라는 법원 명령에 따라 운영되는 학교에 다닌 학생 등이 해당된다.

이러한 정책이 소수민족의 등록에 미친 영향이 명확하진 않더라도, 그 정책들은 지역적인 대표성과 역사적으로 대학 등록률이 낮았던 고등학교 출신의 학생 수 모두를 증가시키는 데 일조했을 것이다. UC에서 시작된 연구는 인종적 · 민족적 배경을 갖고 있는 학생들을 입학시키는 데 적당한 결과를 얻었지만, 소수민족 우대정책이 금지되기 이전 수준으로 합격률을 높이는 것은 역부족이라고 지적하고 있다(University of California, Board of Admissions, 2002).

고등학교 학급 석차와 입학

10%나 20%처럼 반에서 상위권을 정의하는 것은 쉬운 것 같지만 사실 생각보다 더 복잡하고 정의하기 어렵다. 이러한 새로운 입학전형은 학생, 부모, 학교들이 어떻게 하면 그 게임을 더 잘할 수 있는지 알게 되면서 승자와 패자를 양산할 것이다. 어떤 고등학교에서 높은 성적을 받는 것은 다른 고등학교에서 받는 것보다 더 쉬울 수 있다. 정말 문제가 되는 것은 그냥 좋은 성적을 받는 것이 아니라 '다른 사람보다 더 좋은 성적을 받는 것' 이다(선택의 문제에서 성적 활용에 관한 광범위한 논의는 이 책의 7장 참조).

6개 주에 대한 연구는 어떤 대학은 특정한 학업과정에 비중을 더 많이 두지만 어떤 대학은 그렇지 않다고 결론 내렸다(Kirst & Venezia, 2003). 정책은 모두 망라되고 있으나 불평등이 초래되었다. 예를 들어, 수십 년 동안 일리노이 주는 ACT 점수와 고등학교 학급 석차(HSCR)를 전형에서 각각 절반씩 활용했다. 그러나 일리노이 대학교와 일리노이 대학 교육위원회는 학급 석차 산출방법을 명확히 한 적이 없다. 결과적으로 일리노이 고등학교들은 HSCR을 결정하기 위해 다양한 기술과 가중치를 가하는 제도를 사용한다. 고등학교는 석차를 계산할 때 서로 다른 과목을 포함하고 있다. 어떤 학교는 선택과목이나 직업과목을 포함하는 반면, 어떤 학교들은 대학 예비과목을 위주로 계산한다. 어떤 유형의 과목에는 더 많은 가중치를 주지만 몇몇 학교는 여러 방법으로 HSCR을 산출하고 지역의 학생에게 합격할 최고의 기회를 줄 석차를 제공한다(Kirst, Spivey, & Contreras, 2001).

이러한 시스템은 종합대학 입학에서 유효하고 신뢰할 만한 HSCR 비교를 제공하지 않는다. 예를 들어, 일리노이 대학교의 학급 석차에 관한 논쟁은 주로 수입이 많은 시카고 교외의 고등학교들에 대한 집단적인 특별 심사를 하게 만들었다. 이 학교들은 학업 성취도가 높아서 상위 10~15% 아래의 학생도 일리노이 대학의 입학자격을 잘 갖추고 있다고 주장한다. 이러한 중등학교에서 진학한 일리노이 대학 신입생 성적이 충분히 높다고 한다면 그다음 수준의 지원자들의 학급 석차는 그 주에 있는 나머지 고등학교 졸업생에 비해 상향 조정된다. 대부분의 고등학교에서 수년간 같은 학급 석차 시스템을 사용하기 때문에 일리노이 주는 (어찌되었든) 고등학교로 하여금 수년간 똑같은 학급 석차 시스템 사용을 계속하도록 장려함으로써 그 준거에 관한 대부분의 문제를 해결해 왔다. 그러나 일리노이 주의 경험은 그 문제의 복잡성을 나타내고 있다.

텍사스에 위치한 모든 공립대학은 이제 각 주의 고등학교에서 상위 10%에 드는 학생을 받아들이지만 애초에 HSCR을 산출하기 위한 필수과목이 없었다. 학생에게는 학문적이지 않은 선택과목과 직업과목이 상위 10%에 도달하는 데 도움을 주는 중요한 요소가 될 수 있을 것이지만 입학전형 목적에는 심화과목이 더 적합할 것이다. 대학이 HSCR을 유효하고 신뢰할 만한 것으로 생각하지 않는다면 ACT와 SAT 그리고 전국 고등학교 시험 성적에 더 많은 비중을 두어야 할 것이다. 텍사스의 상위 10% 정책은 극도로 다양한 범위의 수업을 들어온 신입생으로 구성된 학급을 양산할 수 있었다. 그러나 미국 교육부의 연구는 특정 과목, 특히 대수학 II의 수준을 넘는 수학과목을 수강하는 것이 대학졸업에 중요하다고 확인한 바 있다(Adelman, 1999). 결국 목표는 단지 학생을 받아들이기만 하는 것이 아니라 그들을 졸업시켜야 한다는 것이다.

새로운 입학 준거와 관련해서 한 가지는 확실하다. 학생, 학부모, 대중이 그 준거를 이해하는 것은 이전의 GPA나 SAT 지표보다 훨씬 더 어렵다는 것이다. 캘리포니아와 텍사스 학생들은 이제 인내심이나 결단력 같은 질적인 요소 또한 고려해야 하기 때문에 더 이상 단순히 지표를 사용하는 성적표를 통해 입학 기회를 계산할 수 없다. 그러나 더 복잡한 준거가 꼭 좋지 않은 것이라고 생각되지는 않는다. 전통적인 GPA와 SAT 지표의 주된 단점은 대학들이 원하는 비전통적인 학생들을 배제하는 동시에 대학에서의 성공을 예견할 수 있는 더 막연한 요소를 간과하는 경향이 있다는 것이다. 아마도 복잡한 새로운 준거는 주립대학교에서 환영받는 소수민족 학생에게 신호를 보낼 것이다. 어떤 경우든 새로운 준거의 사용은 부분적으로는 그 복잡성 때문에, 또 부분적으로는 변화하고 있기 때문에 과거보다 고등학교 학생들에게 더 철저한 상담을 요구할 것이다. 지금까지 UC든 텍사스 대학교든 모두 GPA와 SAT보다 더 종합적인 준거를 사용했지만 소수민족 학생들의 입학 비율은 증가하지 않았다. 소수민족계 학생 수는 소수민족 우대정책이 중단된 직후 그 비율이 아주 낮았던 것에서 회복되기는 했지만 그 정책을 시행하던 시대 이상으로 증가하지는 않고 있다(Rodriguez & Johnson, 2003; University of California, 2002). 이러한 새로운 입학정책은 소수민족 차별철폐조항의 부정한 형태라고 비판하는 사람도 있다.

고등학교 마지막 학년의 문제점

고등학교 마지막 학년 동안에 태만해지는 학생들—미국에서는 너무 흔해서 '고학년 슬럼프'나 '학문에 흥미를 잃고 졸업만 생각하는 증상'으로 알려진 상태—은 이러한 상황을 다루기 위해 그저 손만 놀리고 있을 뿐이다. 힘든 교과목에서 휴식을 취하는 최고 학년 학생들은 마지막 해에 열심히 공부하는 학생을 위해 제공되는 포상이 거의 없는 K-12 제도와 대학입학 과정에 이성적으로 반응하고 있다.

사실상 교육제도 개혁 운동은 마지막 해를 고려하지 않았고, 대학도 마찬가지였다. 그 예를 들어 보겠다.

- K-12 책무성 운동에는 최고 학년에서의 평가 전략이 없다. 오직 뉴욕 주의 K-12 평가만이 최고 학년 교과목을 포함시키고 있다. 대부분의 다른 주 평가는 10학년 수준까지만 포함한다. 11학년에 보는 주 시험은 고등교육 목적에 도움이 된다.
- 대학전형 일정은 학생들이 아래의 두 학년 시절에 대학 예비 과목을 수강하도록 장려하지만 마지막 학년 동안에 열심히 공부한 사람에게 주는 유인가는 거의 없다. 그러나 마지막 학년에 수학과목을 수강하지 않은 학생은 대학 배정시험에서 떨어질 가능성이 더 높다.
- K-12 시험의 내용이 대학 배정시험의 내용과 상당히 다르기 때문에 많은 학생은 대학에 등록한 후 고등학교에서의 마지막 학년은 대학 수준의 공부를 적절하게 준비시키지 않는다고 생각하게 된다.

마지막 학년이 겪는 슬럼프는 독특하게 미국에서만 나타나는 것 같고, 산업화된 국가들에서 나타나는 전형적인 모습은 아니다. 영국, 프랑스, 독일 같은 다른 많은 나라에서 고등학교 마지막 학년의 학생들은 고등교육 과정에 입학하기 위한 중요한 준거로서 중요한 학기말 시험을 통과해야만 한다.

이제 무엇을 할 것인가

이 절에서는 대학 입학과 배정 정책들의 결과를 제시한다(K-16 관련 권고의 완전한 개관을 위해서는 Kirst & Venezia, 2003 참조).

대학입학 정책

대학은 주기적으로 학업 준비와 입학 기준에 관해서 장래의 예비 학생에게 보내는 메시지를 분석해야 한다. 특히 대학은 다양한 능력과 사회경제적 위치에 있는 학생들에게 제공될 유인가를 검토해야 한다. 예를 들어, 입학과 재정 지원정책은 외부의 교과목 시험에서 결과가 좋은 학생들에게 보상할 것인가? 대학과 고등학교는 고등학교가 GPA와 학급 등수를 계산하는 방식을 수립하는 데 협력해야 할 것이다. (현재 몇몇 주의 고등학교는 산출 과정에서 학문적이지 않은 과목 성적을 포함하거나 배제하는 선택을 할 수 있다.) 대학은 우등과정과 대학 선이수 과목에 적절한 비중을 두는 것을 허용하고, 마지막 학년에 듣는 교과목 성적을 학급 석차 산출에서 중요하게 여겨야 할 것이다.

대학은 모든 과목에서 마지막 학년의 성적에 대해 명백한 기준을 마련해야 할 것이고, 그 기준을 만족시키지 못한다면 입학 제안을 철회해야 할 것이다. 그리고 학생들은 마지막 학년의 각 학기 동안에 정해진 만큼의 학점을 채워야 할 것이다.

대학은 모든 지원자에게 글쓰기를 요구하는 시험을 치르도록 해야 할 것이다. SAT I과 ACT는 객관식 시험이다. 심지어 SAT II조차 글쓰기에 할당된 시간은 20분뿐이다(나머지 40분은 문법과 기계적 체계를 평가하는 데 할당되어 있다.). 몇몇 주에서 실시하는 K-12 평가는 대학입학 전형에 통합할 수 있는 논술시험을 포함하고 있다.

대학졸업을 위해 수학능력을 요구하는 대학은 입학 요건에 최고 학년의 수학과목을 포함시키고 있다(많은 주에서는 고등학교 졸업을 위해 2년간의 수학과목 이수를 요구한다.).

대학은 주 전체 차원의 교과목 평가에서 지원자의 점수를 요구해야 하고 입학과 신입생 배정에서 이 점수를 중요한 요소로 검토해야 한다. 적절한 외부 교과목 시험을 개발해 온 주에는 메인, 뉴햄프셔, 펜실베이니아, 캘리포니아, 뉴욕, 매사추세츠 주가 포함된다. SAT I이나 ACT 평가와는 달리, 이 시험들은 학문에 근거한 교과과정을 기반으로 하고 있고 특정 교과과정의 내용에 맞춰진 것이다(Bishop, 1996, 1997). 따라서 이 시험들은 교실이나 학교에 있는 다른 학생이 아닌 외부 기준에 따라 학생의 학문적인 준비와 성취를 측정한다. 그리고 학습 과제에 학생들이 주의를 집중하게 한다. 졸업을 위한 최소 능력에 초점을 맞추고 그다지 높은 상한선을 갖고 있지 않은 주의 시험은 중등 후 과정에 대한 결정이나 지도에 그다지 유용하지 않을 것이다.

대학은 현재의 요건 대신에 입학전형에서 학생들의 포트폴리오를 이용할 가능성을 탐색하고 그에 근거하여 대학 입학과 배정을 해야 한다. 오리건 수행능력 기반 입학표준 제도(PASS) 계획은 전망이 높은 접근방법을 만들어 냈다. 오리건의 PASS는 포트폴리오를 작성하는 학생을 평가하고 대학에 성적을 제공할 고등학교 교사를 훈련시킨다(능력 평가에 대한 상세한 논의는 17장을 참조).

대학은 개선방안과 특정 고교 출신 신입생의 수행 보고서를 광범위하게 발표해야 한다. 그러한 보고서는 주로 고등학교와 지역의 중앙 관공서에 보내지만 대중매체를 통해 발표되고 지역 교육청에서 공개적으로 검토되어야 한다.

신입생 배정시험

대학들은 신입생 배정시험과 K-12 주 평가 및 표준 간의 관계를 검토해야 한다(이 장 부록 참조). 이 관계란 구조적이고 절차적인 특징, 내용, 인지적 부담에 관해서 비슷하거나 다른 평가가 요구되는지를 말한다(Webb, 1997, 1999). 학생들은 평가의 불일치로 인해 생길 수 있는 결과를 이해해야 한다. 게다가 대학이 만든 배정시험은 신뢰성, 유효성, 진실성을 증명하기 위해 심사되어야 한다.

대학은 고등학교 학생에게 배정시험의 내용, 표준, 결과를 알려 주어야 한다. 공립대학은 학생이 11학년과 12학년에 배정시험을 볼 수 있게 해 주고, 대학이 고안한 배정시험을 그에 맞는 주 전체의 K-12 평가로 대체할 수 있게 해 주어야 한다. 각각의 대학이나 고등교육의 단계에서 별도의 배정시험을 시행하는 주에서는 공통 시험을 치르는 것이 가능한지 결정하기 위해 내용 차이를 분석해야 한다(Impara, 2001).

고등학교의 마지막 두 해와 대학의 처음 두 해를 잘 엮을 수 있는 계획으로 일반 교육을 재개념화하는 일은 더 근본적인 개혁을 부추길 수 있을 것이다(Adelman, 1992; Clark, 1993). 이 4년 동안에 대학에 가고자 하는 학생을 위해서 과목을 배열할 수 있을 것이다(Orrill, 2000).

결 론

국가정책에 대한 논의는 학생들의 80%가 다니는 선택권이 없는 단과대학이나 종합대학의 입학 관행을 더 강조해야 한다. 대중매체의 엄청난 관심은 과정을 수료하는 비율이 높은 고도로 경쟁적인 고등교육에 초점이 맞춰져 있다(Adelman, 2001). 이제는 대학입학에 대한 관심에서 대학에서의 성공을 위해 필요한 준비과정으로 정책의 관점이 변화해야 한다. 엄청난 수의 학생들이 학문적으로 준비되어 있지 않다면 문을 여는 것만으로는 충분치 않다. 50%가 넘는 1학년 학생이 보충 수업에서 시작하고, 진입로가 넓은 대학에서는 과정을 수료하는 비율이 너무 낮다. 고등교육의 표준이 정해진다면 이러한 정보가 도움이 될 것이다. K-16 제도를 망라하는 협력적인 활동과 응집력 있는 메시지를 통해 이를 가장 잘 달성할 수 있다(Kettlewell, Kaste, & Jones, 2000).

부록 브리지 프로젝트: K-16 전환정책 강화[4)]

브리지 프로젝트의 원래 목적은 고등교육에의 입학과 배정 관련 요건과 K-12 교육과정 구조, 표준, 평가 사이의 연결성을 높이는 분석과 정책적 권고를 제공함으로써 고등교육에 입학하려는 모든 학생에게 기회를 더 주기 위한 것이다. 대학교육 연구를 위한 스탠퍼드 연구소에서 장소를 제공한 이 프로젝트는 미국 교육부로부터 추가 자금지원과 함께 퓨 자선기금(Pew Charitable Trusts)의 재정지원을 받는 6년간의 연구다. 프로젝트 연구원들은 (1) K-16 학생 전환정책의 내용(예, 고등교육에의 입학 요건, 배정시험, 개선정책과 전 주에 걸친 고등학교 평가), (2) 이해관계자에게 이러한 정책을 전하고 그들을 이해시키는 방법을 연구했다.

연구는 캘리포니아, 조지아, 일리노이, 메릴랜드, 오리건, 텍사스 주에서 행해졌다. 이 여섯 주에서 연구자들은 공립 종합대학과 지역 단과대학의 교수진과 직원을 인터뷰하였고, K-12의 교육자와 직원을 인터뷰하였으며, 9학년과 11학년 학생과 그 부모를 조사하였다. 또한 11학년 학생과 지역 단과대학 학생으로 구성된 포커스 집단을 만들었다. 프로젝트의 연구계획과 방법론에 관해 더 많은 정보를 얻으려면 최종 정책 보고서를 참조하기 바란다.

브리지 연구자들은 RAND의 연구자에게 주 전체 K-12 제도, 대학입학 그리고 대학과목 배정시험이 비슷한 정도와 그러한 평가가 구조적·절차적 특징, 내용, 인지적 부담과 관련해서 다른 정도를 연구하도록 위임하였다. 이러한 유형의 분석을 '범주적 협력'이라고 부르는데 평가에 대한 협

4) Copyright©2002 Rand. 여기에서 보고된 업무는 미국 교육부 산하의 교육연구개발부(OERI)에 의해 시행된 교육 연구 개발센터의 프로그램, 협정 번호 R309A60001, CFDA 84.309A에 의해 일부 지원받은 것이다. 보고서에 나타난 조사 결과와 의견들은 퓨 자선기금, OERI 혹은 미국 교육부의 입장이나 정책을 반영하는 것은 아니다.

력 연구의 한 유형이다(Impara, 2001; Webb, 1999, 1997). RAND의 연구는 또한 학생들이 받은 정보의 종류에 초점을 맞추어 각 단계에서 일치하지 못하는 것의 시사점을 검토하였다.

이 연구의 목적은 사례 연구가 수행된 다섯 주에서 실시한 시험 유형의 정렬 정도를 설명하고 차이를 발견하는 것이었다. 연구자들은 여러 차원으로 시험 문제를 분류하면서 각 주에서 대학 입학과 배정 그리고 K-12 제도 감독과 책무성을 위해 사용된 평가를 비교하였다. "5개 사례 연구 주의 중등과 고등 교육과정 평가 사이의 정렬성' (Le & Hamilton, 2002)이라는 보고서는 각 평가가 공조하는 방식을 요약하고 가능한 결과를 논한 것이다. (일리노이 주의 평가는 포함되지 않았다. 이 분석을 할 당시에 시험들이 유동적인 단계에 있었고 새로운 시험은 준비되어 있지 않았다.).

RAND의 연구자들이 시험의 정렬을 시험 내용이 시험의 목표 및 세부 내용과 일치하는 것으로 정의한 것은 중요하다. 결과적으로 보고서는 시험들이 다른 목적을 갖고 있기 때문에 약간의 부정렬이 존재한다고 확인하였다. 그러나 브리지 프로젝트 연구원들은 시험의 정렬성을, 예를 들면 고등학교 졸업시험의 내용이 고등교육 배정시험의 내용과 양립하는지로 정의한다. 브리지 프로젝트 업무의 모든 면에서 근본적인 이론은 학생에게 명확한 정보를 주고 대학을 위한 준비가 적합하다고 보증하기 위하여 고등학교 졸업과 대학입학 이후의 학문적인 내용이 밀접하게 연결되어야 한다는 것이다. 따라서 시험의 정렬성에 대한 브리지 프로젝트의 정의와 RAND의 연구원이 내린 정의 사이에는 큰 차이가 있는데, 이는 분석 결과에 영향을 준다.

뒤에 제시되는 표들은 보고서에서 발췌한 영어/언어 과목과 수학과목 평가의 내용을 비교하는 것이다. 그 표들이 브리지 프로젝트 데이터 수집(1998~1999년에 대부분의 주에서) 당시 평가 정보를 반영하고 있으며 대부분 현재 정보를 반영하고 있지 않다는 것에 유의하기 바란다. 몇몇 주의 평가정책은 유동적이다.

프로젝트 연구원들은 이 정보가 정책 입안자와 행정가를 포함한 다양한 사람에게 유용할 것이라고 예상한다. 예를 들어, 오리건 주 교육부는 이 정보를 오리건 공립 종합대학 입학과 관련된 것으로 10학년 평가와 더 밀접하게 되도록 돕기 위해 사용하고 있다.

연구 설계

이 연구에서 검토되는 평가의 목적

브리지 프로젝트 연구원들은 이 연구에서 주 성취도 시험, 대학 입학시험, 대학 배정시험, 과목 최종 시험이라는 네 유형의 평가를 검토해 달라고 RAND에 부탁하였다.

시험과 그 목적은 다음과 같다.

- 주의 성취도 시험은 수학이나 읽기 같은 특정 과목에 대한 표준에 준하여 학생들의 성취도를 광범위하게 조사한다.
- 대학 입학시험은 대학 수준의 공부를 하기에 적합한 자격을 갖춘 지원자를 골라낸다.
- 대학 배정시험은 어떤 과정이 학생에게 가장 적합할지 결정한다. 일부 대학의 배정시험은 학문적으로 준비가 되어 있다고 가정하고 학생이 등록하기에 적당한 코스가 어떤 것인지를 광범위하게 결정하기 위해 사용되는 반면, 다른 일부 대학의 배정시험은 추가 보충 수업을 요하는 학생들을 확인하기 위해서 사용된다.
- 과목 최종 시험은 특정 과목의 지식을 측정한다.

활용할 수 있는 시험이 많기 때문에 이 연구에서 검토되는 시험의 수를 제한할 필요가 있었다. RAND는 고등학생과 앞으로 들어올 대학 신입생들에게 시행된 수학과 영어/언어 과목 측정에 분석의 초점을 맞추었다. 브리지 연구원들은 고등교육 단계에서 대부분의 보충 수업 결정은 수학과 영어/언어과목 분야에서의 성취 부족에 기초하고 있기 때문에 수학과 영어/언어과목을 선택하였다.

시행되는 시험의 종류는 대학에 따라 다양할 것이기에 다양한 기관에서 시험 견본을 뽑아 보는 것은 중요하다. 각자의 위치에서 연구자들은 경쟁이 약한 대학에서 시행되는 평가부터 경쟁이 강한 대학에서 시행되는 평가를 고루 검토했다. 그러나 선택된 기관은 과학적인 표본은 아니다.

각 사례 연구 장소에서 사용된 국가 대학 입학시험

SAT I, SAT II, ACT, AP 시험을 포함해서 RAND가 검토한 첫 번째 시험은 국가적으로 사용되었을 뿐만 아니라 대학입학 결정을 돕기 위하여 브리지의 사례 연구 장소 중 다섯 군데에서 사용된 것이다. 많은 학교는 4년제 대학에 지원한 학생에게 SAT I이나 ACT 시험을 볼 것을 요구하고, 더 경쟁적인 학교들은 입학과정의 일환으로 몇 개의 SAT II 시험을 치를 것을 요구한다.

AP 시험이 필수 요건은 아니지만 입학 관계자들은 AP 경험이 있는 학생들이 준비가 더 잘 되어 있고 더 경쟁력 있는 지원자로 간주하는 것 같다. 또한 AP 시험에서 4점이나 5점을 받은 학생들은 교과 영역에서 대학학점으로 인정을 받는다.

3시간 동안 거의 선다형 문제를 푸는 SAT I은 입학 관리자가 대학 수준의 학업에 더 적합한 자격을 갖춘 지원자를 가려내는 데 도움을 주기 위한 것이다. 이 시험은 특정 고등학교 과정에서 배운 지식을 측정하기 위해 만들어진 것이 아니라 전반적인 수학적 · 언어적 추론능력을 측정하기 위해 만들어진 것이다.

SAT II 시험은 1시간씩 특정 과목에 대한 심화 지식을 평가하는 거의 선다형 시험이며, 학생의 교과목 능력도 함께 평가하기 위한 부가적인 수단으로 입학 관리자들이 사용한다. SAT II는 원래 더 경쟁적인 대학에서 사용되고 SAT I보다 훨씬 더 적은 학생이 보는 시험이다. 이 연구를 위해 RAND는 다음 SAT II의 I C 수준의 수학, II C 수준의 수학, 문학, 작문 시험을 검토하였다. SAT II IIC 수준의 수학시험이 3년 이상의 대학 예비 수학과목에 대한 수학적 지식을 평가하는 반면, SAT II IC 수준의 수학시험은 3년 동안 대학 예비 수학과목으로 일반적으로 배우는 수학적 지식을 평가하는 것이다. SAT II의 문학 시험은 독해 지문을 이해하고 해석하는 학생의 능력을 평가하는 것이고, SAT II의 작문시험은 표준 문어체 영어에 대한 학생의 지식을 평가하는 것이다.

ACT는 대략 3시간 동안 보는 완전 선다형 문항으로 구성된 시험이다. 지원자가 대학에서 성공할 확률을 평가하는 데 있어서 SAT I의 대체 수단으로 개발된 ACT는 (SAT I처럼) 일반적인 추론능력을 강조하지 않는다. 대신에 과학, 읽기, 언어, 수학에서의 성취도를 평가하는 교과과정을 기반으로 하는 시험이다. RAND는 이 연구를 위해 읽기, 언어, 수학 영역만 포함시켰다. AP 시험은 여러 과목에서 대학 수준의 성취도를 평가하기 위해서, 그리고 대학 수준의 능력을 나타내는 학생에게 학점을 주기 위해서 사용된다. RAND는 AP의 언어와 작문 시험을 검토하였다. (RAND는 미적분에서 미적분 AB와 미적분 BC라는 과목을 배제했다. 이런 과목은 연구 대상인 다른 수학시험보다 눈에 띄게 어렵기 때문이다. 예를 들어, 그 시험들은 미적분을 제외하면 다른 수학적인 교과 영역의 내용을 포함하지 않고 계산기를 필요로 하는 유일한 과목이다.)

여기에 분석은 포함되어 있지 않다. 이 문서는 평가 간의 관계에 관심이 있는 정책 입안자와 연구원이 사용할 수 있도록 RAND가 분석한 데이터를 제공하는 것이다.

오리건 영어/언어 평가의 기술적 특징

시험	시험 기능	시험소재	시험시간	문제 수	목적	읽기 영역	교정 영역	에세이 영역
Certificate of Initial Mastery (CIM) 읽기 평가	주 차원의 성취도 평가	표본형	제한 없음	선다형 65문제	학생들의 명확한 수준점까지 성취 검사	있음	없음	없음
CIM 쓰기 평가	주 차원의 성취도 평가	표본형, 글쓰기	제한 없음	개방형 글쓰기 1문제	학생들의 명확한 수준점까지 성취 검사	없음	없음	
CIM Lacator		완전 표본형	45분	선다형 54문제	CIM의 형태가 시행되기 적절한지 확인	있음	없음	없음
ACT	대학입학	완전 표본형	80분 (독해 35분, 교정 45분)	선다형 115문제 (읽기 35문제, 교정 45문제)	대학교육을 위한 학생 선발	있음	있음	
AP 언어와 작문	대학입학	완전 표본형	180분 (독해 60분, 쓰기 120분)	선다형 52문제, 자유반응식 3문제(읽기 1문제, 글쓰기 2문제)	고등학교 학생에게 대학학점을 받고 고급과정을 배정받을 기회를 주기 위함	있음	없음	있음
SAT I	대학입학	완전 표본형	75분	읽기 선다형 40문제, 교정 객관식 38문제	대학교육을 위한 학생 선발			
SAT II-문학	대학입학	완전 표본형	60분	읽기 선다형 60문제	대학교육을 위한 학생 선발			
SAT II-글쓰기	대학입학	완전 표본형	60분 (교정 40분, 글쓰기 20분)	교정 선다형 60문제, 자유반응식 글쓰기 1문제	대학교육을 위한 학생 선발	없음	있음	
표준 영어 시험	대학 배정	완전 표본형	30분	교정 객관식 49문제	표준 성문 영어를 인지하는 학생의 능력 평가	없음	있음	없음

오리건 수학 평가의 구조적 특징

시험	구조	시험 소재	시험 시간	문제 수	도구 사용	목적	시험 세부 사항으로서의 내용
CIM 수학 평가	주 차원의 성취도 평가	표본 문제	시한 제한 없음: 객관식과 주관식의 두 세션	선다형 55문제, 자유 반응식 1문제	계산기	학생들의 명확한 수준점까지의 성취 검사	계산과 판단, 측정, 통계와 확률, 대수관계, 기하학
CIM Locator	주 차원의 성취도 평가	완전 표본형	40분	선다형 24문제	계산기	CIM의 형태가 시행되기 적절한지 확인	계산과 판단, 측정, 통계와 확률, 대수관계, 기하학
ACT	대학입학	완전 표본형	60분	선다형 60문제	계산기	대학교육을 위한 학생 선발	예비 대수학(23%), 평면기하학(23%), 초급 대수학(17%), 중급 대수학(15%), 좌표기하학(15%), 삼각법(7%)
SAT I	대학입학	완전 표본형	75분	선다형 35문제, 대소 비교 15문제, 주관식 10문제	계산기	대학교육을 위한 학생 선발	산수(13%), 대수학(35%), 기하학(26%), 기타(26%)
SATII-IC수준	대학입학	완전 표본형		선다형 50문제	계산기	대학교육을 위한 학생 선발	초급, 중급 대수학(30%), 기하학(38%: 유클리드 기하학 20%, 좌표기하학 12%, 입체기하학 6%), 삼각법(8%), 함수(12%), 통계와 확률(6%), 통합형(6%)
SATII-IIC수준	대학입학	완전 표본형		선다형 50문제	계산기	대학교육을 위한 학생 선발	대수학(18%), 기하학(20%: 좌표기하학 12%, 입체기하학 8%), 함수(24%), 통계와 확률(6%), 통합형(12%)
오리건 대학교 수학배정시험	대학배정	완전 표본형		선다형 40문제	계산기	알맞은 수학과목으로의 학생 배정	초급 대수학, 중급 대수학, 기하학과 삼각법

텍사스 영어 평가의 구조적 특징

시험	시험 기능	시험 소재	시험 시간	문제 수	목적	독해 영역	교정 영역	에세이
과목 최종 시험 (영어 II)	주 차원의 과목 최종 성취도 평가	완전 표본형	2시간	객관식 36문제(독해 18문제, 교정 18문제), 자유 반응식 독해 2문제, 자유 반응식 작문 1문제	학생들의 명확한 수준점까지의 성취 검사	있음	있음	있음
텍사스 학문능력 평가(Texas Assessment of Academic Skills)	주 차원의 성취도 평가	완전형, 1998년 만든 시험	제한 없음	객관식 89문제(독해 49문제, 교정 40문제), 자유 반응식 작문 1문제	학생들의 명확한 수준점까지의 성취 검사	있음	있음	있음
텍사스 학문능력 프로그램(Texas Academic Skills Program)	주 차원의 성취도 평가	완전 표본형	5시간	객관식 82문제(독해 42문제, 교정 40문제), 자유 반응식 작문 1문제	텍사스 공립대학 교육기관에 들어갈 학생이 적합한 영어 실력을 갖추었는지 평가	있음	있음	있음
ACT	대학입학	완전 표본형	80분(독해 35분, 교정 45분)	독해 객관식 40문제, 교정 객관식 75문제	대학교육을 위한 학생 선발	있음	있음	없음
AP 언어와 창작	대학입학	완전 표본형	180분(독해 60분, 작문 120분)	독해 객관식 52문제, 자유 반응식 3문제(독해 1문제, 작문 2문제)	고등학교 학생에게 대학학점을 받고 고급 과정을 배정받을 기회를 주기 위함	있음	없음	있음
SAT I	대학입학	완전 표본형	75분	객관식 78문제(독해 40문제, 교정 38문제)	대학교육을 위한 학생 선발	있음	있음	없음
SAT II-문학	대학입학	완전 표본형	60분	객관식 60문제	대학교육을 위한 학생 선발	있음	없음	없음
SAT II-작문	대학입학	완전 표본형	60분(교정 40분, 작문 20분)	교정 객관식 60문제, 자유 반응식 작문 1문제	대학교육을 위한 학생 선발	없음	있음	있음

텍사스 수학 평가의 구조적 특징

시험	구조	시험 소재	시험 시간	문제 수	도구	목적	시험 세부 사항으로서의 내용
과목 최종 시험 (대수학 I)	주 차원의 과목 최종 성취도 평가	완전 표본형	2시간	객관식 39문제, 주관식 1문제	계산기	학생들의 명확한 기준점까지의 성취 검사	초급 대수학
텍사스 학문능력 평가	주 차원의 성취도 평가	완전 표본형	제한 없음	객관식 60문제	없음	학생들의 명확한 기준점까지의 성취 검사	기초 수학, 대수학, 기하학 성질, 문제해결
텍사스 학문능력 프로그램	주 차원의 성취도 평가	완전 표본형	총 5시간	객관식 48문제	없음	텍사스 공립대학 교육기관에 들어갈 학생들이 적합한 영어 실력을 갖추었는지 평가	기초 수학, 대수학, 기하학 성질, 문제해결
ACT	대학입학	완전 표본형	60분	객관식 60문제	계산기	대학교육을 위한 학생 선발	예비 대수학(23%), 초급 대수학(17%), 중급 대수학(15%), 좌표기하학(15%), 삼각법(7%)
SAT I	대학입학	완전 표본형	75분	객관식 35문제, 대소비교 15문제, 주관식 10문제	계산기	대학교육을 위한 학생 선발	산수(13%), 대수학(35%), 기하학(26%), 기타(26%)
SAT II-IC 수준	대학입학	완전 표본형	60분	객관식 50문제	계산기	대학교육을 위한 학생 선발	기본 · 중급 대수학(30%), 기하학(38%: 유클리드 기하학20%, 좌표기하학 12%, 입체기하학6%), 삼각법(8%), 함수(12%), 통계와 확률(6%), 통합형(6%)
SAT II-IIC 수준	대학입학	완전 표본형	60분	객관식 50문제	계산기	대학교육을 위한 학생 선발	대수학(18%), 기하학(20%: 좌표기하학 12%, 입체기하학 8%), 삼각법(20%), 함수(24%), 통계와 확률(6%), 통합형(12%)
기본 대수학에서의 수학적 능력에 대한 기술적 시험	대학배정	완전 표본형	30분	객관식 35문제	없음	기하학을 위한 학생의 준비 정도 평가	실수(實數), 대수표기법, 방정식과 부등식, 대수연산, 자료 해석

참고문헌

Abraham, A. (1992). *College remedial studies.* Atlanta, GA: Southern Regional Education Board.

Adelman, C. (1992). *Tourists in our own land: Cultural literacies and the college curriculum.* Washington, DC: U. S. Department of Education

Adelman, C. (1999). *Inside the tool box.* Washington, DC: U. S. Department of Education.

Adelman, C. (2001). Putting on the glitz. *New England Journal of Higher Education 15(3),* 24-30.

Bishop, J. (1996). Signaling, incentives, and school organization in France, the Netherlands, Britain, and the United States. In E. Hanushek & D. Jorgenson (Eds.), *Improving America's schools* (pp. 111-145). Washington, DC: National Academy Press.

Bishop, J. (1997, April). *The effect of national standard and curriculum-based exams on achievement.* Paper presented at the American Economic Association Meeting, New Orleans.

Burr, E., Kirst, M., & Fuller, B. (Eds.). (2000). *Crucial issues in California education 2000.* Berkeley, CA: Policy Analysis for California Education.

Clark, B. (1985). *The school and the university.* Berkeley: University of California Press.

Clark, B. (1993). *The problem of complexity in modern higher education.* Cambridge, England: Cambridge University Press.

Education Trust. (1999). Ticket to nowhere: The gap between leaving high school and entering college and high-performance jobs. In *Thinking K-16 Series, 3*(1). Washington, DC: Author.

Hopwood v. State of Texas, 78 F. 3d. 932 (5th Cir. 1996).

Impara, J. C. (2001, April). *Alignment: One element of an assessment's instructional utility.* Paper presented at annual meeting of the National Council on Measurement in Education. Seattle, WA.

Kettlewell, J. S., Kaste, J. A., & Jones, S. A. (2000). Autonomous boards and standards-based teacher development: The Georgia story of P-16 partnerships. In K. S. Gallagher & J. D. Bailey (Eds.), *The politics of teacher education reform: The National Commission on Teaching and America's Future*. Thousand Oask, CA: Corwin.

Kirst, M., Spivey, D., & Contreras, F. (2001). *Admission and placement policies in two Illinois universities: Phase I Case Study, 1997*. Stanford, CA: The Bridge Project, Stanford Institute for Higher Education Research.

Kirst, M., & Venezia, A. (2003). *Betraying the college dream*. Stanford, CA: Stanford Institute for Higher Education Research.

Lavin, D. E. (2000). Policy change and access to two and four year colleges. *American Behavioral Scientist, 3*(7), 1155.

Le, V., & Hamilton, L. (2002). *Alignment among secondary and postsecondary assessments in five case study states* (MR-1554-Edu). Santa Monica, CA: Rand Corporation.

Lichten, W. (2000). Whither advanced placement? *Education Policy Analysis Archives 8*(29), June 24, 2000. Retrieved January 7, 2003, from http://epaa.asu.edu/epaa/v8n29.html

McCormick, A. C. (Ed.). (2001). *The carnegie classification of institutions of higher education, 2000 edition*. Menlo Park, CA: The Carnegie Foundation for the Advancement of Teaching.

Orrill, R. (2000). *Grades 11-14: The heartland or wasteland of American education*. Unpublished paper, Washington, DC: Woodrow Wilson National Fellowship Foundation.

Portner, J. (2002, November 11). UC will check applicant claims. *San jose Mercury News*, p. 1.

Rodriguez, E., & Johnson, S. (2003, January 24). Report says university enrollment gap grew after law enacted. *Austin American Stateman*, p. 1.

Rosenbaum, J. (2001). *Beyond college for all*. New York: Russell Sage.

Shaw, L. (2002, November 28). 10th grade exam harder than college test? *Seattle Times*, p. 3.

Stocking, C. (1985). The United States. In B. R. Clark (Ed.), *The school and the university* (pp. 185-201). Berkeley: University of California Press.

United States Department of Education. (2001). *Condition of education 2001.* Washington, DC: U. S. Government Printing Office.

University of California, Board of Admissions. (2002). *First-year implementation of comprehensive review in freshmen activities.* Oakland: University of California.

Webb, N. (1997). *Criteria for alignment of expectations and assessments in Mathematics and Science education* [Research Monograph 6]. National Institute for Science Education. Madison: University of Wisconsin.

Webb, N. (1999). *Alignment of science and mathematics standards and assessments in four states* [Research Monograph 18]. National Institute for Science Foundation. Madison: University of Wisconsin.

CHAPTER 17 수행능력 기반 입학전형

David T. Conley(오리건 대학교)

수행능력(proficiency) 기반의 입학제도는 준거지향평가와 학급 기반의 평가 자료를 분석하기 위한 구조 틀로서 학문적 내용 표준과 기준을 하나의 세트로 이용함으로써 대학입학 준비 상태를 결정하는 것이다. 이러한 접근방식은 학생들의 학문적 내용에 대한 지식과 인지적 능력 학습을 더 직접적으로 포착할 가능성을 갖고 있다. 학생과 교사는 약점을 더욱 명백하게 확인할 수 있고, 성공적인 대학생활을 위해 학생을 준비시키는 업무에 쏟는 교사의 시간과 에너지를 관리할 수 있다. 기초 수준의 대학 수업에서 성공하는 데 필요한 지식과 능력을 기반으로 하는 평가를 제공하는 방법의 장점은 고등교육을 위한 학생의 준비를 더 정확하게 확인할 수 있다는 점이다. 그 결과는 학생들이 대학에서 더 잘할 수 있게 이끌면서 입학 관리자에게는 더 나은 자료가 되고, 대학에 가고자 하는 학생들에게는 더 나은 준비를 하게 한다.

수행능력 기반의 입학 제도와 전략은 고등학교에 영향을 준 국가 주도 개혁에 응하면서 시작되었다. 개혁의 기본 요소는 학업적인 내용 표준과 학생들이 알아야 하고 할 수 있어야 하는 것을 구체화한 평가다. 이 개혁의 시사점은 대학교육 공동체에 즉각적으로 눈에 보이는 것은 아니다. 그 개혁은 노동력 준비에 대한 것으로 인식되었기 때문이다(Conley, 1996). 많은 대학 직원이 갖고 있는 생각은 대학입학 준비는 결국 똑같을 것이고, 국가가 주도하는 개혁은 대학에 가고자 하는 학생이라면 어떤 경우라도 통과해야 하는 또 다른 시험을 치러야 한다는 것이다.

이러한 생각이 완전히 근거 없는 것은 아니다. 몇몇 연구는 주의 고등학교 시험이 SAT, ACT, AP 시험 등에서 학생들의 점수가 향상되는 것으로 귀착되지는 않는다는 것을 보여 주었다(Amrein & Berliner, 2002). 그러나 많은 주에서 표준과 평가는 더 높고 도전적인 수준에 맞추어져 왔고, 시험은 학교가 책무성 요건을 만족시키는지 결정하기 위해 사용되고 있다. 고등학교 교사는 교과 과정을 이러한 시험에 초점을 더 맞추는 것으로 대응해 왔다(Firestone, Mayrowetz, & Fairman, 1998; Olson, 2002; Viadero, 2003). 이러한 유형의 표준과 평가는 교과 과정에서 대학입시 준비에 대한 부분을 포함하는 고등학교의 조직과 교육에 영향을 미칠 수 있고 또 실제로 그러하다(Olson, 2001). 여기서 생각할 수 있는 바는 최소한 몇 가지 주 평가 점수는 그 평가들이 고등교육 과정에서 성공하는 데 필요한 지식과 능력을 측정한다면 대학입학 과정에 유용하리라는 점이다.

대학입학이라는 명백한 목표와 보상과 함께 주의 표준을 만족시키는 데 드는 노력과 에너지를 연결시킬 방법이 필요하다. 수행능력 기반의 입학 제도가 이러한 연결을 제공할 수 있다. 이러한 제도는 중등과 고등 교육이 다른 방법으로 학생의 성공을 정의하고 측정하지 않는다는 것을 보장하는 데 도움이 된다. 학생들이 대학에서 성공하기 위해 고등학교에서 해야 할 것이 무엇인지 일관된 정보를 받을 때, 그들은 적절한 준비를 할 수 있는 기회를 가진다(Venezia, Kirst, & Antonio, 2003).

수행능력 기반 입학 표준제도란 무엇인가

수행능력 기반의 입학제도는 여러 가지 중요한 특징을 가지고 있다. 첫째, 이 제도는 학생들이 대학에서 성공하기 위해서 준비해야 할 다양한 학문 분야의 내용 지식을 확인시켜 준다. 이는 고등교육의 교육자가 기본 수준의 대학 교과과정에서 실제로 요구하는 것을 정밀히 살필 것을 요구한다. 대학의 첫 학년을 성공적으로 이수하기 위해 정말 필요한 지식과 능력은 무엇일까? 이런 목록을 개발하는 것은 시간이 걸리고 힘든 과정일 것이다. 이런 노력이 주의 고등학교 표준과 시험으로 통합되려면 그 과정은 주 교육부와의 협력하에 이루어져야 한다.

일단 표준이 정해지면 고등학교와 대학의 기대 사이에 존재하는 협력정도를 결정하는 어려운 일이 시작된다. 먼저 모든 주에서 고등학교 표준이 개발되고 적용되는 상황에서 대학교육 표준은 본질적으로 이미 존재하고 있는 고등학교 내용 표준에 역행해서 만들어질 것이다. 합리적인 정렬방법이 찾아진다고 가정하면 수행능력 기반입학제도를 위한 틀이 만들어진다.

다양한 분야에서 내용 표준을 개발한 국가기관의 업적은 이러한 정렬을 촉진시킬 것이다. 많은 주가 표준을 개발할 때 이런 것을 참조해 왔기 때문에 국가 내용 조직 표준은 고등교육의 기대와 일치하는 정도에 따라 어느 정도는 이미 정렬이 이루어졌다. 주목할 만한 예로는 전국수학교사위원회(1991), 프로젝트 2061, 미국과학진흥협회(1993), 전국영어교사위원회(1996), 미국외국어교육위원회(1996) 등이 개발한 표준이 있다.

어떻게 능력을 평가하는가

그러나 표준만 가지고서는 학생들이 아는 것에 대해 아무것도 알 수 없다. 2001년 연방 법원의 낙제아동방지법이 통과되었을 당시에 35개 주에는 몇 종류의 고등학교 평가가 있었다(Education Week, 2001). 2004년까지는 모든 주에서 10학년, 11학년 혹은 12학년을 대상으로 하는 고등학교 수준의 시험을 시행하도록 되어 있다(U. S. Department of Education, 2001). 고등학교 시험의 성격은 다르지만, 대부분의 시험은 주의 표준에 중점을 둔 선다형 검사를 사용하였다. 24개의 표준은 고등학교 졸업과 관련이 있었다(Education Commission of the States [ECS] Information Clearinghouse, 2000).

대학의 입학 결정에 정보를 주는 데 필요한 자료에 관해서, 그리고 잠재적인 대학 수행을 측정하는 가장 좋은 방법에 관해서 중등교육과 고등교육 간의 대화는 더 나은 입학정책 결정과 고등학교 시험제도에서의 발전을 이끌어 낼 수 있다. 예를 들어, 12개 주에서 사용하거나 개발한 교과목 최종시험(Olson, 2001)은 고등학교에서 배우는 것과 대학에서 기대하는 것을 더 강하게 직접적으로 연결할 수 있고, 대학의 배정 결정을 위한 자료를 제공할 수 있다.

평가 결과가 현실적인 가치와 의미를 가지는 정도는 많은 학생이 그러한 시험을 얼마나 진지하게 받아들이는가와 관련된다. 이는 고등학교가 시험 결과를 기반으로 하여 포상받거나 처벌받을 수 있는 책무성의 요소로 시험 결과가 활용되는 주에서 특히 중요한 고려사항이다(Viadero, 2003). 시험을 잘 봐야 할 진짜 이유를 만드는 것은 학생들에게 동기부여하는 데 도움이 되면서 동시에 시험이 고등교육의 기대와 잘 연결되어 있어야 한다는 것을 의미하기도 한다.

수행능력 기반의 입학제도는 학급 기반의 평가 자료를 사용할 수 있게 한다. 지금까지는 학생의 학업 수행에 대해 가장 직접적인 정보를 얻을 수 있는 사람은 입학사정관이었다. 그러나 교사가 성적을 매기는 기준과 관행은 어려운 교과목이 그러하듯이 학교 내에서든 학교에 따라서든 매우 다르다(McMillan, 2001). 교사와 입학사정관이 고등학교 성적의 의미에 대해 반드시 의견 일치를 보일 필요는 없다(Baron, 2000). 표준화된 시험에 근거해서 학생 성적을 비교하는 것은 성적을 매기는 관행, 특히 도시와 교외 학교 사이에 존재하는 차이를 보여 준다(Office of Educational Research and Improvement, 1994). 전국 단위 평가에서 성적, 학급 성적, 학교의 위치(도시 혹은 교외) 간에 비일관적인 관련성은 이러한 현상의 예다(Roey et al., 2001)(성적의 역할에 대한 논의는 이 책의 6장 참조).

AP와 같은 내용 기반의 시험은 교사가 시험에 대해 실제로 가르치는 정도가 현저하게 차이가 있더라도 학급에서 배우는 내용을 알 수 있게 해 준다(National Research Council, 2002). AP 시험과 SAT 시험 성적의 관계에 대한 연구는 학급에서의 교육을 평가에 연결하는 것이 가치 있다는 증거를 제공한다. 연구 당시에 최소한 하나의 AP 과목에 등록한 53명 학생의 SAT 점수를 AP 과목에 등록하지 않은 58명 학생들과 비교하는 사후 유사실험 연구에서 AP 과목에 등록한 학생들이 SAT의 언어, 수리, 총점이 훨씬 높았다는 것을 확인하였다(Thomas & Thomas, 2000). 만약 교사로 하여금 대학에서의 성공과 관련된 준거에 초점을 맞추게 하고 학급에서의 수업과 긴밀히 연결된 도구를 가지고 학생들을 평가하라고 한다면 학생들에게 득이 될 것이다.

수행능력 기반 입학제도의 잠재적이지만 중요한 장점은 학급에서 학생들이 수행하는 학업에서 나온 증거들을 활용할 수 있다는 것이다. 수업에서 내주는 과제, 시험, 보고서, 연구논문, 프로젝트들은 특정 능력의 학습을 나타내는 데 사용된다. 수학과목을 예로 들어 보면, 학생들은 7～10개의 표준에 해당하는 능력을 나타내는 학업 수행 예를 수집해야 한다. 특히 복잡한 문제를 해결하는 과제와 같은 것은 하나 이상의 표준에 대한 근거를 제공할 수 있다.

교사는 이러한 수집물을 평가하기 위해 표준화된 수행 준거를 사용한다. 학생의 학업 수행은 여러 가지 기준으로 측정된다. 입학사정관이 해석할 수 있는 대학입시 준비 프로파일을 만들기 위해 모든 능력 표준에 대한 평점을 기록한다. 오리건의 수행능력 기반 입학 표준제도(PASS; Oregon

University System, 2001)에서 채택한 5점 척도는 이러한 척도의 대표적인 예다. PASS 기준은 다음 단계로 구성되어 있다.

- 좋은 본보기가 됨: 수집물은 모범적인 학습을 나타내고 우수한 지적 성숙이나 독특한 생각, 방법, 재능을 보여 준다.
- 높은 수준의 교과과정을 학습함: 수집물은 기본 수준의 대학 교과 과정보다 높은 수준에서 학습한 것을 나타낸다.
- 표준을 만족시킴: 수집물은 학생들이 기본 수준의 대학 교과 과정에 대해 준비되었음을 나타낸다.
- 표준을 향해 공부하고 있음: 수집물은 기본 수준의 대학 교과 과정을 위한 준비 상태로 접근하고 있다. 학업 수행 수준은 다음과 같은 사항에 의해 향상될 것이다.
  - 더욱 다양한 평가에서 나온 자료를 제공한다.
  - 표준의 범위를 나타내는 또 다른 증거를 제공한다.
  - 평가 표준에 따라 가르치는 수업에 더 많이 등록한다.
- 표준을 만족시키지 못함: 수집물은 학생들이 기본 수준의 대학 교과 과정을 공부하기에 준비되지 않았다는 근거를 제공한다.

이런 척도는 대학에서 성공하는 데 필요한 수준에 있는 학생들의 학업 수행과 그렇지 못한 수준에서의 수행을 명백히 구별하고 있다. 평가 척도에 대한 가장 중요한 판단은 '표준을 만족시킴' 과 '표준을 향해 공부하고 있음' 을 구별하는 것이다. 입학할 자격이 있는 많은 학생 집단은 모든 면에서 대학입시를 위한 준비 표준을 만족시키거나 그 표준을 넘는 학생들로 이루어져야 한다. 어떤 표준을 만족시키고 또 다른 표준들을 향해 노력하고 있는 학생들은 더 정확한 검사를 받아야 한다. 몇몇 고등교육기관은 숫자로 된 평점으로 점수를 변환하고, 평점을 합산하고, 학생들이 반드시 넘겨야 하는 통과 기준 점수를 수립하는 쪽을 택할 것이다. 어떤 대학은 개설된 전공에 맞는 학문 분야 내에서의 모든 표준에 대한 능력을 학생이 보여줄 것을 기대하지만 다른 분야에 대해서도 많은 자유를 허용할 수 있다. 모든 표준에 대해 능력을 보이지 못한 학생들은 조건부로 입학시켜서 보충수업을 받거나 기본 수준의 대학과목에서 적절한 성적을 받을 때까지 특정 과목이나 전공 신청에서 제약을 받을 수도 있다.

'높은 수준의 교과과정을 학습함'이나 '좋은 본보기가 됨'의 수준은 학생을 배정하고, 특정 요건들을 면제해 주고, 성적 우수자 재정지원 결정을 내리고, 대학 학점을 주는 데 사용될 수 있다. 이러한 활용은 중요한 결정을 나타내는 것이므로 이 평가 점수는 외부적으로 입증될 수 있어야 한다. 이는 학급의 교사가 '좋은 본보기가 됨'이라는 점수로 수집물을 채점할 것이라 하더라도 외부 채점자가 교사의 채점을 감독하고 그것을 확인하거나 수정해야 한다는 것이다. 더 경쟁적인 교육기관은 다양한 방면에서 높은 수준의 교과과정을 학습했거나 좋은 본보기가 되는 학생을 찾을 수 있을 것이다. 능력 측정 척도는 5% 정도의 학생만이 '좋은 본보기가 됨'의 점수를 받는 반면 대부분의 학생은 '표준을 만족시킴'의 점수를 받는다는 생각을 가지고 만들어졌다. '좋은 본보기가 됨' 수준의 높은 기준은 경쟁적인 대학에 있는 입학사정관이 가장 뛰어난 학생들을 확인하는 데 도움을 준다.

능력 프로파일에는 주가 시행하는 시험에서 학생들이 받은 점수를 추가할 수 있다. 이는 양적 척도 점수로 변환된다. 입학사정관은 주의 표준과 비교해서 학생의 능력 수준을 말할 수 있게 된다. 이는 선다형 시험, 작문 평가 같은 수행 과제, 과목 최종 시험에 대해서도 해당된다. 표준 기반 시험, 예를 들어 AP, 국제 학사학위 프로그램,[1] SAT II 같은 시험 또한 능력 척도상의 숫자 점수로 변환될 수 있다.

이런 방식으로 능력 프로파일은 학생이 아는 것을 척도로 만든 정보를

---

1) 국제 학사학위 프로그램(International Baccalaureate Diploma Programme®)은 국제 학사학위 기구의 등록 상표다.

제공한다. 이렇게 평정하는 것은 여러 주에 널리 사용되는 표준에 기초한 것이기에 평점보다 더 신뢰할 수 있고 일관성이 있다. 교사와 입학사정관들은 각 능력 수준과 관련된 학생 학업의 의미와 유형에 대하여 의견 일치를 보인다. 이러한 정보는 관리 불가능한 포트폴리오 형태가 아니라 학생들의 학업을 관리할 수 있는 형태로 만들어져 입학처에 보내지게 된다. 그러나 이 프로파일은 근본적으로는 포트폴리오(대학으로 발송되지 않은 시험점수의 근거가 되는 수집물들)를 반영하고 있다. 입학사정관에게는 학생들의 학업을 직접적으로 평가해야 하는 어려움 없이 넓은 범위에 걸쳐 학생들의 학업 수행을 어느 정도 평가할 수 있게 되어 더 좋다.

타당도 이점과 신뢰도 문제

타당도는 일반적으로 표준화된 시험과 세부적으로 지적 능력을 기반으로 하는 대학 입학시험의 아킬레스건이었다. 수행능력 기반의 입학정책에서 가장 중요한 강점은 내용의 타당도가 높다는 것이다. 대학교육의 교수진이 부분적으로나 전체적으로 표준을 개발한다는 사실은 측정되는 것이 고등교육에서 성공하는 데 필요한 것임을 보증해 준다. 또한 학급 기반의 증거 수집물이 제공하는 수업과정과 더 직접적으로 연결되어 타당도가 높아질 수 있다. 또한 수행능력 기반 평가제도는 타당도를 더욱 높이면서 작문이나 문제 해결과 같은 대학에서의 성공을 위한 몇 가지 중요한 능력을 알 수 있게 한다.

내용타당도가 높다면 예언타당도를 높일 수 있는 잠재력이 커진다. 고등학교 과정이 의식적으로 대학에서의 성공에 중요한 능력을 개발하려고 할 때, 그러한 과목에서의 성취가 그렇지 않은 과목에서의 성취보다는 대학에서의 학업 수행을 더 잘 예측할 수 있다는 것은 당연하다. Adelman(1999)이 언급한 바와 같이, 도전적인 수준의 고등학교 과목은 대학에서의 성공과 가장 중요한 상관이 있다.

그렇다면 학생에 대한 판단을 내릴 때 능력 판단의 신뢰성이 충분한가 하는 것은 가장 기본적인 이슈가 된다. 그렇다면 타당도가 장점인 이 시스템이 신뢰성을 얻기 위해서는 어떻게 해야 할까? 기술적인 이유에서이기도 하지만, 입학사정관과 대학 교수진이 교사가 수집한 것을 정확하게 채점하는 능력과 의지에 대해 회의적일 것이라고 생각하기에 학생들의 수집물을 평가하는 교사의 신뢰성은 세심한 주의가 필요하다. 어떻게 교사의 평정이 일관성 있게 될 수 있으며, 어떻게 학생들의 점수를 올려야 한다는 압력을 어떻게 막을 수 있을까?

믿을 만한 평가를 위해 필수적으로 선행되어야 하는 것은 교사가 능력 표준과 준거를 가르치는 행위나 학급 기반의 평가에 끼워 넣는 것이다. 그리고 나서 공통의 채점 준거를 가지고 점수를 매기는 것이다. 평가 지침에 있는 개념과 용어는 학급의 수업, 교사의 말, 심지어 학생의 기대에도 깊숙이 침투하고 있다(Hillocks, 2002). 교사와 학생은 표준을 만족시키는 데 필요한 학업을 정신적 모형으로 만들게 된다.

학생의 학업을 믿을 만하게 평가하는 일은 상당한 교사훈련을 요한다. 그러한 훈련은 교사가 표준을 정확히 해석할 수 있게 하기 위해 많은 주에서 시행하고 있는 전문성 개발과 연결될 수 있다(Fuhrman, 2001). 최소한 12개 주가 학생들의 학업 평가를 요하는 글쓰기 평가를 시행한다(Council of Chief State School Officers, 2001). 비슷한 수의 주에서는 글쓰기나 수학 문제 해결과 같이 공통의 표준과 반대되는 방식으로 평가되는 수행평가를 활용하고 있다. 주의 표준과 평가 훈련에는 학생의 학업 수집물 채점이 포함될 수 있다. 오리건의 PASS가 시행한 훈련에서 교사는 비교적 짧은 시간의 훈련 후 성적을 매기는 데에 있어서 매우 높은 신뢰도에 이를 수 있다는 것이 확인되었다(M. Endsley, 개인적 의사소통, 2003. 2). PASS는 온라인으로 훈련하고 평가하는 연습을 개발해 왔는데, 교사는 이를 통해 비용 효율적으로, 그리고 주 평가와 수행능력 기반의 입학 요건을 평가하는 하나의 지침을 이용하면서 빠르게 적절한 신뢰도에 이를 수 있게 되었다.

신뢰도 퍼즐에서의 두 번째 조각은 조정전문 위원회(moderation panel; Baker, O' Neil, & Linn, 1993; Gipps, 1994)다. 조정전문 위원회는 자료 수집물을 평가하기 위한 능력 표준을 이용하는 데 있어서 특정한 지식과 전문적인 의견을 가진 교사들과 고등교육기관의 교수진으로 구성되어 있다. 학교들은 조정전문 위원회의 감독에 따라 이전에 평가된 자료 수집물을 제출한다. 교사가 제출한 수집물의 점수와 조정전문 위원회에서 부여한 점수가 너무 다를 때는 학교 차원에서 온라인이든 동료와 함께든 더 많은 교사훈련이 필요하다는 것을 의미한다. 또한 조정전문 위원회는 '높은 수준의 교과과정을 학습함' 과 '좋은 본보기가 됨' 의 수준으로 평가된 자료 수집물을 반드시 검토한다. 대학에 가려는 학생들의 학업 조정은 15년 이상 호주의 빅토리아와 퀸즐랜드에서 높은 신뢰도를 보이며 성공적으로 이용되어 왔다(Masters & McBryde, 1994).

학교 수준에서 판단한 것의 정확성은 학교 수준에서 평가한 평균 점수를 국가의 표준화 시험에서의 학교 수행 평균과 비교함으로써 추측할 수 있다. 만약에 특정 학교에서 교사가 평가한 평균과 주나 국가 시험에서 비슷한 점수를 갖고 있는 고등학교에서 나온 평균 점수 사이에 심한 차이가 있다면, 그 학교에 있는 교사는 표준을 항상 따르지는 않고 있다는 것을 시사한다. 이는 문제의 학교에 있는 교사로 하여금 조정전문 위원회에 더 많은 자료수집물을 제출하게 하는 것으로 확인할 수 있다. 이와 비슷하게 입학사정관은 주의 표준 기반의 시험 점수와 선다형 시험 점수를 통합하는 AP 평가 전략처럼, 1~5등급의 전반적인 점수를 산출하는 학생의 학업 표본을 만들기 위해 학생들의 학업 수집물 점수를 통합할 수 있다.

최종 분석에서 교사의 판단은 표준화된 시험의 신뢰성과 경쟁하지는 못할 것이다. 그럴지라도 높은 신뢰성을 갖고 있는 현재의 많은 측정도구가 일부 부적절하게 사용되어 왔다는 것을 유념할 필요가 있다. ACT 평가나 SAT I에서의 점수 차이가 대학에서의 성공 가능성의 차이로 드러나지 않을지라도, 입학을 결정할 때는 작은 점수 차이가 중요한 요소가 되기도 한다. 이러한 맥락에서 높은 신뢰성이 입학이 결정된 학생이나 만들어진 결정의 질을 반드시 높이는 것은 아니다.

역사적으로 과소평가된 학생

수행능력 기반 입학제도는 역사적으로 대학입학에서 과소평가된 집단에 속한 학생의 비율을 늘릴 수 있을까? 이 중요한 질문에 대한 대답은 '경우에 따라 다르다.'이다. 수행능력 기반 입학전형에서 학생의 학업 수집물이 포함된다면, 또는 주 시험이 대학입학 준비를 위한 준거에 부합한다면, 대학에서의 성공과 관련된 지식과 능력을 상대적으로 잘 습득하고 있는 학생들이 확인될 수 있을 것이다. 교실 수업이 증거 자료의 수집이나 시험과 관련되어 있다고 가정하면서 학생은 교과과정을 학습하는 능력을 보여 주었다. 그들의 점수가 절대적인 관점에서 높지는 않더라도, 고등학교에서 배우는 교과과정에 관련된 지침을 잘 따른다는 사실은 그들이 대학 수준에서 배우는 교과과정을 잘 학습할 가능성이 있음을 확인해 준다.

증거 자료의 수집은 또한 능력과 역량을 보여 주기 위한 표준화된 시험을 잘 치르지 못한 학생에게는 대안적인 방법으로서 쓸모가 있다. 여러 가지 측정 결과를 보여 주기 때문에 학급 기반의 평가는 학생의 능력을 더 잘 보여 준다. 증거 자료를 성공적으로 모은 학생은 능력 표준을 성취하기 위해 분명 공부한 것이다. 수집물은 성취도를 보여 주는 많은 학업을 수행하기 위해 끝까지 완수하는 능력과 기대되는 것에 대한 집중력을 보여 준다. 이는 과소평가된 집단에 속하는 학생이 대학에서 성공할 수 있는 능력이 있음을 보여 주는 데 도움을 줄 수 있는 바람직한 속성이다.

부풀려진 GPA에 계속 의존하는 것은 과소평가된 집단에 속하는 학생에게 어떤 문제를 초래한다. 교외에 있는 고등학교에서 A학점과 도시 고등학교에서 A학점의 차이가 의미하는 것은 상당히 커서, 도시 학생들은 대학에서 요구하는 더 어려운 표준, 기대, 그리고 평가 준거에 대처하기에 준비되어 있지 않은 자신을 발견할 수 있다. 수행능력 기반의 입학제도는 고등학교 학생들에게 대학에서 실제로 기대하는 것과 학생이 그러한 기대에 비추어 서 있는 곳을 더 분명하게 해 준다.

수행능력 기반 입학제도의 운영과 정책에서의 문제

앞에서는 수행능력 기반 입학제도의 근거와 구성요소를 검토해 보았다. 이제는 근본적으로 다른 그런 접근방법을 시행할 때 관련되는 운영과 정책의 문제들을 고려해 볼 것이다.

수행능력 관점에서 접근하는 방법은 분명히 국가 수준의 정책으로 통합되어야 한다. 개별 고등교육기관에서 교사와 학생이 그들만을 위해 증거자료 수집물을 만들도록 기대하는 것은 비합리적이다. 개별 대학 또한 주와 국가의 시험 결과를 해석하는 데 필요한 척도를 만들려고 하지 않을 것이다. 초등학교와 대학을 연결하는 적합한 평가방법에 합의하며 교사의 판단을 조정하기 위한 수단을 만들기 위해 주 차원에서 고등학교와 대학 간에 협력이 필요하다.

고등학교와 대학 사이의 접합을 더 복잡하게 만드는 것은 관행적, 정책적 문제들이다. 자금은 보통 K-12나 고등교육 예산으로 할당되는데, 이러한 협력 프로그램에 대해서는 누가 그 비용을 지불해야 할까? K-12나 대학교육은 대학입학이라는 목적으로 학생들의 학업을 평가하는 고등학교 교사들을 훈련시키려는 비용을 지불해야 하는가? 누가 고등학교와 고등교육기관의 교직원으로 구성된 조정전문 위원회를 조직하고 자금을 공급하고 통제할 것인가? 입학목적에 더 유용하게 하기 위해 고등학교 평가에 변화를 주는 과정에 대한 비용 지불은 대학교육의 책임이어야 하는가? 누가 부모들에게 능력 요건과 절차에 대해 알릴 것인가?

능력에 대한 정보를 모으고 보내고 처리하는 것은 그 자체가 도전이 된다. 능력에 대한 성적과 주 시험 성적을 제공하기 위해서는 고등학교 성적표를 고쳐야 한다. 고등학교들은 자료 수집이 여러 수업에서 비롯된 학업을 포함하고 있다면 능력에 대한 정보를 기록하는 것이 누구의 책임인지 결정해야 한다. 대학들은 어떻게 능력에 대한 점수가 자료 일람표에 들어가는지, 지원자를 가려내고 분류하기 위해 사용하는 판단의 근거가 무엇인지 결정해야 한다. 업무 관련자들은 소프트웨어에 익숙해지도록 훈련받아야 한다. 사생활에 관한 법은 주 교육부에서 고등교육기관에 이르기까지 시험 성적 자료를 효율적으로 전송하는 데 필요한 일반적인 학생 확인번호 사용을 심하게 제한할 것이다. 얼마 동안 어쩌면 무기한으로 입학사정관뿐만 아니라 고등학교 교사와 상담가들은 수업에 대한 전통적인 정보와 능력 정보를 담고 있는 혼합된 제도에서 일해야 할 것이다. 교사, 상담가, 입학처 직원이 과목명과 성적으로 된 프로파일과 능력 점수에 대해 친숙하고 편안해할 수 있는 양식을 개발하는 데에는 시간이 걸린다.

수행능력 기반 입학전형의 효과를 결정하기 위하여 필요한 예측타당도 연구를 행하는 데에는 4~8년이라는 시간이 걸린다. 그 기간 동안 추론적인 자료, 일화, 정통한 의견 등에 입각하여 많은 결정이 내려져야 할 것이다. 실험적인 프로그램과 공인타당도 연구가 불확실성과 예측 불가능성을 어느 정도 완화시키는 데 도움이 될 수 있다. 그러나 새로운 제도가 궁극적으로는 더 발전할 가능성과는 관계없이 이전의 것보다 덜 효과적이라면 수행능력 기반의 입학제도가 시행되는 동안의 고통스러운 시간을 배제할 수 없다. 이러한 폭풍우를 이겨 내기 위해서는 중등과 대학 교육기관 모두에서 교육 지도자와 정책입안자의 실제적인 헌신이 필요하다.

놀랍지만 예상할 수 있는 도전은 학생들의 학업을 평가하는 새로운 방법을 고등학교 교사가 채택하기 싫어하는 것이다. 수행능력 기반의 입학제도가 교사의 판단을 주 시험이 가진 중요성과 맞먹을 수 있는 것으로 만들고

'평가를 위해 가르치기'에 대해 강력한 대안을 제공한다 하더라도, 모든 교사가 이러한 잠재적인 이득을 이해하는 것은 아니다. 학급에서 적절한 학업 수행에 대해 알아서 결정을 내리는 데 익숙한 고등학교 교사는 대학 교육제도에 도움이 되기 위해 자율성을 포기함으로써 얻는 것이 매우 적다는 사실을 알게 될 것이다. 많은 교사는 대학입학 결정을 내리는 데 그들이 개입해야 의무가 없으며, 그것은 대학교육이 해야 할 일이고, 어떤 경우에서든 학급에 있는 모든 학생이 대학에 가지는 않는다고 주장한다. 최소한 몇몇 교사의 관점에서 평점방식을 수행능력 기반 방식으로 대체하는 것은 별로 득이 될 것 같지 않고 더 많은 일거리만을 만들 수 있다.

입학감독관은 나름대로 타당한 관심을 가지고 있다. 이미 논의된 업무상 문제뿐만 아니라 현재 제도가 무너졌다는 사실을 믿지 않을 것이다. 신입생의 학업은 매년 서류상으로는 더 나아지는 것처럼 보인다. GPA와 대학입학 시험 점수는 계속 오르고, 고등학교에서 대학의 예비 프로그램을 수강하는 학생들의 비율은 늘고 있으며, 추정된 학부 등록률은 꾸준히 높아지고 있다(National Center for Education Statistics, 2001). 다시 말해서, 시대는 비교적 좋은 편이다. 왜 하필 지금 중요한 변화가 일어나는 것일까?

다른 관행적인 문제는 입학처가 직면해 있는 것들이다. 이 제도는 성적처리를 위해서 더 많은 직원을 필요로 할 것인가? 대학 교수진이 배정목적으로 능력에 관한 자료를 사용하는 것에 대해 쉽사리 동의할 것인가? 이 제도를 통해 선발된 학생이 정말로 더 준비된 학생들인가? 교육기관은 다른 주에서 온 지원자, 홈스쿨링을 받은 지원자, 외국인 학생, 그리고 능력에 대한 준거가 부족한 다른 학생을 어떻게 다룰 것인가? GPA와 능력 점수는 어떻게 통합하고 가중치는 어떻게 해야 할까?

이러한 과제 중의 많은 부분은 관리가 가능하더라도 그 규모는 엄청나서 좌절시키기에 충분하다. 입학 정책과 절차를 변경하는 데 따르는 복잡함과 어려움에 비추어 볼 때, 많은 주에서 이미 수행능력 모형을 취한 것은 주목할 만하다. 접근방법은 완전히 주 전체를 아우르는 모형에서 더 제한적인 지침, 즉 대학입학 표준과 주의 시험을 통합하는 데 이르기까지 다양하다. 다음에서는 이러한 노력을 간단하게 보여 준다.

수행능력 기반 입학전형 실험

최소한 6개 주에서 고등학교의 표준 기반의 개혁과 대학입학을 연결하는 진지한 시도가 이루어져 왔다. 위스콘신, 오리건, 조지아, 메릴랜드, 텍사스, 캘리포니아 주다. 각각의 방식은 이 장의 범위를 넘어서는 것이고, 또 이런 주들의 정책과 절차는 계속 발전하고 있다. 여기에서 그러한 방식은 더 성숙하고 안정된 정책모형보다는 개념을 입증하는 것에 불과하다.

위스콘신

위스콘신 대학교는 1993년에 역량기반 입학(Competency-Based Admissions) 프로그램을 만들었다. 대학 교수진은 역량 평가를 위한 일련의 표준을 개발했다. 8개 실험의 고등학교 교직원들은 위스콘신 대학교에 지원하는 각 학생들의 학업 수행을 평가하기 위해 그 역량 표준을 사용했다. 역량 표준을 학생들이 그동안 해 온 학업 수행을 기반으로 판단했고, 대학 학과에서 특별히 개최한 교수진 회의에서 결정되었다. 학생들은 각각의 학문 역량에 대해 1～4점까지 점수를 받았다. 그 점수는 역량 일람표에 기록되었다.

위스콘신의 실험은 대학제도가 평점이나 역량 점수를 기본으로 해서 실험 고등학교 출신의 학생들을 입학시키는 데 동의하였기 때문에 특히 주목할 만하다. 실험을 하는 3년이 넘는 기간 동안, 대학은 학생들에 대한 자료를 축적하고 전통적인 방법으로 선발된 학생들과 역량 평가를 통해 선발된 학생들을 비교할 수 있었다.

사례의 79%에서 표준에 따른 ACT 점수를 바탕으로 입학사정관이 내린 결정은 보충 리포트 프로파일(Supple mental Reporting Profile: SRP)과 ACT 점수를 따로 분석한 것에서 얻은 결정과 같았다. 사례의 67%에서 학생들은 두 과정 모두를 통해 선발되었고, 12%는 두 과정 모두에 의해서 입학이 거부되었다. 남은 21%의 학생들은 두 과정이 아닌 한 과정만을 통해 선발되었다. 13%는 표준 성적표를 통해서, 그리고 8%는 SRP만을 통해서 선발되었다(Garb, 1998).

SRP 점수는 영어, 과학 그리고 전반적인 기본 과목에서 고등학교 성적보다 ACT 과목 점수와 더 긴밀하게 연결되어 있었다. 1학년의 학업 수행에 대한 분석을 통해 고등학교 교사가 제공한 역량 평가 점수는 고등학교 성적, 학급 등수, ACT 점수와 같은 전통적인 대학입학 준거만큼 첫 학기의 학업 수행을 예상하는 데 효과적이라는 것을 확인할 수 있었다. 두 번째 학기의 자료와 세 번째 학기의 자료는 성적만으로 선발된 학생들보다 역량 평가를 통해 선발된 학생들이 조금 더 높은 성적을 유지하였고 좀 더 높은 GPA를 받았음을 알 수 있었다. 전통적 방식의 성적표와 SRP를 사용하여 결정을 내리는 데 걸리는 시간에 관한 연구에서, 입학사정관이 전통적인 방식의 성적표를 사용할 때에 비해 SRP를 사용하면 첫해에는 2배의 시간이 걸리고 두 번째 해에는 같은 시간이 걸린다는 것이 확인되었다(Garb, 1998).

역량기반 평가를 선택하는 것은 위스콘신 주의 학생에게 아직 가능하기는 하지만, 실험 지원금 지급이 끝난 후에도 학생의 역량 점수를 내는 고등학교는 매우 드물다. 이는 대학만으로는 이런 유형의 접근을 지속하기 어렵다는 것을 시사한다.

오리건

오리건 주의 노력은 위스콘신 주와 거의 비슷한 시기에 시작되었고 어느 정도 다른 길을 따랐다. 위스콘신 주의 프로그램은 표준에 기반을 둔 고등학교 개혁을 예상하고 이루어진 반면 , 오리건 주의 프로그램은 1991년에 주의 입법부에서 제정한 개혁안에 대응하여 착안된 것이다. 오리건 대학과 고등학교 교직원은 함께 6개 과목에 대해서 새로 입학할 학생들이 만족시켜야 할 포괄적인 능력을 개발하였다. 수학 문제 해결이나 작문과 같은 주 시험 점수, 주 학업 평가에 의해 능력을 측정하고 주 전체에 걸친 일반적인 표준을 사용하여 학생들의 학업에 관한 수집물을 평가하였다. 오리건의 PASS는 주의 고등학교 학생들의 40%가 다니는 50개 이상의 실험 고등학교를 포함하며 성장했다. 위스콘신 주의 경우와 마찬가지로, 실험 프로그램을 위한 자금지원이 끝나면 참여도는 떨어졌다. 현재 계획은 주의 학교 개혁 프로그램의 독자적 요소 중 하나인 고등학교 수준의 고급 지식 학습 증명(Certificate of Advanced Mastery)과 함께 2005년에 능력 표준을 완전히 실행할 것을 요구하고 있다.

능력 평가를 기반으로 하여 선발된 학생에 대한 증거는 계속 수집되고 있다. 이전의 연구들은 학생들의 학업 수집물에 대한 점수와 수업에서 받은 성적을 비교하였다(Conley, 2000). 이는 .45～.54 범위의 상관계수를 보였다. 이는 능력 점수가 성적과 관련은 있지만 완전히 같지 않은 어떤 것을 측정하고 있음을 나타낸다. 교사의 성적 부여 관행과 학생의 능력 점수 사이에는 별로 관계가 없음을 밝히는 것은 이러한 결론에 더욱 힘을 실어 준다.

읽기와 수학에서 주의 선다형 검사에서 얻은 성적과 능력 점수 간의 상관계수는 각각 .21과 .32였다. 학생이 동시에 등록한 영어와 수학 수업에서 받은 성적과 시험 점수 사이의 상관계수는 둘 다 .5였다. 여기서 역시 학급 기반의 능력 점수는 주 시험과는 어느 정도 다른 어떤 것을 측정하고 있는 것 같다. 이것은 학급에서의 학업에 초점을 맞추고 있는 이런 성격의 측정은 내용적 지식과 관련된 명백한 기대를 제시하였을 때는 잘할 수 있지만 교과목 지식과 그다지 직접적인 관련이 없는 요소를 포함한 시험이나 평가 제도에서는 잘하지 못할 학생들을 확인할 수 있는 가능성을 제기한다.

2001년에 오리건 대학은 고등학교 시절에 능력을 보여 준 신입생에게 300종 이상의 장학금을 수여하였다. 이 학생들은 고등학교에서 주 평가를 치렀던 다른 오리건 대학 시스템에 있는 6,000명의 학생과 함께 대학 2학년 내내 추적받고 있다. 주의 10학년 시험은 2년 후의 SAT나 ACT 점수가 그러하듯이 대학의 첫 학년에서의 학업 수행과 최소한의 상관관계가 있음이 처음으로 발견되었다(Oregon University System, Oregon Department of Education, & Oregon Department of Community Colleges and Workforce Development, 2003). PASS는 고등학교 개혁 프로그램이 더 알차게 시행되기를 기대하는 주의 7개 공립대학에 입학할 학생을 위한 자발적인 수단으로 계속 사용되고 있다.

조지아

1996년부터 조지아 주는 전문대학과 2년제 대학, 종합대학 참여를 바탕으로 입학을 위한 표준 기반 제도로서 대학과 전문학교를 위한 수행평가(PACTS)를 개발하고 실험하고 있다(University System of Georgia, 2002). 지역의 P-16 협의회는 고등학교 교사, 전문학교 교직원, 2년제 대학, 종합대학, 재계의 대표로 구성된 팀이 대학입학 목적에 부합하는 6개 분야에 걸친 내용과 수행 기준을 개발했다. 학생들은 4점 척도로 평가되는 학급에서의 학업에 관한 수집물을 통해 능력을 보여 준다. 대학입학에 관련된 점수에 대하여 증명 위원회는 그 점수를 독립적으로 평가해야 한다. 이에 가장 부합하는 학생들은 2003년 가을에 PACTS 표준을 통해 합격하였다. 17개의 조지아 주 대학들은 전통적인 평가방법도 포함하고 있는 PACTS 성적증명을 받아들일 것이다. 이 프로젝트는 5개 고등학교에서 실험적으로 시행되고 있다.

메릴랜드

메릴랜드는 과목 최종 시험을 고등학교 졸업 요건으로 채택한 대표적인 주다. 메릴랜드의 시험은 영어 I, 정치, 대수학/자료 해석, 기하학, 생물학에 대한 학생들의 지식을 평가한다. 시험은 선다형 시험과 글쓰기로 답해야 하는 문제로 구성되어 있고, 메릴랜드의 핵심 학습목표(Maryland's Core Learning Goals)가 나타나 있는 내용을 기반으로 하고 있다(Shapiro & Haeger, 1999). 1990년대에 시작하여, 메릴랜드는 적어도 배정을 목적으로 시험 결과를 사용한다는 목표를 가지고 이러한 시험에 대한 표준을 개발하기 위해 고등학교와 고등교육의 교육자를 모았다. 이러한 시험은 수행능력 기반의 입학제도에는 미치지 못하지만 학생들의 능력에 대한 자료가 된다.

'브리지 목표(Bridge Goals)'는 학생들이 학점을 받는 대학과정에 들어가기 위해 준비할 과정의 요소를 명확히 하고 있다. 주에 있는 대학은 지원자에 대해 검토할 때 과목 최종 평가를 고려하지만, 시험 결과를 사용하는 방식에서는 고등교육기관 사이에 상당한 차이가 있다. 고등교육기관의 교수진은 또한 메릴랜드의 고등교육기관에서 C를 받는 과제물은 어떤 것인지를 정의하였다. 이러한 정의는 고등교육기관이 학생이 대학에서 보여야 할 학업 수행의 정도를 더 자세히 이해할 수 있게 해 준다.

캘리포니아와 텍사스

캘리포니아와 텍사스 주는 모두 학생이 주의 학력 표준을 만족시키는지 평가하고 동시에 대학 입학과 배정 결정에 정보를 제공할 수 있는 시험을 개발해 왔다. 이러한 접근은 궁극적으로 하나의 시험이 두 가지 목적을 위해 이용되는 좋은 본보기를 보여 준다. 이런 시험은 고등학교와 대학을 효과적으로 연결할 것이다. 접근은 자료 수집 방법론에서 설명한 바와 같이 교사의 판단을 희생한다. 이러한 시험은 또한 연구와 글쓰기, 문제 해결,

지속적인 탐구, 복잡한 문제 분석과 같이 대학에서의 성공에 중요한 능력을 교과과정에서 소홀히 하는 경향이 있다. 그렇다 하더라도 그것은 효율적이고 전통적인 입학전형 모형과 쉽게 통합된다.

수행능력 기반 입학 표준제도의 미래

수행능력 기반 입학제도의 미래는 상당 부분 주의 평가제도를 어떻게 개발하느냐에 달려 있다. 연방법원의 낙제아동방지법(NCLB, 2001)은 고등학교 수준의 평가 없이 주가 이 제도를 도입할 것을 요구하고 있다. 이 법 규정은 선다형 시험으로 가도록 강하게 몰아간다. 주의 고등학교 평가가 고등학교 교과과정에 얼마나 많은 영향을 미치는가 하는 것이다. 만약 주에서 기본적인 지식과 능력을 평가하는 선다형 시험을 선택한다면, 그리고 그 평가가 고등학교 교과과정을 수정하도록 한다면, 글쓰기, 추론, 비판적 사고와 같이 대학에서의 성공에 필요한 많은 능력을 개발하려는 학생들은 적어질 것이다.

대학에서의 성공을 위한 능력은 미국대학연합(Association of American Universities) 회원인 교육기관에 속해 있는 400명 이상의 교수와 행정 관리자의 연구에서 자세히 다루어졌다(Conley, 2003). 대학에서의 성공을 위한 지식과 능력에 관한 표준은 학생들이 기본적인 수준의 대학과정에서 성공하기 위해 해야 하는 것을 최초로 종합해서 정리한 것이다. 이러한 표준은 주 시험과 수행능력 기반의 입학제도의 내용을 알리는 데 도움을 줄 수 있다. 학생이 대학에서 성공하기 위해 잘 준비할 수 있기를 바라는 고등학교에서의 교육과정 또한 초점을 알리는 데 도움이 된다.

하나의 제도로 생각하기

수행능력 기반 입학제도의 미래는 상당 부분 주 차원에서 중등과 고등교육을 얼마나 연합할 수 있는가에 달려 있을 것이다. 만약 주에서 둘보다는 하나의 교육제도에 대해 생각하기 시작했다면 지속적인 학습자 기대를 만든다는 생각은 점점 더 호소력을 갖게 될 것이다. 65%의 학생이 고등학교를 졸업하자마자 고등교육 과정으로 진학하고, 입학을 허가받은 학생들의 비율이 증가하는데(National Center for Education Statistics, 2001), 고등학교 교육 과정이 대학진학을 위해 학생들을 잘 준비시키고 있는지 보증하라는 압력도 더불어 커질 것이다. 국가의 표준 기반 개혁이 더 많은 학생을 대학을 위해 준비시킬 것인지는 중등과 중등 후의 두 교육제도가 학생들의 성공에 대한 기대와 측정에서 얼마나 협력적인가에 상당히 많이 좌우될 것이다. 수행능력 기반의 입학제도는 더 많은 학생이 고등교육에서 성공할 수 있도록 더 나은 협력체계를 구축하는 방법이다.

참고문헌

Adelman, C. (1999). *Answers in the tool box: Academic intensity, attendance patterns, and bachelor's degree attainment*. Jessup, MD: Education Publishing Center, U. S. Department of Education.

American Council on the Teaching of Foreign Languages. (1996). *Standards for foreign language learning*. Yonkers, NY: Author.

Amrein, A. L., & Berliner, D. C. (2002). *The impact of high-stakes tests on student academic performance: An analysis of NAEP results in states with high-stakes tests and ACT, SAT, and AP test results in states with high school graduation exams*. Tempe: Arizona State University, Education Policy Research Unit.

Baker, E. L., O'Neil, H. F., & Linn, R. L. (1993). Policy and validity prospects for performance-based assessment. *American Psychologist, 48*(12), 1210-1218.

Baron, P. A. B. (2000, April). *Consequential validity for high school grades: What is the meaning of grades for senders and receivers?* Paper presented at the Annual Meeting of the American Educational Research Association, New Orleans, LA.

Conley, D. T. (1996). Where's Waldo? The conspicuous absence of higher education from school reform and one state's response. *Phi Delta Kappan, 78*, 309-314.

Conley, D. T. (2000, April). *Who is proficient: The relationship between proficiency scores and grades*. Paper presented at the Annual Meeting of the American Educational Research Association, New Orleans, LA.

Conley, D. T. (2003). *Understanding university success*. Eugene: University of Oregon, Center for Educational Policy Research.

Council of Chief State School Officers. (2001). *Annual survey of state student assessment programs*. Washington, DC: Author.

Education Commission of the States (ECS) Information Clearinghouse. (2000). Many states tie high school diploma to exams. *State Education Leader, 18*(3), 1-3.

Education Week. (2001). *Quality counts: Abetter balance: Standards, tests, and the tools to succeed*. Washington, DC: Author.

Firestone, W. A., Mayrowetz, D., & Fairman, J. (1998). Performance-based assessment and instructional change: The effects of testing in Maine and Maryland. *Educational Evaluation and Policy Analysis, 20*(2), 95.

Fuhrman, S. H. (Ed). (2001). *From the capitol to the classroom: Standards-based reform in the states*. Chicago: The University of Choago Press.

Fullan, M., & Stiegelbauer, S. (1991). *The new meaning of education change*

(2nd ed.). New York: Teachers College Press.

Garb, F. (1998). *University of Wisconsin Competency Based Admissions pilot project spring 1998: Final report.* Madison: University of Wisconsin System.

Gipps, C. V. (1994). *Beyond testing: Towards a theory of educational assessment.* London: Falmer.

Hillocks, G., Jr. (2002). *The testing trap: How state writing assessments control learning.* New York: Teachers College Press.

Masters, G. N., & McBryde, B. (1994). *An investigation of the comparability of teachers' assessments of students' folios.* Brisbane, Australia: Tertiary Entrance Procedures Authority.

McMillan, J. H. (2001). Secondary teachers' classroom assessment and grading practices. *Educational Measurement: Issues and Practice, 20,* 20–32.

National Center for Education Statistics. (2001). *Conditions of education 2001.* Washington, DC: U. S. Department of Education.

National Council of Teachers of English. (1996). *Standards for the English language arts.* Urbana, IL: Author.

National Council of Teachers of Mathematics. (1991). *Professional standards for teaching mathematics.* Reston, VA: Author.

National Research Council. (2002). *Learning and understanding: Improving advanced study of mathematics and science in U. S. high schools.* Washington, DC: National Academy Press.

The No Child Left Behind Act of 2001. (2001). P.L. 107-110 (107th Congress).

Office of Educational Research and Improvement. (1994). *What do student grades mean? Differences across schools* (OR 94-3401). Washington, DC: U. S. Department of Education.

Olson, L. (2001, January 11). Finding the right mix. *Education Week,* pp. 12–20.

Olson, L. (2002, April 24). Survey shows state testing alters instructional practices. *Education Week,* p. 14.

Oregon University System. (2001). *An introduction to the Proficiency-based Admission Standards System (PASS).* Eugene, OR: Author.

Oregon University System, Oregon Department of Education, & Oregon Department of Commuinity Colleges and Workforce Development. (2003). *The first year: Student performance ofn 10th grade benchmark standards and subsequent performance in the first year of college (2001-02)*. Eugene, Or: Oregon University System.

Project 2061, American Association for the Advancement of Science. (1993). *Benchmarks for science literacy*. New York: Oxford University Press.

Roey, S., Caldwell, N., Rust, K., Blumstein, E., Krenzke, T., Legum, S., Kuhn, J., & Waksberg, M. (2001). *The 1998 high school transcript study tabulations: Comparative data on credits earned and demographics for 1998, 1994, 1990, 1987, and 1982 high school graduates*. Washington, DC: National Center for Educational Statistics, U. S. Department of Education.

Shapiro, N. S., & Haeger, J. (1999). The K-16 challenge: The maryland cas. *Metropolitan Universities: An International Forum, 10*(2), 25-32.

Thomas, L. M., & Thomas, S. G. (2000). *The impact of Advanced Placement courses on high school students taking the Scholastic Aptitude Test* (ED445-102). College Park, MD: ERIC Clearinghouse on Assessment & Evaluation.

U. S. Department of Education. (2001). *No child left behind*. Washington, DC: Author.

University System of Georgia. (2002, June 19). *PACTS: Performance Assessment for Colleges and Technical Schools*. Retrieved February 6, 2003, from http://www.usg.edu/p16/pacts/

Venezia, A., Kirst, M., & Antonio, A. (2003). *Betraying the college dream: How disconnected K-12 and postsecondary systems undermine student aspirations*. Palo Alto, CA: Stanford Institute on Higher Education Research.

Viadero, D. (2003, February 5). Researchers debate impact of test. *Education Week*, pp. 1, 12.

찾아보기

인 명

내 용

편저자 소개

Wayne J. Camara 미국 대학입학위원회 연구 부소장
Ernest W. Kimmel 전 ETS 평가개발부장

저자 소개

Andrea E. Thornton 로스쿨 입학위원회
David T. Conley 오리건 대학교
Ellen R. Julian 미국의과대학협회
Frederick L. Oswald 미시간 주립대학교
Isaac I. Bejar ETS
Jennifer R. Duffy 로스쿨 입학위원회
Lee C. Bollinger 컬럼비아 대학교
Michael A. Gillespie 미시간 주립대학교
Michael W. Kirst 스탠퍼드 대학교
Neal Schmitt 미시간 주립대학교
Patricia M. Etienne 미국의과대학협회
Paul R. Sackett 미네소타 대학교
Peter J. Pashley 로스쿨 입학위원회
Robert J. Sternberg 예일 대학교
Robert L. Linn 콜로라도 대학교
Robert Laird 전 UC 버클리 대학교 입학처장
Stanley Rabinowitz WestEd
Warren W. Willingham 전 ETS 연구위원
William E. Sedlacek 메릴랜드 대학교

역자 소개

정옥년
가톨릭대학교 입학사정관제 연구위원회 연구위원
가톨릭대학교 교육대학원 독서교육전공 교수

김수연
숙명여자대학교 교육심리학 석사 / 숙명여자대학교 교육학 박사
가톨릭대학교 입학사정관연구실 연구실장

김병진
충남대학교 교육학 석사 / 충남대학교 교육학 박사
가톨릭대학교 입학사정관연구실 책임연구위원

최경원
연세대학교 법학 학사
가톨릭대학교 입학사정관연구실 책임연구위원

김승정
서울대학교 지리교육학 석사
가톨릭대학교 입학사정관연구실 전문연구위원

김시라
연세대학교 교육공학 석사
가톨릭대학교 입학사정관연구실 전문연구위원

김용기
중앙대학교 교육학 석사 / 중앙대학교 교육학 박사 수료
가톨릭대학교 입학사정관연구실 전문연구위원

이윤희
중국 베이징대학교 중문학 석사 / 서울대학교 중문학 박사 수료
가톨릭대학교 입학사정관연구실 전문연구위원

최은선
한양대학교 통계학 석사
가톨릭대학교 입학사정관연구실 전문연구위원

입학사정관 교육 필독서

입학사정관과 학생 선발

Choosing Students: Higher Education Admissions Tools for the 21st Century

2009년 6월 30일 1판 1쇄 발행
2009년 9월 30일 1판 2쇄 발행

엮은이 • Wayne J. Camara · Ernest W. Kimmel
옮긴이 • 가톨릭대학교 입학사정관 연구실
펴낸이 • 김 진 환
펴낸곳 • **학지사**

121-837 서울시 마포구 서교동 352-29 마인드월드빌딩 5층
전 화 • 330-5114(대) / 팩스 324-2345
등 록 • 제313-2006-000265호
http://www.hakjisa.co.kr

ISBN 978-89-6330-164-8 93370

정가 20,000원

역자와의 협약으로 인지는 생략합니다.
파본은 구입처에서 교환하여 드립니다.